理科と数学の関連は
どうあるべきか

理数教育の
充実に向けて

編著
安藤秀俊

東洋館出版社

まえがき

　資源の乏しい日本にとって，国の将来を左右するのは科学技術であり，「理数教育の充実」は喫緊の課題である。学習指導要領でも幾度となく「理数教育の充実」が唱えられているが，2019 年の国際数学・理科教育動向調査（TIMSS2019）では，日本の生徒は数学や理科を学ぶ楽しさや，実社会との関連に対して否定的な傾向が強く，小学校理科の平均点は有意な低下傾向を示した。このように，学校現場における「理数教育の充実」の実現は，国策として中・長期的に国を挙げて取り組んでも，目標を達成することは容易ではなく，児童・生徒の理科や数学の学力・意識などを改善，向上させることはなかなか難しい。

　教育現場で「理数教育の充実」を目指す一方で，理科と数学の研究者が学究的に理科と数学という教科の本質や特性を追求し，理科と数学の関係性，連携の意義を再検討することも「理数教育の充実」のためには必要と考えられる。

　現在，科学技術に関して世界的な競争が激化しており，この競争の勝敗は国家の栄枯盛衰に関わる重大な局面をもたらす。国際的な影響力がある理系論文数は 20 年前に比べ 4 位から 12 位へと転落し，また，科学技術立国としての地位は中国や韓国，東南アジア等の新興国の台頭により近年では揺らぎつつある。資源の乏しいわが国にとって，科学技術こそが日本の未来を切り拓く唯一の選択肢であるが，科学技術の土台をなし，将来の科学技術者の卵を育成する基盤は，言うまでもなく学校における理数教育である。いずれ日本からのノーベル賞受賞者は皆無になるとの指摘もあり，岐路に立つ日本にとって「理数教育の充実」は日本の学校教育の急務である。

　そもそも理科と数学は互いに関わりを持ち，他の教科間よりも密接な関係にある教科である。2017 年に改訂された学習指導要領でも，「理数教育の充実」が目標に掲げられ，理科と数学の授業時数も増加し，理科と数学は密接に連携していく必要性が示されている。しかし，これら 2 教科は互いに関わりが深いにも係わらず，わが国の学校教育のカリキュラムでは単独の教科として学び，それらを融合させた横断的，クロスカリキュラム的な授業はあまり行われていないのが現状である。

　ここで問題となるのは，児童・生徒が理科と数学の関連性をほとんど認識せずに，理科と数学を学習していることであろう。例えば，このことは解答が同じになる理科と数学の 2 つの問題を提示したとき，生徒の得点に差が認められたり，解法が異なったりする報告からも裏付けられる。こうした報告は，日本においても多くの事例が指摘されており，文脈依存性と言われる。この文脈依存性は理数教育を考える上で極めて重要な問題であるが，一方で理科の授業における数学の位置づけ方に問題があると指摘する意見もある。特に，数学の領域で学習した知識や手法が必ずしも理科の領域で使用されない現象は，「理数教育の充実」を考える上では，避けて通れない重要な課題である。また，数学で学んだ知識や手法を理科で利用することは多いが，理科で学んだ知識や手法を数学で利用することは少ないと言われ，「数学→理科」ではなく，「理科→数学」という学習転移の方向性の転換を図ることも必要と言わ

れる。

　こうした理科と数学という2教科の関連については，諸外国でも研究が進んでおり，Underhill, Lonning & DeFranco, Huntley, Frykholm & Glasson らがカリキュラムについて論じている。しかし，わが国においては，理科と数学の関連性を考慮した授業の実践例を示した事例は幾つかみられるが，2教科の関連性などについて，大学における理科教育の研究者と数学教育の研究者，もしくは学校現場の理科教員と数学教員が一同に会して問題点を指摘しあったり，議論したりすることはほとんどなかった。

　以上のような背景をもとに，本書の目的とする核心的な「問い」は，科学技術立国の再生を企図した「理数教育の充実」に向けて，理科と数学の関連性はどうあるべきかということである。これまでも「理数教育の充実」は幾度となく提言され，その充実に向けて取り組みが試行されてきた。しかし，理科と数学を関連付けた授業の試みは，単発的に行われているに過ぎず，「理数教育の充実」は思うように進展していない。その一因として，わが国においては「理科」「数学」という教科の枠にとらわれることが多く，クロスカリキュラム的な授業が敬遠されがちという実態が存在する。折しも今回の学習指導要領の改訂では，2022年から高等学校の授業に，理科と数学を統合した科目「理数探究基礎」と「理数探究」が新たに設置され，「数理横断的なテーマに徹底的に向き合い考え抜く力を育成する」ことが意図された。これは上記の研究者や学校現場の教員に，一石を投じ，大きな刺激をもたらすことが期待されよう。こうした意味から，本書の後半部分に，この「理数探究基礎」や「理数探究」を念頭に置いた第5章「教育実践編」を配した。これらの実践は，これまでに考えられたプランや実際に行われ事例をもとに，学校現場の先生方が実践できるような形式で紹介した。

　ところで，日本の理科教育と数学教育に関わる主たる学界として，理科では日本理科教育学会，数学では日本数学教育学会がある。これらの学会においては，毎年，学会発表や学術誌が刊行され，理数教育に関する研究も多く報告されている。しかし，これらはあくまでも所属する教科，すなわち理科，数学のそれぞれの教科から見た側面が強い。これに対して，日本科学教育学会は，理科と数学の教科のみならず，情報教育，技術教育，最近ではSTEAM教育などの範疇も含み，さまざまな分野の研究者が多く集っており，理数教育について議論するには都合の良い学会である。本書の著者らはこの日本科学教育学会の学会員であり，毎年開催される年会において理数教育についての研究発表を行ってきた。編者は，平成20年頃より理数教育に関する研究を少しずつ一般研究発表において行ってきたが，その発表を契機として次第に理数教育に関心のある有志の集まりができ，2014年の第34回年会より，「理数教育の充実」に向けて理科と数学の関連はどうあるべきかというテーマで，毎年，課題研究発表にエントリーすることになった。いつしか有志メンバーは，このグループを自然と「理数教育研究会」と言うようになり，最近の常態メンバーは14名ほどであり，これまでこの研究会に関わった大学院生や学部

生，現職の教員などを合わせると延べ50名を超える。幸いなことに，この課題は連続10年採択され，p.7の表は，発表者とその発表題目をまとめたものである。

　この課題研究発表では，編者が10年間にわたりオーガナイザーを務め，理数教育研究会のメンバーを中心に，理数教育に関連して延べ56編の発表がなされ，理科教育と数学教育の研究者および学校現場の教員らが，それぞれの立場から最新の理数教育の課題について議論した。本書の内容の多くは，この10年間に発表した課題研究発表がもとになっており，課題研究発表の10年間の集大成と言ってもよいものである。繰り返しになるが，本書の意図するところは，科学技術立国の再生を企図した「理数教育の充実」に向けて理科と数学の関連性はどうあるべきかということであり，課題研究発表の10年間はその解答を模索した10年でもあった。しかし，この「まえがき」を書くにあたり，原稿をあらためて読み返してみると，本書だけでこの問いに対する解答を出すには不十分であり，これからまだ為すべきことがいくらでもあるという想いが強くなった。勿論，本書を世に問うことができた成果は，理数教育研究会の多くのメンバーの協力無しでは決して本書は成し得なかったことであり，浅学な編者としては感謝の念に尽きないが，ぜひとも多くの読者の皆様のご意見やご批判を受け賜れればと思う。また，本書は，本来2022年の春，すなわち高等学校において新科目「理数探究基礎」「理数探究」が開始される年度に発刊したかったが，それが叶わなかったのは，編者の力の至らなさに依るものである。また各節が分担執筆となっているため文章の統一感に欠けたり，同じ図が重複して登場するページが見られたりするが，これについても編者の至らぬ点であり，ご容赦願いたいところである。

編者　安藤秀俊

もくじ

まえがき 1

日本科学教育学会　発表題目一覧 7

第1章　理数教育の科学論 9

 1　理科・科学・数学 10

 2　理数教育とは 21

 3　理科と数学の関連性 27

 4　数学教育からみる理数教育 33

 5　理科から見た理数教育 39

  コラム1　数学と物理学とのすれ違いから得られた理想形 46

  コラム2　単位と次元解析 48

第2章　カリキュラム論（教育課程論） 49

 1　学習指導要領における理数教育 50

 2　高等学校の新科目「理数探究基礎」「理数探究」 62

 3　科学的リテラシーと数学的リテラシー 67

 4　TIMSS データの分析事例 72

 5　STEM/ STEAM 教育 80

 6　大学生の理解度調査から見た「理数教育」 85

 7　統計教育の方法知を視座とする理数教育への貢献可能性 97

  コラム3　ノンアルコールビールにアルコールは入っていないのか？ 106

  コラム4　外延・内包と外延量・内包 108

第3章　学習指導論 109

　　1　数学教育を捉える視点と理数教育の着眼点 110

　　2　文脈依存性 118

　　3　量を単位で捉えることの重要性 124

　　4　誤差と近似値 137

　　5　化学反応速度を題材とする理数探究を意識した学習指導 142

　　6　剛体にはたらく力を題材とする小・中・高等学校での学習指導 149

　　7　理数教育における教材論・評価論 158

　　コラム5　学校教育における単位の取り扱い 168

　　コラム6　虚数について 170

第4章　社会と理数教育 171

　　1　理数教育における教師教育論 172

　　2　理科教員と数学科教員とを繋ぐ教員コミュニティの重要性 180

　　3　理科と数学の横断を実現するために必要な「教師の知識」 187

もくじ

第5章　教育実践編 193

1	単振り子の等時性を探る	194
2	四角形の重心を求めよう	202
3	ものが水に浮くか沈むかを調べよう	208
4	空港に着陸する飛行機の高度を地上から求められるかな	213
5	大学1年生対象の統計教育	222
6	水溶液濃度計算に関するつまずきの特定とその指導法	231
7	マラルディの角を探る	235
8	石けん水の構造を探る	240
9	フィボナッチ数列の秘密を探る	243
10	晴れの国おかやまを題材とする教科「理数」における探究教材	247
	コラム7　理数教育で着目したいグラフ表現の例	254
	コラム8　方程式の係数と単位	256

おわりに 258

日本科学教育学会　発表題目一覧
課題研究：「理数教育の充実」に向けて理科と数学の関連はどうあるべきか

年度	開催場所	発表者	共著者	発表題目
2014年	埼玉大学			「理数教育の充実」にむけて，理科と数学の関連はどうあるべきか？　Ⅰ
		安藤秀俊		理科と数学の関連とは？
		小原美枝		数学と理科を関連させた指導の実践とその効果
		山田貴人		理科と数学における生徒の「単位」に対する認識
		久保良宏		数学教育と理科教育の関係についての一考察
		高阪将人		ザンビア高等学校における理科と数学の関連性 ―文脈依存性と概念のつながりとの関係に焦点を当てて―
2015年	山形大学			「理数教育の充実」にむけて，理科と数学の関連はどうあるべきか？　Ⅱ
		安藤秀俊		理科と数学の関連性
		小原美枝		数学と理科を関連させた指導の実践とその効果
		石井俊行	林拓磨	単位の次元に注目させた理科学習指導法
		太刀川祥平		数学科教師に必要な教科内容知（SMK）と理科と理科との関係についての一考察
		久保良宏		数学教育と理科教育との関係についての一考察（2）
		高阪将人		理科と数学の関連付けとその評価法
2016年	ホルトホール大分			「理数教育の充実」にむけて，理科と数学の関連はどうあるべきか？　Ⅲ
		安藤秀俊		理科と数学の関連はどうあるべきか？
		小原美枝		高等学校における数学と理科にわたる探究活動の課題と方向性について
		高阪将人		ザンビア共和国中学校教員を対象とした理科と数学の関連油に関する認識と概念のつながりの実態調査
		久保良宏		数学教育と理科教育との関係についての一考察（3）－0.00%の解釈に着目して－
		太刀川祥平		数学科教師に必要な教科内容知（SMK）と理科との関係についての一考察（2）
		金児正史		数学の学習内容を意識して指導する物理基礎の事例研究 －三角比やベクトルの指導を組み込んだ物体にはたらく力のつりあいの学習－
2017年	サンポート高松			「理数教育の充実」にむけて，理科と数学の関連はどうあるべきか？　Ⅳ
		小原美枝	安藤秀俊	高等学校における数学と理科を関連させた探究活動の指導計画について
		太刀川祥平		数学と他教科とのつながりに関する授業について
		久保良宏		数学教育と理科教育との関係についての一考察（4）－対数に着目して－
		石井俊行	寺窪佑騎	水溶液の濃度計算におけるつまづきの要因の究明 ～小学校からの教科横断型カリキュラム・マネジメント～
		金児正史		数学の学習内容を加味する物理と物理の学習内容を加味する数学の授業 －三角関数の指導と等速円運動の学習を意識した数学Ⅱと物理の指導実践－
		高阪将人		理科と数学の文脈依存性と学習方略との関連性―ザンビア共和国中等教育を事例として―
2018年	信州大学			「理数教育の充実」にむけて，理科と数学の関連はどうあるべきか？　Ⅴ
		太刀川祥平		「総合的な学習の時間」における数学的な見方と理科的な見方 ―防災に関する教材における生徒の反応―
		松田遥		数学科と理科に関連する指導場面についての一考察 ―中学校における「車の制動距離」の教材に着目して―
		久保良宏	安藤秀俊	数学教育と理科教育との関係についての一考察（5）－「ベクトル」に着目して－
		高阪将人	花井渉	理科探究カリキュラムに関する基礎的研究―国際バカロレアにおける「知の理論」（TOK）に着目して―
		金児正史		物理の教科書を数学的に読み取る学習の考察－単振り子の等時性を示す公式の考察－
		橋本美彦		算数と理科学習における「気づき」と「関連づけ」に関する一考察 ～小学5年算数「単位量あたりの大きさ」と中学2年理科「密度」の学習に着目して～
2019年	宇都宮大学			「理数教育の充実」にむけて，理科と数学の関連はどうあるべきか？　Ⅵ
		大町圭司	安藤秀俊	高校生を対象とした内包量の問題における認識の分類
		橋本美彦		算数科と理科学習における「気づき」と「関連づけ」に関する一考察（2） ～小学5年算数「単位量あたりの大きさ」と中学1年理科「密度」に着目して～
		久保良宏	安藤秀俊，太刀川祥平	数学教育と理科教育との関係についての一考察（6）－濃度の考え方に着目して－
		金児正史		数学科と理科における誤差や近似値の指導に関する一考察
		高須雄一		大学1年生を対象とした「理数アンケート」の分析（主に数学と物理学との関連について）
		高阪将人	渡邊雄二	我が国の生徒が持つ理科と数学の学力の関連性について―PISA2012の二次分析から―
2020年	姫路商工会議所			「理数教育の充実」にむけて，理科と数学の関連はどうあるべきか？　Ⅶ
		小原美枝	小方祥載，安藤秀俊	数学と化学を関連させた理数探究学習の実践と今後の展望
		高須雄一		大学1年生を対象とした「理数アンケート」の分析（異なる学科間に焦点をあてて）
		高阪将人	渡邊耕二	理科と数学の学力の関連性について ―PISA2012の二次分析による国際比較から―
		橋本美彦		算数科と理科学習における「気づき」と「関連づけ」に関する一考察（3） ～小学5年算数「単位量あたりの大きさ」と中学1年理科「密度」の学習に着目して～
		久保良宏	安藤秀俊	数学教育と理科教育との関係についての一考察（7）－薬の効果に関するグラフ表現に着目して－
		金児正史		単振り子の等時性公式を題材とした理数探究の指導
2021年	鹿児島大学			「理数教育の充実」にむけて，理科と数学の関連はどうあるべきか？　Ⅷ
		太刀川祥平	森田大輔，久保良宏	理数教育の充実を担う教師の専門性に関する一考察：数学教育研究の立場から
		橋本美彦		算数科（小学校）と理科（中学校）の教科間連携 ：小学5年算数科「単位量あたりの大きさ」と中学1年理科「密度」の学習に着目して
		高阪将人	渡邊耕二	日本の小学生が持つ算数と理科の情意面の特徴について ：TIMSS2019小学校4年生調査の二次分析から
		高須雄一		医科大学1年生に対する「オンラインに特化したオンライン実習」の実践報告
		金児正史	早藤幸隆，後藤顕一，土田理	化学反応速度を数学と化学の視点から探究する指導の提案 ：教科書のデータから化学反応速度を微分方程式としてとらえる学習
2022年	愛知教育大学			「理数教育の充実」にむけて，理科と数学の関連はどうあるべきか？　Ⅸ
		金児正史		空港に着陸する飛行機の高度を求める探究型学習とその意義
		森田大輔		理科との接続に関心を持った高等学校数学科教員のライフストーリー
		高須雄一		医科大学1年生に対する「統計教育」の実践報告
		渡邊耕二	堀友敏，高坂将人	算数と理科における「量」の指導内容の関連性
		久保良宏	太刀川祥平，安藤秀俊	数学教育と理科教育との関係についての一考察（8） ：「量の感覚」（長さ・広さ・角・重さなど）に焦点をあてて
2023年	愛媛大学			「理数教育の充実」にむけて，理科と数学の関連はどうあるべきか？　Ⅹ
		太刀川祥平	久保良宏，安藤秀俊	小学校理科と算数との関連の認識に関する教員養成系大学生の傾向 －「てこのはたらき」の単元における「つり合い」の内容に焦点をあてて－
		小原美枝	安藤秀俊	新科目「理数探究基礎」における教科書の比較調査
		橋本美彦		算数科（小学校）と理科（中学校）の教科間連携（2） ～小学5年算数科「単位量あたりの大きさ」と中学1年理科「密度」の学習に着目して～
		渡邊耕二	高阪将人	中学生が持つ算数と理科の情意面の特徴について ―TIMSS2019中学校2年生調査の二次分析から―
		金児正史	土田理，錦織寿	現実事象のデータをモデル化する数学と化学を総合した探究活動 －化学反応速度を題材とした教科書のデータの分析と考察に焦点をあてた学習指導－

第 1 章

理数教育
の科学論

1 理科・科学・数学

(1) 科学の始まりと歴史

　理数教育の科学論を論じるには，その前にまず理科とは何か，科学とは何か，数学とは何か等について，ある程度整理しておかなくてはならないだろう。本章ではまず学校教育における教科「理科」と「数学」を中心として，それに関する事項を整理してみる。

　われわれ人類の祖先は，「道具」と「言語」を持つことにより他の動物とは一線を画し，地球上の数カ所の地域で独立して文明を開花させた［図1-1-1］。世界四大文明（イラク・イラン，エジプト，インド，中国）と，どの文化圏も最初に生まれた科学は天文学と医学とされる。天文学は農業のため暦を作るのに必要であり，医学は言わずもがな自らの生命に関わる重要な生きるための知恵と技術である。このように，最初の科学は人間生活の必要性から生じているが，ここで天文学や医学と並ぶ科学として，数学を挙げる場合も多い。エジプトでは測量技術や10進法が，イラク・イランでは60進法が発明された。しかしながら，天文学はこの時代には占星術やまじないと結びつくことが多く，医学についても15世紀頃になるまではヒポクラテス（Hippocrates, 前5世紀）やガレノス（Galenus, 2世紀）の学説が信じられ，古代や中世の時代には，真の意味で科学的とは言えない科学の不毛の時代であった。

　中世までは科学の暗黒時代が続くが，15世紀に入ると近代科学に光がさし始めた。欧州に勃興したルネサンス運動の潮流は，レオナルド・ダ・ヴィンチ（Leonardo da Vinci）を先駆けとして［図1-1-2］，ケプラー（Johannes Kepler）やガリレオ・ガリレイ（Galileo Galilei）といった天文学の天才を生み，17世紀後半には力学でニュートン（Newton）が登場した。この15世紀後半〜17世紀後半にかけて，多くの近代科学の方法と体系が形作られ，これは科学革命と呼ばれた。

図 1-1-1　エジプトのギザのピラミッド群　　図 1-1-2　ダ・ヴィンチの Canon of Proportions

　また，近代科学の考えは，哲学者のデカルト（René Descartes）とベーコン（Francis Bacon）によって強化され，18世紀半ばのイギリスにおける産業革命へと繋がっていくことになる。19世紀になると産業革命の波は欧州全体に広がり，1830年頃からは科学と技術の目覚ましい発展が起こった。さまざまな学問の体系が形作られたのもこの時期であり，社会の成熟に伴って，教育にも科学が取り上げられるようになった。世界の学校教育の歴史を見ると，科学（理科）が登場したのは17世紀との諸説があるが，本格的に学校教育の中で普及し始めたのは一般に19世紀の後半とされる。

（2）文科と理科

　日本における教育は，既に江戸時代の後期には幕府の藩校が 270 校ほど存在し，寺子屋や郷学また私塾なども数万校を数え，明治時代を迎えるまでには，既にかなりの規模で整備されていた。こうした基盤の上に，明治政府は近代日本の教育について欧州の教育を模範とし，まず明治 5 年に学制を敷き全国を学区に分け，身分や性別に関係なく国民皆学を目指した。その後，大正 7 年に高等学校令が発布されると，その第 8 条に「高等学校高等科ヲ分チテ文科及理科トス」という文言があり，文科，理科という名称が登場した。この旧制の高等学校は，日本各地のエリートが集う官制学校であり，第一高等学校から第八高等学校までのいわゆるナンバースクールと，太宰治を輩出したことで有名な弘前高等学校などの地方のネームスクール（地名校）が 20 校程あった。これらの高等学校に在籍していれば，旧制の帝国大学のいずれかには入学することができた。この高等学校において，学習する英語やドイツ語などの外国語の種類によって，「文科甲類」「文科乙類」「理科甲類」「理科乙類」などに分けられ，結果として「文科」「理科」のどちらで学んだのか，学んだ外国語は何であったのか等によって，旧制の帝国大学で学ぶ専攻までもが大きく左右される形となっていたとされる。これらの高等学校は，戦後，国立大学の文理学部として移行された。文科，理科という名称は，東京高等師範学校，広島高等師範学校の大学昇格による東京文理科大学（後の東京教育大学，現筑波大学），広島文理科大学（後の広島大学）という校名にも使用され，学問分野の二大体系の象徴となった。そして，やがてこの時の文科・理科という分類は，昭和になり第 2 次世界大戦が終了後も，東京大学では表 1-1-1 のように文科一類，文科二類，文科三類，理科一類，理科二類，理科三類というような科類の区分として継承されて，今日の日本の文系，理系の区分へと繋がっていくのである。ちなみに東京大学では，入学者選抜（入試）をこの 6 つの類で募集し，教養課程から専門課程へ移行する 3 学年時にいわゆる「進振り制度（進学選別）」を行い，希望の学部へと進学する。このような選抜は，北海道大学などでも見られ，依然として旧制高校の名残が見られる。このことについて，太田（1981）は「どうも，文科と理科というのは，…(中略)…旧制高校時代にはそれなりにはっきりしていたが，しだいにその区別がぼやけてきたような感じがする」と述べ，以前と比べると文科，理科の区別が無くなりつつあるものの，まだ保守的な学問体系としては色濃く残っていることが示唆されている。勿論，次項で述べるように，今日ではこのような枠に当てはまらない研究領域が増えるとともに，文理融合や学際的な研究が盛んに行われ，こうした区分は意味を成さなくなりつつあるが，依然として学問体系の範疇として，また研究の分野・領域を分類する一手段として多方面で利用されている。

表 1-1-1　東京大学の科類と学部の関係

科類	学部	科類	学部
文科一類	法学部	理科一類	工学部
	教養学部		理学部
文科二類	経済学部		教養学部
	文学部		農学部
	教養学部		薬学部
文科三類	文学部		医学部（健康総合科学科）
	教養学部	理科二類	農学部
	教育学部		工学部
			理学部
			薬学部
			教養学部
			医学部（医学科，健康総合科学科）
		理科三類	医学部（医学科）

（3）文系と理系

　日本では人を分類する時に，しばしば文系・理系という分け方をすることがある。「あの人は理屈っぽいから理系だ」とか「法学部を卒業しているから文系だ」などとよく会話される。一般的には，文系は主に人間の活動を研究の対象とする学問領域であり，理系は主に自然界を研究の対象とする学問領域と大雑把に分けることができよう。また，大学への進学において，大学の学部が文系と理系に分類されることが多いが，これは単に受験科目の相違から来るものであろう。一言でいえば，数学が受験科目にあるか無いかがその大きな違いである。大学の受験科目であるから，当然これは高等学校における履修科目にも関連し，2学年くらいになると，選択科目として数学を履修するかしないかで文系クラスと理系クラスに分けられることもある。高校2年生つまり17歳の段階で，ある意味で将来の人生の選択を迫られることになっている。もちろん，その後進路を変更したり，社会人になってから学び直したりすることも不可能ではないが，現実としてはかなりハードルが高くなる。

　文系，理系を厳密に分類することは難しいが，日本においては大学における学部の名称，学問領域の名称などから，大きく表1-1-2のように分類されることが多い。勿論，学問領域が多様化し，複数の学問領域にまたがるものも多く存在するし，今まさに新興した学問領域であれば，どれにも属さない場合もあるだろう。

　一方，諸外国ではこのように文系，理系と線引きすることは稀である。大学のどの学部にも受験科目に数学があるのは普通であり，そもそも文系，理系に分けるという概念がない。どの学問分野にも全く数学的な知識や発想が必要ないなどということはあり得ないからである。これは当然のことではあるが，わが国では認識されにくい。最近ではようやく文理融合とか，学際的などというキーワードとともに，大学の学部においてもその垣根を外す試みがなされているが，まだまだ不十分と言えよう。文系と理系については様々な考え方があり，これまでもいろいろと議論されてきたが，近年，これに一石を投じたのは，日本における理系の処遇を赤裸々に解説した毎日新聞科学環境部の「理系白書　この国を静かに支える人たち」（2003）であろう。このほか，文系と理系については，太田（1981），大槻（2008），竹内（2009），林（2010），竹内（2019）などで，盛んに議論されている。

表 1-1-2　文系と理系の学部

	学部	類似した学部		学部	類似した学部
文系	文学部	（人文学部，人間科学部）	理系	理学部	
	外国語学部			農学部	（獣医学部，水産学部）
	法学部			工学部	
	経済学部	（経営学部，商学部）		医学部	
	社会学部	（国際学部）		歯学部	
	教育学部			薬学部	
	芸術学部	（音楽学部，美術学部）		家政学部	
	教養学部			看護学部	（保健学部）
	体育学部			情報学部	

（4）学問の体系

　科学というと，すぐに理系というイメージが先行し，自然科学のことだけを指すような風潮があるが，そうではない。科学は英語では science であり，元はラテン語の知識という意味の *scientia* に由来している。17 世紀の科学革命の頃までは体系化された知識や経験の総称という意味で用いられており，現在でも人文科学，社会科学，自然科学という 3 つの大きな学問領域の総称としてしばしば用いられる。つまり，理系に限ったことではない。この 3 つの学問領域による分類を基本として，現在では様々な学問体系が整理されている。図 1-1-3 は，もっとも一般的な 3 つの代表的な学問領域の関係を表現したものである。自然科学は大きく理学，農学，工学，医学などに分類されるが，理科と数学に関係する部分は理学になる。大学の伝統的な理学部では，学科構成が物理学科，化学科，生物学科，地学科，数学科になっていることが多いことから，理数教育に最も関連する学問は言うまでもなく理学である。しかし，その一方で，この 3 つの学問領域ではなく，人文科学，社会科学，自然科学とは別に，形式科学と呼ばれる学問領域を設けることもある。これは人文科学，社会科学，自然科学となどの学問の土台，基礎となるべき科学のことであり，例えば論理学，言語学，情報学，数学，統計学などが該当する。ここでは数学がこの範疇に含まれており，数学があらゆる学問に必要となっていることが示唆されている。また応用科学という学問領域を設け，農学，工学，医学などは自然科学の基礎の上に成り立つ応用であるとする考えもある。勿論，繰り返しになるが，現代では学問の境界が曖昧となり，他分野にまたがる研究も多いことから，学問の体系化，分類そのものが複雑化し難しくなってきていると言える。現時点で，伝統的な分類に従い学問分野を分類すると表 1-1-4 のように表すことができよう。

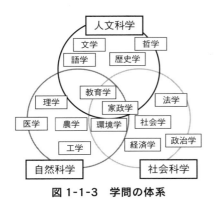

図 1-1-3　学問の体系

表 1-1-3 文系および理系と思われる学問の分野

文系の学問		理系の学問
・文学，人文学	・経済学	・物理学
・哲学	・経営学，商学	・化学
・宗教学，神学	・政治学	・生物学，生命科学，動物学
・倫理学	・行政学	・地球科学，地質学，気象学
・芸術学，美学	・国際学	・宇宙科学，天文学
・音楽学	・民俗学	・農学，植物学，環境学
・美術工芸学，デザイン学	・社会学	・獣医学
・地理学	・言語学	・工学，建築学，材料学
・歴史学，考古学	・社会学	・情報科学
・観光学	・教育学	・医学，歯学，保健衛生学
・心理学	・家政学	・薬学
・法学	・社会福祉学	・軍事学

第 1 章　理数教育の科学論

（5）科研費の分類

　学問の分類という点では，日本学術振興会による科学研究費助成事業の審査区分が参考になる。科学研究費助成事業（学術研究助成基金助成金，科学研究費補助金）は，日本学術振興会によると，人文学，社会科学から自然科学まで全ての分野にわたり，基礎から応用までのあらゆる「学術研究」（研究者の自由な発想に基づく研究）を格段に発展させることを目的とする「競争的研究費」であり，ピアレビューによる審査を経て，独創的・先駆的な研究に対する助成を行うものとされる。ここでは，「人文学，社会科学から自然科学」という文言が見られ，いわゆる人文科学，社会科学，自然科学という 3 本の学問領域を意識しているものの，最新の審査区分表［表1-1-5］では，大区分 A ～ K という 11 の大きな区分を行っており，現在の学問領域がこの 3 つの分類の枠では収まりきらないことを明示している。また，研究費という資

表 1-1-4　科学研究費助成事業の審査区分表

大区分		中区分	大区分		中区分
A	1	思想，芸術	E	32	物理化学，機能物性化学
	2	文学，言語学		33	有機化学
	3	歴史学，考古学，博物学		34	無機，錯体化学，分析化学
	4	地理学，文化人類学，民俗学		35	高分子，有機材料
	5	法学		36	無機材料化学，エネルギ関連化学
	6	政治学		37	生体分子化学
	7	経済学，経営学	F	38	農芸化学
	8	社会学		39	生物環境農学
	9	教育学		40	森林圏科学，水圏応用科学
	10	心理学		41	社会経済農学，農業工学
B	11	代数学，幾何学		42	獣医学，畜産学
	12	解析学，応用数学	G	43	分子レベルから細胞レベルの生物学
	13	物性物理学		44	細胞レベルから個体レベルの生物学
	14	プラズマ学		45	個体レベルから集団レベルの生物学，人類学
	15	素粒子，原子核，宇宙物理学		46	神経科学
	16	天文学	H	47	薬学
	17	地球惑星科学		48	生体の構造と機能
C	18	材料力学，生産工学，設計工学		49	病理病態学，感染・免疫学
	19	流体工学，熱工学	I	50	腫瘍学
	20	機械工学，ロボティクス		51	ブレインサイエンス
	21	電気電子工学		52	内科学一般
	22	土木工学		53	器官システム内科学
	23	建築学		54	生体情報内科学
	24	航空宇宙工学，船舶海洋工学		55	恒常性維持器官の外科学
	25	社会システム工学，安全工学，防災工学		56	生体機能および感覚に関する外科学
D	26	材料工学		57	口腔科学
	27	化学工学		58	社会医学，看護学
	28	ナノマイクロ科学		59	スポーツ科学，体育，健康科学
	29	応用物理物性		90	人間医工学
	30	応用物理工学	J	60	情報科学，情報工学
	31	原子力工学，地球資源工学，エネルギー学		61	人間情報学
	90	人間医工学		62	応用情報学
			K	63	環境解析評価
				64	環境保全対策

14

金が研究そのものの可否や研究の質に大きく影響するのは，当然ながら実験機材が必要な領域となり，その大半が自然科学ということになる。したがって，前述した人文科学，社会科学，自然科学をこの科学研究費助成事業の審査区分に当てはめると，人文科学と社会科学が，全て大区分Aに相当し，大区分BからKまでの多くは自然科学といわれる領域である。

ここでわれわれが扱う「理数教育」という領域は，大区分A，中区分9「教育学」の中の「教科教育学および初等中等教育学 (09040)」または「科学教育 (09080)」のどちらかに属することになろう［表1-1-6]。

表1-1-5　科学研究費助成事業の審査区分表

大区分　A
中区分　9：教育学およびその関連分野

小区分
09010：教育学関連
09020：教育社会学関連
09030：子ども学および保育学関連
09040：教科教育学および初等中等教育学関連
09050：高等教育学関連
09060：特別支援教育関連
09070：教育工学関連
09080：科学教育関連
02090：日本語教育関連
02100：外語語教育関連

(6) 科学とは

科学という言葉が広義では自然科学のみならず，人文科学や社会科学をも包含する場合があることは既に述べたが，ここで改めて科学について定義したい。平成29年に告示された「小学校学習指導要領解説　理科編」において，科学について以下のように記述されている。

科学とは，人間が長い時間をかけて構築してきたものであり，一つの文化として考えることができる。科学は，その扱う対象や方法論などの違いにより，専門的に分化して存在し，それぞれ体系として緻密で一貫した構造をもっている。また，最近では専門的な科学の分野が融合して，新たな科学の分野が生まれている。科学が，それ以外の文化と区別される基本的な条件としては，実証性，再現性，客観性などが考えられる。実証性とは，考えられた仮説が観察，実験などによって検討することができるという条件である。再現性とは，仮説を観察，実験などを通して実証するとき，人や時間や場所を変えて複数回行っても同一の実験条件下では，同一の結果が得られるという条件である。客観性とは，実証性や再現性という条件を満足することにより，多くの人々によって承認され，公認されるという条件である。

ここでは，科学を人類が長い間蓄積し育んできた所産＝文化として捉え，広義の科学として扱っている。そして，人文科学，社会科学，自然科学のいずれにおいても「実証性」「再現性」「客観性」が担保されることが必要であると述べている。一方，このように広義（科学＝人文科学・社会科学・自然科学）ではなく，狭義（科学＝自然科学）で捉えたものが，理科の対象としての自然の事物・現象である。

科学は英語ではscienceであるが，日本語では「科学」と「化学」という同音異義の言葉があるため，「サイエンス」といった方が科学のイメージが湧き易いのかも知れない。それは物理，化学，生物，地学といった自然科学の学問領域のことであり，学校教育においては，これらの学問領域の基礎的な知識やその探究的な手法について学ぶ授業科目である。勿論，英語圏の学校教育においては，sci-

第1章　理数教育の科学論

ence が授業科目の名称となっている。

（7）理科とは

　藤島（2003）によれば，「理科」という言葉自体は，既に江戸時代の末期には存在し，「西洋の理学的な学問分野」という意味で使われていたという。それが学校教育の授業科目として登場するのは明治時代になってからである。日本で近代的な公教育が始まるのは，先に述べた通り1872年の学制が敷かれた時からであるが，同時に制定された「小学教則」で小学校の科目は「綴字，習字，単語読方，洋法算術，修身口授，単語暗誦，会話読方，単語書取，読本読方，会話暗誦，地理読方，養生口授，会話書取，読本輪読，文法，地理学輪読，究理学輪読，書牘，細字習字，書牘作文，史学輪読，細字速写，図画，幾何，博物，化学，生理」と規定された。

　ここではまだ「理科」という文字は見ることができないが，後半の「博物，化学，生理」の内容は理科に相当する。学校教育の授業科目名として「理科」が初めて登場したのは，1886年（明治19年）4月10日に文部大臣森有礼が発布した小学校令である。小学校は尋常小学校4年と，高等小学校4年の2段階に分かれ，尋常小学校が義務教育とされた。5月には「小学校ノ学科及其程度」が制定され，そこには高等小学校において理科を週に二時間学ぶことが示されている［表1-1-7］。

　その内容は「理科ハ果実穀物菜蔬草木人体禽獣虫魚金銀鋼鉄等人生ニ最モ緊切ノ関係アルモノ日月星空気温度水蒸気雲露霜雪霞氷雷電風雨火山地震潮汐燃焼錆腐敗喞筒噴水音響辺響時計寒暖計晴雨計蒸気器械眼鏡色虹槓杆滑車天秤磁石電信機等日常児童ノ目撃シ得ル所ノモノ」とされ，様々な自然の事物・現象の名称が示されていることがわかる。この当時は指導法なども示されてはおらず，明治24年になり「小学校教則大綱」が定められたことにより，本格的に教科書を用いた指導がなされるようになったと推察される。理科という名称の始まりについての概略は上記の通りであり，詳細については伊藤（2005）に詳しい。

　それでは，現在の理科の授業科目としての位置付けはどのようになっているのであろうか。先に，科学は英語で science あり，英語圏の理科の授業は science であるということを述べたが，日本の学校教育において行われている理科の授業は何と英訳すれば良いだろうか。小川（1988）によれば，日本の理科は欧米人から見ると，欧米の school science に近いものであると述べている。そして，理科は複数の異なる文化的伝統に根ざす成分の複合体としての教科であり，科学と理科は，その本質からして明確に異なる教科であると断じている。同様に，藤島（2003）も「自然科学と社会との関連性を学ぶのが科学教育だとするならば，日本の学校教育のなかでの

表1-1-6　小学校の各学科の毎週授業時間

	尋常小学校	高等小学校
終　身	一時三十分	一時三十分
読　書 作　文 習　字	十四　時	十　時
算　術	六　時	六　時
地　理 歴　史		四　時
理　科		二　時
図　画		二　時
唱　歌 体　操	六　時	五　時
裁　縫		二時乃至六時

（理科教育事典，大日本図書，1991，317ページの表3から引用）

理科は，純粋に科学教育だというわけにはいかない」とし，日本の理科は，世界に例を見ない自然と人間の融合を目指した教科であり，理科は教育課程において行われる学校教育の教科（科目）であり，科学とは異なると述べている。このように，両者とも，西洋諸国の学校教育の「科学」と，日本の学校教育の「理科」は趣が異なることを指摘している。ここで，重要なことは自然をどう見るかの哲学の違いが関係しており，日本の理科は，西洋諸国の科学とは，似て否なるものと述べている。小川と藤島がこのように主張するには，どのような理由があるのか見ていく。

小川は小学校学習指導要領（平成元年版）の目標をもとに，日本の理科を図1-1-4のようにまとめている。「科学に関する教育」というのは，西洋社会における理科の授業に相当するものである。これには自然の事物・現象に関する科学的な知識や理解，科学的な観察・実験，科学的な問題解決などが当てはまる。一方，「自然に関する教育」というのは，日本の学校教育における理科授業を指す。また，

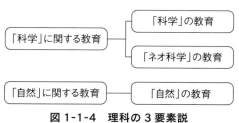

図1-1-4 理科の3要素説
（小川，1998）

「科学に関する教育」の中にある「ネオ科学の教育」とは，ここでは詳細は述べないが，一言で言えば，「科学の教育」に似てはいるが，「本人も周囲の人々も，それが科学的な活動（すなわち「科学の教育」）」であると信じて疑わない活動であるにもかかわらず，それが科学的な活動とは似ても似つかないものになってしまっている活動」であり，例えば，学校教育の中では，ただ何となく実験器具を操作して反応を起こさせたり，実験や観察を「楽しい活動」としてのみ実施しているような状況であるとし，学校外では「血液サラサラのサプリメント」や「イオン水」などのように科学的根拠に乏しいものや，種明かしをしない科学マジックのようなものも含まれる。以下に取り上げるのは，「科学の教育」と「自然の教育」についてである。

平成元年に告示された学習指導要領では，学校教育が週5日制になる移行期であり，総合的な学習の時間や生活科の新設とともに，「ゆとり教育」が推進された。この中で，小学校の目標は以下のようにされた。

自然に親しみ，観察，実験などを行い，問題解決の能力と自然を愛する心情を育てるとともに自然の事物・現象についての理解を図り，科学的な見方や考え方を養う。
(1) 自然に親しむこと
(2) 観察や実験を行うこと
(3) 問題解決能力を育てること
(4) 自然を愛する心情を育てること
(5) 自然の事物・現象を理解すること
(6) 科学的な見方や考え方を養うこと

ここで，(2)(3)(5)(6)は「科学に関する教育」の部分であり，(1)(4)は「自然に関する教育」の部分である。(1)や(4)は心情的な内容であり，実は科学そのものには関係しない部分である。し

第1章　理数教育の科学論

かし，なぜ日本の学習指導要領の目標に，このような科学そのものに一見無関係であるような文言が盛り込まれているのだろうか。小川と藤島はこのことに関して，日本人の自然に対する認識が大きく関係することを指摘している。西洋的な思想の根本にはどうしてもキリスト教の考えを避けることはできないが，そこには神という存在が絶対的であり，人も自然も神によって創造されたという考えである。図1-1-5に，西洋的な自然観と日本人的な自然観を示した。西洋的な自然観は人とは別のものであり，人は自然を利用したり活用したりすることがあれば，自然と対立することもしばしばあり，自然を支配・征服するという発想にも発展し，自然の利用は神の意にかなった行為ということになる。人を主体とすれば，自然はあくまで客体であり，相見えない関係にある。一方，日本人的自然観では，人は自然の一部であり，また神という存在も一義的ではない。山や大木などの自然物を崇拝するアミニズムは西洋文化にも根付いているが，その根底には，依然として，神＝キリストとの考えが強く流れている。ところが，日本は宗教的には仏教国であるが，神の存在が非常に漠然としている。このように，西洋の「科学の教育」が人的な心情を排除したものであるのに対して，日本の「自然の教育」は，日本人の自然観，文化的意識に基づいた自然と神を混然一体化した体系として具現化された教科「理科」であると言えよう。日置（2005）は，以上を踏まえた上で，「理科」という教科を次のように定義付けしている。

> 理科は，教科として存在する。「自然」という人間とは独立して存在する事物や現象を対処にして始まった理科の学習は，観察や実験などを通して「科学」という人間がつくった体系を参考にしながら，子ども自らの見方や考え方をつくっていく営みである。

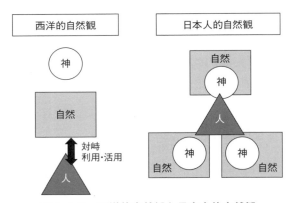

図 1-1-5　西洋的自然観と日本人的自然観
（小川（1998），藤島（2003）を参考に作図）

（8）数学を学ぶ意義

　藤原（2018）は，数学を利用する者つまりユーザーとしては，どのような視点で捉えているかについて以下のように言及し，利用者は「役に立つ」か「面白い」かであるとしている。ユーザーは「役に立

つか」「面白い」からこそ使うのであり，「役に立つ」ことも「面白い」こともなければそもそも使わない。また，数学の意義には「計算すること」「理想化すること」「抽象化すること」の三点があるとしている。まず一点目の「計算すること」について，我々の日々の日常においては，生活でも仕事でも何らかの計算をしない日はない。仕事では企業の技術系のみならず，財務や経理でも「計算すること」は頻繁に行われる。子どもがコンビニで買い物をするときも，頭の中で計算は行われる。この意味で数学の第一の意義である「計算すること」は，我々が各人の目的に合った結果を導くための方法を提供してくれるものだという。

　数学の第二の意義「理想化・単純化すること」とは，混沌として複雑で理解不能で扱い難い「現実世界」を単純化し理解可能な「理想世界」を構築する手法を提供することであるという。数学で扱うものは現実には存在しない「点」「直線」「平面」などであるが，「現実世界」を近似し「理想世界」を構築することで，「現実世界」の本質を理解し，何らかの有効な行動に移すことができるとされる。

　最後の三点目は「抽象化する」ことであり，これは「現実世界の共通化」であると考えられる。共通化すれば同じものが別の目的にも使えるために極めて便利であり，「抽象化する」ことによって数学はこのような共通化という手法を提供してくれるものであるというものである。

　「面白い」という点については，ここでは触れないが，藤原は，ユーザーという数学の利用者の視点に立てば，「数学」とは，全ての人々にとって「数」と「形」を対象にした「生活の知恵」であるという。現代社会において，数学の必要性については言うまでもないが，藤原の主張する数学の三つの意義を噛み締めた上で数学という学問を捉え直すと，数学に対する見方もまた違ったものとして目の前に広がってくると思う。

(9) 理数教育とは

　小・中学校で行われている「総合的な学習の時間」は，平成12年から段階的に始まり，国際理解，情報，環境，福祉・健康などの現代的な諸課題に対応する横断的・総合的な課題，地域や学校の特色に応じた課題，生徒の興味・関心に基づく課題，職業や自己の将来に関する課題などを設定し，学校の実態に応じて取りくむように企図された。このように，これまでの教科という枠組みを外し，教科を超えた学習は近年になり日本でも行われるようになった。しかし「総合的な学習の時間」という教員免許状は存在せず，既存の教科とはその学習内容や指導方法が根本的に異なる。小学校と異なり，中学校や高等学校などの中等教育では，教科担任制がとられ，教科「理科」と教科「数学」は授業科目としてそれぞれ独立して存在する。学習指導を担当する中・高の教員も，その多くは大学において専門として理科や数学を学修し，理科や数学の教員免許状を取得して教壇に立つ。こうしたことから，既存の教科の枠組みを外して異教科間で連携することは容易ではない。理数という言葉は，単独で理科や数学を指すこともあるし，理科と数学を合わせて使うこともある。理数教育というのは，そのような観点から考えると，非常に幅広い意味合いを持つ教育ということになる。

　一方，数理という言葉もある。楠岡（2015）によれば，数理科学は数学・数学の応用分野であり，数理統計学を含む数学及びその周辺の学術分野を表すものとされ，数学は古くからある学術であるが，数

第 1 章　理数教育の科学論

理科学という言葉は 20 世紀後半から使われるようになったという。具体的には，統計学をはじめ，理論計算機科学，集団遺伝学，計量経済学，数理物理学，保険数理学，集団遺伝学などが挙げられ，ビッグデータを扱うデータサイエンスも含まれる。また，数理科学は，「数学と関連する学問分野の名称であり……数学，統計学，応用数学の 3 分野と，数学史や数学教育などの他の分野との境界分野」とされるが，未だ学問分野として定まっていないことを指摘している （羽田，2018）。

　令和 4 年度から高等学校の選択科目として，「理数探究」と「理数探究基礎」が新設されているが，元来，中教審の委員会では，当初「数理探究 （仮称）」と「数理探究基礎 （仮称）」という名称であった。しかし，上記のように数理というと，基本的には数学分野であることから，理数に修正された経緯がある。

参考文献

東洋・大橋秀雄・戸田盛和 編 （1991）：理科教育事典 （教育理論編），大日本図書，317.
藤島弘純 （2003）：日本人はなぜ「科学」ではなく「理科」を選んだのか，築地書館，234.
藤原洋 （2018）：数学力で国力が決まる，日本評論社，230.
羽田貴史 （2018）：東北大学高度教養教育・学生支援機構編，数理科学教育の現代的展開，東北大学出版会，209.
林幸秀 （2010）：理科系冷遇社会　沈没する日本の科学技術，中公新書ラクレ，278.
日置光久 （2005）：角屋重樹ら編，理科の学ばせ方・教え方事典，教育出版，407.
伊藤稔明 （2005）：再改正教育令と新教科”理科”の登場，愛知県立大学文学部論集 児童教育学科編 （54），1-16
楠岡成雄 （2015）：数理科学の科学・夢ロードマップ，学術の動向，20 （3），日本学術協力財団，3-6.
毎日新聞科学環境部 （2003）：理系白書 この国を静かに支える人たち，講談社，311.
文部省 （1989）：小学校指導書理科編，教育出版，116.
文部科学省 （2018）：小学校学習指導要領 （平成 29 年告示） 解説 理科編，東洋館出版社，167.
小川正賢 （1988）：「理科」の再発見 異文化としての西洋科学，農山漁村文化協会，236.
太田次郎 （1981）：文科の発想・理科の発想，講談社現代新書，196.
大槻義彦 （2008）：子供は理系にせよ！，NHK 出版 生活人新書，198.
左巻健男・苅谷剛彦 （2001）：理科・数学教育の危機と再生，岩波書店，238.
竹内薫 （2009）：理系バカと文系バカ，PHP 新書，221.
竹内薫 （2019）：「文系？」「理系？」に迷ったら読む本 AI 時代の進路の選び方，PHP 研究所，143.
理数系学会教育問題連絡会編 （2001）：岐路に立つ日本の科学教育，学会センター関西 / 日本学会事務センター，160.

（安藤秀俊）

2 理数教育とは

(1) 本節の流れ

本節では，理科と数学の関連付けについて考察した高阪 (2014) を手掛かりに，科学哲学者ポパーの3世界論と客観的知識の成長過程の統合的考察から，理数教育の意義について考察する。まず，学校教育における各教科は学問が求める文化的な基礎知識の体系化されたまとまりとして編成されている (安彦，2006) という立場に立脚し，学問的側面から科学と数学の特徴を浮き彫りにする。そこでは，3世界論と客観的知識の成長過程を統合的に考察することで，科学と数学の区別を試みる。次に，理科と数学を関連付けるための理論的枠組みについて考察した高阪 (2015) を手掛かりに，両教科の共通点に着目した場合と，相違点に着目した場合において，3世界論と客観的知識の成長過程について考察する。その後，各関連付けにおける3世界論と客観的知識の成長過程から，理数教育の意義について考察する。なお，本節では，学問的側面においては科学を，教育的側面では理科を用いる。

(2) 学問的側面における理科と数学の特徴

理数教育について考察する際の前提となる，理科と数学の特徴について，教科の背後にある学問的側面から明らかにする。ここでは，学校教育における各教科は学問が求める文化的な基礎知識の体系化されたまとまりとして編成されている (安彦，2006) という立場に立脚し，学問的側面から科学と数学の特徴を浮き彫りにする。

ポパー (1974, 1978) はわれわれの世界を3つに区別し，世界1を物理的対象または物理的状態の世界，世界2を思考過程のような主観的経験の世界，世界3を人間精神の産物である客観的知識の世界とした。世界1と世界2は相互作用でき，また世界2と世界3も相互作用できるが，世界1と世界3は直接的に相互作用できない。ただし，世界1に直接働きかけることができるのは世界2だが，世界3は世界2に影響を及ぼす力をもっており，間接的に世界1に働きかけることができる (ポパー，1978)。この理論についてポパー (1974, 1978) は世界3の自律性を強調している。そこでは，客観的知識 (世界3) が予期しなかった問題を生み出し，われわれを新しい創造 (世界2) へと刺激する。そしてその過程を以下の図式によって叙述した。

$$P_1 \rightarrow TT \rightarrow EE \rightarrow P_2$$

ここでP_1は問題，TTはこの問題に対するある種の暫定的解決 (tentative theory) を，EEはこの理論に対して誤りを排除する過程 (error elimination) を，P_2はそこから生じる新しい問題を示す。この図式について次のように説明している。

"われわれはある問題P_1から出発し，暫定的解決または暫定的理論TTに進む。これは (部分的にか全体的にか) 誤ったものでありうる。いかなる場合にも，それは批判的議論または実験的テス

トから成る誤り排除 EE のふるいにかけられるであろう。いずれにせよ，新しい問題 P_2 がわれわれ自身の創造的活動から生まれる。そしてこれらの新しい問題は一般にわれわれによって意図的に生み出されるのではなく，どんなにしても生み出すことを避けられない新しい関係分野から，われわれがほとんどそうするつもりがなくても自動的に発生する。"（ポパー，1974，p.138）

ここで3世界論と客観的知識の成長過程を統合的に考察することで，科学と数学の区別を試みる。上述の客観的知識の成長過程は，一般的に次のように示すことができる。

$$P_i \rightarrow TT_i \rightarrow EE_i \rightarrow P_{i+1}$$

この図式において，$P_i \rightarrow TT_i$ の過程は，問題から暫定的理論を生み出す思考過程であると考えられ，世界2に属する。また，TT_i そのものは理論であり世界3に属する。$TT_i \rightarrow EE_i \rightarrow P_{i+1}$ の過程は，暫定的理論から誤りを排除し新たな問題が生まれる過程であるため世界2に属する。

ここで科学と数学では P_i が属する世界と EE_i の対象とする世界，さらに EE_i から生ずる P_{i+1} が属する世界が異なってくると考えられる。ピアジェ（1981）は物理的知識と論理数学的知識の区別を行っている。カミイ（1987）の言葉を借りるなら，物理的知識とは外的に実在している諸対象についての知識であり，数学的知識とは各個人が構成する関係からなる知識である。つまり，科学が主として扱う問題 P_i は対象そのものであり世界1に属する。他方数学が主として扱う問題 P_i は人間精神の産物であり世界3に属すると考える。また，経験科学が総合的言明[1]から成り立っていること（カルナップ，1977），また科学的知識の発展が「推測と反駁（ポパー，1980）」と言われるように，科学において理論は観察や事実によって反駁される（ポパー，1980）。つまり，科学では根拠の拠り所を世界1に求める。そこでは，P_i は世界1に属しており，EE_i は世界1に基づき実施される。必然的に世界1を基準として EE_i から生ずる P_{i+1} は世界1に属する。勿論，科学において理論的なことが問題となることはあるが，その傾向性としてこのようにいえる。他方，形式科学が分析的な言明[2]から成り立っていること（カルナップ，1977），また数学的発見の論理が「証明と論駁（ラカトシュ，1980）」と言われるように，数学において理論は論証によって論駁される。つまり，数学では根拠の拠り所を世界3に求める。そこでは，P_i は世界3に属しており（初期の場合は世界1に属することもある），EE_i は世界3に基づき実施される。必然的に世界3を基準として EE_i から生ずる P_{i+1} は世界3に属する。科学における客観的知識の成長過程を図1-2-1に，数学におけ

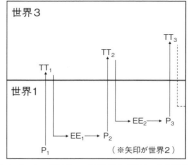

図 1-2-1　科学の客観的知識の成長過程

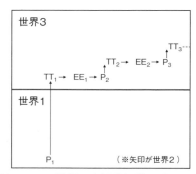

図 1-2-2　数学の客観的知識の成長過程

（高阪（2014）を参考に筆者作成）

る客観的知識の成長過程を図1-2-2に示した。この図において思考が属する世界2は矢印で表記してある。

　科学では物理的対象の世界での問題を考察し，それに対応する暫定的理論を生み出し，物理的対象に基づき理論を修正し，物理的対象の世界に新たな問題が生み出される。つまり，思考を介した世界1と世界3の相互作用によって，より洗練された暫定的理論と問題が生み出されていく。他方数学においては，主に客観的知識の世界での問題を考察し，それに対応する暫定的理論を生み出し，客観的知識に基づき理論を修正し，客観的知識の世界に新たな問題が生み出される。つまり，思考を介した世界3内での相互作用によって，より洗練された暫定的理論と問題が生み出されていく。したがって，科学と数学ではEE_iでの理論を修正する過程のあり方と問題P_{i+1}が生み出される世界が異なっている。そのため，科学と数学では思考が対象とする世界が異なってくる。

（3）理数教育における客観的知識の成長過程

　理科と数学の関連付けのプロセスとして高阪（2015）では，比較プロセスによる関連付けと統合プロセスによる関連付けから考察している。比較プロセスによる関連付けとは，理科と数学の共通点から関連付けることである。そのため，理数教育における客観的知識の成長過程について，共通点に着目した場合について考察する。また，統合プロセスによる関連付けとは相違点から関連付けることである。そのため，理数教育における客観的知識の成長過程について，相違点に着目する場合について考察する。

　理科と数学の共通点に着目した場合，ある問題P_iについて，世界1に基づいて暫定的理論が成長する理科と，世界3に基づいて暫定的理論が成長する数学の両側面から考察することになる。ここでの関係を図式化すると，理科と数学の共通点に着目した場合における，3世界論と客観的知識の成長過程は図1-2-3のように示される。

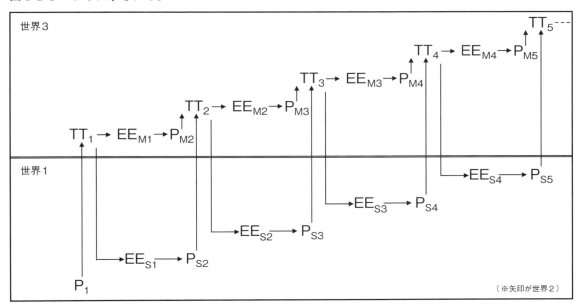

図1-2-3　理科と数学の共通点に着目した場合の3世界論と客観的知識の成長過程

（筆者作成）

第 1 章　理数教育の科学論

　理科では誤りの排除の過程 EE_{Si} は世界 1 に基づいて実施され，必然的に世界 1 を基準として EE_{Si} から生ずる P_{Si} は世界 1 に属する。他方，数学では誤りの排除の過程 EE_{Mi} は世界 3 に基づいて実施され，必然的に世界 3 を基準として EE_{Mi} から生ずる P_{Mi} は世界 3 に属する。ここでは，共通する暫定的理論を，世界 1 に基づき修正することと，世界 3 に基づき修正することとが可能となる。したがって，理科と数学の共通点に着目した場合，ある問題 P_i について世界 1 と世界 3 の両側面から考察が可能となる。ただし，この図において，理科と数学から生じる問題は異なっているため，それぞれにおいて TT が異なる可能性もある。

　一方，理科と数学の相違点に着目した場合，ある問題 P_i について，世界 1 に基づいて暫定的理論が成長する理科と，世界 3 に基づいて暫定的理論が成長する数学を相補的に関連づけることになる。ここでの関係を図式化すると，理科と数学の相違点に着目した場合における，3 世界論と客観的知識の成長過程は図 1-2-4 のように示される。なお，この図において，理科と数学の順序及び頻度は任意である。

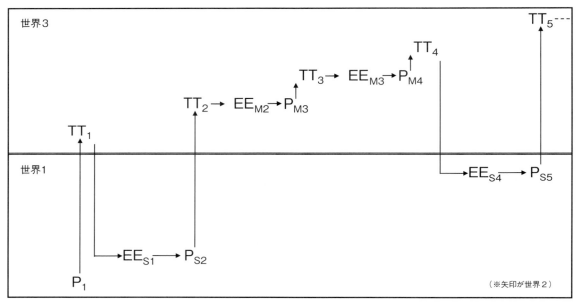

図 1-2-4　理科と数学の相違点に着目した場合の 3 世界論と客観的知識の成長過程
（高阪（2014）を参考に筆者作成）

　理科では誤りの排除の過程 EE_{Si} は世界 1 に基づいて実施され，必然的に世界 1 を基準として EE_{Si} から生ずる P_{Si} は世界 1 に属する。他方，数学では誤りの排除の過程 EE_{Mi} は世界 3 に基づいて実施され，必然的に世界 3 を基準として EE_{Mi} から生ずる P_{Mi} は世界 3 に属する。したがって，理科と数学の相違点に着目した場合，ある問題 P_i について世界 1 と世界 3 に基づく自由な往還が可能となる。

（4）理数教育の意義

　学問的側面における理科と数学の特徴として，科学では思考を介した世界1と世界3の相互作用によって，より洗練された暫定的理論と問題が生み出され，他方数学においては，思考を介した世界3内での相互作用によって，より洗練された暫定的理論と問題が生み出されていくことが明らかとなった。したがって，科学と数学では思考が対象とする世界が異なっている。このように思考が対象とする世界が異なる学問を基盤とする理科と数学の関連付けは，共通点に着目する場合と相違点に着目する場合が考えられる。共通点に着目した場合には，世界1と世界3の両側面から考察が可能となる。また，相違点に着目した場合には，世界1と世界3に基づく自由な往還が可能となる。

　これらを踏まえると，理科と数学の共通点に着目した場合，それぞれの教科における，抽象度の異なる文脈で考察することがその特徴であるといえる。例えば，石井・橋本 (2013) では，中学校理科における「物体からの光が鏡で反射して目に届くまでの経路を求める」ことと，中学校数学における「最短距離を作図して求める」ことの関連付けを提案している。ここでは，解決方法の点で共通している内容に関して，「光の反射」と「最短距離」という抽象度の異なる文脈で考察する。その結果，多面的に物事を捉えることや，転移の促進や一般化が期待される。

　一方，理科と数学の相違点に着目した場合，それぞれの教科を相補的に扱うことが特徴であるといえる。例えば，小寺 (1999) の教材では，地球温暖化について考える際に，理科の学習内容である温室効果ガスとしての二酸化炭素と，数学の学習内容である一次関数が関連付けられている。ここでは，理科と数学の学習内容を相補的に扱うことで，地球温暖化について考察する。その結果，各教科の学習内容を総合的に用いた考察が期待される。

　以上をまとめると，共通点に着目した場合には，多面的に物事を捉えることや転移の促進や一般化が，相違点に着目した場合には，各教科の学習内容を総合的に用いた考察が期待される。そのため，理数教育の目的に応じた関連付けを選択する必要があるといえる。

注
1)　経験的事実によってはじめて真偽が決定できるような命題（大淵, 1995）
2)　経験にうったえずして真なることの立証できる命題（大淵, 1995）

引用・参考文献
安彦忠彦 (2006)：教育課程編成論 学校は何を学ぶところか, 放送大学教育振興会.
カルナップ (1977)：カルナップ哲学論集, 永井成男・内田種臣編, 紀伊国屋書店.
石井俊行・橋本美彦 (2013)：教科間における学習の転移を促す条件に関する考察とその提言：理科「光の反射」と数学「最短距離」の作図を通して, 科学教育研究, 37, 4, 283-294.
カミイ・デクラーク (1987)：子どもと新しい算数　ピアジェ理論の展開, 平林一栄 監訳, 北大路書房.（原著：Kamii, C. K. & DeClark, G. (1985)：*Young Children Reinvent Arithmetic: Implications of Piaget's Theory*, Teachers College, Columbia University.）

第1章　理数教育の科学論

小寺隆幸（1999）：数学教育と環境教育の接点，理科専攻科雑誌，41, 1, 42-53.

高阪将人（2014）：理科と数学の関連付けについて―方法的側面の相違点に焦点を当てて―，全国数学教育学会誌 数学教育学研究，20, 2, 49-61.

高阪将人（2015）：理科と数学を関連付けるカリキュラム開発のための理論的枠組みの構築，全国数学教育学会誌 数学教育学研究，21, 2, 103-112.

ラカトシュ（1980）：数学的発見の論理―証明と反駁―，佐々木力 訳，共立出版.（原著：Lakatos, I.（1976）: *Proofs and Refutations: The Logic of Mathematics Discovery,* Cambridge University Press.）

大淵和夫（1995）：「分析的命題」「総合的命題」，思想の科学研究会 編，新版 哲学・論理用語辞典，三一書房.

ポパー（1974）：客観的知識，森博訳，木鐸社.（原著：Popper, K.,（1972）: *Objective Knowledge: An Evolutionary Approach,* Clarendon Press.）

ポパー（1978）：果てしなき探求（下），森博 訳，岩波書店.（原著：Popper, R. K.（1976）: *Unended Ques: An Intellectual Autobiographyt,* Routledge.）

ポパー（1980）：推測と反駁―科学的知識の発展―，藤本隆志他 訳，法政大学出版局.（原著：Popper, K.（1963）: *Conjectures and Refutations: The Growth of Scientific Knowledge,* Basic Books.）

ピアジェ（1981）：発生的認識論―科学的知識の発達心理学―，芳賀純訳，評論社.（原著：Piaget, J.（1968）: *Genetic Epistemology,* Columbia University Press.）

（高阪将人）

3 理科と数学の関連性

（1） 理科と数学

　周知の通り，学校教育において，教科「理科」と教科「数学」は，教育課程の中で独立して存在する。小学校はさておき，中学校や高等学校などの中等教育でこれらの授業を直接指導する教員は，これらに関する内容を大学で専門として学修し，「理科」や「数学」の教員免許状を取得して教壇に立つ。したがって，基本的には，これらの教科の内容に関する授業科目を大学で履修して単位を修得すれば，それぞれの免許状は取得できるが，理科と数学の両方の教員免許状を取得しているという学生は極めて少ないはずである。理科と数学のどちらかの免許状しか取得していない教員が，理数教育の充実として，「理科と数学を関連付ける」には，どのようにすれば良いのだろうか。まず，前節までの記述を踏まえて，理科と数学について，もう一度，整理しておく必要があろう。教科「理科」と教科「数学」の定義付けには，その立場によって様々な考えがあることは容易に想像できるが，理科教育の立場から捉えた一面としては，以下のように考えることができよう。

理科

　観察・実験で得られたデータを処理し，そのデータが示す内容を解釈する学習活動を行う。

　ここで，データを適切に処理するためには，数値を処理したりグラフ化したりするなど数学の知識が必要となる。

数学

　式や図形などを扱い，量的，空間的な概念についての学習活動を行う。

　図，表，グラフなどを用いて問題を解決したり，自分の考えをまとめたりする際に，理科で用いる演繹や帰納の考え方を数学でも利用する。

　この定義付けは，理科と数学が別の教科であることを踏まえての理科の立場から見た一方的な見解ではあるが，その一方で「理数教育」と一括りにされるように，両教科に共通点もみられる。それは以下のような点である。

・理科と数学は互いに関わりを持ち，他の教科間よりも密接な関係にある教科といえる。
・理科と数学の学習は，問題解決型で共通している。

こうしたことから，少なくともこの両教科，理科と数学に関連性があることは否定できない。

第 1 章　理数教育の科学論

（2）理数教育の充実

　2008 年 中央教育審議会の答申「幼稚園，小学校，中学校，高等学校及び特別支援学校の学習指導要領等の改善について」が発表され，そこでは算数・数学や理科については，授業時数を増加することが明記された（文部科学省，2008）。また，学校教育においては科学技術の土台である「理数教育の充実」をはかるよう求められ，これまでのように理科と数学を単独の教科として捉えるのではなく，理科の学習に数学の要素を，数学の学習に理科の要素を導入するなど，互いの教科が連携し合う横断的な指導の必要性も意図されている 。

　理科と数学の関わりについては，今までも多くの報告があり，カリキュラムについて考察したもの（木村・島田，1982；Underhill，1995；Lonning DeFranco，1997；Huntley，1998；Frykholm Glasson，2005），理科と数学の関連性について考察したもの（大西，2008 (a, b)，2009），理科の授業における数学の関連付け方の問題点を指摘したもの（湯澤・山本，2002），理科と数学の類似問題における文脈依存性を論じたもの（西川，1994；石井ら，1996；小原・安藤，2011）などがある。これらの報告では，数学の授業で学んでいることが理科の授業の中で生かされていないことや，数学での未習事項を理科の授業で教えなければならないことなどが示され，理科と数学の連携の重要性が指摘されている。長崎（2011）は，数学教育の視点から，理科と数学，さらに技術教育との連携の重要性をも論じている。しかし，これらの報告はいずれも理科と数学の関係について各々の観点から考察したもので，理科と数学の連携の重要性を提起してはいるが，理科と数学の関連性を考慮した授業の展開例を具体的に示したものではない。授業の展開例としては，物体のつり合う重心をベクトルから考察するもの（久保田・愛木，2007），比例・反比例の関係をてこの原理から考察するもの（伊達，2013）等があるものの，物理分野に偏りがみられる。また，依然として教育現場では理科と数学はそれぞれ別々の教科として単独に行われており，教科を横断したクロスカリキュラム的な授業例はあまり見られない。つまり，中教審の答申で推進されている「理数教育の充実」がいまだ不十分であると考えられる。そのため理数教育の充実をはかるためには，今後，理科と数学を関連付けた実際の授業プランを具体的に考案し，実践を通じてその教育的な効果を検証していく必要があろう。そこで，まず理科と数学の関連性について，今までの先行研究を踏まえて整理し，理科と数学の関連はどうあるべきかを議論していくこととする。

（3）理科と数学の関連とは

　理科と数学の関連とは理科と数学の関係 について Underhill（1995）は，図 1-3-1 のように 6 つのベン図の包含関係で表した。Lonning DeFranco（1997）らは，理科と数学の間にある学習内容，考え方，学習目標の相互作用などの観点から，理科と数学の関係を「独立した数学」「数学重視」「理科と数学のつり合い」「理科重視」「独立した理科」の 5 つからなる連続体モデルで示している［図1-3-2］。そして，理科と数学を関連付けるとき，両教科がどの程度関連付けられるかが重要で，単に教科を混合しただけではなく，学習者にとって「意味のあるもの」でなくてはならないと指摘している。そして，「意味のあるもの」とは，単に理科と数学に関係のある教材を用いることではなく，人を引きつけるもの，そし

てその学年で学習する内容を満たしているもの，そしてその学年で学習する内容を満たしていることが大切であるとしている。また，Huntley（1998）も同じような5つの連続体モデルを提示している［図1-3-3］。

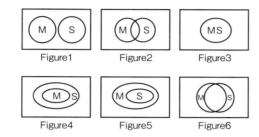

図 1-3-1　Underhill（1995）による理科と数学の関係

図 1-3-2　Lonning & DeFranco（1997）による理科と数学の関係

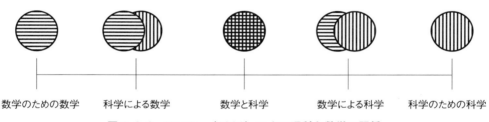

図 1-3-3　Huntley（1998）による理科と数学の関係

ここで，理科と数学を関連付けるとはどのようなことであろうか。また，「関連付ける」の他にも，同様な言葉があり，少しずつニュアンスが異なる。これまでのいくつかの先行研究では，「関連付ける」の他に，「連携」「統合」「調和」「クロス」など様々な表現が用いられている［図1-3-4］。

また，ここでそれらの言葉以上に重要となるのが，以下の2点である。

> ① 理科と数学を関連付けるには，両教科を混合したり，単に学習の導入に教材を利用したりするのではない。
> ② 学習内容や学習活動そのものが学習者にとって「意味のあるもの」でなくてはならず，「意味のあるもの」とは，学習者を引きつける不思議さや神秘性を持つ理科と数学の「共通の文脈」を有する「場面性（Situativity）」を設定することが必要である。

理科と数学を関連付けた授業といっても，指導を行う教師が一人であれば，理科教師または数学教師のどちらかが指導を行うことになる。この場合，どうしても数学の教師であれば，授業の中心課題は数学の内容になるはずであり，理科の教師であればその逆になる。例えば，よく見られるのは，数学の教師が授業の導入で何らかの自然の事物や現象などを見せて，それをきっかけとして数学の授業を行うことなどである。これなどは，単に導入の切り口として自然の事物を利用しただけであり，理科と数学を

関連付けたとまではいえないであろう。一方，理科の授業においても，観察や実験で得られたデータの解析過程で，単に数学を手段としてのみ使うのであれば，これも理科と数学を関連付けたとまではいえない。どこまで踏み込んだ内容であれば「関連付けた」かということは，その基準が曖昧で，判断が難しいところであるが，その一つの判断材料が②に述べた「意味のあるもの」ということになる。ここでは，もう一つ重要な点があり，それは理科と数学の「共通の文脈」という視点である。この共通の文脈による「場面」を授業の中に設定しなければならない。この場面を演出するには，当然のことながら，理科の授業と数学の授業における，文字通り「共通する点」を模索し，見つけ出さなければならない。当然ながら，通常，理科の教師は理科の視点でしか教材を見ていないし，数学の教師も然りである。したがって，お互いに他の教科の教科書をよく見ることから始めなくてはならない。しかし，現場の教師にとって，他教科の教科書を見るということは，苦痛以外の何物でもないかもしれない。このようなことからしても，理科と数学を関連付けるということは一筋縄にはいかないのである。

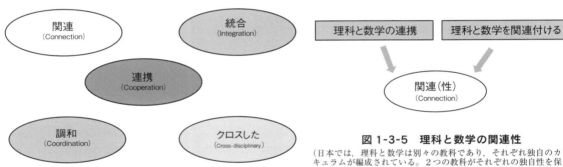

図 1-3-4　理科と数学を結びつける言葉

図 1-3-5　理科と数学の関連性
(日本では，理科と数学は別々の教科であり，それぞれ独自のカリキュラムが編成されている。2つの教科がそれぞれの独自性を保っているため，ある特定の学習領域で教科間の共通部分が存在する場面があるという意味において，関連（Connection）という語を用いることとする。)

また，ここで「共通の文脈を有する場面性」においては，学習内容と学習活動に分けて考えることができる。学習内容は，理科と数学のカリキュラムの中から共通する教材の模索と選定を行い，共通する文脈に沿った授業デザインを考えることである。そして次に行うべきことは，そうして考案した授業デザインを，具体的にどのような方法の授業形態で実践するかということである。ここでは理科と数学を結びつける題材・教材が，単なる偶然ではなく，科学的な根拠に基づく必然性によって成立していなければならないという点である。更に，それに加えて不思議さや神秘性が備わっていれば申し分ない。そして，授業の形態は，理科でいう探究活動の手法を取っていることが重要である。

探究活動は，探究学習とも言われるが，米国のシュワブ（Schwab, J. J.）が提唱した学習方法で，知識獲得の過程に児童・生徒が主体的に参加することによって，自然を調べていくのに必要な探究能力を身につけるとともに，自然認識の基礎となる科学概念の形成を図り，さらに，未知の自然を探究しようとする積極的な態度を育てることをねらいとする学習活動である。日本では，昭和40年代頃からこの探究学習の手法が理科の授業のスタンダードとなっており，現在でも授業の主流といえよう。理科と数学の関連性を考える上では，この探究活動について避けて通ることはできないので，次節で少し詳しく見ていくことにする。

(4) 理科と数学における探究活動

理科と数学は，解決すべき問題に対して，様々な方法，考え方などを用いて，課題の解決を図るという点では共通している。この点では，上述した探究学習に相当する。探究学習では，「探究の過程」と「科学の方法」が重視される。探究の過程はプロセススキル（ズ）と言われ，大まかには，問題の発見 → 情報の収集 → 情報の処理 → 規則性の発見 の段階を経て問題の解決に至る手法である。米国においては，全米科学振興会（AAAS：The American Association for Advancement of Science）のSAPA（Science-A Process Approach）において，その成果を見ることができる。このSAPAは，もともと小学校向けに開発されたものであるが，当時の米国はスプートニク・ショックにより，全米あげて科学教育に力を入れていた時期であり，学校の理科教育においても，かなり高度な内容と手法が実施されていた。

探究の過程（プロセススキル）は，表1-3-1のようにPrimary Grade（基礎的プロセス）とIntermediate Grade（上級プロセス）の2段階に分けられ，小学校1年から，学年ごとに獲得すべき能力が定められた。なお，この探究の過程は様々なバリエーションがあり，表に示したものは代表的なものである。

一方，同じ探究活動の手法を取ることから，数学（算数）においても同様なプロセスが考えられるが，表1-3-2は，その後，理科と数学の探究の過程を比較したものである（David, 1995）。これを見ると，破線は数学のみに見られるもの，下線なしは理科のみに見られるもの，実線は数学と理科に共通するものである。なお，数学でProblem solving（問題解決）を最初に挙げているところが興味深い。なお，この探究の過程は，昨今の理科の学習指導要領では，図1-3-6のようにまとめられている。

表1-3-1　SAPA（Science-A Process Approach）のプロセススキル

Primary Grade（8つの基礎的なプロセス）
Observing（観察する）
Classifyying（分類する）
Measuring（測定する）
Using numbers（数を使用する）
Using space and time relationships（空間／時間の関係を用いる）
Inferring（推論する）
Communicating（伝達する）
Prediction（予測する）

Intermediate Grade（5つの上級のプロセス）
Formulating hypothesis（仮説を設定する）
Making operational definitions（操作的に定義する）
Controlling and manipulating variables（条件を統一する）
Interpreting data（データを解釈する）
Formulating models（モデルを作成する）
Experimenting（実験する）

AAAS（米国科学振興会）1962

表1-3-2　理科と数学の問題解決における比較

Scientific Processes	Mathematics Standards
Observing	Problem solving
Communicating	Communication
Using space relationships	Reasoning
Using time relationships	Connections
Classifying	Estimation
Using numbers	Number sense and numeration
Measuring	Whole number operations
Predicting	Whole number computaion
Inferring	Geometry and spatial sense
Controlling variables	Measurement
Interpreting data	Statistics and probability
Testing hypothesis	Fractions and decimals
Defining operationally	Patterns and relationships
Experimenting	
Imagining and creating	

David. M. Davison et al : School Science and Mathematics, 95（5）226-230, 1995

探究の過程（Process Skills）

① 自然事象との出会い　　⑤ 実験の実施
② 問題の把握　　　　　　⑥ 結果
③ 予想・仮説　　　　　　⑦ 考察
④ 実験計画　　　　　　　⑧ 結論

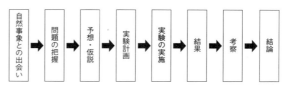

図1-3-6　学習指導要領における探究の過程の捉え方

第 1 章　理数教育の科学論

引用・参考文献

伊達文治（2013)：「てこの原理」の教材化とその発展性―理科の実験教材から算数の思考教材へ，難しい数式はいらない―，上越数学教育研究，28，13-20.

Frykholm, J., & Glasson, G. (2005): Connecting science and mathematics instruction: Pedagogical context knowledge for teachers. *School Science and Mathematics*, 105 (3), 127-141.

Hurley, M. M. (2001): Reviewing Integrated Science and Mathematics: The Search for Evidence and Definitions From New Perspectives. *School Science and Mathematics*, 101 (5), 259-268.

石井俊行・箕輪明寛・橋本美彦（1996)：数学と理科との関連を図った指導に関する研究―文脈依存性を克服した指導への提言―，科学教育研究，20 (4)，213-220.

木村寛・島田茂（1982)：算数・数学科と理科との関連について I　小・中学校教師の意見，科学教育研究，6 (1)，21-27.

久保田滝敏・木豊彦（2007)：数学と物理学を結ぶ授業の提案と実践～ベクトルを題材とする実験を取り入れた授業～，岐阜数学教育研究，Vol. 6, 33-50, 2007

Lonning, R. A., & DeFranco, T. C. (1997): Integration of Science and Mathematics: A Theoritical Model. *School Science and Mathematics*, 97 (4), 212-215.

文部科学省（2008)：幼稚園，小学校，中学校，高等学校及び特別支援学校の学習指導要領の改善について，中央教育審議会答申.

小原美枝・安藤秀俊（2011)：数学と理科の問題における文脈依存性に関する生徒の意識―自由記述の回答と解法から探る―，科学教育研究，35 (1)，38-45.

大西郁子（2008a)：算数・数学科と理科の関連に関する研究，第 41 回数学教育論文発表会論文集，819-824.

大西郁子（2008b)：算数・数学科と理科の関連に関する研究，平成 20 年度兵庫教育大学大学院学校教育修士論文，1-67.

大西郁子（2009)：算数・数学科と理科の関連に関する研究―算数・数学科と理科の学習内容としての探究活動―，数学教育学研究，15 (1)，53-59.

長崎栄三：現代社会における数学・理科・技術教育の連携―数学教育の立場から―，日本科学教育学会年回論文集，35，135-136，2011.

西川純（1994)：理科における計算能力の文脈依存性に関する研究，日本理科教育学会研究紀要，35 (1)，53-58.

Underhill, R. (1995): Integrating Math and Science: We Need Dialogue!. *School Science and Mathematics*, 95 (5), 225.

湯澤正通・山本泰昌（2002)：理科と数学の関連づけ方の異なる授業が中学生の学習に及ぼす効果，教育心理学研究，50，377-387.

（安藤秀俊）

4 数学教育からみる理数教育

(1) 数学教育の目的・目標論

　数学教育の目的・目標論では，文化的目的，陶冶的（人間形成的）目的，実用的目的の3つの側面から検討することが重要である。

　算数・数学は，理科などの学習に必要な"道具"として捉えられることがあるが，理科教育から見れば，これは主に「実用的目的」からの見方であろう。一方，数学教育の実用的目的では，現在では「数学的モデル化」や「算数・数学と社会・文化のつながり」に関する研究などに代表されるように，算数・数学を"自然"や"社会"の問題の解決に用いることが強調されている。特に"自然"への着目は，数学教育と理科教育との関係について検討する着眼点になると思われる（久保，2015）。

　ところで，数学教育の実用的目的についての考え方は，ペリー，ムーア，クラインらの数学教育改革（改良，改造）運動に遡る。そしてこれは，我が国では大正から昭和初期にかけて科学教育の重要性について主張した小倉金之助の数学教育論に結びつく。

　本稿では，明治から大正期までの数学教育史を概観した上で（久保，2004など），数学教育と理科教育との関係について，小倉金之助の「科学的精神」や「科学教育」の主張に着目して，文献解釈（特に，『科学的精神と数学教育』，小倉，1937）［図1-4-1］を中心に，数学教育の立場から検討するものである。

　なお，小倉についての研究には数学教育学（例えば，長崎，1995，中西，2000）や教育学（例えば，近藤・村井，1984）などの複数の学問領域から数多くの論考が発表されている。本稿は小倉について新たな知見を示すものではないが，数学教育と理科教育との関係を考察する際の視点として再検討するものである。

図 1-4-1　科学的精神と数学教育

(2) 明治から大正期の数学教育

　開国とともに，我が国特有の文化である和算は洋算へと移行していくが，明治5年（1872年）には数学科の教則が示されたことは画期的なできごとであったと考えられる。そして明治10年（1877年）には和算家を含む会員数114名を有する数学専門の学会（東京数学会社）[1]が設立されている。この中には，その後，我が国の数学教育に大きな影響を与える藤澤利喜太郎や菊池大麓などの名前も記されている（小倉，1947）。

　藤澤は，算術，代数，幾何を完全に別のものとする「分科主義」思想を主張し，菊池は厳密な論証を基盤に置く幾何教育を提唱したが，両者ともにいわゆる"形式陶冶"の考え方に基盤を置いた数学指導が強調される。そして，いずれも指導される数学は純粋数学（形式的数学，純正数学）であり，このような

指導は，中学校は昭和6年（1931年）まで，小学校は昭和10年（1935年）まで続くことになる。

この時代の特徴は，数学者を中心に数学教育が構築されていたことにあると捉えられる。

一方，この間の世界の情勢に目を向けると，1901年から1905年にかけて，イギリスのペリーはユークリッドから離れて実験・実測を重視する幾何教育の重要性について，アメリカのムーアは学科の融合と重要性について，また，ドイツのクラインは数学の実用面と函数観念などの重要性について主張した（小倉, 1924, 1932など）。これは数学教育改革（改良, 改造）運動と呼ばれるものであるが，明治35年（1902年）頃の我が国の数学教育は，こうした世界の流れとは大きく異なった純粋数学の指導の方向に進んでいたことになる。

このような状況の中で，小倉らは早くからペリーらの主張に賛同し，当時の我が国の数学教育を批判した数少ない数学者である。小倉が大正13年（1924年）に発刊した『数学教育の根本問題』［図1-4-2］は，当時の我が国の数学教育論を示したものであり，この書籍は1953年に再出版されるなど，高い評価を得ている。さらにこの数学教育論は，その後の数学教育再構成運動にも影響を与えている

図1-4-2　数学教育の根本問題

（長崎, 1990など）。この中で小倉が，この書がいわゆる数学教授法を伝えるために書かれたものではないこと，さらに小倉自身が数学教育の素人であることをあえて序章で記していること（小倉, 1924）は興味深い点である。

(3) 旧思想による数学教育の批判

小倉による旧思想の数学教育に対する批判は，ペリーらの数学教育改革運動が背景にあるが，ここでは，数学教育が実生活と遊離し，あまりにも学問的論理性が強調され，入学試験においても難問を解かせることに主眼が置かれていたことに対しての問題意識があった。

小倉の主張する数学教育は，日常生活に立脚して生活実践の面を強調し，学問の分科孤立を廃して融合し，理論偏重をさけて具体的なものについての直観実験を重視し，思考陶冶よりも実質陶冶を期すというものである。

これは，学習者の心理を重んじ，学問の論理的系統よりも発生的段階を考慮するという考え方であり，このような思想は，ペスタロッチの教育思想とも関連している。

特に，形式陶冶に重点を置いた数学教育への批判は，我が国のペスタロッチ研究の第一人者である教育学者，長田新と共通した考えに立っていたことは，その後の展開に大きな影響を与えたと捉えられる。小倉と長田の共著である『現代数学教育の改造』(1928)[2]はこれを示す書籍である。当時，文部省（現文部科学省）で教授要目改正を担当していた塩野直道は，小倉の『数学教育の根本問題』に加え，この小倉と長田の書籍から多くの示唆を得て，これが「小学算術」の編集につながったと記している（塩野, 1956）が，数学者の小倉らの主張は教育学者，数学教育研究者，さらには数学教育実践者らに多大な影響を与えたと考えられる。

大正期は，佐藤良一郎，鍋島信太郎，山本孫一，高木佐加枝といった数学教育に関心を持つ数学者や数学教育研究者，さらに実践者によって旧思想の数学教育が批判された時期であり，数学教育が数学者の手から次第に離れていった時代であると捉えられる。

特に，佐藤の『初等数学教育の根本的考察』(1924) には，数学教育は自然界，社会を正しく理解するための道具として必要なものであるが，「それ故に数学教育は第一に自然界及び社会を数学的に考察する仕方を教えねばならぬ。第二には数学的知識を獲得する方法を会得せしめねばならぬ。」(p.57) との記述がある。

(4) 物理学と数学の史的検討

小倉は，大正11年 (1922年) の日本中等教育数学会 (現在の日本数学教育学会) において，「物理学と幾何学との交渉」と題し講演を行っている。

ここでは，例えば「ニュートンが其の力学に於てユークリッド幾何学を採用し，天体の運動を説明し得るに及んで，その確信は一層深くなった訳であります。」と述べた上で，「逆に物理学上の研究から暗示を得て，ユークリッド幾何学自身の内容が，また大いに豊富になったのであります。」とする。そして力学や電磁気学が無かったならば，ベクトル幾何学が今日の域まで到達したかと述べ，物理学と幾何学とが親密なる関係にあることを強調している (小倉，1937，p.46，p.48)。

ここでは，幾何学は公理主義に立つ抽象的学術であるとしながらも，「幾何学が如何に整頓された調和の美を吾々に示すとともに，吾々の実存する空間と無関係なるもののみを以て，満足することはできません。」とし，さらに「実存空間，—即ちその内には物質が存在し，重力，熱，光，電気等の現象も，化学現象も生活現象も起こり得る空間—を知りたいのであります。」(小倉，1937，p.50) と述べている。この実存空間を「自然空間」，また，これを研究する学問を「自然幾何学」と呼んで，これは一つの自然科学であるとする。そしてこのようなことに数学者は目を向けるべきであると主張している (小倉，1937，p.59)。

(5) 科学的精神の開発

純粋数学は公理主義に立つ数学であり，小倉はこれについて『科学的精神と数学教育』の中で，「公理主義の数学が果たしてどれだけの務をなすでしょうか。人間の為の数学教育は，数学教師がただ数学者としての立場から観たものであってはなりません。」(小倉，1937，p.68) と述べ，数学教育は自然科学から学ぶところが多くあり，その根本にあるのは，科学教育の重要性を基盤に置いて，科学的精神を学ぶことにあるとする。

小倉 (1937) は，「科学教育とは科学的に考えさせるように仕向けることであって，決して初めから堅固に科学的に装飾された系統に面接せしめることではない」とする (p.74)。そして，科学的精神とは「ここに二つ又は多くの事実があるとき，経験的事実を基礎として，それ等の間に関係あるや否やを考え，若し関係ありとせば如何なる関係ありや，その法則を発見しようとする精神」(p.69) とし，「数学教育の意義は科学的精神の開発にある」(p.74) とする。

そして，科学的精神を開発 (要請) するとは，「所謂数学の形式，従来の数学の型に嵌めることを教え

第1章　理数教育の科学論

るという意味ではありません。科学的精神は流動しつつ，延び行く所の生命あるものです。科学的精神
は思想の自由を尊重し，高調するものであります。」と述べている（小倉，1937, p.74）。

このような考え方の根底には，数学の精神と自然科学の精神には相違はないとの主張があり，幾何学
の作図題と有機化学の合成法を例に，ここには同様な精神が存在していると指摘する。これは，作図題
では解析によって図形の構成を明らかにし，合成法では分析によって物質の構造を明らかにするが，作
図では補助線が，合成では化学作用によって中間的物質を作ることにより目的に達する，というもので
ある（小倉，1937, p.71）。

また，数学教育では，まず経験を基礎としその結果を総合抽象して，多少の論理を加えて検討すると
主張している。これは分科主義を否定し形式陶冶の批判的見解へと結びついている。

なお，小倉が用いる「自然」とは「自然および社会」を，また，「自然科学」とは「自然科学および
社会科学」を指している（小倉，1937, p.73）。

(6) 函数観念の養成

小倉（1924）は，科学教育の本務が科学的精神の開発にあるとし，数学教育の意義は科学的精神の育
成にあると主張する。これは，これまでの"静的"な数学から，"動的"な数学への着目である。その
代表的な主張の一つに，函数観念の養成がある。

小倉（1924）は，「数学教授内容の核心となるものは，果たして何であろうか。それは勿論科学的精神
の中堅となるものでなければならぬ。それは疑いもなく函数の観念である。それ故に，『数学教育の核
心は函数観念の養成にある。』」とし，数学において，函数（関数）がもっともよく科学的因果関係を語
るものであると主張する。さらに，函数観念とは，決して函数の解析的表示のみを指すのではなく，函
数観念は私たちの生活と共にあるとし，動物学者ハックスレーの「科学は整頓された常識である」を引
用した上で，「常識を整頓するものこそ函数観念である」とする。

この点に関して，中西（2000）は，小倉の主張する函数観念について，「単に「常識の基調をなすもの」
というだけでなく，それを通してその中にはすでに「自由」「独立」「幸福」につながる深い意味がこめ
られている」と捉えている（p.181）。また中西（2000）は，「科学的精神」にも関係して，この背景には，
15世紀，16世紀に発達したヨーロッパの封建科学に対する反抗があり，「科学的精神」はあくまでも国
民大衆の幸福のための科学的革命性の立場に立ったものであると指摘している。

(7) 数学の実用性と論理的価値の統一の問題

数学教育における科学的精神の開発，そして，函数観念の要請は，記すまでもなく，数学教育の実用
的価値（実用性）に重点を置いた考え方である。しかし小倉は，「応用数学」や「実用数学」[3]の重要性を
強調しているが，数学教育における純粋数学の価値を軽視しているわけではない。

小倉は，数学教育は数学者を育成するものではないことを様々な書籍で強調しているが，これを踏ま
えて，一般人にとっての数学教育の必要性について論じている。

ここでは2つの観点から述べられているが，その第1は実用的価値に関するもので，小倉はこの"実

用”を，「日常生活に直接に必要な計算から，更に一歩進めて，産業技術，自然科学，社会科学，その他の文化の理解・研究のために必要なもの」であると捉えている。

一方，第2は論理に関するもので，数学には特殊的な観念と方法があり，これは系統ある一つの体系に組織されていて，これを学びとらせることに重要な論理的価値があるとする。そして，「推理や論理は他の学問によって得られるし，また数学の論理は決して論理の全般ではなく，特殊的なもの——殊に多くは形式的なもの——に相違ない。しかし断片的な論理でなく，論理的に一つの体系を構成することの意味を，年少者に理解させるために，数学が特に有効であることは，争うべからざる事実であろう。」と述べている (小倉，1937, pp.260-261)。

小倉はペリーらの数学教育改革運動に早くから賛同していたが，科学に対して，実用のみを目的とする科学の存在は不可能であり，応用があればこそ真理があると主張するのではなく，真理があればこそ応用があるとの立場に立つ (小倉，1937, p.40)[4]。これは，クラインや工学の立場に立つペリーとはやや異なるものであるとも考えられる。

そして小倉は，数学教育の基本課題として，数学の実用性と論理的価値の統一の問題を指摘する。そしてこれは，数学の歴史に照らし，現実の世界に対する“外の面”と，数学自身が持つ内部的な“内の面”という2つの面の発展史の問題であるとする (小倉，1937, p.263) とする。

(8) 数学教育の視点に立つ理数教育

数学には，数学そのものに着目した数学的発展性と，数学と現実的な事象との関係に着目した数学の社会的有用性という2つの側面がある。

小倉の主張は，後者の社会的有用性に着目するものである。しかし先にも記したように，小倉は数学教育について前者の側面に立つ純粋数学を軽視しているわけではない。例えば，公理主義に立つ幾何教育についても，クラインの立場と同様ではないことを述べている (小倉，1937, p.50)。

ここには，小倉の数学者としての当時の微妙な立場 (例えば，公理主義に立つ純粋数学のみを“数学”とする数学者集団との関係) が背景にあるように思われるが，このような中で，小倉が“数学”を3つの段階から捉えていることは興味深い。これは，第1として「証明」の段階，第2として「解を求める段階」，そして第3として「応用数学」の段階である (小倉，1937, pp.24-27)。

この小倉の考え方の，第1の段階は公理主義に立つ数学教育であり，第3の段階は「科学的精神」を基盤に置いた数学教育と理科教育の関係の着眼点になると思われる。

本稿で着目した小倉の主張は，中等教育のあり方が現在とは異なる大正から昭和初期にかけての見解ではあるものの，重要な数学教育論の一つである。しかし一方で，戦後の論考には小倉に否定的見解のものもある (例えば，横地，1956)。この点から，小倉の主張は時代を問わず，現代そして将来における数学教育で再検討すべきものであると考えられる。それは，例えば“数学”を確定的事象だけに重点を置くのか，不確定的事象にもより目を向けるのかということにも関係する。これは，21世紀を生きる子どもにとって身につけなくてはならない“力”に関係するものであろう。

また，このように考えると，小倉が当時，今後の課題として指摘した“数学の実用的価値と論理的価

第 1 章　理数教育の科学論

値の問題"は，数学教育と理科教育をどのように関連づけるかという点で，これからの問題として見直す必要があると考えられる。

　数学教育と理科教育との関係は，それぞれの教科の特性を認識した上で，教科横断的視点からその関連性を見いだすことができるのか，また，これを理数教育として捉えた場合，その共通する領域や内容をカリキュラムとしてどのように構成していくのか，さらに，STEM 教育や STEAM 教育に目を向けると，教科間の関係はより一層深めることができるのかといった検討が必要であろう。なお，その一方で，数学教育と理科教育のそれぞれの特性を明確にしていくことも重要である。

注
1)　この学会は，その後日本数学物理学会となるが，1945 年に解散し，日本数学会となる。
2)　この書籍は数学者と教育学者の共著として特記すべき書籍であるが，ご子息である長田五郎氏はこの書籍について認識されていなかった。これについて五郎氏は，長田の主張は当初は数学教育だったかもしれないが，次第にすべての教科に向けられていったと述べられた（長田五郎氏と筆者との会談）。
3)　「応用数学」は，欧米に比べ我が国では認識されたのは遅く，『日本の数学 100 年史（下）』（1984）によれば，1945 年に数学雑誌「応用数学」が発刊されている（1 刊のみ）。また，大学における「応用数学科」の設置は 1961 年（東京理科大学），「応用数理学科」の設置は 1963 年（東京教育大学）である。また，これに関係する書籍では，清水辰次郎が 1961 年に『応用数学』，『実用数学』（朝倉書店）を発刊している。
4)　これは，大正 8 年の東京物理学校（現在の東京理科大学）同窓会における「理論数学と実用数学との交渉」と題する講演の内容であり，実用数学について語る中で，数学者に対して，数学は「数学の為の数学」と「実用の為の数学」の両面から研究すべきであると述べている。

引用・参考文献
小倉金之助（1924）：数学教育の根本問題．イデア書房．
小倉金之助（1932）：数学教育史．岩波書店．
小倉金之助（1937）：科学的精神と数学教育．岩波書店．
小倉金之助・長田新（1928）：現代数学教育の改造．モナス．
久保良宏（2004）：数学教育史からみる数学教育学成立の過程—明治から昭和 30 年前後までの算数・数学教育—，教育の今日的視座（pp.145-168），北海道教育大学教科教育研究会編．
久保良宏（2015）：数学教育と理科教育との関係について（2）—数学教育史に着目して—，日本科学教育学会年会論文集 40，53-56．
近藤真庸・村井淳志（1984）：大正期における長田新の教育内容改造論，教育科学研究(3)，11-18．
佐藤良一郎（1924）：初等数学教育の根本的考察．目黒書店．
塩野直道（1956）：青表紙と小倉先生，科学史と科学教育（小倉金之助先生古希記念出版編集委員会編），大日本図書，242-248．
長崎榮三（1990）：数学教育再構成運動と数学第一類・第二類—戦時下の中学校数学教育—，国立教育研究所第 21 号，85-102．
長崎榮三（1995）：中学校数学教育の新しいパラダイムの出現—戦時下の中学校数学教育論の検討から—，学芸大学数学教育研会 7，71-80．
中西正治（2000）：小倉金之助の関数観念についての考察，日本数学教育学会数学教育論文発表会論文集 33，181-186．
日本の数学史 100 年史編集委員会編（1984）．日本の数学 100 年史（下）．岩波書店．
横地清（1956）：不況時代における数学教育—米国数学教育史の一断面，科学史と科学教育（小倉金之助先生古希記念出版編集委員会編），大日本図書，214-221．

（久保良宏）

5 理科から見た理数教育

（1）理科から見た理科と数学の関連付け

　理科と数学の関連付けに着目するという考えは近年に始まったものではない。今から100年以上前の1902年にアメリカ数学会の会長であったE. H. Mooreは，技術者の養成を見据え，中等教育改革における数学と物理の関連付けの強化を主張した（Moore, 1903）。それから100年の間に850の理科と数学の関連付けに関する書籍や研究が米国において発表されている（Berlin & Lee, 2005）。とりわけ，多くの教育専門機関によって発行された教育改革文書（e.g. AAAS, 1989; NCTM, 1989; NRC, 1989）において理科と数学の関連付けが支持された1990年以降，理科と数学の関連付けに関する書籍や研究の発表数は急激に増加している。1901年から1989年までの発表数が401であったのに対し，1990年から2001年の僅か10年間で449もの書籍や研究が発表された（Berlin & Lee, 2005）。さらに近年では，米国から始まったSTEM教育の広がりから，教科等を統合的に捉える動きが進みつつある。

　これまでの理科と数学の関連付け研究は主に5つのテーマについて議論されてきた。1点目は理科と数学を関連付ける意義（e.g. Berlin & White, 1995; Issacs et al., 1997; Czerniak et al., 1999），2点目は理科と数学を関連付ける事柄（e.g. Berlin & White, 1995; Davison et al., 1995; Pang & Good, 2005），3点目は理科と数学の位置付け（e.g. Education Development Center, 1969; Brown & Wall, 1976 ; Lonning & Defranco, 1997; Huntley, 1998），4点目は理科と数学の関連付けの評価法（e.g. Austin, Hirstein & Walen, 1997; Westbrook, 1998; Judson & Sawada, 2000; Hurley, 2001），5点目は，理科と数学の関連付けに関する教師教育についてである（e.g. Offer, 2009; Stinson & Meyer, 2009; Lee, et al., 2013）。ここでは，理科と数学を関連付ける意義，理科と数学を関連付ける事柄，理科と数学の位置付け，理科と数学の関連付けの評価法から，理科からみた理科と数学の関連付けについて述べる。

　理科と数学を関連付ける意義について，最も一般的な議論は理科と関連付けて数学を指導することで，抽象的な数学概念の学習を促進する具体例を生徒に提供でき，数学と関連付けて理科を指導することで，自然現象を定量化し，表現し，分析するための道具を提供できるという主張であろう（Rutherford & Ahlgren, 1990; Watanabe & Huntley, 1998; Westbrook, 1998; Basista & Mathews, 2002; Michelsen, 2006; Bossé et al., 2010）。また，理解はつながりをつくること（e.g. Haylock, 1982）という考えに基づき，両教科を関連付けて指導することで，豊富に関連付けられた深い知識構造を構築することができ，学習した知識を活用することができるとも言われている（Berlin & White, 1995; Issacs et al., 1997; Huntley, 1998; Czerniak et al., 1999; Frykholm & Glasson, 2005; Bossé et al., 2010; So, 2012）。さらに現実世界は教科によって分断されておらず，教科横断的な学習が必要であるとも主張されている（Davison et al., 1995; Meier & Cobbs, 1998; Czerniak et al., 1999; Lee et al., 2013）。とりわけ社会の問題は理科と数学の知識を用いて解くことが多く，両教科の学習が分離している時，生徒が現実社会の問題を解くことができないことが指摘されている（Berlin & White, 1995; Frykholm & Glasson, 2005）。一方，情意的側面に着目した研究からは，両教科を関連付けることで興味・関心を喚起することができることが知られている（Bragow et al., 1995; McComas, 1993; Guthrie et al., 2000）。

第 1 章　理数教育の科学論

　では具体的に何を関連付けるのか，これまでの研究では理科と数学の関連付けの理論的枠組みとして提示されていることが多い (e.g. Berlin & White, 1995; Davison et al., 1995; Pang & Good, 2005)。理科と数学の共通点に着目した立場からは，内容と方法から両教科を関連付けることができることが知られている (e.g. NCTM, 2000; Koirala & Bowman, 2003)。内容の関連付けとは「確率」と「遺伝の法則」や「比例・反比例」と「てこの働き」といった共通する概念に着目した考えである。具体的には，測定，パターンと関係，確率と統計，空間関係，変数と関数が両教科に共通している (Hollenbeck, 2007)。一方，方法の関連付けとは，数学における問題解決と理科の探究過程といった共通の思考やその過程に着目した考えである。具体的には，観察する，測定する，分類する，変数を制御するなどが知られている (Cooney & Henderson, 1972; Brown & Wall, 1976; Gallagher, 1979; Champange, 1992; Berlin & White, 1995)。一方，理科と数学で相違する点に着目するという立場では，両教科の内容や方法を用いるテーマによって関連付けることができる (Davison et al., 1995; Beane, 1995)。ここでは，課題の解決のために理科と数学の内容や方法が用いられることになる。

　このように関連付ける際に理科と数学をどのように位置付けるのか，5 つのカテゴリーで分類できることが知られている (Education Development Center, 1969; Brown & Wall, 1976 ; Lonning & Defranco, 1997; Huntley, 1998)。そこでは，両端に独自の数学と独自の理科が位置付けられ，中心に「数学と理科」が位置付けられている。さらに両端と中心の間に，数学のための理科と理科のための数学が位置付けられている。

　これらの関連付けをどのように実証的に評価するか，一般的には生徒の達成度で測られることが多い (e.g. Austin et al., 1997; Judson & Sawada, 2000; Hurley, 2001)。そこでは関連付けた授業を行ったほうが，生徒の達成度が高くなることが報告されている (Stevenson & Carr, 1993; Greene, 1991; Vars, 1991)。さらに Hurley (2001) は 34 の先行研究のメタ分析から，関連付けた教授において達成度が僅かながら高くなると結論づけた。また Westbrook (1998) は概念地図法を用いて，理科と数学の知識間のつながりを調査し，理科と数学を関連付けた教授のほうがより詳細な知識間のつながりを構築できることを示唆した。さらに，我が国においては両教科の関連付けは文脈依存性に焦点を当て研究が行われてきた (西川, 1994; 石井ら, 1996; 西川・岩田, 1999; 三崎, 1999, 2001; 小原・安藤, 2011)。文脈依存性とは，数値と解法が同一の問題において，出題の文脈の違いによって生徒の解答が異なり，一方の文脈でのみ正答することである。そこでは，生徒が文脈の違いによって異なった解答を示すことが知られている。

　理科からみた理科と数学の関連付けという視点からは，理科と数学の位置付けにおいてその特徴が表れており，両教科の位置付けは「理科における数学」となる。そこでは科学的な問題を解決するための道具を数学が提供することになる。また，理科と数学を関連付ける事柄と理科と数学の関連付けの評価法については，各位置付けにおいて共通していると言える。

(2) 理科教育研究における数学の扱われ方

　第 1 節で述べたように，理科と数学は密接に関連しているため，理科教育の研究においても「数学」が扱われる場合が見受けられる。そこで，本節では日本理科教育学会が発行している理科教育学研究における数学の扱われ方について述べる。理科教育学研究における数学の扱われ方に関するキーワードとして「数学」「算数」「理数」「STEM」を用いて，題目及び抄録 (2000 年 – 2022 年) を対象として検索し

5　理科から見た理数教育

た。その結果，タイトルにキーワードが含まれる 12 論文，抄録にキーワードが含まれる 13 論文の合計 25 論文を抽出することができた。さらに内容を確認し，理科教育学研究における数学を扱っているものとして，合計 19 論文を選定することができた。そのリストを表 1-5-1 から表 1-5-3 に示す。これら 19 論文は，「理科における数学」に関する研究［表 1-5-1］，「教師教育」に関する研究［表 1-5-2］，「理科と数学の関連性」に関する研究［表 1-5-3］の 3 つに大別された。

表 1-5-1　理科教育学研究における数学を扱った論文（理科における数学）

著者	年	タイトル
大髙 泉	2000	科学教育における近代科学の基本的自然観の再生産：ドイツ範例的教授過程における「自然の数学化可能性」観の伝達とその意味
荒井 妙子，永益 泰彦，小林 辰至	2008	自然事象から変数を抽出する能力に影響を及ぼす諸要因の因果モデル
荒井 妙子，永益 泰彦，小林 辰至	2008	中学生の自然事象に関わる変数への気づきに影響を及ぼす要因の検討
五島 政一，小林 辰至	2010	教員養成課程学生の自然観察的な自然事象への気づきに影響を及ぼす要因の検討
浅井 尚輝，森本 弘一	2012	自作デジタル温度計の開発：「自分の体温計を作ってみよう」
栗原 淳一，濤崎 智佳，小林 辰至	2015	中学生の満ち欠けの理解に関わる空間認識能力に影響を及ぼす諸要因の因果モデル
小野寺 正己	2017	小学生の満ち欠けの理解に関わる空間認識能力に影響を及ぼす諸要因の因果モデルの検討
山田 貴之，稲田 佳彦，岡崎 正和，栗原 淳一，小林 辰至	2021	数学との教科等横断的な学習を促す理科授業の試み —関数概念を有する密度の学習に焦点を当てて—
福田 恒康，遠西 昭寿	2021	「オームの法則」の指導を再考する
金井 太一，小川 佳宏，山田 貴之	2022	理科と数学の学習の順序性が密度概念の理解に及ぼす効果 —中学校第 1 学年理科「密度」の発展的授業を通して—

　理科における数学に関する研究として，大髙（2000）はドイツの著名な実践家であるヴァーゲンシャインによる「落下の法則」の範例的教授過程を事例として取り上げ，「自然の数学化可能性」観の伝達の意味と方法を分析し，西欧の科学教育論における近代科学の基本的自然観の再生産の様相の一端を解明した。また，変数への気づき（荒井ら，2008a, 2008b）や自然現象への気づき（五島・小林，2010），空間認識能力（栗原ら，2015）に影響を及ぼす要因や因子の一つとして「数学への好感度」に着目した分析が行われている。さらに，小野寺（2017）においても，小学生の月の満ち欠けの理解に関わる空間認識能力に影響を及ぼす諸要因の一つとして「算数学習への好感度」を挙げている。浅井・森本（2012）は，自作デジタル体温計の教材化において，数学を使った測定値処理を行っている。さらに近年では，理科の授業において数学を扱うことの効果に関する研究が行われている。山田ら（2021）及び金井ら（2022）では，理科の密度の学習における比例の数学授業の効果について検討している。また，福田・遠西（2021）は，オームの法則の指導にいて，学習の中間概念として抵抗の逆数であるコンダクタンスの考え方を用いることで，数学言語による科学命題の理解を容易にすることができることを明らかにした。

第 1 章　理数教育の科学論

表 1-5-2　理科教育学研究における数学を扱った論文（教師教育）

著者	年	タイトル
根本 泰雄，柴山 元彦	2003	小学校における理数系を背景に持つ教諭の割合：大阪市立小学校を例にして
柴山 元彦，根本 泰雄	2006	中学校における理科・数学を背景に持つ教諭の割合：大阪市立中学校を例にして
田川 健太，西山 保子	2008	東京都立高等学校の理科教師による数学的内容の指導とその意識：測定値の取扱いに関する指導を中心に

表 1-5-3　理科教育学研究における数学を扱った論文（理科と数学の関連性）

著者	年	タイトル
高阪 将人	2015	ザンビア共和国における概念地図法を用いた理科と数学の関連性に関する実態調査
荒川 悦雄，フォグリ ヴォルフガング，小杉 聡，小林 晋平，鴨川 仁	2019	小学校理科に於ける重さと SI
杉山 紗里奈，内海 志典	2022	オーストラリアの中等教育科学における STEM 教育に関する研究—教材に着目して—
杉山 紗里奈，内海 志典	2022	オーストラリアにおける STEM 教育に関する研究—オーストラリアン・カリキュラムと学習領域の統合—
河本 康介，山田 健人，小林 辰至，山田 貴之	2022	理数学習の有用性に影響を及ぼす諸要因の因果モデル—初等教育教員養成課程学生を対象とした質問紙調査に基づいて—
河本 康介，山田 貴之	2022	「関数的な見方・考え方」を働かせる授業方略が 2 量関係の理解および「理科と数学の教科等横断的な学習の意義」に対する意識に及ぼす影響—中学校第 1 学年理科「フックの法則」において—

　次に，教師教育に関する研究として，根本・柴山（2003）は小学校における理数系を背景に持つ教諭の割合を，柴山・根本（2006）は中学校における理科・数学を背景に持つ教員の割合を調査している。また，田川・西山（2008）は，理科の授業で数学的知識が必要となることが多いとし，理科教師による数学的内容に関する指導の実態と意識について明らかにしている。このように，教師教育に関する研究では，教師が有する数学的背景や数学の指導に関する意識に関する研究が行われている。

　理科と数学の関連性に関する研究として，高阪（2015）は概念地図法を用いた理科と数学の関連性に関する実態把握調査を行っており，荒川ら（2019）では，小学校の理科及び算数で取り扱われている重さの意味及び単位について調査している。また河本ら（2022）では「理科と数学の教科等横断的な学習の意義」を構成している諸要因の因果モデルの解明を，河本・山田（2022）は「理科と数学の教科等横断的な学習の意義」に対する意識に及ぼす効果を明らかにしている。さらに，杉山・内海（2022a, 2022b）はオーストラリアの STEM カリキュラムに関する分析を行っている。

　このように，理科教育研究では，「理科における数学」の立場による研究と，「理科と数学」の立場による「教師教育」及び「理科と数学の関連付け」に関する研究として行われてきたことが分かる。また，当初は教師の背景や能力に影響を与える要因に関する研究が，その後，それら研究を基盤とした指導の効果に関する研究，さらに STEM 教育の世界的な潮流を受け，STEM 教育に関する研究が行われるようになってきたことが分かる。

（3）理科からみた数学の学習指導要領の学習内容との関連

　第1項で述べたように，理科からみた理科と数学の関連付けという視点からは，理科と数学の位置付けにおいてその特徴が表れており，両教科の位置付けは「理科における数学」となる。そこで，本節では理科の学習指導要領の内容項目と対比した数学の学習内容の分析を行い，理科の学習内容と関連する数学の学習内容について明らかにする。同様の分析は月岡ら（2003）が平成10年の学習指導要領を対象に行っている。月岡ら（2003）は分析の結果，①理科の第1分野は，中学校数学のどの領域にも密接に関連していること，②理科第2分野においても，第1分野に比べれば関連項目数は少なくなるが，数学の各領域に関連している。また，分類し整理するといった基礎的な部分など数学との共通性があると結論付けている。

　ここでは，平成29年学習指導要領における，第1分野「（1）身近な物理現象（ア）光と音」と，第2分野「（6）地球と宇宙（ア）天体の動きと地球の自転・公転」における，理科の項目からみた数学との関連について記載する［表1-5-4，表1-5-5］。これら対応を踏まえ，今後は理科から見た理数科教育に関する研究及び実践の蓄積が求められる。

表 1-5-4　第 1 分野（1）身近な物理現象（ア）光と音と関連する数学の学習内容

理科の学習内容	関連する数学の学習内容	関連する学習内容の説明
光と音 ㋐光の反射・屈折	第1学年　B 図形 （1）平面図形 第2学年　B 図形 （1）基本的な平面図形の性質	・作図 ・線対称な図形 ・平行線の性質 ・対頂角の性質
㋑凸レンズの働き	第1学年　B 図形 （1）平面図形 第3学年　B 図形 （1）図形の相似	・作図 ・平行な直線 ・相似の考えの利用
㋒音の性質	第1学年　C 関数 （1）比例，反比例 第2学年　C 関数 一次関数	・具体例から関係を見つける（音の高さと振動数） ・$y = ax$（音が伝わる時間と距離の関係）

出典：月岡ら（2003）及び平成29年学習指導要領を参考に筆者作成

第 1 章　理数教育の科学論

表 1-5-5　第 2 分野　(6)地球と宇宙　(ア)天体の動きと地球の自転・公転と関連する数学の学習内容

理科の学習内容	関連する数学の学習内容	関連する学習内容の説明
天体の動きと地球の自転・公転 ㋐日周運動と自転	第 1 学年　B 図形 (1) 空間図形	・空間図形の考え方 ・見取図など（太陽の動き方）
㋑年周運動と公転	第 1 学年　C 関数 (1) 比例・反比例 第 1 学年　B 図形 平面図形	・二つの数量の変化や対応を調べること 　（昼夜の長さと太陽高度の変化の関係），（高さと気圧 　の変化の関係） ・円の接線（太陽高度の求め方），（季節による太陽の 　南中高度の変化などについて，平面図形で考える）

出典：月岡ら（2003）及び平成 29 年学習指導要領を参考に筆者作成

引用・参考文献

American Association for the Advancement of Science. (1989): *Project 2061. Science for all Americans. Summary.* Washington, DC: Author.

Austin, J. D., Hirstein, J., & Walen, S. (1997): Integrated mathematics interfaced with science, *School Science and Mathematics,* 97, 1, 45-49.

Basista, B., & Mathews, S. (2002): Integrated Science and Mathematics Professional Development Programs, *School Science and Mathematics,* 102, 7, 359-370.

Beane, J. A. (1995): Curriculum integration and the disciplines of knowledge, Phi Delta Kappan, 76, 8, 616-622.

Berlin, D. F. & Lee, H. (2005): Integrating Science and Mathematics Education: Historical Analysis, *School Science and Mathematics,* 105, 1, 15-24.

Berlin, D. F., & White, A. L. (1995): Connecting School Science and Mathematics, Peggy A. H. & Arthur F. C. (Eds.), *Connecting Mathematics across the Curriculum,* (pp.3-12), The National Council of Teachers of Mathematics, INC.

Bossé, M. J., Lee, T. D., Swinson, M., & Faulconer, J. (2010): The NCTM Process Standards and the Five Es of Science: Connecting Math and Science, *School Science and Mathematics,* 110, 5, 262-276.

Bragow, D., Gragow, K. A., & Smith, E. (1995): Back to the future: Toward curriculum integration, *Middle School Journal,* 27, 39-46.

Brown, W. R., & Wall, C. E. (1976): A look at the integration of science and mathematics in the elementary school-1976, *School Science and Mathematics,* 76, 7, 551-562.

Champagne, A. B. (1992): Cognitive Research on Thinking in Academic Science and Mathematics: Implications for Practice and Policy. In Halpern, D. F. (Ed.) *Enhansing Thinking Skills in the Science and Mathematics,* (pp.117-133), Lawrence Elbaum Associates.

Cooney, T. J., & Henderson, K.B. (1972): Structuring knowledge in mathematics and science. *School Science and Mathematics,* 72, 5, 425-430.

Czerniak, C. M., Weber, W. B., Jr., Sandmann, A., & Ahen, J. (1999): A Literature Review of Science and Mathematics Integration, *School Science and Mathematics,* 99, 8, 421-430.

Davison, D. M., Miller, K., & Metheny, D. L. (1995): What does Integration of Science and　Mathematics Really Mean?, *School Science and Mathematics,* 95, 5, 226-230.

Education Development Center. (1969): *Goals for the Correlation of Elementary Science and Mathematics,* Houghton Mifflin.

Frykholm, J., & Glasson, G. (2005): Connecting science and mathematics instruction: Pedagogical context knowledge for teachers, *School Science and Mathematics,* 105, 3, 127-141.

Gallagher, J. J. (1979): Basic skills common to science and mathematics. *School Science and Mathematics,* 79, 7, 555-565.

Greene, L. C. (1991): Science-centered curriculum in elementary school. *Educational Leadership,* 49, 42-51.

Guthrie, J. T., Wigfield, A., & VonSecker, C. (2000): Effects of integrated instruction on motivation and strategy use in reading, *Journal of Educational Psychology,* 92, 331-341.

Haylock, D. W. (1982): Understanding in Mathematics: Making Connections, *Mathematics Teaching,* 98, 54-55.

Hollenbeck, J. E. (2007): Integration of Mathematics and Science: Doing it correctly for once, *Bulgarian Journal of Science and Education Policy* (*BJSEP*), 1 ,1, 77-81.

Huntley, M. A. (1998): Design and Implementation of a Framework for Defining Integrated Mathematics and Science

Education, *School Science and Mathematics*, 98, 6, 320-327.

Hurley, M. M. (2001): Reviewing Integrated Science and Mathematics: The Search for Evidence and Definitions From New Perspectives, *School Science and Mathematics*, 101, 5, 259-268.

石井俊行・箕輪明寛・橋本美彦（1996）: 数学と理科との関連を図った指導に関する研究—文脈依存性を克服した指導への提言—，科学教育研究，20, 4, 213-220.

Isaacs, A., Wagreich, P., & Gartzman, M. (1997): The Quest of Integration: School Mathematics and Science, *American Journal of Education*, 106, 179-206.

Judson, E., & Sawada, D. (2000): Examining the Effects of a Reformed Junior High School Science Class on Students' Math Achievement, *School Science and Mathematics*, 100, 8, 419-425.

Koirala, H. P., & Bowman, J. K. (2003): Preparing Middle Level Preservice Teachers to Integrate Mathematics and Science: Problems and Possibilities, *School Science and Mathematics*, 103, 3, 145-154.

Lee, M. M., Chauvot, J. B., Vowell, J., Culpepper, S. M., & Plankis, B. J. (2013): Stepping into iSMART: Understanding Science-Mathematics Integration for Middle School Science and Mathematics Teachers, *School Science and Mathematics*, 113, 4, 159-169.

Lonning, R. A., & DeFranco, T. C. (1997): Integration of Science and Mathematics: A Theoretical Model, *School Science and Mathematics*, 97, 4, 212-215.

McComas, W. F. (1993): STS education and the affective domain. In R. E. Yager (Ed.), *What research says to the science teacher, 7: The science, technology, and society movement* (pp.161-168), National Science Teachers Association.

Meier, S. L., & Cobbs, G. (1998): Potential Benefits and Barriers to Integration, *School Science and Mathematics*, 98, 8, 438-447.

Michelsen, C. (2006): Functions: a modelling tool in mathematics and science, ZDM, 38, 3, 269-280.

三崎隆（1999）: 計算能力にかかわる文脈依存性を生かした指導法に関する研究，科学教育研究，23, 5, 348-354.

三崎隆（2001）: 教科に現れる場依存型の認知型の文脈依存性に関する実証的研究，日本教科教育学会誌，23, 4, 59-64.

Moore, E. H. (1903): On the Foundations of Mathematics, *Science*, 17, 401-416.

National Council of Teachers of Mathematics (1989): *Curriculum and Evaluation Standards*, NCTM.

National Council of Teachers of Mathematics (2000): *Principles and Standards for School mathematics*, NCTM.

National Research Council (1989): *Everybody counts. A report to the nation on the future of mathematics education*, National Academy Press.

西川純（1994）: 理科における計算能力の文脈依存性に関する研究，日本理科教育学会研究紀要，35, 1, 53-58.

西川純・岩田亮（1999）: 教科間における認識の文脈依存性に関する研究，日本教科教育学会誌，22, 3, 1-8.

小原美枝・安藤秀俊（2011）: 数学と理科の問題における文脈依存性に関する生徒の意識—自由記述の回答と解法から探る—，科学教育研究，35, 1, 38-45.

Offer, J. & Mireles, S. V., (2009): Mix It Up: Teachers' Beliefs on Mixing Mathematics and Science, *School Science and Mathematics*, 109, 3, 146-152.

Pang, J. S., & Good, R. (2000): A Review of the Integration of Science and Mathematics: Implications for Further Research, *School Science and Mathematics*, 100, 2, 73-82.

Rutherford, F. J., & Ahlgren, A. (1990): *Science for all Americans*, Oxford University Press.

So, W. W. M. (2012): Connecting Mathematics in Primary Science Inquiry Project, *International Journal of Science and Mathematics Education*, 11, 385-406.

Stevenson, C., & Carr, J. (1993): *Integrated studies: Dancing though walls*, Teacher College Press.

Stinson, K., & Meyer, H. (2009): Mathematics and Science Integration: Models and Characterizations, *School Science and Mathematics*, 109, 3, 153-161.

月岡英人・有本秀文・井上一郎・河野庸介・田中孝一・工藤文三他（2003）: 理数科教育と他教科との関連に関する基礎的・実証的研究《中学校編》，国立教育政策研究所.

Vars, G. F. (1991): Integrated curriculum in historical perspective, *Educational Leadership*, 49, 14-15.

Watanabe, T. & Huntley, M. A. (1998): Connecting Mathematics and Science in Undergraduate Teacher Education Programs: Faculty Voices from the Maryland Collaborative for Teacher Preparation, *School Science and Mathematics*, 98, 1, 19-25.

Westbrook, S. L. (1998): Examining the Conceptual Organization of Students in an Integrated Algebra and Physical Science Class, School *Science and Mathematics*, 98, 2, 84-92.

（髙阪将人）

コラム 1　数学と物理学とのすれ違いから得られた理想形

とある学会の，とあるセッションにて。K 先生の発表を拝聴する T 氏。K 先生の発表は単振り子の等時性を教える際の数学的な不具合に関する内容であった。

K 先生　「単振り子の周期は振り子の重さや振れの角度にはよらず……」

単振り子の周期は振り子の重さや振れ角にはよらず，振り子の長さと重力加速度だけで定まる。これを「振り子の等時性」という。後述するが，振り子の等時性は厳密には成り立たず，振れ角が小さい場合に限り近似的に成立する[1]。「振り子の等時性」は小学 5 年生の理科で初めて学習する。

K 先生　「高校物理の教科書では，振り子の等時性が成り立つためには $\lim_{\theta \to 0} \dfrac{\sin \theta}{\theta} = 1$ が仮定されています。この式が成り立つ θ は非常に小さい値です。1 度でも大きすぎるくらいです。しかし，小学校の教科書には振れの角度が大きく描かれた図が掲載されています。……」

講演が終了し質疑応答の時間になり，T 氏は次のような質問をした。

T 氏　「等時性は教科書に掲載されている程度の振れ角で十分確認できます。物理現象を扱う上では，数学的に $\theta \to 0$ でないとおかしい，という方がむしろおかしいのではないでしょうか？」

T 氏は K 先生の発表の本質を理解していなかったばかりか，K 先生が数学教育の立場から講演していることさえ分かっておらず，理科教育の研究者が「振り子の等時性」の導出を勘違いしていると思ってしまったのである。実は，教授者におけるこの勘違いはよく指摘される事例である。理科教員の「勘違い」の典型的な例は次のようなものである。

その 1　教員が等時性の適用限界を理解していないケース。このケースでは，教員は振り子の等時性が振れ角によらず常に成り立つと考えている。ゆえに，次のような状況が発生することがある。重りや振れ角を変えて周期を測定する生徒実験において，振れ角が小さいときは等時性が確認できるが，大きく振らせると周期が変わる。実験ミス！　実験やり直し！　……。振れ角が大きければ，もちろん，何度やっても等時性は確認できない。生徒実験は実験ミスのまま終了する。

その 2　小さい振れ角で振り子の等時性が成り立つのは，振り子の等時性に「そのような性質」があるから，と考えるケース。特に，等時性の「そのような性質」を本質的な性質，すなわち「物体に力を加えると加速度が生じる。物体の運動にはそのような性質がある」や，「物質を燃焼させても燃焼前後で質量は変化しない。燃焼にはそのような性質がある」などと同様と考えている場合，等時性に対する教員の理解は極めて深刻である。等時性は運動の近似的に扱った結果に過ぎず，運動や燃焼における性質とは本質的に異なるからである。

コラム1

　T氏は，このような「勘違い」を理科教員自らが正そうとして等時性の原理まで遡って調べた結果，近似の適用限界を理解せずに更なる「勘違い」をしてしまった，と「勘違い」したのである。もちろん，K先生の発表はこの様々な「勘違い」をすべて把握した上での主張であった。しかし，「勘違い」が「勘違い」を生み，セッションはしばし混乱した。混乱を沈めたのは理科教育の研究者である座長のA先生であった。「θが30度くらいまでなら，ほぼ誤差の範囲で等時性は成り立ちます」。そして，それに対するK先生の応答……。

　数学教育の研究者と理科教育の研究者とが意見を交換したのを聞いたT氏は，ここにきてようやく状況が飲み込めてきた。K先生の発表は，数学教育の立場から理科教育界への，強い言葉で言えば「警鐘」なのであった。数学的な厳密さを考慮すると現象の理解の妨げになるし，逆に考慮しないと誤った理解につながる。T氏は最初の質問を取り下げ，その発言を大いに恥じた。しかし，T氏には，この恥ずかしき体験以上に，重要なものを得た実感があった。

　数学の立場では，第一に「数学的な厳密さ」があり，次にこれを現象に適用するというアプローチをとる。一方，理科の立場は，まず現象としての「等時性」があり，それを理解するために近似を使うのというアプローチである。同じ現象でも，立場や見方の違いによってアプローチが異なることはよく目にすることであろう。重要なのは，お互いに，「相手がどこまで理解しているか？」を理解することである。これは教育上の大原則といえるだろう。

　この原則は，おそらく多くの教育者や研究者が当たり前のことと考えているし，T氏ももちろんそう心掛けていた。それにもかかわらず，この醜態であった。T氏が恥じるべきは，「勘違いして的外れな質問をしたこと」ではなく，重大な原則を心掛けていたにもかかわらず，その原則がまったく機能しなかった状況を，「単なる『恥ずべき質問』として処理しようとしてしまったこと」なのである。

　セッション終了後，T氏は自身の「勘違い」をK先生に丁寧に伝え，「今回の事例は，双方の理解不足のためにアプローチの違いが理解できず，議論が平行線に陥った典型的な事例だったと思います」との感想を述べた。果たして，K先生も同様の感想であった。T氏は，教科書によっては，「等時性」を$\sin\theta$のマクローリン展開の1次項を用いる近似で説明した上で，「等時性」とθとの関係まで言及している場合があることを紹介した。その後，K先生は，三角関数を含んだ微分方程式を実直に解き，その結果得られる楕円積分をきちんと検討したそうである。

　数学教育と理科教育との融合である「理数教育」の観点から言えば，少なくとも「等時性」については，お互いの理解度をこのレベルまで認識するのはかなり難しいと思われる。実際，初めはまったく議論がかみ合わなかった。しかし，混乱を含む十分な検討の結果として，K先生とT氏は「理数教育」の一つの理想形を共有できたのではないだろうか。

(髙須雄一)

注
1) 振り子の等時性は1583年にガリレオ・ガリレイが発見した。当時の計測技術には測定に伴う不確かさが大きかったため，その範囲では等時性が成り立つ。

| コラム 2 | 単位と次元解析 |

　自然科学で扱う量は数値と単位を併記して表す。数値と単位から構成される量を物理量という。例えば，7 cm という物理量は，7 が数値，cm が単位を表す。「リンゴの大きさは 7 cm である」という文は「リンゴの大きさは，長さの単位である 1 cm の 7 倍である」を意味する。単位の数値の「1」は省略するので，通常は「長さの単位は cm」と表現する。

　物理量はとても便利なシステムである。「1 平方メートルは何平方センチメートルか？」を考えてみよう。$1 \text{ m}^2 = 1 \text{ m} \times 1 \text{ m}$, $1 \text{ m} = 100 \text{ cm}$ より，$1 \text{ m}^2 = 1 \text{ m} \times 1 \text{ m} = 100 \text{ cm} \times 100 \text{ cm} = 10000 \text{ cm}^2$ を得る。これを暗記項目として「$1 \text{ m}^2 = 10000 \text{ cm}^2$」と覚えている児童や生徒もいるが，これよりも「$1 \text{ m}^2 = 1 \text{ m} \times 1 \text{ m}$, $1 \text{ m} = 100 \text{ cm}$」を覚えておいた方がよいだろう。汎用性が高いからである。

　さて，上で述べた m^2 から cm^2 への単位の換算には数値と単位を別々に計算するという非常に重要な方法を用いている。つまり，$1 \text{ m} \times 1 \text{ m} = (1 \times 1)(\text{m} \times \text{m})$ という計算をしているのであり，単位記号である m（メートル）を文字式と同じように扱っているのである。

　数値と単位を分けて計算する方法が重要なのは，次の例を考えてみるとよく分かる。「時速 45 km（= 45 km 毎時）で 5 分走行した。走行距離は何 m か？」。この問いには 3 つの異なる単位（km 毎時，分，m）が含まれている。単位が異なると数値計算には注意を要する。注意しないと，「速さ×時間＝距離」の公式を単純に利用して，$45 \times 5 = 225$ ［m］などと計算してしまう。

　このような問題を扱うときは，数値と単位を切り離し，単位を揃えなければならない。物理では，時間は秒，距離は m を用いて表す。時速 45 km は 1 時間（= 60 分 = 3600 秒）で 45 km（=45000 m）移動することと同じであるから，$\dfrac{45000 \text{ m}}{3600 \text{ 秒}} = \dfrac{45000}{3600} \text{ m/秒} = 12.5 \text{m/秒}$。また，走行時間は 5 分＝60秒×5 ＝300 秒。これで単位を秒と m に揃えることができた。次に数値，単位を別々に計算する。数値の計算は $12.5 \times 300 = 3750$。単位の計算は（m/秒）×秒＝m。こうして走行距離 3750 m が求まる。この例でも分かるように，数値の計算には，「算数」を用い，単位の計算には「文字式の変形」を用いる。

　単位の計算はとても重要である。これを発展させた分析方法を「次元解析」という。長さ m，質量 kg，時間 s などの単位の四則演算を行い，複数の物理量の間の関係を調べる分析方法である。最後に，物理学における次元解析の威力を紹介しよう。量子力学を建設した物理学者の一人である N. ボーアは，水素原子の半径 m が，電子の質量 kg，電気素量 C=A/s，真空の誘電率 $\text{F/m} = \text{s}^4 \cdot \text{A}^4 / (\text{m}^3 \cdot \text{kg})$ の 3 つの物理量を用いて表されるという理論を提唱した。しかし，これらの 3 つの物理量の単位からは長さの単位 m を構成することがでない。すなわち，これらの 3 つの物理量のみでは水素原子の大きさが定まらないのである。そこでボーアは「次元解析」を行い，3 つの物理量の他に，$(\text{J} \cdot \text{s})^2$ という単位をもつ物理量が必要であること突き止めた。この単位は，すでに知られていたプランク定数の二乗であり，この分析により，ボーアは自身の理論にはプランク定数が絶対に必要であると確信したのである。

（髙須雄一）

第 2 章

カリキュラム論
（教育課程論）

第2章　カリキュラム論（教育課程論）

1　学習指導要領における理数教育

（1）理数教育の必要性

　第2次世界大戦後，日本は焼野原から奇跡の復興を遂げたが，これはよく言われるような日本人の勤勉さだけではなく，戦後の日本の教育システムの誇るべき成果と言っても良いだろう。社会が求める知的労働力に寄与する優秀な人材の育成を学校教育が担ってきたことには異論あるまい。今となって思えば，大人数のすし詰め学級で，画一的，一方通行気味の授業であったにせよ，一時代の日本の教育は，世界から注目され，海外からの視察が後を絶たない時期もあった。しかし，何事も万事は永遠には続かず，時代の変遷とともに歪みやひずみが生じるのは世の常である。日本の教育においても，社会状況の変化により，学校現場に様々な問題が持ち上がってきた。それは，不登校，校内暴力，いじめ等の子供たちを取り巻く生活上の問題であり，学習面では，落ちこぼれや学習不適応と言われる類である。

　こうした影響は約10年毎に改訂される学習指導要領にも反映され，社会における週休2日制の定着と相まって，学校での授業時数が大幅に削減されることとなった。いわゆる「ゆとり教育」の実施である。こうして2002年の学習指導要領の改訂では，「学習内容の精選」と称して教育内容が約3割も削減された。この「ゆとり教育」の推進によって，理数教育の中心である数学と理科は大きな影響を受けた。

　小学校の算数では，円周率が3.14ではなく「3」となり，台形の面積を求める公式も削除された。中学の二次方程式の解の公式も未習となり，中学校の理科では，「イオン」の概念が全く消え去り，すべて高校へ移行した。欧米諸国では小学校段階からイオンも含めて粒子概念を指導する国が多い中で，日本だけが余りに簡素化された教育内容になってしまった。これは，先進国の中でも例を見ない大幅な削減であり，この学習指導要領は，施行初年度から学校現場をはじめ，各方面から大きな批判を受け，その後，修正されたことは記憶に新しい。

　言うまでもなく，理科や数学は，難解な理数の問題を単に解くために学ぶのではなく，その学習過程を通して，理科や数学の見方や考え方を習得することに意義がある。知識ではなく，一生を通じて，それら獲得した見方や考え方を生きていく上で活用することが重要なのである。さて，「ゆとり教育」の影響が理数教育に及んだことは，上述の通りであるが，理数教育について大きく取り上げられたのは，2008年1月17日の中央教育審議会の答申である。この答申では，教育内容の主な改善事項として以下の6点が示され，その中で「理数教育の充実」が2番目に掲げられている。

①言語能力の確実な育成	②理数教育の充実	③伝統や文化に関する教育の充実
④道徳教育の充実	⑤体験活動の充実	⑥外国語教育の充実

　この答申では学習指導要領における「理数教育の充実」の意義を詳細に解説しているので，少し長く

1　学習指導要領における理数教育

なるが，全文を以下に掲げる。

理数教育の充実

　「知識基盤社会」の時代においては，科学技術は競争力と生産性向上の源泉となっている。特に，第3期科学技術基本計画が指摘しているとおり，1990年代半ば以降，ライフサイエンスやナノテクノロジー，情報科学等の分野などを中心に学術研究や科学技術をめぐる世界的な競争が激化した。このような競争を担う人材の育成が各国において国力の基盤として認識され，国際的な人材争奪競争も現実のものとなっている。他方，少子・高齢化といった我が国の人口構造の変化のほか，環境問題やエネルギー問題といった地球規模での課題については，次世代へ負の遺産を残さず，人類社会の持続可能な発展のために科学技術に何ができるかが問われている。

　このため，次代を担う科学技術系人材の育成がますます重要な課題になっているとともに，科学技術の成果が社会全体の隅々にまで活用されるようになっている今日，国民一人一人の科学に関する基礎的素養の向上が喫緊の課題となっている。学校教育においては，科学技術の土台である理数教育の充実が求められているが，3. で示したとおり（註：答申の『3. 子供たちの現状と課題』の章を指す），国際的な比較において，我が国の子どもたちは算数・数学や理科について，学習に対する積極性が乏しく，得意だと思う子どもたちが少ないなど学習意欲が必ずしも十分ではない。また，希望の職業につくために数学や理科で良い成績を取る必要があると思う子どもが国際的に見て少ないことなど職業とのかかわりに関する意識にも大きな課題がある。

　また，今回の学習指導要領改訂においては，思考力・判断力・表現力等の育成の観点から知識・技能の活用を重視し，各教科等における言語活動の充実を図ることとしている。上記（1）のとおり（註：『言語活動の充実』を指す），論理や思考といった知的活動の基盤という言語の役割に着目した場合，・比較や分類，関連付けといった考えるための技法，帰納的な考え方や演繹的な考え方などを活用して説明する，・仮説を立てて観察を行い，その結果を評価し，まとめ表現する，といった言語活動が重要であり，これらの活動を行う算数・数学や理科の役割は大きい。

　以上のような観点から，理数教育の充実を行うことが必要であり，具体的には8. で示すとおりであるが（註：『各教科・各科目の内容』を指す），その基本的な考え方は以下のとおりである。第一は，算数・数学や理科については，授業時数を増加し，基礎的・基本的な知識・技能の確実な定着のための学年間や学校段階間での反復学習などの繰り返し学習，思考力や表現力等の育成のための観察・実験やレポートの作成，論述，数量や図形に関する知識・技能を実際の場面で活用する活動などを行う時間を十分確保する必要がある。これらを通じ，分かる喜びや学ぶ意義を実感することが算数・数学や理科に対する関心や学習意欲を高めることにつながる。また，関心や意欲を高める上では，総合的な学習の時間において，例えば，博物館等との連携による体験的な学習や，科学的な知識を活用したものづくりや探究的な活動を行うことも効果的である。第二は，同時に，これまで述べてきたとおり，科学技術の進展などの中で，理数教育の国際的な通用性が一層問われてきたことを踏まえて，指導内容についても見直す必要がある。学術研究や科学技術を担う人材の育成と社会的な自立に必要な科学に関する基礎的素養の確立の双方の観点から，算数・数学，理科のそれぞれについて内容の系統性や小・中・高等学校での学習の円滑な接続を踏まえた検討が重要である。具体的には，例えば，理科においては，「エネルギー」，「粒子」，「生命」，「地球」などの科学の基本的な見方や概念を柱として，小・中・高等学校を通じた理科の内容の構造化を行うこととしているが，その際，内容の系統性を確保することや小・中・高等学校での学習の円滑な接続を図る観点から必要な指導内容については充実を図る必要がある。第三に，このような理数教育の充実に当たっては，教育内容の充実に加え，それを支える教育条件の整備を図ることが重要である。具体的には，例えば，習熟度別・

51

第2章　カリキュラム論（教育課程論）

少人数指導の充実のための教職員定数の改善，外部人材なども活用した小学校高学年における専科教員による教育の充実や理科支援員の配置，観察・実験のための理科教育設備の整備，繰り返し学習や自ら発展的な学習に取り組むことを促す教科書の充実などに留意する必要がある。研修等を通じた理数教育を担う教師の専門性や資質の向上も重要である。また，10．（2）でも示すとおり（註：『企業や大学等に求めるもの』を指す），入学者選抜試験の理科や数学の出題において子どもたちの思考力・判断力・表現力等を問うような工夫がなされることも理数教育の充実にとって必要である。

（幼稚園，小学校，中学校，高等学校及び特別支援学校の学習指導要領等の改善について（答申），中央教育審議会，2008年1月17日）

　この中教審答申（2008）における「理数教育の充実」の内容で，特に強調されたことは，理数教育は科学技術の土台であり，国の根幹にかかわる重要な施策であると同時に，われわれ人間が日々生活し，社会を発展させていく上で重要なコミュニケーションである言語活動と理数教育が大きく関連していることを指摘した点にある。「比較や分類，関連付けといった考えるための技法」，「帰納的な考え方や演繹的な考え方などを活用して説明する」，「仮説を立てて観察を行い，その結果を評価し，まとめ表現する」というような，理科や数学で重視される内容，方法に注視し，これらの活動を行う理科や算数・数学の役割は大きいとした点は大いに歓迎できる。

　また，ここでは直接触れられてはいないが，教科の内容に踏み込んだ項目の中では，必要なデータを収集・分析し，その傾向を踏まえて課題を解決するための統計教育の充実（小：算数，中：数学），自然災害に関する内容の充実（小中：理科），また国際的通用性が極めて必要であるという点も答申では指摘している。

　教科としての「理数」は，学校教育における教科「理科」と教科「数学」の各分野に関する知識と技術を習得させることなどを目的とし，高等学校において設置されている授業科目である。また，専門課程として「理数科」が置かれることもあり，これは将来，理系の学部に進学することを目的として数学や理科の授業科目を多く履修することができる。

（2）理数教育の現状と課題

　理数教育の重要性は古くから言われているが，実態としてなかなか進展していないのが現状であろう。例えば，古い資料をひも解けば，2005年の教育課程実施状況調査では，「数学や理科の勉強が好きだ」と答えた高校生の割合や「数学や理科の勉強が大切だ」と答えた高校生の割合は，他教科に比べてかなり低いことが指摘されている［表2-1-1］。また，独立行政法人 国立青少年教育振興機構が2014年に行った「高校生の科学等に関する意識調査」では，「社会に出たら理科は必要なくなる」と答えた高校生の割合は，米国，中国，韓国と比べ最も多いことも示されている［表2-1-2］。更に，同調査では日本の小学校では，「理科の自由研究」が夏休みの課題としてよく行われているが，これは小学校5年時の6割程度が最多で，中学校では3割弱，高等学校ではほとんど行われないことも明らかになっている。その一方で，米国では中学校時での自由研究が盛んであり，中国や韓国でも高校生まで広く理科の自由研究が浸透している。

1　学習指導要領における理数教育

表 2-1-1　「数学や理科の勉強が好き」と答えた高校生の割合

当該教科の勉強が好きだ							
数学Ⅰ	物理Ⅰ	化学Ⅰ	生物Ⅰ	地学Ⅰ	国語総合	世界史B	日本史B
38.9%	39.2%	32.4%	44.9%	45.8%	47.7%	45.6%	52.2%

（2005 年　教育課程実施状況調査，文部科学省）

表 2-1-2　「社会に出たら理科は必要なくなる」と答えた高校生の割合

社会に出たら理科は必要なくなる			
日本	米国	中国	韓国
44.3%	22.4%	19.2%	30.2%

（2014 年　高校生の科学等に関する意識調査，（独）国立青少年教育振興機構）

　更に，2016 年 5 月に中教審の「高等学校の数学・理科にわたる探究的科目の在り方に関する特別チーム」が取りまとめた案によると，理数教育の現状と課題について以下の点が指摘されている。
・算数・数学及び理科を学ぶ楽しさやこれらを学習する意義等に対する児童生徒の認識については，諸外国と比べ肯定的な回答の割合が少なく，更に学校段階が上がることに低下していく傾向にあり，憂慮される状況にある。
・探究的な学習は，学習に対する興味・関心・意欲の向上をはじめ，知識・技能の着実な習得や思考力・判断力・表現力等の育成に有効であると考えられ，高等学校の数学及び理科の分野における探究的な学習を中核に据えた科目として，「数学活用」及び「理科課題研究」が設定されているが，大学入学者選抜における評価がほとんど行われないことや，指導のノウハウが教員間に共有されていないことなどもあって，高等学校における科目の開設率が極めて低い状況にある。

　その一方で，この特別チームでは，スーパー・サイエンス・ハイスクール（SSH）の指定を受けている高等学校（平成28年4月時点で200校）においては，数学・理科にわたる探究的科目を「課題研究」などの学校設定科目として設定し重点的に取り組んでおり，指導のノウハウが確立しつつあるとともに，科学技術に関する学習意欲や未知の事柄に対する興味の向上，大学・大学院への高い進学率等の面で効果が見られていると述べ，理数教科の探究的な科目へ期待が寄せられている。

　それでは，実際の高等学校における理科の履修状況については，どのようになっているだろうか。やや古いデータではあるが，中央教育審議会教育課程部会の理科ワーキンググループによる「理科に関する資料」では，高等学校の理科の履修状況は表 2-1-3 のようになっている。理科の科目履修については，大学入学共通テストも含めて，大学入学試験の受験科目と関連することもあるが，次章で記載するように，多くの普通科では「基礎を付した科目」を 3 科目選択することが多いと考えられる。「基礎を付した科目」は 1 単位で，週 2 時間の授業である。これに対して，物理，化学，生物，地学は 2 単位（週4時間）であるため，履修者は前々回の学習指導要領時と比べると限定されており，理科の履修率，理科の授業科目の浸透，理数教育の充実という面からすれば，前々回の学習指導要領の方が良いと思われる。

53

第 2 章　カリキュラム論（教育課程論）

表 2-1-3　旧課程（2008 年告示の学習指導要領）の理科における履修率

	科学と人間生活	物理基礎	物理	化学基礎	化学	生物基礎	生物	地学基礎	地学
普通科	11.5%	65.6%	22.8%	93.4%	38.3%	94.3%	28.2%	34.6%	1.2%
専門学科	82.2%	41.3%	1.7%	44.7%	2.1%	57.7%	2.5%	7.4%	0.0%
総合学科	64.1%	28.2%	5.9%	66.7%	15.1%	80.0%	16.6%	22.5%	0.5%
合計	33.1%	56.7%	16.2%	79.2%	27.5%	84.1%	20.9%	26.9%	0.8%

（中央教育審議会教育課程部会，理科ワーキンググループ，2016 年 4 月 26 日）

　次に，同じく旧課程ではあるが，高等学校における探究的な科目についてみていく。高等学校の探究的な科目としては，数学について「数学活用」，理科について「理科課題研究」が設置されているが，2013 年の教育課程実施調査で「数学活用」と「理科課題研究」の実施率は表 2-1-4 のようになっており，特に「理科課題研究」の実施率は極めて低く，ほとんど実施されていない実態が見て取れる。

　「数学活用」については文科省検定済の教科書が発行されているが，開設している高等学校は「総合学科」が大半であり，教科書では「遊びの中の数学」「社会生活と数学」などの身近な題材を扱ったものが多く，「数学基礎」の主旨を生かして新設されたものである。また，「理科課題研究」は，文科省検定済の教科書が発行されていないことも履修率の低下に繋がっているものと思われる。ただし，高等学校によっては，「探究理科」などの名称で「学校設定科目」として実施したり，「総合的な学習の時間」で課題研究的な内容を学習していることも考えられよう。

表 2-1-4　旧課程（2008 年告示の学習指導要領）の探究的な科目における履修率

	普通科				専門学科				総合学科
	1 学年	2 学年	3 学年	単位制	1 学年	2 学年	3 学年	単位制	
数学活用	0.0%	1.0%	6.5%	1.3%	0.0%	0.8%	4.5%	0.4%	22.9%
理科課題研究	0.0%	0.5%	2.5%	0.7%	0.3%	1.2%	1.2%	0.3%	6.1%

（2013 年　教育課程実施状況調査，文部科学省）

　従来，理科においては，「科学的な見方・考え方」という表現が長い間用いられてきた。まず，見方と考え方についてであるが，見方とは問題解決の過程において，自然の事物・現象をどのような視点，着眼点でとらえるかという観点のことである。一方，考え方とは，問題解決の過程において，どのような考え方で思考していくのかという方法，思考の枠組みのことである。このように理解した上で，従前の理科における「科学的な見方・考え方」は，学習指導要領（2008 年告示）では，以下のように説明されている。

　「科学的な見方や考え方を養うこと」とは，自然を科学的に探究する能力や態度が育成され，自然についての理解を深めて知識を体系化し，いろいろな事象に対してそれらを総合的に活用できるようになることである。

具体的には，観察，実験などから得られた事実を客観的にとらえ，科学的な知識や概念を用いて合理的に判断するとともに，多面的，総合的な見方を身に付け，日常生活や社会で活用できるようにすることである。とりわけ，自然環境の保全や科学技術の利用に関する問題などでは，人間が自然と調和しながら持続可能な社会をつくっていくため，身の回りの事象から地球規模の環境までを視野に入れて，科学的な根拠に基づいて賢明な意思決定ができるような力を身に付ける必要がある。

（学習指導要領（2008 年告示），文部科学省）

ところが，現行の学習指導要領では，「理科の見方・考え方」に文言が修正された。理科の見方という観点からは，「エネルギー（物理）」「粒子（化学）」「生命（生物）」「地球（地学）」の領域において，以下のように整理された。

「エネルギー」を柱とする領域では，主として量的・関係的な視点で捉える
「粒子」を柱とする領域では，主とし質的・実体的な視点で捉える
「生命」を柱とする領域では，主として多様性と共通性の視点で捉える
「地球」を柱とする領域では，主として時間的・空間的な視点で捉える

また，理科の考え方という観点からは，これまで通り，「比較する」「関係付ける」「条件を制御する」「多面的に考える」という方法を踏襲することが確認された。この4つの理科の考え方は，小学校では，各学年における問題解決の能力にもなっており，理科という教科では，大変重要な意味を持つ。

なお，ここで4つの理科の考え方というのは，科学的に探究する「方法」であり，資質・能力としての思考力や態度ではない点に注意したい。ちなみに各学年での求められる資質・能力は以下のようになっている。

第3学年　主に差異点や共通点を基に，問題を見出す力
第4学年　主に既習の内容や生活経験を基に，根拠のある予想や仮説を発想する力
第5学年　主に予想や仮説を基に，解決の発想をする力
第6学年　主により妥当な考えをつくり出す力

（『小学校新学習指導要領ポイント整理　理科』，2017）

以上のことは，この後に述べる数学的な見方・考え方を論じる上でも参考になるので，「理科の考え方」について，2017 年告示の小学校学習指導要領解説 理科編の記述をもとに，以下に整理しておく。

　「比較する」とは，複数の自然の事物・現象を対応させ比べることである。比較には，同時に複数の自然の事物・現象を比べたり，ある自然の事物・現象の変化を時間的な前後の関係で比べたりすることなどがある。具体的には，問題を見いだす際に，自然の事物・現象を比較し，差異点や共通点を明らかにすることなどが考えられる。
　「関係付ける」とは，自然の事物・現象を様々な視点から結び付けることである。「関係付け」には，変化とそれに関わる要因を結び付けたり，既習の内容や生活経験と結び付けたりすることなどがある。具体的には，解決したい問題についての予想や仮説を発想する際に，自然の事物・現象と既習の内容や生活経

第 2 章　カリキュラム論（教育課程論）

験とを関係付けたり，自然の事物・現象の変化とそれに関わる要因を関係付けたりすることが考えられる。

　「**条件を制御する**」とは，自然の事物・現象に影響を与えると考えられる要因について，どの要因が影響を与えるかを調べる際に，変化させる要因と変化させない要因を区別するということである。具体的には，解決したい問題について，解決の方法を発想する際に，制御すべき要因と制御しない要因を区別しながら計画的に観察，実験などを行うことが考えられる。

　「**多面的に考える**」とは，自然の事物・現象を複数の側面から考えることである。具体的には，問題解決を行う際に，解決したい問題について互いの予想や仮説を尊重しながら追究したり，観察，実験などの結果を基に，予想や仮説，観察，実験などの方法を振り返り，再検討したり，複数の観察，実験などから得た結果を基に考察をしたりすることなどが考えられる。

（小学校学習指導要領（2017 年告示）解説 理科編）

表 2-1-5　小・中・高における理科的な見方・考え方

高等学校理科	自然の事物・現象を，質的・量的な関係や時間的・空間的な関係などの科学的な視点で捉え，比較したり，関係付けたりするなど，科学的に探究する方法を用いて，多面的・総合的に考えること
中学校理科	自然の事物・現象を，質的・量的な関係や時間的・空間的な関係などの科学的な視点で捉え，比較したり，関係付けたりするなど，科学的に探究する方法を用いて，多面的に考えること
小学校理科	身近な自然の事物・現象を，質的・量的な関係や時間的・空間的な関係などの科学的な視点で捉え，比較したり，関係付けたりするなど，問題解決の方法を用いて考えること

（中央教育審議会教育課程部会，理科ワーキンググループ，2016 年 5 月 25 日）

　このように，児童は，どのような視点で自然の事物・現象を捉え，どのような考え方で思考すればよいのかを自覚しながら，自然の事物・現象に関わる必要があるということである。つまり，自然の事物・現象から問題を見いだし，予想や仮説をもち，その解決方法を考えたり，知識を関連付けてより深く理解したりすることで，理科の学習においては，今回の学習指導要領で提示された「主体的・対話的で深い学び」に繋がるとされている。

　一方で，「数学的な見方・考え方」について，小学校学習指導要領や中学校学習指導要領（2017 年告示）では，以下のように説明されている。

　中央教育審議会答申において，算数科・数学科における「数学的な見方・考え方」について「事象を数量や図形及びそれらの関係などに着目して捉え，論理的，統合的・発展的に考えること」として示されたことを踏まえると，算数科の学習における「数学的な見方・考え方」については「事象を数量や図形及びそれらの関係などに着目して捉え，根拠を基に筋道を立てて考え，統合的・発展的に考えること」であると考えられる。算数科の学習においては，「数学的な見方・考え方」を働かせながら，知識及び技能を習得したり，習得した知識及び技能を活用して探究したりすることにより，生きて働く知識となり，技能の習熟・熟達にもつながるとともに，より広い領域や複雑な事象について思考・判断・表現できる力が育成され，このような学習を通じて，「数学的な見方・考え方」が更に豊かで確かなものとなっていくと考えられる。

　ここでは，数学的な見方を「事象を数量や図形及びそれらの関係などに着目して捉える」という視点

とし，数学的な考え方は，「論理的，統合的・発展的に考えること」と示されている。小学校の算数と，中学校・高等学校の数学とでは若干文言が異なるが，基本的にこれらの見方・考え方に大きな違いはない［図2-1-1, 表2-1-6］。

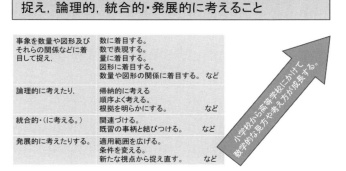

（中央教育審議会教育課程部会，算数・数学ワーキンググループ，2016年5月24日）

図 2-1-1　数学的な見方・考え方

表 2-1-6　小・中・高における数学的な見方・考え方

高等学校 数学	事象を数量や図形及びそれらの関係などに着目して捉え，論理的，統合的・発展的，体系的に考えること
中学校 数学	事象を数量や図形及びそれらの関係などに着目して捉え，論理的，統合的・発展的に考えること
小学校 算数	事象を数量や図形及びそれらの関係などに着目して捉え，根拠を基に筋道を立てて考え，統合的・発展的に考えること

（中央教育審議会教育課程部会，理科ワーキンググループ，2016年5月25日）

(4) SSH（スーパーサイエンスハイスクール）について

　文部科学省は，2002年から，将来の国際的な科学技術関係人材を育成するため，先進的な理数教育を実施する高等学校等を「SSH（スーパーサイエンスハイスクール）」に指定し，学習指導要領によらないカリキュラムの開発・実践や課題研究の推進，観察・実験等を通じた体験的・問題解決的な学習等を支援している。具体的には，文科省の所管のJST（国立研究開発法人科学技術振興機構）が次世代人材育成事業の一環として，運営・実施している。

　このSSH事業は既に20年を経過し，開始当初からその趣旨が若干変化してはいるが，現在では「先進的な理数教育を実施するとともに，高大接続の在り方について大学との共同研究や，国際性を育むための取組を推進し，また創造性，独創性を高める指導方法，教材の開発等の取組を実施する」ことを目的に掲げている。

　SSH事業は，理数教育の中では数学よりも理科に傾倒した事業ではあるが，高等学校における理数

第2章　カリキュラム論（教育課程論）

教育を論じる際には，避けて通れない事業であるので簡潔に紹介しておきたい。SSH は，基本的に高等学校からの応募（都道府県によっては，地方自治体内での審査や選択がある）により，JST の審査ののち指定を受ける。令和5年度は218校が指定されている。

　応募の種目としては，SSH 基礎枠と科学技術人材育成重点枠がある。SSH 基礎枠には，①開発型，②実践型，③先導的改革型があり，①，②は5年間で4700万円，③は3年間で1800万円程度の資金援助が得られるので，高等学校にとっては，大変大きなプロジェクトとなる（資金については，年度や指定校によって異なる）。初回はⅠ期目で5年間となり，その後の継続申請も可能である。また，高等学校では理数教育の充実のみならず，進学先としての高等学校のアピールポイントにもなるので，高等学校はしのぎを削ることとなり，指定を受けることは容易ではない。しかし，一度指定を受ければ，資金の用途はかなり融通が利き，高校生を海外へ派遣する研修なども可能であり，メリットは計り知れない。ただし，指定された後も，毎年の報告義務があり，継続となるかどうかの評価も受けることになる。

表 2-1-7　SSH 基礎枠の概要

①開発型	Ⅰ期	・研究仮説を一から設定・検証し，新規性のある教育課程等の研究開発を実施。 ・申請校には SSH 指定の実績を問わない。
②実践型	Ⅱ，Ⅲ，Ⅳ期	・新規の研究仮説の設定を必須とせず，今までに開発してきた教育課程等の実践的な研究開発を実施。 ・申請校は，過去に SSH に指定された実績があることが必要。ただし，Ⅳ期目最終年度である，又は，Ⅳ期目の最終年度を終えている場合は申請できない。
③先導的改革型	Ⅴ期	・科学技術人材育成におけるシステム上の課題を自ら設定し，当該課題に挑戦する意欲的な研究開発を実施。 ・申請校は申請を行う時点で，SSH 指定Ⅳ期目の最終年度であること又はⅣ期目の最終年度を終えていることが必要。

　更に，上記3類型の SSH 基礎枠の取組に加え，複数年間（最長5年間）にわたって，科学技術人材育成重点枠が設けられている。この枠は，科学技術人材の育成に係る更なる下記5区分のいずれかの取組を行うもので，開発型，実践型に指定されている，もしくはその年に新たに指定される開発型，実践型の高等学校等を対象とするものである。

①広域連携
理数系教育における広域連携の拠点校として，SSH 指定校としての経験等で培った理数系教育のカリキュラムや指導法，評価法，関係機関とのネットワーク構築手法等を，管理機関の協力を得ながら，都道府県全体若しくは都道府県を超えて広域的に他校（SSH 指定校以外の学校を含む）へ普及し，広く周辺地域全体の理数系教育の質の向上を図る。

②海外連携
海外における先進的な理数系教育を行う学校や研究機関等との間で定常的な連携関係を構築して，国際性

の涵養を図るのみでなく，将来，言語や文化の違いを超えて共同で研究活動等を行えるような人材の育成を目指す。

③地球規模問題に関わる社会との共創

地球規模の社会問題に関し，生徒が自主的・主体的に問題の構造に関わる具体的な課題を探索・発見し，その課題の解決に向け，先端的な科学技術の知見を活用しながら行う科学的な課題研究について，地域の大学，研究機関，企業，NPO 法人等との連携の下に，学校として組織的な取組を行うことによって，新たな価値の創造を志向する人材を育成する。

④高大接続（高大接続による一貫した理数系トップレベル人材育成プロセスの開発・実証）

高校が主体となり，大学との組織的な協力の下に，その人材像や身に付けさせる資質・能力について共通理解を形成し，①高校段階，②大学入試から大学入学までの段階，③大学入学後の各段階における科学的な課題研究等を通して，一貫した人材育成プロセスを共同で開発・実証することによって，将来のサイエンス，イノベーションを牽引するロールモデルとなるような理数系トップレベル人材を育成する。

⑤その他

上記４つの区分以外の科学技術人材育成に資する特色ある取組である。例えば，「全国的な規模での共同研究」として，国内の複数の高等学校等が，それぞれの地理的条件や環境を活かし，単独校では実現しがたい全国的な共同研究を実施する，などが考えられる。

SSH 指定校は，各校毎に様々な工夫を凝らし，他の SSH 指定校とは差別化しているのでその内容は一様ではないが，一例として，著者が運営委員として関与している北海道北見北斗高等学校の事例を以下に簡単に紹介しておく。

北海道北見北斗高等学校は，2017 年より SSH 指定校となっている。SSH の第Ⅰ期は既に終了し，令和４年から SSH の第Ⅱ期目となっている。第Ⅰ期において研究課題は「持続可能な国際社会の創造に貢献する科学技術人材育成に関する研究—北見北斗高校グローカルサイエンスプランの研究開発—」である。その目的は，グローバル化の進展に伴い，国際社会の相互関係はさらに深まり，各国が抱える様々な課題は地球規模課題へと瞬時に発展する現代において，持続可能な国際社会の創造のため，人間性を兼ね備えて，世界や自然環境とのつながりを尊重できる科学技術人材の育成が急務なことから，オホーツク圏の自然環境・社会環境を活かした，「視点は世界に，活動は地域から」，「地域を知り，世界につなげる」の立場に立脚した科学教育プログラム「北見北斗高校グローカルサイエンスプラン」（北斗 GS プラン：HOKUTO Glocal Science Plan）の研究開発を行い，イノベーションを生み出し，持続可能な国際社会の創造に貢献する科学技術人材の育成を目指すことである。

その内容としては，「北見北斗高校グローカルサイエンスプラン」の下に，３つのサブプランを研究開発し，実施することによって，科学技術人材に必要な資質・能力を確実に身に付けることであり，具体的には以下のようである。

ア．【サブプラン①】　研究力の育成 地域性を活かした課題研究や外部連携等を通して基本的な研究方法・技法を確実に習得し，将来の研究ビジョンを実現する研究力をもった人材を育成するための教育プログラムの研究開発を行う。

イ．【サブプラン②】　グローカル＆イングリッシュ オホーツク圏の学習教材を用いて科学教育を行うことを基盤にした国際性と，国際社会で活躍できる英語活用力をもった人材を育成するための教育プ

第2章　カリキュラム論（教育課程論）

ログラムの研究開発を行う。

ウ．【サブプラン③】　最先端科学技術へのアクセス　世界の最先端技術に触れることで科学的な視野を拡大させ，科学的素養と主体性，高い挑戦意欲をもった人材を育成するための教育プログラムの研究開発を行う。

エ．【サブプラン①～③の統合】　ア～ウのサブプランを研究開発の軸とし，身に付ける資質・能力を明確な目標として設定し，実施する内容を1学年から3学年まで計画的に配置するとともに，計画の実施に当たり段階ごとに実現状況を評価し，振り返りをさせながら深化させる。

　特に，北見北斗高校では，学校設定科目「グローカルサイエンスⅠ～Ⅲ」があり，この授業科目を中心に，課外活動，科学系コンテスト・イベントなどを通して様々な活動を行っているのが特徴である。SSH指定校では，近隣の大学や研究機関等と連携し，課題に対して適宜指導を受ける等の活動が事業の推進には大変重要であるが，第Ⅰ期の途中から新型コロナウイルスの影響で，北見北斗高等学校もその活動に大きな支障をきたしている。特に，海外での高校との交流等，事業の大きな柱である活動が中止となったことが残念である。詳細については，科学技術振興機構の次世代人材育成事業（SSH）のHP（https://www.jst.go.jp/cpse/ssh/school/list.html）より，SSHの成果と事例を参照されたい。

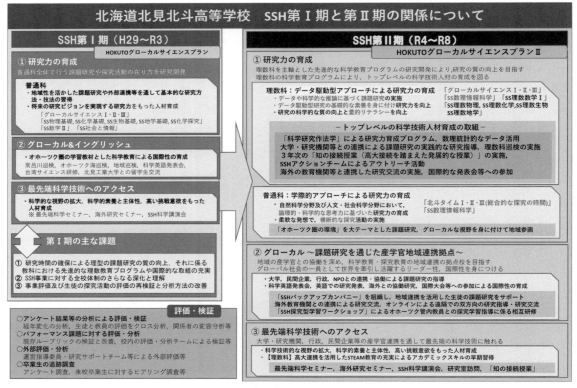

図2-1-2　北海道北見北斗高等学校の事例

引用・参考文献

文部省（1989）：小学校指導書理科編，教育出版，116.
文部科学省（2008）：小学校学習指導要領（平成 20 年告示）解説 理科編，大日本図書，105.
文部科学省（2008）：中学校学習指導要領（平成 20 年告示）解説 理科編，大日本図書，149.
文部科学省（2009）：高等学校学習指導要領（平成 20 年告示）解説 理科編理数編，実教出版，242.
文部科学省（2018）：小学校学習指導要領（平成 29 年告示）解説 理科編，東洋館出版社，167.
文部科学省（2018）：中学校学習指導要領（平成 29 年告示）解説 理科編，学校図書，183.
文部科学省（2018）：高等学校学習指導要領（平成 30 年告示）解説 理科編理数編，実教出版，368.
片平克弘・塚田昭一（2017）：小学校新学習指導要領ポイント総整理理科，東洋館出版社，163.

（安藤秀俊）

第2章　カリキュラム論（教育課程論）

2 高等学校の新科目「理数探究基礎」「理数探究」

(1) 教科「理数」の新設

2016年12月の中央教育審議会の答申を踏まえて，2018年3月には学習指導要領が告示された。高等学校の理科に関しては，中央教育審議会における「教育課程部会」の「高等学校の数学・理科にわたる探究的科目の在り方に関する特別チーム」によって様々な観点から議論された。今回の改訂で各学科に共通する教科として教科「理数」が新設された。また，新教科「理数」の創設に伴い，新科目「理数探究基礎」と「理数探究」が編成された。

新科目は，SSH（スーパーサイエンスハイスクール）の「課題研究」の取り組みの成果を踏まえつつ，「数理横断的なテーマに徹底的に向き合い考え抜く力を育成するため，大学入学者選抜の改革に向けた動きも踏まえつつ，数学と理科の知識や技能を総合的に活用して主体的な探究活動を行う新たな選択科目」として，その設置が検討された。このため，まず理科と数学を対象とする教科があることから，新教科名「理数」が定められた。次いで，新科目名については当初，「数理探究」という科目名が考案されていたが，「数理」という言葉は，数学を用いて探究的な学習を行うことが明確に示せる一方で，数学の科目と解される可能性が高く，新教科名「理数」との違いの説明が明確ではないとの理由で，新科目名には「理数」を冠することとなった。

(2) 新科目の基本原理

新教科「理数」における新科目「理数探究基礎」と「理数探究」を創設するにあたっては，まず，どのような資質・能力を身に付けさせるかという科目の目標，学習の対象，用いる視点，学習手段など，科目の基本的な原理を明確にする必要がある。

前述のワーキンググループでは，以下の①と②の観点から新科目の基本原理を検討した。

①数学・理科にわたる探究的科目については，SSHで行われている「課題研究」等と同様，将来，学術研究を通じた知の創出をもたらすことができる人材の育成を目指し，そのための基礎的な資質・能力を身に付けることができる科目となることが期待されている。このため，今後の学術研究に求められる方向性を十分に踏まえたものとすることが重要である。

②現在，我が国は様々な課題に直面しており，これらの解決手段としてイノベーションに大きな期待が寄せられているが，そのためには，学術研究による知の創出が基盤であり，それが充実して初めて経済的価値ないし社会的・公共的価値を含むイノベーションが可能となる。このような学術研究を担う研究者には，深い知的好奇心や自発的な研究態度，自ら課題を発見したり未知のものに挑戦したりする態度が必要とされる。また，革新的な価値は，多様な学問分野の知の統合により生まれることが多く，従来の慣習や常識にとらわれない柔軟な思考と斬新な発想によってもたらされる。

このような方向性をもとに，ワーキンググループでは，高等学校における育成すべき資質・能力を整

2　高等学校の新科目「理数探究基礎」「理数探究」

理するとともに，「アイディアの創発，挑戦性，総合性や融合性等」といった視点を重視しつつ新科目の基本原理について検討し，以下の図 2-2-1 のようにまとめている。

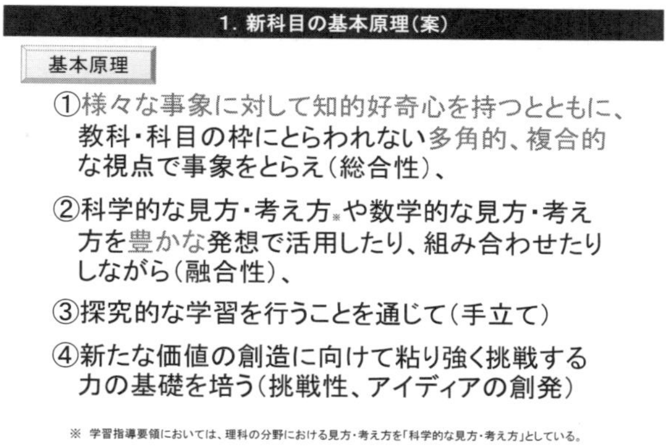

```
1. 新科目の基本原理（案）
```

基本原理

①様々な事象に対して知的好奇心を持つとともに、教科・科目の枠にとらわれない多角的、複合的な視点で事象をとらえ（総合性）、

②科学的な見方・考え方※や数学的な見方・考え方を豊かな発想で活用したり、組み合わせたりしながら（融合性）、

③探究的な学習を行うことを通じて（手立て）

④新たな価値の創造に向けて粘り強く挑戦する力の基礎を培う（挑戦性、アイディアの創発）

※　学習指導要領においては、理科の分野における見方・考え方を「科学的な見方・考え方」としている。

図 2-2-1　新科目の基本原理 （数学・理科にわたる探究的科目の在り方について，教育課程部会，2016）

（3）新科目の育成すべき資質・能力について

　今回の学習指導要領の改訂では，生徒が育成すべき資質・能力が「知識や技能」，「思考力・判断力・表現力等」，「学びに向かう力，人間性等」の 3 つに整理されている。新科目ではどのような資質・能力が，どのカテゴリーに該当するのかを例に示したものが表 2-2-1 である。

表 2-2-1　新教科「理数」で育成　すべき資質・能力

知識や技能	思考力・判断力・表現力等	学びに向かう力、人間性等
●探究的な活動を自ら遂行するための知識・技能 　例：研究テーマの設定方法 　　　先行研究の調査方法 　　　研究計画の立案方法 　　　研究の進め方 　　　データの処理、分析 　　　研究成果のまとめ方 　　　研究成果の発表方法 　　　についての知識・技能 ●既に有している知識・技能の活用及び探究を通じて得られる内容に関する知識や探究に関する技能 ●探究を通して新しい知見を得る意義についての認識 ●研究倫理（生命倫理等を含む。）についての基本的な理解	●教科・科目の枠にとらわれない多角的、複合的な視点で事象をとらえ、科学的・数学的な課題として設定することができる力 ●科学的な見方・考え方や数学的な見方・考え方を豊かな発想で活用したり、組み合わせたりできる力 ●多様な価値観や感性を有する人々との議論等を積極的に行い、それを基に多面的に思考する力 ●探究的な学習を通じて課題解決を実現するための能力 　例：観察・実験デザイン力 　　　構想力 　　　実証的に考察する力 　　　論理的に考察する力 　　　分析的に考察する力 　　　統合的に考察する力 　　　文章にまとめる力 　　　発表・表現力	●様々な事象に対して知的好奇心を持って科学的・数学的にとらえようとする態度 ●科学的、数学的課題や事象に徹底的に向き合い、考え抜いて行動する態度 ●見通しを立てたり、振り返ったりするなど、内省的な態度 ●新たな価値の創造に向けて積極的に挑戦しようとする態度 ●主体的・自律的に探究を行っていくために必要な研究に対する倫理的な態度

数学・理科にわたる探究的科目の在り方について，教育課程部会，2016

63

第2章　カリキュラム論（教育課程論）

（4）新科目の構造について

　新科目では，まず「基礎を学ぶ段階」と「探究を進める段階」の２段階となっている［図2-2-2］。新科目の目標が，「数理横断的なテーマに徹底的に向き合い考え抜く力を育成するため，大学入学者選抜の改革に向けた動きも踏まえつつ，数学と理科の知識や技能を総合的に活用して主体的な探究活動を行う新たな選択科目」であることと，SSHを発展させた内容を想定していることから，最終的なゴールは極めて高度なものではあるが，最初の段階では，研究とは何かに始まり，探究の手法も一から学ばせる必要があり，特にこの「基礎を学ぶ段階」の指導が重要になる。「基礎を学ぶ段階」で重要なポイントを以下にまとめる。

・探究の過程全体を自ら遂行するための進め方等に関する基礎的な知識・技能，新たな価値の創造に向けて挑戦することについての意義の理解，主体的に探究に取り組む態度等を育成することが重要である。

・現在や過去の研究者の研究に対する姿勢や考え方，発想法，テーマにたどり着いた経緯，新たな知見を得るまでの研究過程（試行錯誤等），新たな知見の成果（世の中に与えた影響等）などを紹介することを通して，探究に対する視点の持ち方や探究する意義等について理解を促すことが必要である。

・探究の進め方に関する基本的な知識・技能と併せて，研究の信頼性を担保するとともに研究成果を後世に信頼性を保って受け継ぐための合理的手法としての研究倫理についても，基本的な知識として学習しておくことが重要である。

・指導に当たっては，教科書等の適切な教材を用いた教員による指導のもと，探究の過程を体験することを通じて，探究の手法や流れについて理解できるようにすることが重要である。

　次に「探究を進める段階」で重要なポイントは以下の通りとされる。

・基礎で身に付けた資質・能力を活用して探究の過程全体を自ら遂行し，結果を取りまとめ，発表するものとする。その際，探究の成果としての新たな知見の有無や価値よりむしろ，探究の過程における生徒の思考や態度を重視し，主体的に探究の過程全体をやり遂げることに指導の重点を置くべきである。

・生徒（又は生徒グループ）に主体的に探究のテーマ・課題を設定させるものとし，教員は例を示したり示唆を与えたりする程度とすることが適当である。また，テーマ・課題については数学，理科に関するものに限定する必要はなく，他の教科に関するものや学際的な領域，現実社会における事象など幅広い分野から選択することを可能とするが，用いる手法については数学，理科に係るものとする。その際，課題とそれを解決するための手法は様々な組み合わせがあり得ること，数学や理科で既に学習した手法にとどまらず探究を進めるために新たに手法を学びつつ進めることもあり得ることに留意しつつ指導することが必要である。

2 高等学校の新科目「理数探究基礎」「理数探究」

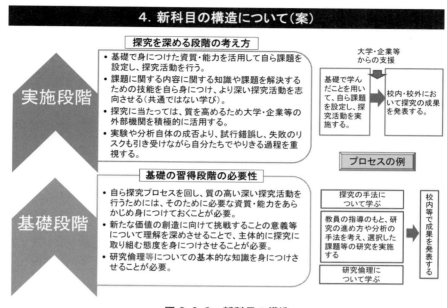

図 2-2-2 新科目の構造
（数学・理科にわたる探究的科目の在り方について，教育課程部会，2016）

(5)「理数探究基礎」と「理数探究」

　既に述べてきたように，今回の学習指導要領の改訂において，高等学校理科の科目の編成について大きな変更はない。ただし，新教科として「理数」が設置され，「理数探究基礎」と「理数探究」の新科目が新たに設けられ，「理科課題研究」は廃止となった。これらの新科目について述べる前に，従来の教科「理科」の科目について見ていくことにする。

　まず全ての生徒が履修すべき科目数については，「科学と人間生活」，「物理基礎」，「化学基礎」，「生物基礎」，「地学基礎」のうち「科学と人間生活」を含む2科目，又は，「物理基礎」，「化学基礎」，「生物基礎」，「地学基礎」のうちから3科目とされた。これらは2単位扱いである。一方，「物理」，「化学」，「生物」，「地学」については，原則として，それぞれに対応する基礎を付した科目を履修した後に履修させるものとされ，4単位扱いである。

　次に，新教科「理数」については，「理数探究基礎」が1単位，「理数探究」は2～5単位とされ，「理数探究基礎」の学習内容を「総合的な学習の時間」や他の教科・科目において十分に習得している場合には，「理数探究」のみを履修することも可能であるとされた (図2-2-3)。

理科	
科目名	標準単位数
科学と人間生活	2
物理基礎	2
物理	4
化学基礎	2
化学	4
生物基礎	2
生物	4
地学基礎	2
地学	4

理数	
科目名	標準単位数
理数探究基礎	1
理数探究	2～5

図 2-2-3 理科と理数の科目の編成（名称と標準単位数）

65

第 2 章　カリキュラム論（教育課程論）

(6) 発行された 2 社の教科書について

　2022 年度より，高等学校でも 2018 年（平成 30 年）告示の学習指導要領が施行された。文部科学省の検定済の「理数探究基礎」の教科書は，2 社のみで啓林館と数研出版からのものである。「理数探究」の教科書の販売は，計画されていないようである。

　啓林館は 127 ページで A4 サイズ，数研出版は 160 ページで A4 よりやや小ぶりの LTR サイズである。いずれの教科書も図や写真などをふんだんに使用し，大変使いやすい印象を受ける。

　例えば，数研出版では序編として「科学とは」「研究倫理とは」といった探究する上での心構えの話から入り，第 1 編では「探究の流れ」として，テーマの設定，仮説の立て方，計画，実験デザイン，ノートの取り方，調査・アンケートの方法，データの扱い，結果の分析，考察，論文の書き方，ポスター発表，口頭スライドの作成法など，研究のイロハが丁寧に解説されており，探究の基礎を学ぶには痒いところまで手が届く構成になっている。第 2 編では，観察や実験，調査に関するノウハウであり，「計る，測る，量る」，「見る」「記録する」など器具や手法の技能がまとめられている。そして最後の第 3 編では，データ処理に関する「統計学」が一通り学べるようになっており，データの相関や回帰分析のみならず，仮説検定の原理が詳しく解説されており，t 検定については対応がある場合と無い場合の例まで実例を挙げて解説されていた。もちろん，すでに SSH などでは，大学学部の卒論レベルの研究が普通になされていることもあり，驚くべきことではないが，この「理数探究基礎」の教科書を熟知すれば，自然科学分野のノウハウは一通り身に付くことになろう。

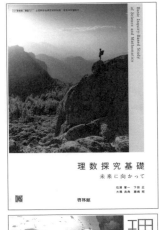

図 2-2-4　発行された 2 社の教科書教科書（啓林館，数研出版）

　啓林館の教科書も，基本的には同様な内容であるが，第 2 章は「探究の事例」，第 3 章は「探究の課題例」となっており，数研出版より事例が多く取り上げられていることが特徴である。その分，統計な解説はやや弱いように感じたが，これは指導する教員の考えで，いかようにもなるであろう。いずれにしろ，「理数探究基礎」の教科書は，これまでにない新しい試みであり，理数教育関係者は，一読することをお勧めする（図 2-2-4）。

引用・参考文献

石浦章一・下田正・大隅良典・藤嶋昭（2022）：理数探究基礎，新興出版社啓林館，127.
野村純・林宏樹・姫野哲人・日髙正貴・石塚学・兵藤友紀・小泉治彦・降旗敬・須藤優・山﨑 健太・田中秀二・中込真（2022）：理数探究基礎，数研出版，160.

（安藤秀俊）

3 科学的リテラシーと数学的リテラシー

(1) 科学的リテラシー

　リテラシー（Literacy）とは，元来は読み書き等の能力を意味する言葉であり，「ある分野に関する知識や能力を活用する力」を指し，最近では「情報リテラシー」「金融リテラシー」等のように，様々な分野で用いられている。理科教育の分野においては，科学的リテラシー（Scientific Literacy）もしくは科学リテラシー（Science Literacy）などと称される。

　全米研究評議会（United States National Research Council）の全米科学教育スタンダードに記述されている科学的リテラシーの定義を，鶴岡（1998）は次のように示している。

　"科学的リテラシーの必須の側面は，科学の題材の知識と理解，即ち物理化学，生命科学及び地球科学に関する知識である。科学的リテラシーには，科学の本性，科学の営み及び社会や個人の生活における科学の役割の理解も含まれる。（中略）科学は，経験的基準，論理的議論及び懐疑的再検討によって特徴づけられる，一つの認識方法である。生徒たちは科学とは何であり，何でないのか，科学は何ができて何ができないのか，そして科学は文化にどう寄与するのかを理解しなければならない。"（鶴岡，1998）

　このように，科学的リテラシーは全米科学教育スタンダードにみられるように，米国の理科教育における一つの目標として，学校教育に浸透してきた。しかしその後，こうした考えは学校教育の範疇にとどまらず，社会全体に広がりを見せ，市民全体が備えるべき資質・能力として，本来の意味で，全ての人々に科学的リテラシーが求められるようになってきた。

　こうした中で，経済協力開発機構（Organisation for Economic Cooperation and Development：OECD）が2000年より，15歳を対象に国際的なPISA調査（学習到達度調査）を実施している。PISA調査は，義務教育終了段階の生徒が持っている知識や技能を実生活の様々な場面で直面する課題にどの程度活用できるのかを評価することを目的としている。その中で，個人が身に付けるべき資質・能力として，主要能力（キー・コンピテンシー）が設定され，その一つとして「科学的リテラシー」が取り上げられることとなった。このPISA調査は3年ごとに行われてきたが，科学的リテラシーの他に，読解力，数学的リテラシーなども調査され，科学的リテラシーについては，2008年と2015年において重点的に調査されている。

　学習到達度国際調査（Program for International Student Assessment：PISA）2006年の調査問題の作成に当たっては，科学的リテラシーが定義され，科学的リテラシーにおける能力は，

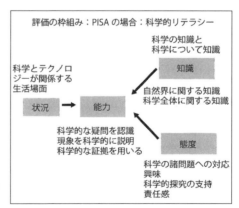

図 2-3-1　科学的リテラシーにおける「能力」
（熊野，2012）

第 2 章　カリキュラム論（教育課程論）

熊野（2012）によれば，図 2-3-1 のように和訳されている。

　次に，2015 年実施の PISA 調査において，科学的リテラシーは以下のように定義されている。

　科学的リテラシーとは，思慮深い市民として，科学的な考えを持ち，科学に関連する諸問題に関与する能力である。科学的リテラシーを身に付けた人は，科学やテクノロジーに関する筋の通った議論に自ら進んで携わることができる。具体的には，以下の 3 点にまとめられている（越智，2020）。なお，2018 年の PISA 調査でも，この定義は踏襲されている。

①現象を科学的に説明する	：	自然やテクノロジーの領域にわたり，現象についての説明を認識し，提案し，評価する。
②科学的探究を評価して計画する	：	科学的な調査を説明し，評価し，科学的に問いに取り組む方法を提案する。
③データと証拠を科学的に解釈する	：	様々な表現の中で，データ，主張，論（アーギュメント）を分析し，評価し，適切な科学的結論を導き出す。

（『初等理科教育法』，越智拓也，2020）

　それでは，次に PISA2018 における科学的リテラシーについて取り上げる。PISA2018 では，日本は OECD 加盟国 37 カ国中で，日本の科学的リテラシーの得点は 529 点でエストニア（530 点）に次いで第 2 位であった（37 カ国平均は 489 点）。ちなみに数学的リテラシーは，日本は第 1 位，読解力は第 11 位であり，科学的リテラシーと数学的リテラシーについては，世界トップレベルである。国立教育政策研究所の詳細な分析では，科学的リテラシーは，前回の 2015 年調査と比較すると平均点は有意に低下しているが，これは上位国も同様であり，2006 年からの長期間を俯瞰すると，統計的に有意な得点の上昇や下降がない類型のうち，「こぶ型」タイプであり，世界トップレベルを維持しているとされる。これは得点の分布をレベル 1 以下〜 6 以上に分類すると，レベル 1 以下の低得点が少なく，レベル 5 以上の高得点層が多いことを示している。図 2-3-2 は，PISA2018 における科学的リテラシーの得点順による総合順位である。これをみると日本の 15 歳児時点での科学的リテラシーは，概して好成績といえよう。

	2000 年	2003 年	2006 年	2009 年	2012 年	2015 年	2018 年
1 位	韓国	フィンランド	フィンランド	フィンランド	日本	日本	エストニア
2 位	日本	日本	カナダ	日本	フィンランド	エストニア	日本
3 位	フィンランド	韓国	日本	韓国	エストニア	フィンランド	フィンランド
4 位	イギリス	オーストラリア	ニュージーランド	ニュージーランド	韓国	カナダ	韓国
5 位	カナダ	オランダ	オーストラリア	カナダ	カナダ	韓国	カナダ
6 位	ニュージーランド	ニュージーランド	オランダ	オーストラリア	ドイツ	ニュージーランド	ニュージーランド

図 2-3-2　PISA2018 における科学的リテラシーの総合順位

　文部科学省は，こうした PISA 調査の結果を踏まえて，これらにみられる課題に対応するため学習指導要領でさまざまな施策を推進することになる。科学的リテラシーと数学的リテラシーは，得点上では世界トップレベルとされるものの，領域や分野によって低得点な問題もあり，引き続き以下のように

「理数教育の充実」を掲げている。

・理科教育における，日常生活や社会との関連を重視する活動，実験・観察など科学的に探究する活動の充実
・数学教育における，知識技能の多様な場面での活用機会，統計的に考察した問題解決を図る活動の充実

(学習指導要領（2017 年告示），文部科学省)

(2) 数学的リテラシー

　経済協力開発機構（OECD）は，国際教育インジケータ事業の一環として，生徒の学習到達度国際調査（PISA）を実施してきている。それは，義務教育修了段階の生徒を対象とし，彼らの学習到達度を国際比較できるような指標が提示され，その結果は広く公表されるとともに，各国はその教育政策に反映させてきている。PISA 調査は読解力と数学と理科の 3 領域を対象として調査している。数学の領域に関する PISA 調査問題は，実生活の問題を含む数学周辺の多様な問題場面について，生徒が的確に情報を読み取って，それを数学的にとらえ，解釈・検討して判断することを総括的に評価しようとしている。言い換えると，数学の領域に関する PISA 調査問題は，数学的リテラシーを評価しようとしている。数学的リテラシーは調査の経年変化に伴って，その定義が変容しているが，その意図するところは揺らいでいない［表2-3-1］。

表 2-3-1　数学的リテラシーの定義（国立教育政策研究所による）

PISA 2003	数学が現実で果たす役割を見つけ，理解し，現在および将来の個人の生活，職業生活，友人や家族や親族との社会生活，建設的で関心を持った思慮深い市民としての生活において確実な根拠に基づき判断を行い，数学に携わる能力。
PISA 2012	様々な文脈の中で定式化し，数学を適用し，解釈する個人の能力であり，数学的に推論し，数学的な概念・手順・事実・ツールを使って事象を記述し，説明し，予測する力を含む。これは，個人が世界において数学が果たす役割を認識し，建設的で積極的，思慮深い市民に必要な確固たる基礎に基づく判断と決定を下す助けとなるものである。
PISA 2015	様々な文脈の中で数学を定式化し，数学を活用し，解釈する個人の能力のことである。それには，数学的に推論することや，数学的な概念・手順・事実・ツールを使って事象を記述し，説明し，予測することを含む。この能力は，個人が現実世界において数学が果たす役割を認識したり，建設的で積極的，思慮深い市民に求められる，十分な根拠に基づく判断や意思決定をしたりする助けとなるものである。

　数学的リテラシーは，数学を活用して判断することや，数学を用いてコミュニケーションをとること，事象を数学的な観点でとらえること，数学が果たす役割や意義を知ることまで含まれている，包括的な資質・能力である。リテラシーは，日本語に置き換えることが困難な，広い意味を持った概念である。

　ところで平成 29 年に告示された中学校学習指導要領解説数学編で中学校数学科の目標をみると「数学的活動を通して，数量や図形などに関する基礎的な概念や原理・法則についての理解を深め，数学的な表現や処理の仕方を習得し，事象を数理的に考察し表現する能力を高めるとともに，数学的活動の楽

第2章　カリキュラム論（教育課程論）

しさや数学のよさを実感し，それらを活用して考えたり判断したりしようとする態度を育てる」と記されている。小学校算数科の目標や高等学校数学科の目標も，中学校数学科の目標にほぼ共通していて，算数・数学の目標をイメージした図が，いずれの校種の学習指導要領解説にも示されている［図2-3-3］。

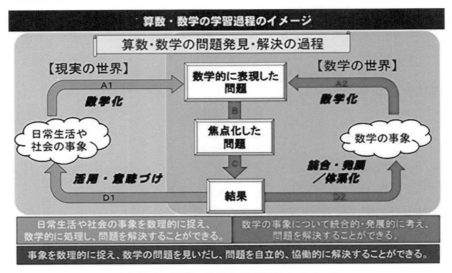

図2-3-3　算数・数学の学習過程のイメージ
（幼稚園，小学校，中学校，高等学校及び特別支援学校の学習指導要領等の改善及び必要な方策等について，中央教育審議会，2016）

「算数・数学の学習過程のイメージ」と題された模式図の左半分を見ると，日常生活や社会の問題を取り上げて，現実世界の事象を解決するとき数学を活用して数学化し，数学的に解決した解をもとに数学的な解釈・検討を行って思慮深く意思決定する活動を示している。平成29，30年に告示された我が国の学習指導要領は，数学的リテラシーの一部，あるいはその全体を包括した学習を目標に位置づけているとみることができる。

PISA調査が国際比較しようとして企画・立案された数学的リテラシーは，すでにPISA2000以前にその調査の指標を明確にした上でほぼ確定し，すでに20年以上にわたってその調査が行われてきた。その成果や課題をもとに，我が国の数学教育の教育政策が確定し，PISA調査の数学的リテラシーを意識した教育目標が示されたといった見方もできるだろう。

引用・参考文献

経済協力開発機構編（2016）：PISA2015調査　評価の枠組み，OECD生徒の学習到達度調査（国立教育政策研究所監訳），明石書店．
国立教育政策研究所（2022）：OECD生徒の学習到達度調査（PISA）https://www.nier.go.jp/kokusai/pisa/（参照日2023.3.14）
熊野善介（2012）：今こそ理科の学力を問う　新しい学力を育成する視点，日本理科教育学会編，東洋館出版，98-105．
越智拓也（2020）：初等理科教育法　～先生を目指す人と若い先生のために～，磯﨑哲夫編，4-12．
文部科学省（2005）：資料4-7　PISA調査（数学的リテラシー）及びTIMSS調査（算数，数学）の結果分析と改善の方

向（要旨），https://www.mext.go.jp/a_menu/shotou/gakuryoku/siryo/1379648.htm（参照日 2023.3.14）

文部科学省（2017）：中学校学習指導要領（平成 29 年告示）解説数学編，日本文教出版.

文部科学省（2018）：中学校学習指導要領（平成 29 年告示）解説理科編，学校図書.

文部科学省・国立教育政策研究所（2019）：OECD 生徒の学習到達度調査 2018 年調査（PISA2018）のポイント，https://www.nier.go.jp/kokusai/pisa/pdf/2018/01_point.pdf

大高泉（2018）：初等理科教育，吉田武男監修，大高泉編，ミネルヴァ書房，21-28.

清水美憲（2006）：OECD・PISA の「数学的リテラシー」論からみた日本の算数・数学教育，日本数学教育学会誌，88-3，日本数学教育学会，44-53.

清水美憲（2007）：OECD/PISA における数学的リテラシー評価問題の特徴，教育テスト研究センター，第 6 回研究会報告書，1-10.

鶴岡義彦（1998）：サイエンスリテラシー，日本理科教育学会編，これからの理科教育，東洋館出版社，40-45.

渡邊耕二（2020）：日本の生徒が持つ PISA 数学的リテラシーの特徴の変化に関する研究：「不確実性とデータ」領域に注目した PISA2003 と PISA2012 および PISA2015 の分析から，数学教育学研究，21-2，全国数学教育学会，1-12.

（安藤秀俊・金児正史）

第2章　カリキュラム論（教育課程論）

4 TIMSS データの分析事例

（1）PISA と TIMSS について

　日本が参加する国際的な学力調査といえば，経済開発協力機構（Organisation for Economic Cooperation and Development：OECD）の OECD 生徒の学習到達度調査（Programme for International Student Assessment：PISA）や国際教育到達度評価学会（International Association for the Evaluation of Educational Achievement：IEA）の国際数学・理科教育動向調査（Trends in International Mathematics and Science Study：TIMSS）が有名である。これらは，学習指導要領にも記され，日本の理数教育とも関係する。ここでは，それらの調査結果を概観し，理数教育研究に繋がる TIMSS データの分析事例を示す。

　PISA は，特定の学校カリキュラムをどれだけ習得しているかではなく，義務教育修了段階の 15 歳児が持っている知識や技能を，実生活の様々な場面でどれだけ活用できるかを明らかにすることを目的にしている（国立教育政策研究所，2019）。一方で TIMSS は，児童生徒の算数・数学と理科の教育到達度を国際的な尺度を用いて測定し，児童生徒の教育上の諸要因との関係を明らかにすることを目的としている（国立教育政策研究所，2021）。このように，PISA と TIMSS の目的は，学校で学んだ知識や技能をどれだけ活用できるか，あるいは学校で学んだことをどの程度習得したか，という違いがある。

　PISA は，義務教育を終えた高等学校 1 年生（以下，高1）を対象に 2000 年から 3 年ごとに実施され，数学的リテラシー，科学的リテラシー，読解力の 3 分野[1]を調査している。なお，2022 年の PISA（PISA2022）では，数学的リテラシーを中心的な調査分野としたように，各回に中心的な調査分野が設定されている。TIMSS は，小学校 4 年生（以下，小4）と中学校 2 年生（以下，中2）を対象に 1995 年から 4 年ごとに実施され，それぞれで算数・数学と理科を調査している。また PISA と TIMSS はいずれも，子どもの学力だけでなく，子どもの学習に対する情意面などを調べる児童生徒質問紙調査，子どもの早期の学習経験などに関する保護者質問紙調査，教員の教職経験などに関する教師質問紙調査も実施され，それらと学力との関連性に関する分析結果も報告されている（国立教育政策研究所，2019，2021）。

　例えば，日本の PISA の数学的リテラシーと科学的リテラシー及び TIMSS の算数・数学と理科の平均値をみると，図 2-4-1 のような推移となっている。PISA においては，第 1 回の PISA2000 の平均値が数学的リテラシーと科学的リテラシーともに 557 点と 550 点と最も高く，その後はそれぞれ 530 点と 535 点付近を推移している。TIMSS をみると，小4と中2ともに算数・数学は，第 5 回から第 7 回の間で向上傾向にあり，第 7 回の TIMSS2019 で最も高い 593 点と 594 点となっている。理科は，小4と中2ともに第 3 回から第 6 回の間で向上傾向を見て取れる。このように，PISA と TIMSS の結果をみると，子どもの理数科学力の変化を捉えることもできる。なお，参加国全体の平均値が 500 点に設定されているため，日本の子どもの理数科学力は，国際的にみて高いことも分かる。

　PISA と TIMSS で収集されたデータは，それぞれのウェブサイトで公開[2]されており，誰でも入手できる。これらのデータを二次分析した研究もみられる（e.g., 鈴川ら，2008；松浦，2014；松原・萩原，2014；渡邊，

2020；渡邊・高阪，2021）。PISA と TIMSS は，理数科目を対象として行われる国際的な学力調査であり，日本の学習指導要領に記されるように，日本の理数科教育とも関係が深い。実際，その調査結果から日本の学力水準の推移などが示されている。またそれと同時にデータを公開しており，理数教育研究の裾野を広げるデータ資源を提供するという役割を果たしている。PISA と TIMSS は国際比較を意図しており，日本の教育課題や施策の効果を厳密に明らかにするものとは限らないが，それらのデータ資源の有効活用は，理数科教育研究の充実に繋がるものと思われる。

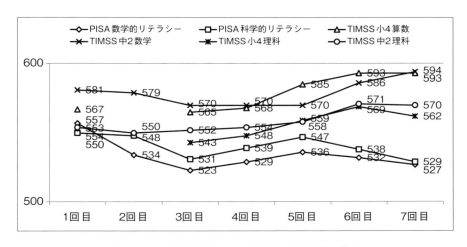

図 2-4-1　日本の PISA と TIMSS の平均値の推移

(2) TIMSS2019 小 4 データの分析事例

　図 2-4-1 から分かるように，日本の子どもの算数・数学と理科の学力水準は，国際的にみて高い。しかし，例えば，小学校において，理科に対する興味関心などの情意面は国際平均を上回る一方で，算数では国際平均を下回ることが報告されている（国立教育政策研究所，2021）。小学校学習指導要領算数編（文部科学省，2017）には，「学習を振り返ってよりよく問題解決をしようとする態度，算数で学んだことを生活や学習に活用しようとする態度を養う」と示されており，子どもの情意面への注目は不可欠である。また，STEAM 教育などの教科等横断的な学習の推進もあり，理数科に対する情意面への注目は，益々重視されると思われる。

　算数・数学と理科の情意面に関する研究として，安藤・小原（2010）は，神奈川県内の公立中学校第 3 年生の生徒 176 名を対象に，数学と理科の学習の好き嫌いと，数学と理科の内容についての経験や意識に関する質問紙調査を行った。その結果，数学や理科の好き嫌いに関わらず，生徒が数学と理科の関連性や共通性を意識していることを報告している。このように教室レベルにおいて，数学と理科の情意面に関する子どもの実態が示されつつある。他方で TIMSS のデータを用いると，マクロな視座からも日本の子どもの算数・数学と理科に対する情意面の関連性を調べることができる。ここでは，

第 2 章　カリキュラム論（教育課程論）

TIMSS2019 の小学校第 4 学年の公開データを活用し，算数と理科の情意面とそれらの学力の関連について検討する。

a. 分析方法

　TIMSS2019 の小 4 の調査では，算数と理科の学力とともに「算数／理科の勉強について」「あなたが受けている算数／理科の授業について」「算数／理科について」「算数の授業で自分で問題に取り組むか」「理科の授業で実験をするか」について，質問紙調査でデータが収集されている。算数と理科のそれぞれに 25 項目と 23 項目が設けられ，表 2-4-1 に示すように，それらのうち 20 項目が算数と理科で同様の内容となっている。なお各項目は，強くそう思う，そう思う，そう思わない，まったくそう思わない，のように 4 つの選択肢から該当するものを選ぶ選択肢式の回答となっている。ここでは，各項目において「そう思わない・まったくそう思わない」の否定的な回答には 0，「強くそう思う・そう思う」の肯定的な回答には 1 を割り当て，受験者の回答を 2 値データに変換した。なお，項目 M2B や S7B のような逆転項目に対しては，肯定的な回答に 0，否定的な回答に 1 を割り当てた。

　また，TIMSS2019 の小 4 の調査には，147 校 4,196 名の小学生が参加している。このうち，82% に当

表 2-4-1　本分析で使用した算数と理科の質問紙調査の項目

	コード		内容
	算数	理科	
算数／理科の 勉強について	M2A	S7A	算数／理科の勉強は楽しい。
	M2B	S7B	算数／理科の勉強をしなくてもよければいいのにと思う。*
	M2C	S7C	算数／理科はたいくつだ。*
	M2D	S7D	算数／理科でおもしろいことをたくさん勉強している。
	M2E	S7E	わたしは，算数／理科がすきだ。
	M2H	S7F	算数／理科の授業が楽しみだ。
	M2I	S7I	算数／理科はわたしのすきな教科の一つだ。
	M2F		わたしは数字に関する学校の勉強はどれもすきだ。
	M2G		わたしは算数の問題をとくのがすきだ。
		S7G	理科はわたしに世の中の仕組みを教えてくれる。
		S7H	理科の実験をするのがすきだ。
あなたが 受けている 算数／理科の 授業について	M3A	S8A	先生がわたしに何を期待しているかわかっている。
	M3B	S8B	わたしの先生はわかりやすい。
	M3C	S8C	先生はわたしの質問にはっきりした答えを返してくれる。
	M3D	S8D	先生は算数／理科の説明がうまい。
	M3E	S8E	先生は，わたしたちが学習するのを助けるためにいろいろなことをしてくれる。
	M3F	S8F	先生は，わたしたちがわからなかったときにもう一度説明してくれる。
算数／理科に ついて	M5A	S9A	算数／理科の成績はいつもよい。
	M5B	S9B	わたしは，クラスの友だちよりも算数／理科をむずかしいと感じる。*
	M5C	S9C	わたしは算数／理科が苦手だ。*
	M5D	S9D	算数／理科でならうことはすぐにわかる。
	M5G	S9E	先生はわたしに算数／理科がよくできると言ってくれる。
	M5H	S9F	わたしには，算数／理科はほかの教科よりもむずかしい。*
	M5I	S9G	算数／理科はわたしをこまらせる。*
	M5E		算数はわたしをイライラさせる。*
	M5F		わたしは算数の問題のむずかしい問題をとくのが得意だ。

注）* は逆転項目を意味する。

たる 3,453 名が算数の 25 項目と理科の 23 項目の合計 48 項目に完全回答している。本分析では，この 3,453 名分の 2 値データと算数と理科のテスト得点を含むデータセットを作成し，分析を行った。なお，算数と理科のテスト得点は，受験者ごとに算出された 5 つの PV（plausible value）の平均値を計算し，それを 3,453 名で標準化した値を採用した。

　ここでは，算数と理科で同様の内容となっている 20 項目に対して，否定的・肯定的な回答の割合の比較及び各項目の否定的と肯定的の 2 群における算数と理科のテスト得点の分布の比較を行う。

b. 分析結果

　否定的・肯定的な回答の割合について，例えば，項目 M2A「算数の勉強は楽しい」と S7A「理科の勉強は楽しい」のクロス集計を作成したところ，表 2-4-2 のようになった。算数で否定的と肯定的な割合はそれぞれ 23% と 77%，理科で否定的と肯定的の割合はそれぞれ 9% と 91% となった。また，算数で否定的であるが理科で肯定的な割合は 19% であり，理科で否定的であるが算数で肯定的な割合の 4% よりも大きい。そのオッズ比は 4.40（19%(655)÷4%(149)）となり，マクネマー検定によって統計的に有意な差を確認した。これは，算数で否定的であるが理科で肯定的な割合は，理科で否定的であるが算数で肯定的な割合の 4.40 倍であることを意味し，理科の勉強をより楽しいと感じる子どもが多いことが分かる。

表 2-4-2　M2A ／ S7A「算数／理科の勉強は楽しい」のクロス集計表

算数／理科の勉強は楽しい		理科［S7A］			オッズ比
		否定的	肯定的	合計	
算数［M2A］	否定的	4%（148）	19%（655）	23%（803）	4.40*
	肯定的	4%（149）	72%（2501）	77%（2650）	
	合計	9%（297）	91%（3156）	100%（3453）	

注）（　）内は人数，* は逆転項目を意味する。

　また，否定的と肯定的な回答とテスト得点の関連について，例えば，項目 M5C「わたしは算数が苦手だ」と S9C「わたしは理科が苦手だ」の否定的と肯定的の 2 群における算数と理科のテスト得点の分布を比較した。その結果が図 2-4-2 である。算数について，否定的と肯定的の平均値はそれぞれ -0.51 と 0.27 であり，標準偏差は 0.89 と 0.95 となった。理科では，平均値はそれぞれ -0.30 と 0.05 であり，標準偏差は 1.01 と 0.99 となった。平均値の差は，算数と理科ともに t 検定によって統計的に有意であることを確かめた。また，平均値の差の効果量[3]を計算したところ，それぞれ 0.60 と 0.24 となった。効果量 0.2，0.5，0.8 を基準として，それぞれ 小，中，大の大きさの効果と目安を付ける（大久保・岡田，2012）と，算数では中程度の効果の差，理科では小程度の効果の差を確かめた。

第 2 章 カリキュラム論（教育課程論）

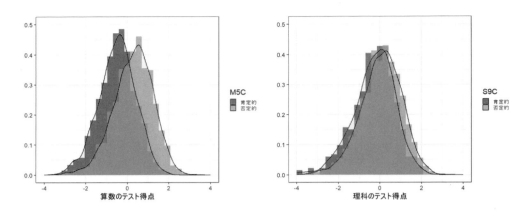

図 2-4-2　M5C／S9C「わたしは算数／理科が苦手だ」の否定的と肯定的のヒストグラム

　表 2-4-3 は，算数と理科で同様の内容となっている 20 項目に対する否定的・肯定的な回答の割合の比較及び否定的と肯定的の 2 群における算数と理科のテスト得点の分布の比較を行った結果である。

　まず，算数と理科で同様の内容である 20 項目をみると，「算数／理科の勉強について（算数：M2A～M2I，理科：S7A～S7I）」と「算数／理科について（算数：M5A～M5D と M5G～M5I，理科：S9A～S9G）」のほぼ全ての項目において，オッズ比が 1.0 以上であり，算数よりも理科に肯定的な傾向を読み取れる。他方で，「あなたが受けている算数／理科の授業について（算数：M3A～M3F，理科：S8A～S8F）」の 6 項目と項目 M5G／S9E（先生はわたしに算数／理科がよくできると言ってくれる）では，理科よりも算数において肯定的な傾向を見て取れる。これらの項目は，教師の授業に関する内容となっており，授業中での教師との関わりについては，算数に肯定的な傾向があると考えられる。また，項目 M2D／S7D（算数／理科でおもしろいことをたくさん勉強している）と M2H／S7F（算数／理科の授業がたのしみだ）は，オッズ比が 5.0 を超える値となった。これらの項目は，算数／理科の面白さ・楽しさに関するものであり，算数よりも理科により面白さを感じる子どもが多いといえる。

　次に，各項目の否定的・肯定的の 2 群におけるテスト得点の分布を比較したところ，理科の効果量の最大値は 0.44 となったが，算数では 0.50 を超える項目を 6 つある。例えば，理科で最大値 0.44 を示した S9B（わたしは，クラスの友だちよりも理科をむずかしいと感じる）に対応する算数の項目 M5B（わたしは，クラスの友だちよりも算数をむずかしいと感じる）の効果量は 0.63 となっている。このように，テスト得点に対して理科よりも算数において，否定的・肯定的の違いがより関連するものと考えられる。また，算数と理科ともに「算数／理科について」の項目の効果量が「算数／理科の勉強について」と「あながた受けている算数／理科の授業について」の項目より大きいことから，それらは否定的と肯定的な情意面がよりテスト得点と関連することと考えられる。

表 2-4-3　各項目の否定的・肯定的の割合とテスト得点の平均値の比較

コード		否定的・肯定的の割合				オッズ比	算数のテスト得点					理科のテスト得点				
		算数		理科			否定的		肯定的			否定的		肯定的		
算数	理科	否定的	肯定的	否定的	肯定的		平均値	SD	平均値	SD	効果量	平均値	SD	平均値	SD	効果量
M2A	S7A	23%	77%	9%	91%	4.40*	-0.38	0.95	0.11	0.99	0.36*	-0.26	0.96	0.02	1.00	0.20*
M2B	S7B	12%	88%	6%	94%	2.80*	-0.45	0.98	0.06	0.99	0.36*	-0.50	1.18	0.03	0.98	0.34*
M2C	S7C	16%	84%	7%	93%	3.22*	-0.30	1.06	0.06	0.98	0.25*	-0.41	1.21	0.03	0.97	0.29*
M2D	S7D	23%	77%	10%	90%	5.12*	-0.24	0.96	0.07	1.00	0.23*	-0.26	0.96	0.03	1.00	0.21*
M2E	S7E	32%	68%	15%	85%	3.25*	-0.32	0.96	0.15	0.98	0.35*	-0.18	0.97	0.03	1.00	0.15*
M2H	S7F	45%	55%	19%	81%	5.37*	-0.22	0.98	0.17	0.98	0.28*	-0.12	0.99	0.03	1.00	0.11*
M2I	S7I	48%	52%	26%	74%	3.33*	-0.28	0.94	0.25	0.99	0.39*	-0.17	0.95	0.06	1.01	0.16*
M2F		40%	60%				-0.18	0.96	0.12	1.01	0.22*					
M2G		32%	68%				-0.40	0.94	0.19	0.97	0.44*					
	S7G			25%	75%							-0.07	0.99	0.02	1.00	0.07*
	S7H			5%	95%							-0.22	0.98	0.01	1.00	0.16*
M3A	S8A	52%	48%	54%	46%	0.81*	0.04	0.95	-0.04	1.05	-0.05*	0.08	0.94	-0.09	1.06	-0.12*
M3B	S8B	10%	90%	10%	90%	0.93	-0.23	1.05	0.03	0.99	0.18*	-0.17	0.95	0.02	1.00	0.14*
M3C	S8C	10%	90%	14%	86%	0.54*	-0.13	1.05	0.01	0.99	0.10*	-0.09	1.02	0.02	1.00	0.08*
M3D	S8D	9%	91%	9%	91%	0.85	-0.07	1.07	0.01	0.99	0.05	-0.03	0.97	0.00	1.00	0.02
M3E	S8E	7%	93%	10%	90%	0.56*	-0.12	1.13	0.01	0.99	0.09	-0.21	1.02	0.01	1.00	0.16*
M3F	S8F	8%	92%	11%	89%	0.53*	-0.04	1.06	0.00	0.99	0.03	-0.05	1.00	0.01	1.00	0.04
M5A	S9A	42%	58%	34%	66%	1.84*	-0.46	0.90	0.34	0.93	0.62*	-0.21	0.98	0.11	0.99	0.23*
M5B	S9B	36%	64%	16%	84%	4.31*	-0.52	0.88	0.30	0.94	0.63*	-0.53	1.06	0.10	0.95	0.44*
M5C	S9C	35%	65%	14%	86%	3.79*	-0.51	0.89	0.27	0.95	0.60*	-0.30	1.01	0.05	0.99	0.24*
M5D	S9D	40%	60%	30%	70%	1.92*	-0.45	0.91	0.29	0.95	0.56*	-0.27	0.97	0.12	0.99	0.28*
M5G	S9E	61%	39%	61%	39%	0.96	-0.07	0.96	0.12	1.05	0.13*	-0.02	0.98	0.03	1.03	0.03
M5H	S9F	33%	67%	13%	87%	3.49*	-0.44	0.91	0.22	0.97	0.49*	-0.43	1.06	0.06	0.97	0.34*
M5I	S9G	16%	84%	6%	94%	4.87*	-0.59	0.91	0.11	0.98	0.53*	-0.32	1.08	0.02	0.99	0.23*
M5E		13%	87%				-0.44	0.93	0.06	0.99	0.37*					
M5F		58%	42%				-0.31	0.93	0.43	0.94	0.56*					

注）* は有意水準 0.05 で統計的である項目である。

c. 考察

　算数と理科で同様の内容の項目に注目したところ，算数と理科やそれらの勉強において，算数よりも理科に肯定的な子どもが多いことが分かった。しかし，授業中の教師との関わりについては，算数に肯定的な傾向がみられると思われる。これらの違いは，当然，算数と理科の学習内容や授業の方法など，両教科固有の側面と関係するだろう。近年，STEAM 教育として注目される教科等横断的な学習において，各教科・領域の固有性を強く意識する必要があることが指摘されている（松原，2020）。TIMSS というマクロな比較を意図したデータを用いても，両教科の固有性に着目する重要性が示唆された。

　なお，算数に注目すれば，しばしば情意面の低さが問題視される。理科との比較を踏まえれば，算数の面白さ，楽しさ，難しさの再検討が求められるだろう。とりわけ「算数／理科の勉強について」の項目 M2D ／ S7D（算数／理科でおもしろいことをたくさん勉強している）と M2H ／ S7F（算数／理科の授業がたのしみだ）のオッズ比が大きいことからも，算数と理科を関連付けることで，算数の情意面の向上が図れるかもしれない。また，算数において，教師との関わりを肯定的に捉える子どもが多いことから，教師の力量が算数の情意面の向上により直結するとも考えられる。算数の面白さ・楽しさ・難しさの検討，つまり，教師の教材観の深まりが，算数の情意面の向上に重要な視点になり得ると思われる。

　加えて，算数の情意面は，理科よりもテスト得点と関連することが分かった。ゆえに，算数の情意面と学力の関連に着目するならば，算数は楽しいや面白いという視点よりも，算数に対する難しさや苦手

第2章　カリキュラム論（教育課程論）

さを軽減することに重点を置くべきと考えられる。理科については，算数と同程度の関連はみられな
かったが，算数と同様に難しさの軽減を軸の一つに据えるべきと思われる。

d.　おわりに

　TIMSS2019小4の公開データを用いて，個々の項目に着目して分析を進めた。しかし，個々の項目
は互いに独立ではなく，関連すると考える方が自然である。ここでの項目分析を皮切りに，背後に潜む
情意面の構造を解明など，算数・数学と理科の情意面に対して，多様な分析が必要となってくるだろ
う。またここでは，小学生を分析対象としたが，算数・数学と理科の情意面とそれらの理数科学力との
関連に対する考察は，中学生や高校生にも目を向けるべきだろう。TIMSSとPISAは，中2と高1を
対象としたデータも公開しているため，それらを活用した取り組みも今後必要である。

注
1)　数学的リテラシーは「様々な文脈の中で数学的に定式化し，数学を活用し，解釈する個人の能力である。それには数
　　学的に推論することや，数学的な概念・手順・事実・ツールを使って事象を記述し，説明し，予測することを含む。
　　この能力は，個人が現実世界において数学が果たす役割を認識したり，建設的で積極的，思慮深い市民に求められ
　　る，十分な根拠に基づく判断や意思決定をしたりする助けとなるものである」，科学的リテラシーは「思慮深い市民
　　として，科学的な考えを持ち，科学に関連する諸問題に関する能力」，読解力は「自らの目標を達成し，自らの知識
　　と可能性を発達させ，社会に参加するために，テキストを理解し，利用し，評価し，熟考し，これに取り組むこと」
　　と定義される（国立教育政策研究所，2019）。
2)　PISAとTIMSSのウェブサイトは，それぞれ https://www.oecd.org/pisa/ と https://timssandpirls.bc.edu/（2023年
　　3月1日確認）である。
3)　ここでは，2つの集団における平均値が μ_1 と μ_2 で，標準偏差を σ_1 と σ_1 とするとき，以下のように定義している。

$$\frac{\mu_1 - \mu_2}{\sqrt{\dfrac{\sigma_1^2 + \sigma_2^2}{2}}}$$

参考・引用文献
安藤秀俊・小原美枝（2010）：数学と理科の関わりについての意識調査，科学教育研究，34，2，207-219.
国立教育政策研究所（2019）：生きるための知識と技術7―OECD生徒の学習到達度調査（PISA）2018年調査国際結果報
　　告書―，明石書店.
国立教育政策研究所（2021）：TIMSS2019算数・数学教育／理科教育の国際比較―国際数学・理科教育動向調査の2019
　　年調査報告書―，明石書店.
松原憲治（2020）：資質・能力の育成を重視する教科等横断的な学びとSTEM／STEAM教育，日本科学教育学会年会論
　　文集，44，9-12.
松原憲治・萩原康仁（2014）：国際的な学力調査から見る日本の理科の学力とカリキュラムの変化との関連―近年の
　　TIMSS調査における中学校第2学年生物領域の共通項目の変化に基づいて―，理科教育学研究，55，1，69-80.
松浦拓也（2014）：科学的リテラシーと科学に対する態度に関する潜在構造分析，理科教育学研究，55，1，59-67.
文部科学省（2017）：小学校学習指導要領（平成29年告示）算数編，日本文教出版.
大久保街亜・岡田謙介（2012）：伝えるための心理統計―効果量・信頼区間・検定力―，勁草書房.
鈴川由美・豊田秀樹・川端一光（2008）：わが国の数学教育は数学を日常の中で活用する能力を重視しているか―
　　PISA2003年調査のDIFによる分析―，教育心理学研究，56，2，206-217.
渡邊耕二（2020）：日本の生徒が持つPISA数学的リテラシーの特徴の変化に関する研究―「不確実性とデータ」領域に注

目した PISA2003 と PISA2012 および PISA2015 の分析から―, 数学教育学研究, 26, 1, 1-12.

渡邊耕二・高阪将人 (2021)：PISA 数学的リテラシーと科学的リテラシーの関連性に関する研究―「数学的な内容」の4つの領域に着目した PISA2012 の二次分析から―, 宮崎国際大学教育学部紀要教育科学論集, 8, 124-135.

（渡邊耕二）

第2章　カリキュラム論（教育課程論）

5　STEM/ STEAM 教育

(1) STEM/ STEAM 教育の背景

　STEM（Science, Technology, Engineering & Mathematics）教育は 1990 年代に米国から広まった概念であり，科学，技術，工学，数学の各教科・領域を表す用語として STEM が用いられた（STEM Task Force Report, 2014）。そこでは，STEM 教育に含まれる 4 教科・領域をどのように扱うかは，州や地方に委ねられた（Johnson, 2012）。その結果，そこには多様な定義が見受けられる。特に，科学，技術，工学，数学の 4 教科・領域の総称として STEM が用いられた背景から，多くの場合，統合的なアプローチを伴わない伝統的な教科学習であると捉えられてきた（Breiner, Harkness, Johnson & Koehler, 2012）。一方，近年ではコンピテンシーに基づく教育改革の流れも受け，各教科・領域を個別に捉えるのではなく，統合的に見る動きが進みつつある。そこでは，STEM 統合や統合型 STEM と呼ばれている。これまでの STEM 教育に関する研究のレビューから，STEM 教育を統合的に捉えた際の，教科・領域の数及び統合の度合いについて以下のように整理されている（Moore, Johnson & Glancy, 2020）。

・STEM 統合における教科・領域の数は文献によって異なるが，多くが 2 つの教科・領域の統合としている．最も一般的には，これら 2 つの教科・領域とは科学とエンジニアリング（工学）である．

・4 つの教科・領域がそれぞれの知識を必要とする方法で統合されない限り，真の STEM 統合では無いという主張や，2 つの教科・領域のいずれかが，社会科学や消費科学といった STEM 教科・領域以外であっても，STEM 統合と定義する研究者もいる．

・多くの研究者は STEM 統合の連続性について説明しており，統合の度合いが低いものから，統合の度合いが高いものまで分類されている．

・統合の度合いについて様々な枠組みが提案されているが，STEM 統合の連続性に関する枠組みは重要なステップである．

　これらを踏まえると，2 つ以上の教科・領域を扱い，STEM 教育における統合を連続的に捉える動きが進みつつあると言える。さらに，アート（Art）やリベラルアーツ（Liberal Arts）の A を加えた STEAM 教育として，欧米のみならず，アジアやオセアニアの国々でも研究や実践が盛んである（松原・高阪，2021）。

(2) STEM 教育における統合を連続的に捉えた枠組み例

　STEM 教育における統合を連続的に捉えた，Vasquez, Sneider and Comer（2013）の枠組みを参考に，その具体例についてみていく。Vasquez, Sneider and Comer（2013）は，STEM 教育における統合の度合いとして，次の 4 つのアプローチを定めた。最も分化的な段階は，各教科で個別に概念とスキルを学

習する Disciplinary（各教科型）アプローチである。次に，共通の主題やテーマに関して行うが，各教科で個別に概念とスキルを学習する Thematic（テーマ型）または Multidisciplinary（複数教科型）アプローチ，さらに，知識とスキルを深めるために，2つ以上の教科から深く結びついた概念とスキルを学習する Interdisciplinary（教科連携型）アプローチが示されている。そして最も統合的な段階は，実世界の課題やプロジェクトに取り組むことで，2つ以上の教科の知識やスキルを活用し，学習経験を形成する Transdisciplinary（超領域型）アプローチである。

　さらに，その具体例として Vasquez, Sneider and Comer（2013）は，太陽系を用いて次のように説明している。Thematic アプローチでは，各教科は太陽系というテーマでつなげられる。例えば科学では，惑星の大きさや特徴に関する学習をする。また数学では，月との距離と太陽との距離を比較する際に，大きな数の除法について学習する。このように，各教科の学習は共通のテーマである太陽系に関して行われる。他方，惑星の大きさや特徴，距離といった概念，また，大きな数の除法といったスキルについては，各教科で個別に学習がなされる。

　Interdisciplinary アプローチでは，太陽系についての深い理解のために，2つ以上の教科に共通する概念やスキルによってつなげられる。科学の側面からは太陽系の惑星の特徴について，その大きさや太陽からの距離といった概念について学習する。その際，太陽系の各惑星はどのような点が類似し，また異なっているかといった問いがなされる。一方，数学の側面からは縮尺モデルについて学習し，惑星の大きさと距離に同じ比を用いる場合，各惑星はどのくらいの大きさとなるかといった問いがなされる。ここでは，生徒が比の知識を用いて課題を解決する場が提供される。科学と数学の教科間をつなぎ，鍵となる概念である縮尺（scale）に注目することで，惑星だけの学習では獲得することが容易ではない，太陽系に関する深い理解が得られる。

　Transdisciplinary アプローチでは，太陽系のプロジェクトにおいて「惑星 X の天候を気象学者がどのように予測するのか？」という「本質的な問い（essential question）」が用いられる。各教科では，それぞれ次のような学習目標を設定する。科学では人間が実際に行く可能性のある場所として惑星を想像できること，数学では実世界の問題解決のために数学的モデルを用いることができること，英語では口頭や記述において，情報と考えを明確かつ簡潔に伝えることができることなどである。

　これらのアプローチは全ての教育段階で実践可能であり，それぞれのアプローチに価値があるとされている（Vasquez, Sneider and Comer, 2013）。

(3) STEM Road Map カリキュラムの構成

　STEM Road Map は現実世界の学習文脈において，真正な問題解決学習を実施する必要性の高まりに応えて，米国のパデュー大学やジョージメイソン大学を中心とした全米の STEM 教育者のチームによって概念化および開発された（Johnson, Peter-Burton & Moore, 2016）。

　STEM Road Map カリキュラムは次世代科学スタンダード（Next Generation Science Standard: NGSS），各州共通数学スタンダード（Common Core State Standards for Mathematics: CCSS Mathematics），各州共通英語スタンダード（Common Core State Standards for English Language Arts: CCSS ELA），及び21世紀型学習のフレームワー

第2章　カリキュラム論（教育課程論）

ク（Framework for 21sth Century Learning）によって支えられている（Johnson, Peter-Burton & Moore, 2016）。各単元（モジュール）には，授業案に関連する特定の分野のスタンダードを組み込んだ詳細なカリキュラムマップが含まれている（Johnson, Peter-Burton & Moore, 2016）。STEM Road Map は，これら学術的スタンダードと非常に明確かつ強力な関係があり，各学年段階のトピックは，トピック，問題の課題，および生徒に必要なスタンダード間の整合性を担保するために，スタンダードのマッピングから導き出されている（Johnson, Peter-Burton & Moore, 2016）。したがって，カリキュラムシリーズはスタンダードに基づくアプローチをとっており，必須の知識や技能を活用するための真正の文脈を提供するようにデザインされいている（Johnson, Peter-Burton & Moore, 2016）。

STEM Road Map は STEM スタンダードに含まれる社会のビッグアイデアと課題，現在及び未来世代の永続的なジレンマであるものの調査を通して，生成された5つの現実社会の STEM テーマを中心に構成されている（Johnson, Peter-Burton & Moore, 2016）。各テーマの概要は表2-5-1の通りである。

表 2-5-1　STEM Road Map における5つのテーマ

テーマ	概要
原因と結果 (Cause and Effect)	原因と結果の概念は STEM 分野で強力かつ普及している概念で，物事がどのように，そしてなぜ起こるのかを理解するための基礎である。原因を修正し別の結果をもたらすことで，より良い生活を送ったり，コミュニティに貢献したりすることができる。
革新と進歩 (Innovation and Progress)	人間が明るい未来に到達できるかどうかを決定する上で最も重要な要素の一つが革新である。革新は進歩の背後にある原動力であり，これまで存在しなかった可能性を生み出すのに役立つ。
表現された世界 (The Represented World)	私たちが住んでいる世界の仕組みについて，実際の現象を用いて概念を説明することができる場合もある。しかし，概念が大きすぎたり，遅すぎたり，小さすぎたり，速すぎたり，複雑すぎる場合には，実際の現象を使用できないこともある。そのような場合には，重要な特徴を伝えるために，表現やモデルを使用する必要があり，グラフ，表，数式，図などが有効である。
持続可能なシステム (Sustainable System)	エンジニアリングの観点から，システムという用語は，コンポーネントの必要性，コンポーネントの相互作用，システムの相互作用，及びフィードバックの概念の使用を指す。理想的にはシステムは持続可能であり，構造の外部からの多くのエネルギーなしで平衡を維持できる必要がある。
経験の最適化 (Optimizing the Human Experience)	学問としての科学，技術，工学，数学には，人間の生活，相互作用，世界での意味の発見の方法を継続的に改善する能力があり，人間の経験を最適化するために取り組んでいる。

出典：Johnson, Peters-Burton & Moore（2016）を参考に筆者作成

STEM Road Map カリキュラムでは，これら5つのテーマに基づき，K-12（幼稚園の年長から高校3年生まで）における教材が順次開発されている。これまでに開発及び計画されている教材は表2-5-2の通りである。各教科は3〜4つの小単元，45分×25コマで構成されている。

5　STEM/ STEAM 教育

表 2-5-2　STEM Road Map での開発教材

	原因と結果	革新と進歩	表現された世界	持続可能なシステム	経験の最適化
K	物理学における 運動の役割				私たちの 環境の変化
1	波の影響		パターンと 植物の世界	生息地： 地元及び遠く	
2	環境の変化		時間の経過による変化： 私たちの校庭	システムの相互作用： 私たちの校庭	
3		未来の輸送機関	レクレーション STEM		
4		太陽エネルギーの利用		水力効率	節水
5		風力エネルギー	雨水の分析	堆肥化	
6	気候に対する人間の影響	未来の娯楽	パッケージデザイン		
7				世界人口問題	遺伝子組み換え生物
8	地球の動き		橋の設計の改善	影響を最小限に抑える： 環境保護の早さ	
9	地球の形成				
10	健康的な生活				自然環境の 再構築
11		建設材料	放射能		鉱物資源
12			交通事故	グローバル な絆を築く	

（4）「理数教育の充実」につながる学習デザインを構築するための視点

　STEM/STEAM 教育から見た，我が国における理数教育の充実に向けた示唆として，次の 3 点を挙げることができる。

a. 理科と数学の学習指導要領での位置づけ

　STEM Road Map カリキュラムシリーズでは，真正の文脈において，STEM 領域の知識・技能を活用し，学習していくことが目指されている。さらに，そこでは STEM 領域の知識・技能と各スタンダードとの対応が明示化されており，各教科とのつながりを明確にする工夫がなされている。そのため，「理数教育の充実」につながる学習デザインを構築する際には，各学習指導要領との対応を明確に位置付けていく必要があるといえる。

第 2 章　カリキュラム論（教育課程論）

b．学年を通して探究していく 5 つのテーマ

　STEM Road Map においては，K-12 を貫く 5 つのテーマとして，原因と結果，革新と進歩，表現された世界，持続可能なシステム，経験の最適化が設定されており，領域横断的かつ一貫した学習を可能としている。そのため，我が国の文脈において「理数教育の充実」に焦点を当てた，テーマの設定が考えられる。

c．長期的な単元の構成

　資質・能力の育成には，長期的な学習過程が求められており，STEM Road Map においても，各単元が 5 週間 25 コマで構成されている。そのため，単元として「理数教育の充実」について検討することも考えられる。

引用・参考文献

Breiner, J. M., Harkness, S. S., Johnson, C.C. & Koehler, C. M. (2012): What Is STEM?：A Discussion About Conceptions of STEM in Education and Partnerships, *School Science and Mathematics*, 112, 1, 3-11.

Johnson, C. C. (2012): Implementation of STEM Education Policy: Challenges, Progress, and Lessons Learned, *School Science and Mathematics*, 112, 1, 45-55.

Johnson, C. C., Peters-Burton, E. E., & Moore, T. J. (2016): *STEM Road Map: A Framework for Integrated STEM Education*, NY: Routledge.

松原憲治・高阪将人 (2017)：資質・能力の育成を重視する教科横断的な学習としての STEM 教育と問い，科学教育学研究，41, 2, 150-160.

松原憲治・高阪将人 (2021)：我が国における教科等横断的な学びとしての STEM/STEAM 教育の意義　各教科等の「見方・考え方」と Big Ideas に注目して，科学教育研究，45, 2, 103-111.

Moore, T. J., Johnston, A. C., & Glancy, A. W. (2020): STEM Integration: A Synthesis of Conceptual Frameworks and Definitions, In C. C. Johnson et al. (Eds.), *Handbook of Research on STEM Education*, 3-16, New York: Routledge.

STEM Task Force Report (2014): *Innovate: a blueprint for science, technology, engineering, and mathematics in California public education,* California: Californians Dedicated to Education Foundation.

Vasquez, J., Sneider, C., & Comer, M. (2013): *STEM Lesson Essentials, Grades 3-8: Integrating Science, Technology, Engineering, and Mathematics*, Portsmouth: Heinemann.

（高阪将人）

6 大学生の理解度調査から見た「理数教育」

6 大学生の理解度調査から見た「理数教育」

（1）理数教育と大学生

「学び」には終わりがないから学習者には完成形はない。大学生ももちろん未完成の学習者である。しかし，理数教育の文脈から見ると，大学生は学習者のある種の完成形と見なすことができる。理数教育は，多くの大学生にとって中等教育まででいったん終了する。それは，入学に際してそれまでの学習成果を測るための入学試験（またはそれに類する評定など）が設置されていることに加えて，大学入学後は自ら選択した専門分野を集中的に習得することになるからである。

理解度の確認は入学試験に課せられた重要な任務である。しかしながら，入学試験の詳細な結果はもちろん非公開であり，当然のごとく利用できるデータではない。また，理科は選択制であるため，たとえ入試に携わっていても，選択科目以外の理解度は知ることができない。

入学直後の大学生を対象にした理数科目の理解度調査は，当初，大学初年次学生に対する理数に関係する科目の設計指針にするために実施したものであった。つまり，受験科目として物理を選択していない学生が，高等学校までの物理をどの程度理解・習得しているのかを調べ，筆者の担当である物理学分野の教育に還元することを目的とした。実際，この調査により多くの知見を得て，以後の物理学分野の教育に役立てることができた（高須, 2013）。

（2）理解度調査の背景

a．大学生の多様性

近年，多様なバックグラウンドをもつ大学生が増加している。過去に話題になった例として，高等学校で生物を履修していない医学生に関する論考（松田, 2000；鈴木・三瀬, 2017）や高等学校で物理を履修せずに電気工学科や機械工学科に入学する学生に関する報告（原田, 2008；松田, 2009）などが挙げられる。このような多様な学生を教育する上で，この多様性を認識することが欠かせないのはもちろんであるが，さらには多様性の種類や特徴なども十分に把握しておくべきであろう。

ここでは，多様性について2つの場合について考えてみたい。1つは受講生（学生）の多様性である。高等学校卒業までの学習内容の習得度をもつ学生と，小・中学校の学習内容の理解もおぼつかない学生とが同じ講義を受講している，という多様性である。もう1つは，学生個人における科目間の習得度の違いという多様性である。例えば物理は高等学校卒業までの学習内容の習得度なのに，生物は中学校の学習内容の知識もない，ということがある。このような多様性の結果，受験や推薦制度を利用しても，大学初年次の大学生には種々の学力差（理解度の差）が認められる。

このような状況のもと，多くの大学では大学初年次に行う，小中高等学校の学習内容を復習するリメディアル教育科目が開講されている。しかし，リメディアル教育が「専門教育につながる基盤を涵養するための課程」として機能するためには，受講生間の学力差や学生個人における科目ごとの学力差な

85

第2章　カリキュラム論（教育課程論）

ど，種々の学力差が存在することと，その学力差が何に起因しているのかを的確に捉えておかねばならないであろう。特に，理系初年次の大学生にとって，高等学校での未履修科目における習得度の低さは，その後に控える専門課程を習得する上で深刻な問題となる。リメディアル教育にはこれを補うような工夫が必要であろう。

　学問的な性質から，物理－数学間の関連は，化学／生物－数学間の関連よりも強いことが予想される。したがって，物理の理解度の低さが算数・数学の理解度に依存するなら，数学のリメディアル教育によって物理の理解度の向上が期待できるし，その逆もまた同様であろう。このような科目間における相互連携は果たして可能なのだろうか。

　一般に，大学における科目間の相互連携は極めて難しいと感じる。大学における教授内容が極めて専門的であり細分化されているからである。では，リメディアル教育ではどうか。高等学校までの範囲であれば，大学の専門課程に比べて相互連携がしやすいように思える。しかし，やはり相互連携は困難であろう。この場合の障壁は教授内容の専門性・細分化ではなく，担当教員間の共通理解の欠如ないし齟齬である。つまり，学生の理解度の低さが何に起因しているのかが，連携する科目担当者間で共有されていないのである。

　一例として，オームの法則について考える。電圧 V，抵抗 R，電流 I の関係式 $V = RI$ において，V と R の値が与えられたとき，I を求められない学生がいたとしよう[1]。物理教員は数学で学習した一次方程式と同じように変形すれば良い，と教えるだろう。数学教員があらかじめこの状況を知っていれば，一次方程式の解法を教える際に，一次方程式の未知数は x とは限らず，例えば時間 t などのように最終的に求めたい変数が未知数になるが，いずれにしても同じ解き方で求めることができる，と教えるかもしれない。逆のケースでも同様の関わりが予想できる。この関係は物理と数学との相互連携のように見えるし，実際，この取り組みが成果を出す場合もあるだろう。しかし，この学生が「代数式への数値の代入」を理解・実行できていないとすると，どちらの講義でも学生の疑問点を払拭できず，この相互連携はうまく機能しないだろう。このような例は枚挙にいとまがない。相互連携を機能させるには，未理解・未習得の内容を教員がお互いに共有していることが不可欠である。

b.　物理と数学とのすれ違い

　本書の執筆者の一人である金児の講演（金児，2018）を拝聴したときのことである。金児は振り子の問題を取り上げて論考を進めていた。ただ，その「言い回し」にやや違和感をもった。振り子は物理で扱うテーマであるが，金児の言い回しは物理の問題ととらえていないように思えたのである。講演が終わり，質疑応答の時間にその違和感は払拭した。筆者の勘違いであった。つまり，金児は物理現象を数学教育に昇華させる際の手順について，数学教育の立場から検討していたのである。

　同じ物理現象を対象にしていても，専門（立場）が異なれば教授法が異なるのは当然である。相互連携を試みる教員はあらかじめこのような違和感を互いに認識し合い，違和感の共有をとおして教授法の違いを明確にした上で，各科目の教授法をデザインすべきである。単に，物理は数学を多用する，数学は物理現象を題材にしやすい，といった素朴な認識ではとても相互連携とは言えないし，まして「理科

と数学の融合」には遠く及ばないだろう。

　ここでは，金児の論考を参考にして相互連携の本質を垣間見たい。金児は「数学的モデリング」に関する論文（佐伯ら，2019）において，次のような振り子の等時性（振り子の周期が，振り子の振れ幅によらず，振り子の長さで決まる性質）を例に挙げている。

（例）
振り子の長さ y [m] と周期 x [秒] にはおよそ次の関係がある：
$$y = \frac{1}{4}x^2 \quad \cdots\cdots\cdots ①$$
この関係式は 2 次関数に関する題材であり，中学校第 3 学年の数学の教科書に記載されている。物理では，振り子の等時性は次のように説明する。

（物理での記述）振り子の長さ l [m] と周期 T [秒] には次の関係がある：
$$T = 2\pi\sqrt{\frac{l}{g}} \quad \cdots\cdots ② \quad （ただし g = 9.8 \text{ m/s}^2 （地球の重力加速度））$$
①式と②式は，一見異なるように見えるが，②式の両辺を 2 乗して変形すると次の式を得る：

$$l = \frac{g}{4\pi^2}T^2 \quad \cdots\cdots\cdots ③$$

　③式の l を y に，T を x に置きかえると①式になる。つまり，数学では $\frac{g}{\pi^2} = 0.9929\cdots = 1$ という近似を暗に使っていたのである[2]。近似を使っていることは①式の説明文の「およそ」で表現されている。一方，物理では通常はこのような近似は使わない[3]。振り子の周期が重力加速度に依存することを明確にするためである。これほど具体的な例は珍しいかもしれないが，このような「すれ違い」は多くの教員が経験しているのではないだろうか。

　なお，振り子の実験をしてみるとわかることだが，①式の独立変数と従属変数は振り子の実験にそぐわない。単振り子の長さ y をきめるとそれにともなって周期 x がただ 1 つきまるからである。本来は②式のような無理関数としてとらえるべきである。この点については，理科と数学で気をつけて指導するべき点である。

（3）理数科目の理解度調査

a. アンケートの内容

　大学初年次の大学生における学力の多様性を調べるために，2014 年 4 月初旬の一連の講義が始まる前の時期に，医学部医学科の大学 1 年生 131 名，機械系学科の大学 1 年生 51 名を対象として，理科と数学に関する理解度調査「理数アンケート」を実施した（髙須，2019a，2019b，2020）。この理数アンケートは算数・数学，物理，化学，生物の 4 つの科目について，各々小学校 4～6 年の学習内容 10 問，中学校の学習内容 10 問，高等学校 1 年の学習内容 10 問で構成される全 120 問の正誤問題である。設問は，重要な概念や基本的な知識，あるいは誤概念を問う問題とした。理解度を調べるのが目的なので，当て

第 2 章　カリキュラム論（教育課程論）

ずっぽうの解答を防ぐために，正解が分からない場合には正・誤を選択せずに，「分からない」を選ぶようにさせた。各科目の問題の作成は，それぞれの分野の専任の教員に依頼した。

　アンケートには，高等学校数学の既習分野（数学Ⅰ〜Ⅲ，数学Ａ〜Ｃ），高等学校理科の既習科目（物理，化学，生物について各々Ⅰ，Ⅱ）に関する項目を加え，履修状況についても調査した。また，受験様式（試験，または推薦。試験の場合は受験科目）も同時に調査した。

　設問は全 12 領域（4 科目×3 レベル）に分類され，領域ごとの正解率がデータベースになる。最初に 2 つの学科での正解率分布を示す。次に，科目間の相関，各科目の正解率の経年変化，特徴的な結果が認められた設問の詳細，の 3 つの結果を述べる。

b. 対象学生の特徴

　医学科では，入学者のうち受験入学者 116 名，推薦入学者 15 名であった。入学試験で理科 2 科目を課しており，物理・化学選択者 61 名，化学・生物選択者 53 名，物理・生物選択者 2 名であった。また，表 2-6-1 に高等学校における履修状況を示す。ほとんどの学生が数学と化学の全分野を履修しており，半数が物理選択，半数が生物選択であった。

表 2-6-1　医学科の学生における高等学校での履修状況（数値はいずれも％）

数学						物理		化学		生物	
Ⅰ	Ⅱ	Ⅲ	Ａ	Ｂ	Ｃ	Ⅰ	Ⅱ	Ⅰ	Ⅱ	Ⅰ	Ⅱ
97	98	96	95	96	94	63	53	94	94	59	59

　機械系学科では，アンケート対象者のうち 7 割以上が推薦入学であった。理科 1 科目選択受験であり，物理選択者 7.1 %，化学選択者 9.5 %，生物選択者 7.1 %であった。また，表 2-6-2 に高等学校における履修状況を示す。

　数学の履修については未回答の学生がいるため合計が 100 %になってない。ほとんどの学生が数学Ⅰ，数学Ａを履修している。数学全分野を履修した学生は 54 %であった。数学Ⅰ→数学Ⅱ→数学Ⅲ，数学Ａ→数学Ｂ→数学Ｃと進級に伴って履修の割合が減少していることが特徴的である。

　理科の履修については，物理，化学，生物の順に履修の割合が減少しており，物理Ⅰは 8 割近い学生が履修しており，物理Ⅰ，Ⅱの両方を履修した学生も半数以上いた。機械系学科の特徴が強く表れている。

表 2-6-2　機械系学科の学生における高等学校での履修状況（数値はいずれも％）

数学						物理		化学		生物	
Ⅰ	Ⅱ	Ⅲ	Ａ	Ｂ	Ｃ	Ⅰ	Ⅱ	Ⅰ	Ⅱ	Ⅰ	Ⅱ
93	88	69	83	76	57	79	55	67	29	36	10

c. 正解率の度数分布

図 2-6-1 に全科目全レベルの集計結果を示す。合計点 120 点満点を 100 % に換算した値を正解率とする。図中の曲線は正解率の度数分布を正規分布（ガウス関数）によって表した結果（フィッティングした結果）である。いずれの学科でも正規分布にしたがっていることが見て取れる。この調査に用いた「理数アンケート」が適切な設問から構成されていると考えてよいだろう。

各々の学科の平均値および標準偏差を表 2-6-3 に示す。得られた平均値が妥当であるかを判断するのは難しいところであるが，予備校などで発表している大学偏差値を参考にした。偏差値を利用したのは，大学入学時における新入生の学力指標がこれ以外にないためである。対象とした医学科の偏差値は 65 程度，機械系学科の偏差値は 40 前後であり，いずれもアンケートから得られた平均値に近い値であった。したがって，本研究で用いた「理数アンケート」は，対象学生にとって難しすぎたり簡単すぎたりすることがなく，対象学生の該当の科目の理解度を適切に反映しており，初年次の理解度調査として妥当であると判断した。

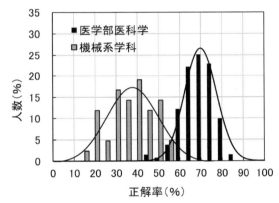

図 2-6-1　理数アンケートの正解率の分布

表 2-6-3　正解率の平均値と標準偏差

	平均値（％）	標準偏差（％）
医学科	69	7.5
機械系学科	37	12.3

d. 科目ごとの正解率

図 2-6-2 に全科目の合計，および各科目の小中高等学校の問題群の正解率に対する変化を示す。医学科では，小中高等学校と学習内容が難しくなるのに伴って数学，物理の正解率が低下する傾向を示した。数学や物理のような積み上げ式の科目の特徴が表れた。これに対して化学の正解率はほぼ横ばいであった。医学科の学生の大半が，受験のために化学を十分に習得した結果と思われる。また，物理と生物は，数学，化学に比べて正解率が低い傾向を示すが，これは受験科目に強く依存した結果である。履修・選択していない科目の正解率が低くなるため，その影響が表れている。物理は数学と同様に小中学

第 2 章 カリキュラム論（教育課程論）

校と学習内容が難しくなるのに伴って正解率が低下するが，生物は中学レベルの正解率が低いというやや特異な変化を示す。これは，直前に学習した内容を良く覚えていることに起因すると考えられる。高等学校までの生物が暗記科目であることをよく表している結果といえよう。

　機械系学科では，全体的に正解率が低いことが見て取れる。小学校の学習内容でさえおよそ半分の内容しか理解・記憶していないことは特に注意すべき結果である。数学の正解率は，医学科での傾向と異なり，正解率4割程度でほぼ横ばいであった。正解率4割は低い値である。つまり，対象とした学生の多くは小学校段階から躓いている可能性が高い。小中高等学校と学習内容が難しくなっても正解率が低下しないことは注目すべきである。算数・数学は積み上げ型の科目であるが，内容的に細分化されているので，すでに学習した内容の理解度が高くなくても，次に学習する内容の理解度が高ければこのような結果になることが予想される。したがって，これらの学生へ適切な対応をするには，どの箇所で躓いているかを詳細に調べる必要があるだろう。

　一方，物理，化学の正解率は小中学校と学習内容が難しくなるのに伴って低下する。物理や化学が積み上げ型の科目であるという特徴を示していると思われる。ここで重要なことは，正解率が小学校段階から中学校段階にかけて大きく低下している点である。これは特に化学で顕著である。化学は特に中学レベルの理解が重要であると考えられる。この意味で，生物も同様に中学校段階の学習内容が重要であろう。

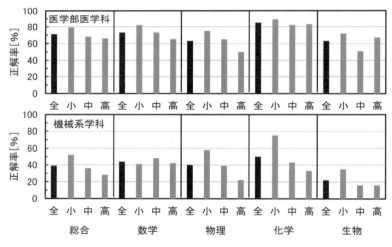

図 2-6-2　正解率のレベルに対する変化

e．科目間の相関

　図2-6-3に科目間の相関図を示す。医学科のデータを黒塗りで，機械系学科のデータを白抜きで示した。また，表2-6-4に2学科全体のデータ（統合データ）に関する相関係数，および各学科のデータに関する相関係数を示す。

　最初に医学科の傾向について考察する。医学科にはどの科目間にも相関が認められなかった。無相関

といってもよいかもしれない。この結果の要因の1つは，数学と化学の正解率の高さにある。数学－物理相関図（医学科のデータが右側に偏っている）や物理－化学相関図（医学科のデータが上方に偏っている）から数学と化学の正解率が高いことが見て取れる。6つの相関のうち5つはこれによって説明できる。

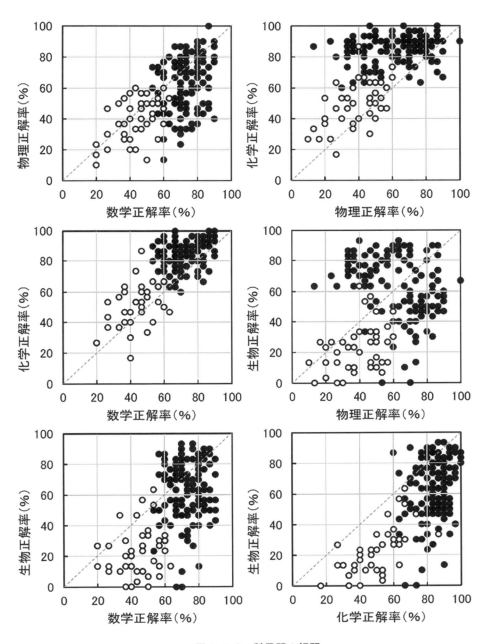

図 2-6-3　科目間の相関
黒塗りは医学科，白抜きは機械系学科を表す。

第 2 章　カリキュラム論（教育課程論）

　しかし，これに当てはまらない物理 - 生物相関は特異である。表 2-6-4 の物理 - 生物の相関係数が負値を示しているとおり，物理 - 生物相関には二極化が認められる。図 2-6-3 の物理 - 生物相関図に見られる左上と右下のグループがこれにあたる。本アンケートに小中学レベルの基礎的な設問が含まれていることを考慮すると，このグループに属する学生は，一方の科目は高等学校レベルに達しているが，もう一方の科目は小中学レベルの基礎的な内容も欠落している可能性があることが示唆される。

表 2-6-4　科目間の相関関係

統合データ（医学医学科＋機械系学科）　　　　　　　　　　　　　　　　　　　　　[全データ p < 0.01]

	数学	物理	化学	生物
数学	—	0.578	0.797	0.616
物理	—	—	0.569	0.173
化学	—	—	—	0.720
生物	—	—	—	—

医学部医学科　　　　　　　　　　　　　　　　　　　　　　　　　　　[** p < 0.01, * p < 0.05]

	数学	物理	化学	生物
数学	—	0.257 **	0.255 **	0.106
物理	—	—	0.193 *	-0.442
化学	—	—	—	0.269 **
生物	—	—	—	—

機械系学科　　　　　　　　　　　　　　　　　　　　　　　　　　　　[** p < 0.01, * p < 0.05]

	数学	物理	化学	生物
数学	—	0.510 **	0.483 **	0.159
物理	—	—	0.557 **	0.336 *
化学	—	—	—	0.583 **
生物	—	—	—	—

　物理 - 生物間に相関が認められないのは，これらの科目の学び方や教授法に共通性が少ないことを表していると考えられる。生物は暗記科目として認識される傾向が強く，論理的な思考を重視する物理とは異なる学び方や教授法を採用していることが示唆される。

　この考察を経ると，「物理 - 生物」に次いで相関係数の低い「数学 - 生物」（相関係数 0.106）も深刻であろう。これらの結果は大学での生物学の習得に大きな影響を及ぼすと思われる。すなわち，大学で習得すべき生物学は決して暗記科目ではなく極めて論理的な内容に加えて，統計学を避けて通れないからである。生物学および生物学に関連する科目（例えば生理学など）を習得する学生は習得法を改める必要があり，教員は高等学校までの教授法と大学からの教授法大きく異なることを認識すべきある。

　次に機械系学科の傾向について考察する。機械系学科には数学 - 生物，物理 - 生物を除いていずれも弱いながらも正の相関が認められた。図 2-6-3 からも同様に数学 - 生物，物理 - 生物以外に正の相関が

見て取れる。正の相関は，各々の科目の内容を満遍なく学習し，正確に理解し，確実に定着している結果であると解釈できる。もちろん，正の相関なので，未学習・未理解・未定着の結果であるとも解釈できる。この結果は極めて自然に導かれる解釈であろう。

　これらの科目間に正の相関が生じたのは，これらの科目の内容や習得法，教授法などに共通性があるからだと推測できる。数学－物理において内容や習得法に共通性があることには大きな異論はないだろう。また，自然現象を「覚える」という意味では物理－化学においても共通性があるといえるだろう。

　一方，数学－生物，および物理－生物間は無相関であった。この結果は医学科の考察でも述べたとおり学び方や教授法に共通性が少ないことを表していると考えられる。異なる学科，異なる学力の学生を対象にした結果において，同様の知見が得られたことは重要な成果である。

f. 特徴的な結果が認められた設問

　表2-6-5，表2-6-6はアンケートの設問の抜粋である。正解率が上位および下位の5問を科目ごとに示した。表2-6-5は医学科での結果，表2-6-6は機械系学科での結果である。

　最後に，算数・数学と物理に関して，個々の設問の回答を検討したい。これまでの結果は，2つの学科の違いを如実に反映したものであった。しかし，回答状況を見ると，いずれの学科でも，正解率が下位のグループには文字式を用いた設問や比例関係を問う設問が入っている。

　このことは，筆者が大学の物理教育に携わって感じていることを端的に表している。常々，物理的な関係式（文字式）に正確に数値を代入できない学生や，その関係（多くの場合，比例または反比例）が正しく理解できていない学生が多いと感じていた。

　学生が躓いている箇所が，物理的な現象に関する事項なのか，関係式を正確に読み取れないことに起因するのかを明確にすることは重要である。本アンケートでは後者が如実に現れたといえる。特に，機械系学科ではこの結果は重要である。例えばオームの法則を説明する場合，まずはどの物理量同士が比例・反比例の関係なのかを明確にし，次に数値が与えられたときにどのように代入すればどの値が得られるのかを丁寧に説明して，最後に物理変数（電圧，電流，抵抗）の特徴を説明すべきなのである。

　物理と数学とは学問の性質上，相性がよさそうに感じる。お互いの教科内容を十分に理解してもなお，学生に欠如している知識・技能の共有理解の不足のため，学問上の相性ほどには教授法が確立していないのではないか，というのが筆者の見方である。

（4）理数アンケートを通して見えるもの

　大学初年次の学生における学生間および科目間の理解度の偏りを調べるために，医学部医学科と機械系学科の大学1年生に対して，独自に作成した「理数アンケート」を実施し，その結果を理数教育の視点から分析した。各科目の小中高の各レベルでの正解率から，早い時期から躓いていることが見出された。科目間の相関データには，習得法や教授法の近い科目間には正の相関があり，方法が異なる科目間は無相関，あるいは負の相関があることが認められた。また，設問の回答を詳細に調べた結果，算数・数学において似た傾向の問題が不得手であることが示唆された。

第2章　カリキュラム論（教育課程論）

表2-6-5　医学科での正解率が上位5問，下位5問の設問の抜粋

（左から学習内容（小中高），正解率（％），回答率（％），設問を表す。設問中の「図」はいずれも省略）

数　学

小	100	100	$\frac{2}{5} + \frac{2}{11} = \frac{4}{16}$ である。
小	99	100	食塩 10 g に水 100 g を加えると 10 ％の食塩水ができる。
小	97	99	1080 メートルの距離を毎分 x メートルで進むと y 分かかるとき，x と y の関係は反比例関係である。
中	95	99	表の出る確率が 0.5 のコインがある。これを投げて 7 回続けて表が出ている。8 回続けて表が出る確率は極めて小さいので，次に裏が出る確率は 0.5 より大きくなる。
高	95	98	π ラジアンは 180°を意味している。
高	55	94	x が度数法で角度を表すとき，$\sin(x-y) = \sin x \cdot \cos y + \cos x \cdot \sin(-y)$ である。
高	44	99	xy 平面で $x^2 + y^2 \leqq 2x$ で表される領域はおよそ図1のようになる。
中	33	54	1 から 100 までの整数をすべてかけてできる数の下 22 桁目までは 0 であり，下 23 桁目に 0 でない数が現れる。
高	31	85	x が度数法で角度を表すとき，$\sin x$ の導関数は $\frac{\pi}{180}\cos x$ となる。
中	18	100	$-\sqrt{2}$ の整数部分は -1 である。

物　理

小	94	97	大学の実験室のバーナーを使って，同じ温度の金属板とビーカーに入った水との温まり方を調べると，異なる温まり方を示す。
中	94	97	鉄の塊を水に入れたら沈んだ。鉄には浮力が働かないからである。
小	93	96	真空中では音は伝わらない。
小	92	96	同じ体積の水と空気をそれぞれシリンダーに入れ，ピストンで同じ力で圧縮した。どちらも同じ体積だけ縮む。
高	87	93	図3の小物体の軌跡は③である。
中	37	86	凹レンズだけでは，光線を一点に集中させることができない。
高	35	68	音波の屈折を考える。水中の音速は空気中の音速の約 4.5 倍である。図6のように音波が空気中から水面に入射すると，屈折波は④のように進む。
高	31	64	変圧器の 1 次コイル側の電力と 2 次コイル側の電力とは等しい。
高	27	92	図4の球を静かに落としたら，球は曲面に沿って移動した。摩擦は無視できるとすると，球は A 点まで上がる。
小	26	66	日本の家庭用電源の電圧は東日本では 60 V である。

化　学

小	99	99	物が水に溶ける量は水の温度，溶ける物によって違う。
小	99	100	閉じ込めた空気を圧（お）すと，体積は小さくなり，圧（お）し返す力は大きくなる。
高	98	100	空気を構成する成分のうち，酸素が最大の体積比を占める。
小	97	98	物が水に溶けると，水と物とを合わせた重さは軽くなる。
小	97	99	気体は，水には溶けない。
小	75	95	金属は，温めたり冷やしたりしても，その体積は変わらない。
小	63	92	空気は熱せられた部分が移動して全体が温まる。
中	63	98	化合物の組成は化学式で表される。
高	63	96	マレイン酸はフマル酸の光学異性体である。
中	46	96	塩は水によく溶ける。

生　物

高	95	98	血液の細胞性成分のうち，血液凝固に重要なのは血小板である。
小	89	96	植物細胞には細胞壁がある。
小	86	97	光合成によってつくられるものは，デンプンとタンパク質である。
小	83	95	植物細胞には細胞膜がない。
小	82	93	種子はおしべでつくられる。
中	44	95	動脈には血液の逆流防止のために弁がついている。
中	40	79	心拍数を調節しているのは脳幹である。
中	39	96	葉緑体は植物細胞の一つである。
中	31	85	アウストラロピテクスは原人である。
中	31	98	デンプンと唾液を入れたカップにヨウ素溶液を混合すると，青紫色になる。

6 大学生の理解度調査から見た「理数教育」

表2-6-5 医学科での正解率が上位5問，下位5問の設問の抜粋

（左から学習内容（小中高），正解率（%），回答率（%），設問を表す。設問中の「図」はいずれも省略）

数　学

小	88	98	$\frac{2}{5}+\frac{2}{11}=\frac{4}{16}$ である。
中	86	100	$\sqrt{(-6)^2}=-2$ である。
高	79	93	π ラジアンは $180°$ を意味している。
高	71	83	500 km の道のりを2時間で進むとき，ちょうど時速 250 km で通過する地点がある。
高	71	86	命題「勉強しなかった人は立派な人ではない」の対偶は「立派な人は勉強した人である」となる。
中	19	71	底面が $a\,\mathrm{cm}^2$，高さが $x\,\mathrm{cm}$ の三角すいの体積と，底面が $a\,\mathrm{cm}^2$，高さが $x\,\mathrm{cm}$ の円すいの体積は異なる。
高	19	67	関数 $y=x^2$ の逆関数は $y=\sqrt{x}$ である。
高	14	62	xy 平面で $x^2+y^2\leqq 2x$ で表される領域はおよそ図1のようになる。
中	14	19	1 から 100 までの整数をすべてかけてできる数の下 22 桁目までは 0 であり，下 23 桁目に 0 でない数が現れる。
小	12	93	20歳の人が x 年後に y 歳になるとき，x と y の関係は比例関係である。

物　理

小	93	95	鏡を使うと太陽の光の方向を変えることができる。これを反射という。
小	76	90	真空中では音は伝わらない。
小	69	86	電気を通すもの（導体）は必ず磁石にくっつく。
小	62	83	12 km の道のりを，最高 6 km/h，平均 3 km/h で移動した。要した時間は 2 時間である。
小	62	76	同じ体積の水と空気をそれぞれシリンダーに入れ，ピストンで同じ力で圧縮した。どちらも同じ体積だけ縮む。
高	20	32	平行板コンデンサーの電気容量は，極板間の距離が半分になると倍になる。
高	17	21	点電荷からの距離が2倍になると，電位の大きさは半分になり，電界の強さは 1/4 になる。
高	15	41	音波の屈折を考える。水中の音速は空気中の音速の約 4.5 倍である。図6のように音波が空気中から水面に入射すると，屈折波は④のように進む。
高	12	54	比熱が同じなら，同じ熱量を加えたときに上昇する温度は同じである。
高	2	33	変圧器の1次コイル側の電力と2次コイル側の電力とは等しい。

化　学

小	95	100	閉じ込めた空気を圧（お）すと，体積は小さくなり，圧（お）し返す力は大きくなる。
中	95	95	物質は原子や分子またはイオンからできている。
小	86	95	空気は，温めたり冷やしたりすると，その体積が変わる。
中	86	86	物が水に溶けると，水と物とを合わせた重さは軽くなる。
中	86	95	気体は，水には溶けない。
中	20	27	化学変化の前後で，反応物の質量の総和は生成物の質量の総和より大きい。
高	20	37	生石灰を水に入れると発熱する。
高	17	40	石灰石を希塩酸と反応させると水素が発生する。
高	13	20	フェーリング液にグルコースを加えて加熱すると緑色の化合物が析出する。
高	5	22	マレイン酸はフマル酸の光学異性体である。

生　物

小	73	83	植物細胞には細胞壁がある。
小	55	63	ミドリムシは葉緑体とべん毛をもっている。
高	50	55	血液の細胞性成分のうち，血液凝固に重要なのは血小板である。
小	45	73	種子はおしべでつくられる。
小	45	63	植物細胞には細胞膜がない。
高	10	23	ラン藻は原核生物である。
小	8	75	赤緑色覚異常は男性に現われ易い。
高	8	28	血液中のアンモニアを尿素に変えるのは腎臓である。
高	5	33	細胞膜の受動輸送はエネルギーを消費する。
中	3	78	一次卵母細胞から2回の細胞分裂を経て4個の卵が生じる。

第 2 章　カリキュラム論（教育課程論）

注

1) 実際，このような学生は多数散見される。そのため，オームの法則 $V=RI$ を，「オームの三法則」などと称して法則①：$V=RI$，法則②：$I=V/R$，法則③：$R=V/I$ として，3つの法則を暗記するように教えていることがある。これはオームの法則に限ったことではなく，初学者に対しては，比例関係のある3変数で表される法則をこのように教えることが多い。例えば，距離 $x=$ 速さ v ×時間 t なども，「運動の三法則」と称して教える場合がある。

2) もちろん，$g \fallingdotseq \pi^2$ はまったくの偶然である。

3) 筆者の浅学の故かもしれないが，少なくとも筆者はこの近似を物理の教科書で見たことがない。

引用・参考文献

原田昭治 (2008)：技術者に求められる教養としての数学的素養とその涵養，工学教育，56, 1, 26-31.

金児正史 (2018)：物理の教科書を数学的に読み取る学習の考察，日本科学教育学会第42回年会論文集，111-114.

松田哲 (2009)：理工系教育の問題点を考える，工学教育，57, 1, 111-116.

松田良一 (2000)：生物選択者の激減が意味するもの，大学の物理教育，2000-3, 18-20.

佐伯昭彦，川上貴，金児正史 (2019)：算数・数学教科書の応用問題を数学的モデリングの教材に作り替えるための枠組みに関する一考察，科学教育研究，43, 3, 220-232.

鈴木・三瀬 (2017)：新入医学生の高校生物履修状況と初年次生物学教育の課題，札幌医科大学医療人育成センター紀要，8, 17-23.

髙須雄一 (2013)：医学部における物理教育の現状，大学の物理教育，19, 28-31.

髙須雄一 (2019a)：大学1年生を対象とした「理数アンケート」の分析（主に数学と物理学との関連について），日本科学教育学会第43回年会論文集，249-250.

髙須雄一 (2019b)：工科系大学1年生の理数系科目間における理解度の関係（主に数学と物理学との関連について），神奈川工科大学研究報告．A, 人文社会科学編, 44, 47-54.

髙須雄一 (2020)：大学1年生を対象とした「理数アンケート」の分析（異なる学科間に焦点をあてて），日本科学教育学会第44回年会論文集，91-94.

（髙須雄一）

7 統計教育の方法知を視座とする理数教育への貢献可能性

（1） 統計カリキュラムの史的変遷

　算数・数学カリキュラムでは統計の内容が拡充され，データの取扱いに対するリテラシーの涵養が求められる時代に突入した（cf. 文部科学省，2018a，2018b，2019a）。そこで，日本の統計教育カリキュラムの変遷を辿る。平成20・21年告示の学習指導要領（以下，旧学習指導要領）ならびに平成30・31年告示の学習指導要領（以下，現行学習指導要領）に焦点を当てる。表2-7-1と表2-7-2は，各学習指導要領における統計的内容を整理したものである。

表 2-7-1　旧学習指導要領における統計的内容（左が学年，右が内容）[1]

小1	絵や図などを用いて表す，読む
小2	数量の分類整理：簡単な表やグラフに表す，読む
小3	数量の分類整理：簡単な表やグラフに表す，読む：棒グラフ
小4	目的に応じた資料の収集・（二つの観点からの）分類整理，表やグラフに表す，特徴の調査；折れ線グラフ；落ちや重なりの検討
小5	目的に応じた資料の収集・分類整理，円グラフや帯グラフに表す，特徴の調査；百分率；歩合
小6	資料の平均や散らばり；度数分布を表す表やグラフ
中1	目的に応じた資料の収集・整理，資料の傾向を読む：ヒストグラム，代表値，平均値，中央値，最頻値，相対度数，範囲，階級；誤差と近似値
中2	－
中3	標本抽出，標本調査，母集団の傾向の説明
高1	四分位偏差，分散，標準偏差；散布図，相関係数（数学Ⅰ）（数学活用）
高2	確率変数と確率分布，二項分布；正規分布；統計的な推測（母集団と標本，統計的な推測の考え）（数学B）
高3	－

　旧学習指導要領では中学校2年生ならびに高等学校3年生では統計的内容の扱いがない一方で，現行学習指導要領では全ての校種・学年で統計的内容が位置付いている。

　更に，表2-7-2の中で下線を引いている箇所に着目してもらいたい。下線を引いている箇所は，統計的探究の過程に関連する部分であり，どのような統計的な概念を活用すればよいかを判断して統計的探究の過程を設計したり，一連の統計的探究の過程や結論を振り返ったり改善したりするといった統計的な方法である。表2-7-2において，小学校では問題解決の過程や結論を多面的・批判的に考察したり表現したり伝え合うこと（4年生，5年生，6年生）が，中学校においては標本調査の方法や結果を批判的に考察すること（3年生）が，高等学校では目的に応じた標本調査の設計や母集団の特徴や傾向の推測と判断，そして標本調査の方法や結果を批判的に考察すること（2年生）があげられる。このように，どのような概念を活用するかを判断して探究過程を設計したり，実施された探究の過程や結論を反省したりす

第2章　カリキュラム論（教育課程論）

る方法に関する知識を，本節では「方法知」と呼ぶこととする。表2-7-2では，上述のように各校種において方法知が存在する一方で，表2-7-1においては存在していない。以上より，旧学習指導要領から現行学習指導要領への変容として，統計的内容の拡充，より詳しく述べれば統計的方法知が新たに位置付けられたことは特筆すべき点である。そこで，以下では方法知に着目し，考察を深めていくことにする。

表 2-7-2　現行学習指導要領における統計的内容（上段が学年，下段が内容）

小1	簡単な絵や図などに表す，読む
小2	数量の分類整理；簡単な表やグラフを用いて表す，読む，考察する
小3	データの分類整理；表に表す，読む；棒グラフ；表やグラフを用いて考察する，表現する
小4	データの収集と分析；目的に応じたデータの分類整理・（二つの観点からの）分類整理；折れ線グラフ；問題解決の過程や結論を考察する，表現する，伝え合う；落ちや重なりの検討
小5	円グラフ・帯グラフ；統計的な問題解決の方法を知る；目的に応じたデータの収集・分類整理；問題解決の過程や結論を多面的に考察する，表現する，伝え合う；平均；百分率；歩合
小6	代表値；度数分布を表す表やグラフ；目的に応じたデータの収集・分類整理；問題解決の過程や結論を批判的に考察する，表現する，伝え合う
中1	ヒストグラム，相対度数；表やグラフに整理；目的に応じたデータの収集・分析，分布の傾向を読む，考察する，判断する；範囲，累積度数
中2	四分位範囲，箱ひげ図；データの分布の傾向を読む，批判的に考察する，判断する
中3	標本調査，無作為抽出，標本調査の方法や結果を批判的に考察する，表現する；母集団の傾向の推定と判断；全数調査
高1	分散，標準偏差，散布図，相関係数；表やグラフに整理する；仮説検定の考え方；データの散らばり具合や傾向；目的に応じた複数の種類のデータの収集・分析；外れ値（数学Ⅰ）
高2	統計的な推測；標本調査の考え方；確率変数と確率分布；二項分布と正規分布；確率変数の平均，分散，標準偏差；目的に応じた標本調査の設計，母集団の特徴や傾向の推測と判断，標本調査の方法や結果を批判的に考察する；信頼区間，有意水準；散布図（数学B）
高3	日常現象や社会現象を表や統計グラフなどで工夫して数学的に表現する（数学C）

（2）統計教育における方法知

統計カリキュラムについて，現行学習指導要領から方法知の形成が新しく位置付けられた。そこで，統計教育における方法知について整理を行う。学習指導要領解説において，小学校から高等学校まで一貫して，図2-7-1のような統計的な問題解決の過程を重要視している。

問題	・問題の把握	・問題設定
計画	・データの想定	・収集計画
データ	・データの収集	・表への整理
分析	・グラフの作成	・特徴や傾向の把握
結論	・結論付け	・振り返り

図 2-7-1　統計的な問題解決の過程（文部科学省，2019a：45）

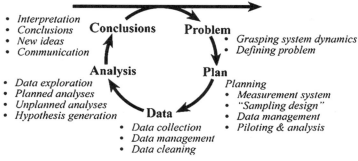

図 2-7-2　探究サイクル (Wild & Pfannkuch, 1999：226)

　そしてこの図 2-7-1 は，Wild & Pfannkuch（1999）による統計的探究サイクル［図 2-7-2］に基づいている。これは Problem（問題）→ Plan（計画）→ Data（データ）→ Analysis（分析）→ Conclusions（結論）から成るサイクルであり，それぞれの頭文字を取って PPDAC サイクルと呼ばれている。PPDAC サイクルは，プロの統計学者 6 名へのインタビューから探究過程を調査した成果の一つであり，実に複雑な探究過程において考えることと行動することをモデル化したものである。何が問題であるかを明確にし，その問題を解決するための計画を設計し，データを収集した後，分析を通して問題に対する暫定的な結論を出し，よりよい結論を得るために，また新たな問題を同定することを反復し続けるサイクルである。PPDAC サイクルが提唱されて 20 年の時を経て，日本の統計教育においても PPDAC サイクルという方法知が明確に位置付き，その形成が期待されることになった。

（3）算数・数学教育における方法知：統計教育における方法知との比較

　続いて，算数・数学教育における方法知が一体何であるのか，そしてそれが上で記した統計教育における方法知とどのような関連があるのかを考察する。まず，算数・数学教育における方法知として，学習指導要領で示されている各校種の目標から垣間見ることができる。小学校では「学習を振り返ってよりよく問題解決しようとする」（文部科学省，2018a：22），中学校では「問題解決の過程を振り返って評価・改善しようとする」（文部科学省，2018b：20），高等学校では「問題解決の過程を振り返って考察を深めたり，評価・改善したりしようとする」（文部科学省，2019a，23）であり，これらは全て，涵養が目指される数学的に考える資質・能力の一つとされている。そして，これらの方法知はその形成方法と無関係ではなく，一貫して数学的活動が形成方法として示されており，方法知「数学的活動」に対するメタ的な方法知であるといえよう。数学的活動は図 2-7-3 のように図示化されている。

　現実の世界と数学の世界を行き来する左側のサイクルと，数学の世界の中での右側のサイクルの 2 つが存在している。左側のサイクルは「日常生活や社会の事象を数理的に捉え，数学的に表現・処理し，問題を解決し，解決過程を振り返り得られた結果の意味を考察する過程」（文部科学省，2018 b：23）と，右側のサイクルは「数学の事象から問題を見いだし，数学的な推論などによって問題を解決し，解決の過程や結果を振り返って統合的・発展的に考察する過程」（文部科学省，2018 b：23）と説明されている[2]。これらのサイクルは相互に関連し合っているが，本節ではあえて二つのサイクルを切り分けて考えること

によって，理論との関係性を見えやすくする。

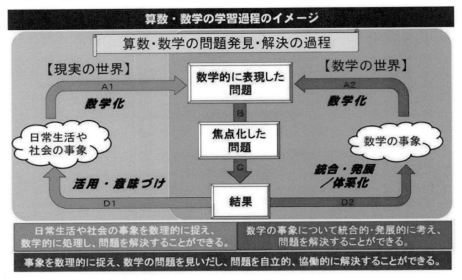

図2-7-3 数学的活動における問題発見・解決の過程 （文部科学省，2018a：8）

　まず，左側のサイクルは数学的モデリングに基づいているといえる。様々な研究者が様々な説明をしており，図2-7-4 はその中の一つである。これは，経済協力開発機構（Organisation for Economic Co-operation and Development；OECD）によって数学化サイクルが図示され，説明も図中に示されている。フロイデンタールが提唱した活動としての数学観に基づく数学化（cf. Freudenthal, 1968）について，トレファースは更に水平的数学化（図2-7-4 の中の右方向の矢印部分）と垂直的数学化（図2-7-4 の中の上方向の矢印部分）に分類している（Treffers, 1987）。これに基づいて図2-7-4 のサイクルは作成されており，一言でまとめれば，水平的数学化 → 垂直的数学化 → 水平的脱数学化（図2-7-4 の

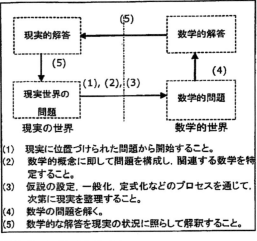

図2-7-4 数学化サイクル（OECD，2003：38，OECD，2004：29）[3]

中の左方向の矢印部分）→ 垂直的脱数学化（図2-7-4 の中の下方向の矢印部分）から成る現実のモデル化である。このことは，「社会を含む現実の世界における問題を定式化することによって数学の世界へと変換を行い，数学の世界内で解決された数学的結論を，現実の世界へと解釈・評価するというプロセス」（福田，2016：155）として説明される数学的モデリングといえる。

　次に，図2-7-3 の右側のサイクルは創発的モデリングに基づいていると考えられる。創発的モデリングは，フラーヴメイヤーによって提唱された理論で，フロイデンタールによる現実的数学教育（Realistic Mathematics Education；RME）理論（cf. Freudenthal, 1991）を基盤とする数学的モデリングの一種である。こ

モデリングは，文脈に依存する形で具体的な特殊モデル（model-of）を作り，続いて同じく文脈に依存する形で抽象的な一般モデル（model-for）を作る過程を指す（cf. Gravemeijer, 1999）。そしてまた，創発的モデリングは4つのレベルに分類されており，次のレベル1からレベル4への順番に，より高次であるとされている（Gravemeijer, 2007：139）。創発的モデリングはいわば，非形式的な知識の形成ならびにその知識の形式的な知識への変換が主な特徴であり，図2-7-3の右側のサイクルに合致するといえよう。

レベル1．問題設定の活動レベル
　　：解釈や解決策は，その問題設定においていかに活動するのかに関する理解に依存する
レベル2．指示的活動レベル
　　：model-of は，指導課題において記述された問題設定の中での活動を指示する
レベル3．一般的活動レベル
　　：model-for は，数学的関係の枠組みから，その意味を見出す
レベル4．フォーマルな数学的推論レベル
　　：model-for の数学的活動の支援からは完全に独立する

　　算数・数学教育における方法知に関わる図2-7-4などの数学的モデリングならびに創発的モデリングについて，統計教育における方法知である PPDAC サイクルと比較すると，大きな差異が見えてくる。それは，探究の開始段階に存在する。数学的モデリングは図2-7-3の左側のサイクルであり，創発的モデリングは右側のサイクルであることから，それぞれの開始段階は「日常生活や社会の事象」ならびに「数学の事象」である。いずれも事象を前提として探究が開始されており，ここでいう事象は解決したい問題が既に存在していることを仮定に置いている。なお，創発的モデリングのレベル1は問題設定であるが，これは既に存在する解決したい数学の問題を数学化することによって，図2-7-3でいう「数学的に表現した問題」を変換するレベルであるため，やはり解決したい問題が既に与えられているのである。その一方で，図2-7-2の PPDAC サイクルは状況が異なる。PPDAC サイクルも現実世界をモデル化する意味においてモデリングであり，図2-7-3でいえば左側のサイクルを指し示していると考えられる。しかし，PPDAC サイクルの開始段階は問題（Problem）であり，図2-7-3における解決したい問題が内在している「日常生活や社会の事象」は探索の対象であり，問題（Problem）の目的である。換言すれば，算数・数学教育における方法知では所与の問題に対する探究であるのに対して，統計教育における方法知では問題の探索も探究に含まれるのである。

（4）理科教育における方法知：統計教育における方法知との比較

　　次に，理科教育へと話を移したい。算数・数学でも理科でも，データの取扱いに対するリテラシーの涵養が求められている。理科カリキュラムでもデータの分析を含む科学的な探究が必要とされており，算数・数学と同様，データの取扱いに対するリテラシーの涵養が求められている（cf. 文部科学省, 2018c, 2018d, 2019b）。そこで以下では，理科教育における方法知が一体何であるのか，そしてそれが統計教育

第2章　カリキュラム論（教育課程論）

における方法知とどのような関連があるのかを考察する。理科教育における方法知については，学習指導要領解説において小学校から高等学校まで一貫したものが存在する。それは探究の過程であり，「自然事象に対する気付き → 課題の設定 → 仮説の設定 → 検証計画の立案 → 観察・実験の実施 → 結果の処理 → 考察・推論 → 表現・伝達」の流れで説明されるサイクルである（文部科学省, 2018d, 2019b）。その重要性は，理科教育学における蓄積された先行研究より，窺い知ることができる（五島, 2012；佐藤, 2022）。

　この探究の過程はプロセス・スキルに基づいていると考えられ，その名の通り，プロセス（過程）に関わるスキル（能力）であることから，理科教育における方法知であることが分かる。例えば，Rezba et al. (2007) において，プロセス・スキルが構造的に示されている。特に，観察，推論，予測，分類，測定および伝達は基礎的プロセス・スキル（Basic Process Skills）と，それ以外（仮説設定, データの取得と処理, 探究の計画, 変数の同定, 操作的な変数定義, 実験の分析, データ表の作成, グラフの作成, 変数間の記述および実験）は統合的プロセス・スキル（Integrated Process Skills）と呼ばれている（cf. Rezba et al., 2007；谷川, 2019）。以下，この段落終了までは Rezba et al. (2007) を要約したものである。基礎的プロセス・スキルは，自然界を探究する，すなわち科学する（do science）ために活用されるものである。一方で，統合的プロセス・スキルは，基礎的プロセス・スキルが形成されていることを前提としたもので，数多くの疑問点に対して解答を探究するために実験を設計し遂行したりすることを可能にするスキルである。統合的プロセス・スキルは基礎的プロセス・スキルに依存しており，基礎的プロセス・スキルはより複雑な統合的プロセス・スキルの基盤であるといえる。例えば，仮説は科学的探究を計画することを目指した予測の特別な版である，という具合である。

　理科教育における方法知を統計教育における方法知と比較していく。探究の流れ自体は非常に似通っているが，よく観照してみると差異が存在している。両方法知間の差異は，データに関連している。具体的には，データの意味が両方法知において異なる。プロセス・スキルは，基礎的プロセス・スキルの最も基盤にあたるのが観察であり，統合版プロセス・スキルのゴールが実験であるため，観察・実験を通して得られた情報をデータと呼んでいる。統計教育で扱われるデータは，観察・実験を通して得られる情報だけではなく，シミュレーションによって得られる情報も含まれる。例えば，さいころの目のデータについて，実際にさいころを振ってデータを得る場合もあれば，アプリなどを用いて実際にさいころを振らずにデータを得る場合もある。この意味において，データの入手方法もしくは形成方法に差異が存在すると考えることができるだろう。

(5)　理数教育への貢献可能性

　これまでの議論を整理しつつ，統計教育が理数教育へ貢献し得る点について考察したい。算数・数学教育の方法知では所与の問題に対する探究であるのに対して，統計教育の方法知では問題の探索それ自体が探究の一部になる。課題の設定段階のフェーズであり，統計的探究サイクルでいえば問題（Problem）の相である。現実世界において問題を設定する探究は非常にオープンな活動になることは容易に想像でき，その意味において学際性を帯びるといえる。Fukuda (2020, 2021) などでも示されるように，統計教

育ではこの学際性を重要視する。それ故に，理数教育の方法知に理科と数学以外の諸学問の知識を活用することができるようになる点は，統計教育が貢献し得る点としてあげられる。

　続いて，理科教育の方法知では探究で入手・形成するデータは実験・観察によるものであるのに対して，統計教育の方法知ではそれだけではなく，シミュレーションによるものも含まれる。こちらは算数・数学教育との議論とは異なり，課題の解決段階のフェーズであり，統計的探究サイクルでいえば計画（Plan）以降の相に位置付く。シミュレーションは実際に観察・実験するわけではないため，自然界の探究を大切にする理科教育と比べて現実味が小さくなるものの，データを収集することが難しい場合や，データ数に限りがある場合には，シミュレーションによってデータ数を大きくすることによって探究の妥当性を高めることが可能になる。今日の社会が高度に情報化されていることを鑑みれば，ビッグデータを取り扱うリテラシーの涵養は必至であり（白井，2020；Fukuda，2021），理数教育でもこの点にスポットライトを当てることは有意味であるといえる。統計教育は，そこに貢献の余地があると考えられる。

　以上より，理数教育における探究の全過程（課題設定ならびに課題解決）において，統計教育における方法知を観点とすると，学際性ならびにシミュレーションを探究に内在させられ得ることが示唆として得られた。

注
1）　大谷（2018）において，戦後以降の全ての学習指導要領における統計的内容について，二宮（2004）の表に加筆した形で整理されている。表2-7-1は，大谷（2018）で加筆された部分をピックアップしている。
2）　校種によって説明が若干異なるものの，基本的には内容は同じであるため，本節では中学校の学習指導要領解説から引用を行っている。
3）　OECD（2003）の38頁に示されている図を日本語へ翻訳したOECD（2004）の図を引用している。

参考・引用文献
Freudenthal, H.（1968）: Why to teach mathematics so as to be useful, *Educational Studies in Mathematics, 1*, 1-2, 3-8.

Freudenthal, H.（1991）: *Revisiting mathematics education: China lectures*, Dordrecht, The Netherlands: Kluwer Academic Publishers.

福田博人（2016）：生命論‐進化的方法によるモデリングの実現に向けた統計教育の在り方，数学教育学研究：全国数学教育学会誌，22, 2, 153-162.

Fukuda, H.（2020）: *Research on towards a principle for the statistics curriculum in Japan from the perspective of context*, Doctoral dissertation. Hiroshima University. Retrieved from https://ir.lib.hiroshima-u.ac.jp/files/public/4/49358/20200721115046156763/k8061_3.pdf, 3 Mar 2023.

Fukuda, H.（2021）: What makes data science education unique?: A literature review, In R. Helenius, & E. Falck（Eds.）, *Proceedings of the Satellite conference of the International Association for Statistical Education*（IASE）, Voorburg. The Netherlands: International Statistical Institute. Retrieved from https://iase-web.org/documents/papers/sat2021/IASE2021%20Satellite%20103_FUKUDA.pdf?1649974208_pdf?1649974208, 18 Aug 2023.

五島政一（2012）：問題解決，日本理科教育学会編「今こそ理科の学力を問う：新しい学力を育成する視点」，156-161，東洋館出版社.

Gravemeijer, K.（1999）: How emergent models may foster the constitution of formal mathematics, *Mathematical Thinking and Learning*, 1, 2, 155-177.

第2章　カリキュラム論（教育課程論）

Gravemeijer, K. (2007): Emergent modelling as a precursor to mathematical modelling, In W. Blum, P. L. Galbraith, H.-W. Henn, & M. Niss（Eds.）, *Modelling and applications in mathematics education: The 14th ICMI study*, 137-144, New York: Springer.

文部科学省（2018a）：小学校学習指導要領（平成29年告示）解説 算数編，日本文教出版.

文部科学省（2018b）：中学校学習指導要領（平成29年告示）解説 数学編，日本文教出版.

文部科学省（2018c）：小学校学習指導要領（平成29年告示）解説 理科編，東洋館出版社.

文部科学省（2018d）：中学校学習指導要領（平成29年告示）解説 理科編，学校図書.

文部科学省（2019a）：高等学校学習指導要領（平成30年告示）解説 数学編 理数編，学校図書.

文部科学省（2019b）：高等学校学習指導要領（平成30年告示）解説 理科編 理数編，実教出版.

二宮裕之（2004）：統計教育の歴史・現在・今後の課題，愛媛大学教育学部紀要 教育科学，50, 2, 123-130.

OECD（2003）：*The PISA 2003 assessment framework: Mathematics, reading, science and problem solving knowledge and skills*, Paris: OECD.

OECD（2004）：国立教育政策研究所（監訳）．PISA2003年度調査 評価の枠組み，ぎょうせい.

大谷洋貴（2018）：学校数学における統計カリキュラムの開発に関する研究．未公刊博士学位論文，広島大学.

Rezba, R. J., Sprague, C. R., McDonnough, J. T., & Matkins, J. J. (2007): *Learning & assessing science process skills*（*Fifth edition*）, The United States of America: Kendall/Hunt Publishing Company.

佐藤寛之（2022）：問いの生成，一般社団法人日本理科教育学会編「理論と実践をつなぐ理科教育学研究の展開」，166-171，東洋館出版社.

白井俊（2020）：OECD Education2030プロジェクトが描く教育の未来：エージェンシー，資質・能力とカリキュラム，ミネルヴァ書房.

谷川夢子（2019）：中学校理科におけるプロセス・スキルの育成を目指したカリキュラム開発：生命領域における「分類」と「観察」を中心とした教材開発，平成30年度修士論文抄録，file:///C:/Users/Owner/Downloads/shuron-30-70.pdf（取得日：2023年8月18日）

Treffers, A. (1987): *Three dimensions: A model of goal and theory description in mathematics instruction – The Wiskobas project*, Dordrecht, The Netherlands: D. Reidel Publishing Company.

Wild, C., & Pfannkuch, M. (1999): Statistical thinking in empirical enquiry, *International Statistical Review, 67*, 3, 223-265.

（福田博人）

| コラム 3 | **ノンアルコールビールにアルコールは入っていないのか？** (数値情報についての解釈) |

健康管理に加え，様々な社会問題から，「ノンアルコールビール」(ビールテイスト飲料) の売り上げが増加しているようである。

ビール好きには嬉しい飲み物だが，このビールに本当にアルコールは入っていないのだろうか？

「ノンアルコールビール」は，アルコール分 1 ％未満の飲料を指すようであるが，ある国のものには，「0.4% 以下」という表示があり，「車の運転はお勧めしません」との注意書きがある。

では日本のものはどうかというと，そもそも製造方法が異なっていて，"アルコール" はまったく入っていないようである。

その点を頭に置きながら，製造・販売されている日本の「ノンアルールビール」の宣伝表記に着目すると，「アルコールゼロ」とか「アルコール0%」とか，また，「アルコール分 0.00%」といったものが目に入る。

少々いじわるな見方かもしれないが，この「ゼロ」，「0%」，「0.00%」に着目してみたい。

どの表現も，「"アルコール" は入っていない！」ことを消費者に訴えたいのだろうが，一般の市民はこれをどのように捉えるのであろうか？

10 年ほど前に，私のゼミの数学教育専攻の学生・院生，研究会で集まった数学の先生方，家内の職場の方 (薬剤師)，家族や親族 (化学の研究者を含む)，さらに，北海道旭川市の行きつけの居酒屋 (「まつ野」) で，"おやじさん" にお願いしてこんなアンケートを行ってみた。

---

(1) ノンアルコールビールで，「①アルコールゼロ」，「②アルコール0%」，「③アルコール分0.00%」と表示されている場合，この飲料のアルコールの分量はどれくらいだと思いますか？
　　1．まったく入っていない
　　2．少しだけ入っている
　　3．かなり入っている
(2) 上の①〜③の中で，もっともアルコールの分量が少ないことを表しているのはどれだと思いますか？
　　1．ゼロ　　　2．0%　　　3．0.00%　　　4．その他

きちんとした調査ではないが，70 名ほどの方から回答を得た。理系の方が約半数いる中で，専門性に関係なく興味深い結果が出た。

(1) の結果では，「3．かなり入っている」と回答した方はいなかった。「ノンアルコールビール」というのであるから当然であろう。一方，「1．まったく入っていない」と「2．少しだけ入っている」では意見が分かれた。

	1．まったく	2．少しだけ	3．かなり
①ゼロ	68%	32%	0%
②0%	51%	49%	0%
③0.00%	62%	38%	0%

このような中で，「もっともアルコールの分量が少ないことを表現しているのは？」と質問した (2) は，次のような結果だった。

「ゼロ」と「0.00%」がそれぞれ4割で、「0%」は極めて少ない。「その他」は"どれも同じ"との解釈である。この質問は、表現から受ける"イメージ"を聞いているが、例えば「ゼロ」と「0%」はかなり違うようである。

1. ゼロ	2. 0%	3. 0.00%	4. その他
43%	4%	43%	10%

回答していただいた方に話を聞くと、「0%」は小数第1位を四捨五入した数値かもしれないが、「ゼロ」と言われると、まったく存在しない"いち・ぜろ"の「0」といったイメージのようである。これに対して「0.00%」は、小数第3位を四捨五入したと捉える方は少ないようである。

数学教育の学生の中には、割合をこのような形で表現してよいかわからないが、と前置きした上で、$0 \leq 0.00 < 0.05$ と表せると考えを示し、数学的にどうのこうのと説明する者もいた。

一方、薬学や化学などに関係する方々では、この「0.00%」の受け取り方は少々異なっていて、測定機器(器機)の測定限界を考えての解釈だった。つまり、"存在している"としても、測定できないものは"存在していない"とも解釈できるとの見方である。

人間の捉え方は実に様々である。ここには、数学的な解釈や理科的な解釈の違いも見られるように思う。

しかし、「ノンアルコールビール」の「0%」や「0.00%」の捉え方はそれでもよいとしても、対象が原発の放射能や放射線量とかにかかわる数値となると、話は大違いである。深刻な数値なのか、自然界にも存在するレベルの数値なのかといった問題である。

私たちは大震災やそれに伴う原発事故を契機に、情報の適切性について疑問を持ち、時には事象を批判的にみることの重要性をあらためて実感させられたが、身のまわりの数値を、科学の目を以て冷静に、そして客観的に捉えることも大切である。

ところで、「ノンアルコールビール」の話にもどれば、ビールメーカーは「アルコールゼロ」とか「アルコール0%」とか「アルコール分0.00%」といった表現から、消費者に何を伝えようとしているのであろうか？「ノンアルコールビール」には、アルコールが「まったく入っていません」なのか「ほんの少ししか入っていません」なのか、あるいは「ほんの少しは入っています」なのか……ということである。

このようなことは「ノンアルコールビール」だけでなく、「カロリーゼロ」とか「カフェインゼロ」にも関係する。法律やある規定の範囲での表現であることは確かであろうが、その意味の解釈は、実は消費者に委ねられている現実を私たちは認識しておく必要があると思う。

(久保良宏)

引用・参考文献
久保良宏(2013):「アルコール分0.00%のノンアルコールビールにアルコールは入っているのか？？？」、教育フォーラム「数学のひろば」、大日本図書.

コラム 4	外延・内包と外延量・内包量

（1）外延・内包

　外延（extension）と内包（intention）は概念を説明する用語であり，元来哲学や論理学で使われる。広辞苑によれば，外延は「ある概念の適用されるべき事物の範囲」，内包は「概念の適用される範囲（外延）に属する所持物が共通に有する徴表（性質）の全体」と定義されている。ある概念が持つ全ての性質を内包といい，その概念に当てはまる全ての集合を外延という。外延と内包は，ある概念をとらえる2つの側面である。

　例えば三角形の内包は3つの直線で囲まれた図形であり，三角形の外延は一般の三角形，二等辺三角形，正三角形，直角三角形，直角二等辺三角形である。また惑星の内包は恒星の周囲を公転する星であり，太陽系の惑星に限定すればその外延は水星，金星，地球，火星，木星，土星，天王星，海王星である。このように，外延と内包の用語は知らなくても，ある概念をとらえるためによく使われている。教員は，教材開発をするうえで，指導内容の外延と内包を意識してとらえておくことが重要になる。

（2）外延量・内包量

　外延と内包に似た用語がある。外延量（extensive magnitude）と内包量（intensive magnitude）という，量を説明する用語である。広辞苑によれば，外延量は「ひろがりのある量の意で，一般に，同一種類の小さい量を加え合わせて大きな量を作り出すことができる量のこと。度量衡によって測ることのできる量はこの種の量である。」，内包量は「同一種類のものを加えても大きさはふえず量的には意味のないもので強度の変化のみが問題となる量。例えば，熱で，これは温度計の装置によって外延量に翻訳される。」と定義されている。小学校5，6年生の算数や中学校以降の理科の学習では，量を丁寧に指導している。しかしその取扱いは微妙に異なる。算数では「単位量当たりの量」を強調し，中学校以降の理科では「単位」を重視している。単位にも，長さのように外延量で表される単位と，速さのように2つの異なる外延量の除法（度）で表される単位と，打率のように同種の外延量の除法（率）で表される単位がある。単位量当たりの量や単位に関する議論は，本書3章3節などにも記載されているので，参照いただきたい。

（金児正史）

第 3 章

学習指導論

第 3 章　学習指導論

1 数学教育を捉える視点と理数教育の着眼点

(1) 数学教育の捉え方

　教科教育の捉え方は，教科によって，また時代によって異なるようであるが，教科専門の学問領域（数学では，代数，幾何，解析など）や教育専門の学問領域（教育学，心理学など）との関係に着目して考察することも重要であると考える（久保，2014）。このような視点から数学教育について考えてみると，数学教育は数学の部分集合ではなく，また数学と教育学や心理学などの交差領域，あるいは中間領域とも捉えることはできない。

図 3-1-1　数学教育と数学や教育学などとの関係

　例えば，図 3-1-1 のように捉えることもできよう。なお，理科と数学の関係については，本書の第 1 章で検討している。

　数学と理科との関係を考えると数学そのものの領域に目が向くが，教科横断的文脈の中で数学教育と理科教育の関係や融合を考えると，数学教育独自の領域についての検討が重要であると考える。この数学教育独自の領域を特定することは難しいが，これを考えることによって，数学と理科との関係，そして理数教育の一端が見えてくるのではないかという思いがある。

　なお，日本学術会議（2013）は，数学，統計学，応用数理などを総称する学問領域として数理科学を提唱し，数理科学を，数学と現実社会における科学や技術を結びつける役割を担うものであるとしている。数理科学の考え方から数学教育を捉えることは，西村（2016）などの研究で検討されているが，本節では，数学教育を捉える視点の一端について，数学教育と理科教育との関係から考えてみたい。

(2) 児童・生徒に求められている算数・数学の力

　数学教育の領域について考えてみると，「21 世紀を生きる子どもに求められている算数・数学の力」として，「算数・数学と社会をつなげる力」や「算数・数学の力」の研究に目を向けることが重要であると考えている。これらの"力"は 1994 年から継続的に行われた長崎榮三を代表とする研究（例えば，長崎，1997；長崎，2001a；長崎，2007）で検討されたものであり，その成果は長崎（2001b），長崎（2008）などにまとめられている。

　なお，「算数・数学と社会をつなげる力」の研究は，「算数・数学と社会・文化のつながり」の研究の一環として行われたもので，「算数・数学における基礎学力」の研究で検討された「基礎学力の 3 次元の枠組み」（第 1 の次元：動類型，第 2 の次元：数学内容，第 3 の次元：数学過程）の考え方を基盤に置いている（長崎ら，1993；長崎ら，1995 など）[1]。さらにその根底には，島田（1977）の「算数・数学科のオープンエンドアプローチ」における「数学的活動」の考え方がある。

　また，「算数・数学の力」の研究は，「算数・数学科における基礎学力」の研究，「算数・数学と社会

をつなげる力」の研究に加え，学習内容として数学の発展と応用の両面に目を向けた國宗ら（1997）の「数学的探究活動」の研究を算数・数学教育の目標に照らして検討したものである。

a. 算数・数学の力

「算数・数学の力」とは，算数・数学のあらゆる活動に関わるはたらきで，「算数・数学を生み出す力」，「算数・数学を使う力」，「算数・数学で表す力」，「算数・数学で考え合う力」の4つで構成されている。

「算数・数学を生み出す力」とは，算数・数学の概念を理解し，算数・数学のきまりや方法を考えたり発展させたりする力であり，「算数・数学を使う力」とは，算数・数学の概念を現実の世界で使うために，現実の問題を算数・数学の問題として捉えたり算数・数学で処理したり判断する力である。また，「算数・数学で表す力」とは，算数・数学で考えたり使ったりするために，式・表・グラフ・図などの数学的表現を扱う力であり，「算数・数学で考え合う力」とは，算数・数学を集団で協議して創り上げるために，算数・数学の学習において数学的表現を用いて参加者全体で考える力である。

これらの中には，算数・数学の内容と方法（推論などの考え方）などが含まれており，また，このような"力"の中には理科の学習の"技能や処理"として捉えられるものもある。これに対しここでは，図3-1-1で示した数学教育の独自の領域に特に着目したい。

例えば，「算数・数学の力」の中の「算数・数学を使う力」は5つの中項目からなる。これは，「ア．現実の問題を算数・数学の問題に直す力」（仮定をおいて数学化することなど），「イ．算数・数学のきまりに従って処理する力」（計算したり作図したりすることなど），「ウ．算数・数学で処理した結果を振り返る力」（処理した過程や結果を振り返ったり検証したりすることなど），「エ．算数・数学で予測・推測する力」（式や表などをもとに予測したり推測したりすることなど），「オ．算数・数学で感覚的・概括的に判断する力」（感覚的に大まかに捉えたり見積もったりすることなど）である。

このア～オは数学的モデル化[2]に関係するが，西村（2012）は，島田（1977），三輪（1983），長崎（2001a, 2001b）などの研究に着目し，現実的な問題（社会の問題）を解決する過程を図3-1-2のように示している。

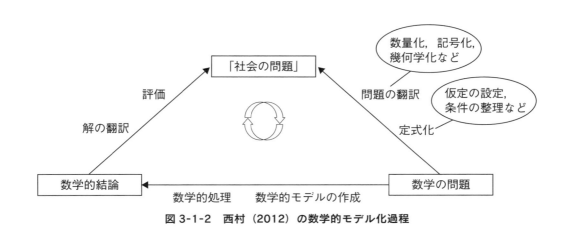

図3-1-2　西村（2012）の数学的モデル化過程

第 3 章　学習指導論

　図3-1-2では,「社会の問題」を, 生活, 日常生活, 日常社会現実生活, 現実社会, 現実世界, 実社会, 実世界, 環境などを総称した「社会」における解決や理解を要する問題とする（西村, 2012 : 23）。ここには, 理科に関係する事象も含まれている。また,「社会の問題」に対して施す活動として,「問題の解釈」と「定式化」を示している。「問題の解釈」とは, 数量化や幾何学化などをし, 数学を適用しやすくすることであり,「定式化」とは, 重要と思われる対象や関係を見いだすとともに, 保つべきことは何か, 無視すべきことは何かを決定するなどであるとする（西村, 2012 : 22）。ここには, 単純化, 抽象化, 理想化, 簡単化[3]といった現実的な事象を「数学化」する活動が考えられる。

　ところで, 現実的な問題（社会の問題）だけでなく, 数学的活動における一連の過程を考えると, 西村（2012）の「数学的活動の過程」は, 図3-1-3のような図の中に位置づけられると考えられる（久保, 1997, 2004）。

　図3-1-3の上半分は, 現実的な問題（事象）からはじめられる数学的活動であり, 下半分は, 数学の問題からはじめられる数学的活動である。数学の学習では, 図3-1-3の【数学的処理】に焦点があてられる傾向があるが, 数学には数学そのものの発展性だけでなく, 数学の社会的有用性という側面にも目を向ける必要があることから, 本来の算数・数学の指導は「現実的な問題」からはじめられるべきであるという主張がある。この現実的な問題には自然科学も含まれており, 理科との関連も強調されている（長崎, 2001b）。

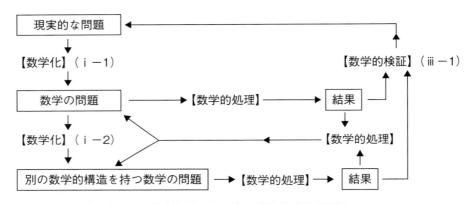

図3-1-3　久保（1997, 2004）の数学的活動の過程

　先述のように, 図3-1-3の上半分は「現実的な問題」, 下半分は「数学の問題」であり, 平成29年告示の学習指導要領解説で示された「算数・数学の問題発見・解決の過程」の図（文部科学省, 2017 : 23）と共通している点があると考えている。

　ここでは,「現実的な問題（事象）」の「数学化」に焦点をあてるが,「数学化」とは,「現実の問題を算数・数学の問題として考えたり（図3-1-3の【数学化】（ⅰ-1）), 算数・数学の問題をその解決に都合のよいようにほかの算数・数学の問題として考えたり（図3-1-3の【数学化】（ⅰ-2））すること」と捉えている。

　「現実的な問題」に着目し, 図3-1-3の上半分だけを図示すると, 図3-1-4となるが, ここでの「数学化」とは,「現実の問題を算数・数学の問題として考える」ことであり, 現実的な事象を「数学の舞台にあげる」と言い換えることができる。

なお，図3-1-4は，久保（1997, 2004）の「数学的活動の過程」[図3-1-3]を簡単に示したものである。

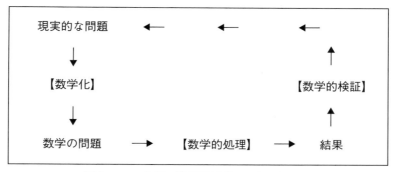

図3-1-4　久保の数学的活動の過程の簡略図

この「数学化」では，現実的な事象が考察の対象となるが，ここでは次に示す「算数・数学と社会をつなげる力」に着目する必要がある。

b. 算数・数学と社会をつなげる力

「算数・数学と社会をつなげる力」は，「算数・数学と社会・文化のつながり」の研究の一環として検討されたものである。ここでの社会とは，日常生活だけでなく，現実，実世界，自然環境，情報社会，創造的な社会などといわれる子どもを取り巻く広い意味での社会を総称している（長崎，2001）。さらに最近の数学教育研究では，社会的価値観や社会的オープンエンドな問題（例えば，馬場，2009；島田，2017），数理科学的意思決定や数理科学的判断力（例えば，西村，2016），批判的思考（例えば，久保ほか，2017：2022）などにも着目した研究がある。このように，数学教育における考察の対象は数学そのものだけでなく，広範囲にわたっている。

ところで，「算数・数学と社会をつなげる力」は，社会における現象や問題に取り組む際に必要な力や感覚であり，「A. 社会における量・形についての感覚」，「B. 社会の問題を数学的に解決する力」，「C. 社会において数学でコミュニケーションする力」，「D. 近似的に扱う力」からなる。この中のBは図3-1-3に当たる"力"であり，例えば「数学化」の段階（Bの中項目：「B1. 社会の現象を数学の対象に変える」）は，「B11. 仮定をおく」，「B12. 変数を取り出す」，「B13. 変数を制御する」，「B14. 仮説を立てる」の4つの小項目からなる。

「算数・数学と社会をつなげる力」には，理科教育と共通する力が含まれていると考えるが，例えば，「仮定をおく」（B11）や「変数を取り出す」（B12），「変数を制御する」（B13）については，理科教育に共通するものの異なる点もある。例えば，数学教育では考察の対象を数学の舞台に上げる際，多くの変数は捨象され，学校種や学年の指導内容に照らして特定の変数に着目するといった面があると考えられる。このような面は，理科教育からの示唆を得て検討しなければならない数学教育の課題であると捉えている。

第3章　学習指導論

(3) 児童・生徒の実態

　算数・数学と理科の指導内容には共通する点が多いが，2つの教科に対する子どもの捉え方には複雑な様相が見られる。

　例えば，中学校第2学年における「実験値から1次関数を見いだす」数学の授業（山口，2007）では，ミニクッキングヒーターを用いて水を沸騰させる実験から沸騰するまでの時間を子どもに予想させた。方眼紙にいくつかの点をプロットした後，授業者が「あと何分くらいで100℃になるかを予想できるだろうか？」と問いかけたところ，多くの子どもは「予想できない」と答えた。その理由を問うと，「理科ならば予想できるがこれは数学だから」，「点がきちんと並んでいないから」とのことだった。

　先に示した「算数・数学の力」に照らせば，「算数・数学を使う力」の「エ．算数・数学で予測・推測する力」，「オ．算数・数学で感覚的・概括的に判断する力」，また「算数・数学と社会をつなげる力」に照らせば，「B11. 仮定をおく」，「B14. 仮説を立てる」に加え，「D．近似的に扱う力」といった力を育てるという点で，数学教育における課題が明らかになった。

　しかし，理数教育の視点からは，子どもの認識として，数学と理科の学習が分離されていることに大きな課題があると捉える必要がある。数学と理科の融合という点からも，数学教育と理科教育の双方からのさらなる検討の必要性が示唆される。

　なお，近似的に捉えることは，概数や誤差，有効数字などに目を向けることが思い浮かぶ。このような内容は数学教育と理科教育に共通する点もあるが，数学教育ではあまり重視されていないように思われる。このような中で松元（2013）では，中学校数学科における「物の重さを電子ばかりで測定して比較する授業」を紹介している。一方で，有効数字などの扱いについては，数学と理科で同様に扱われているかは疑問である。この点については，本書の第3章5を参照されたい。

(4) 理科の学習に関連する数学の指導事例

　算数・数学と理科には同様な考察場面がある。教科横断的な文脈の中で数学教育と理科教育との関係を考えてみると，理科教育の延長線上に算数・数学の学習を位置づけることも考えられる。ここでは，中学校数学科の指導事例から，このような授業について検討したい。

　ここで着目するのは，「ビリヤードの中にある相似」と題した中学校第3学年の授業である（久保・西村，2010）。ビリヤードでは，理科で学習する入射角と反射角が等しいことを用いて，クッションと呼ばれる壁面を利用する「バンクショット」［図3-1-5］と呼ばれる技法が使われる。ここでは，ねらうべき位置を見つけることが重要であるが，その方法を，相似を用いて見つけ，さらにこれを証明する授業を考えた。

　この授業では，2つの考え方について議論した上で，実際にはどのような方法が用いられているかを検討させたが，数学で学習したことがそのまま現実世界では用いられていないことを子どもが知るという

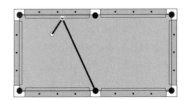

図3-1-5　ビリヤードのバンクショット
（久保・久永，2010）

ことも授業目標に含まれている。

　バンクショットでねらうべき位置を考える方法としては，次のような2つの考え方がある。

　詳しい説明や証明は省略するが，図3-1-6の左はクッションを対称軸とする線対称な位置を利用する考え方であり，極めて数学的である。子どもにとっても平面図形の既習内容が使える場面である。しかし，ビリヤードの書籍（日本ビリヤード協会編，1998）には図3-1-6の右の図の説明だけしか示されていない。図3-1-6の左の図の考え方では，キャロルテーブル（競技台）の外側に線対称な点を見つけることになり，プレーヤーにとっては実用的ではないと思われる。

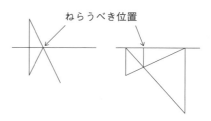

図3-1-6　バンクショットでねらう位置の考え方（久保・久永，2010）

　このような考え方が，入射角と反射角の関係以外に，理科とどのように関係しているかについてはさらなる検討の必要があるが，少なくとも理科教育では物理的な見方として，実際の場面に照らした多面的な，あるいは多様な解決方法に目を向けるのではないかと考えられる。

(5) 理数教育の着眼点——考察の対象に目を向ける——

　算数・数学は，理科などの多くの教科の問題の解決における"技能"や"処理"として活用される面がある。特に理科ではこのような面が顕著に表れるが，数学教育では，このような"技能"や"処理"としての価値を認識しつつも，教科教育学の一つとして，数学教育の独自性を探究しつつも，多様化する現代社会に求められている教科横断的文脈の中で，とりわけ，理数教育の観点から数学教育のあり方が検討されている。

　理数教育の捉え方は，本書の随所で述べられているが，第2章では高等学校の「理数探究」との関係から論じられている。この点も含め，あらためて数学教育と理科教育との関係からさらなる検討が求められていると考えているが，例えば，理数教育では算数・数学と理科の系統性に着目した検討がなされるように思われる。これを"技能"や"処理"に着目して考えてみると，理数教育の系統性は，「算数・数学の学習を踏まえて理科の学習へ」という流れが思い浮かぶ。このような考え方は，教育現場からは当然の声として受け止める必要があるが，一方で，「理科の学習を踏まえて，これを算数・数学の学習へと深化，発展させる」ということにも目を向ける必要があると考えられる。ここでは，数学と理科の融合を考える場合，指導内容に着目するか，考察対象に着目するかという2つの立場があることも示唆していると考えられる。

注
1)　「算数・数学における基礎学力」の「3次元の枠組み」は，図3-1-7のように示されている。

第 3 章　学習指導論

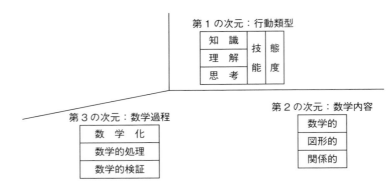

図 3-1-7　算数・数学における基礎学力の 3 次元の枠組み

2) 数学的モデル化については，次のように捉えている。現実的な事象の問題場面からはじまり，これを数学の問題に変換して定式化し，数学において問題の解決を図り，得られた結果をもとの現実的な事象に戻して評価する。
3) 単純化，抽象化，理想化，簡単化について，長崎ら（2008）では，次のように説明している（長崎，2008：16）。
・簡単化……現実の問題をその本質をあまり変えずに，扱いやすいようにして算数・数学の問題に直すこと。
・抽象化……現実の問題をその本質をあまり変えずに，より広く当てはまるようにして算数・数学の問題に直すこと。
・理想化……現実の問題をその本質をあまり変えずに，最善の状況になるようにして算数・数学の問題に直すこと。
・単純化……ある事象をその本質をあまり変えないようにして条件などを少なくして簡単に考えること。

引用・参考文献

馬場卓也（2009）：算数・数学教育における社会的オープンな問題の価値観からの考察，全国数学教育学会誌第 15 巻第 2 号，51-57.
久保良宏（1997）：検証的な考察態度を培う指導―現実的な事象に着目して―，日本数学教育学会誌第 81 巻臨時増刊，296.
久保良宏（2004）：数学的問題解決活動の活性化について，私学の挑戦―The 授業―，Vol.2，CAL（最先端学習センター）編，101-117.
久保良宏（2014）：数学教育と理科教育との関係について，日本科学教育学会年会論文集 38，147-150.
久保良宏・久永靖史（2010）：中学校新教育課程・数学科の指導計画の作成と授業づくり．明治図書．
久保良宏・西村圭一（2010）：ビリヤードの中にある相似，中学校新教育課程・数学科の指導計画の作成と授業づくり（久保良宏・久永靖史編）．明治図書．116-119.
久保良宏・久永靖史・谷口千佳・太刀川祥平（2017）：社会的文脈に着目した数学教育における批判的思考の具体例と学習者の考え方の傾向，日本数学教育学会誌第 99 巻第 5 号，2-9.
久保良宏・菅原大・太刀川祥平（2022）：数学教育における「批判的思考」の社会的文脈からの具体化―プロ野球のトリプルスリー達成におけるリスクに着目して―，日本数学教育学会誌第 104 巻第 9 号，2-13.
國宗進・長崎榮三・重松敬一・関口靖弘・瀬沼花子・日野圭子（1997）：小学校算数科・中学校数学科のカリキュラム改善，日本数学教育学会第 30 回数学教育論文発表会論文集，205-210.
松元新一郎（2013）：中学校数学科　統計指導を極める，明治図書出版．
三輪辰郎（1983）：数学教育におけるモデル化についての一考察，筑波数学教育研究第 2 号，筑波大学数学教育研究室，117-125.
長崎榮三（1997）：数学と社会的文脈との関係に関する研究―数学と子どもや社会とのつながり―，科研（基盤 B）研究成果報告書．
長崎榮三（2001a）：児童・生徒の算数・数学と社会をつなげる力に関する発達的研究【改訂版】，科研（基盤 A）研究報告書第 2 集改訂版．
長崎榮三（2001b）：算数・数学と社会・文化のつながり．明治図書．
長崎榮三（2007）：算数・数学において育成する諸能力とその系列に関する研究，特定領域研究（新世紀型理数科系教育

の展開研究）報告書.

長崎榮三・瀬沼花子・島崎晃・島田功・山田正樹・久保良宏（1993）：算数科における基礎学力についての考察，日本数学教育学会誌第75巻第12号，31-39.

長崎榮三・國宗進・太田伸也・五十嵐一博・滝井章・近藤裕・熊倉啓之・長尾篤志・吉川成夫・久保良宏・上田雅也・牛場正則・日下勝豊・塩野友美・島崎晃・島田功・榛葉伸吾・西村圭一・早川健・藤森章弘・牧野宏・栁元新一郎・望月美樹・森照明（2008）：算数・数学教育の目標としての「算数・数学の力」の構造化に関する研究，日本数学教育学会誌第90巻第4号，11-21.

中島健三・清水静海・瀬沼花子・長崎榮三（1995）：算数の基礎学力をどうとらえるか―新世紀を生きる子どもたちのために―，東洋館出版.

日本学術会議数理科学委員会数理科学分野の参照基準検討分科会（2013）：大学教育の分野別保証のための教育課程編成上の参照基準・数理科学分野.

西村圭一（2016）：真の問題解決能力を育てる算数授業―資質・能力の育成を目指して―，明治図書出版.

西村圭一（2012）：数学的モデル化を遂行する力を育成する教材開発とその実践に関する研究，東洋館出版社.

島田功（2017）：算数・数学教育と多様な価値観―社会的オープンエンドな問題による取組み―，東洋館出版社.

島田茂（1997）：算数・数学科のオープンエンドアプローチ，みずうみ書房.

山口啓（2007）：「数量関係」の理解と自ら考える力2年，中学校数学教科書研究会報告書，331-355.

（久保良宏）

第3章　学習指導論

2 文脈依存性

(1) 文脈依存性とは

　一般に，文脈依存性（context dependency）もしくは領域特殊性（domain specificity）とは，状況（文脈）に知識・能力が依存してしまう現象のことを言い，学習場面での文脈依存性（状況依存性）は，その学習者が置かれた状況によってどのような解法を採るのかなどの議論がある。

　記憶が学習した文脈（特定の時刻，場所，状況など）に依存していることに関して，Godden & Baddeley（1975）は，水中で単語の暗記を行ったダイバーは，陸上よりも水中のほうがより多くの単語を思い出せ，陸上で単語の暗記を行ったダイバーは，水中よりも陸上のほうがより多くの単語を思い出せることを報告している。その後の認知心理学の研究において，記憶だけでなく知識や能力も出題の文脈に依存することが明らかとなった。例えば，レイヴ（1995）はアメリカの主婦を対象にした調査において，スーパーでの買い物の計算はできるものの，同じ計算を学校で行うテストの形式にすると解答できないことを報告している。

　このような現象について，漁田（1999）の説明を援用すると，前者の例では記憶が脱文脈化されておらず，水中あるいは陸上という文脈と結びついており，水中か陸上かという出題の文脈が単語を想起するための手掛かりとなる。後者では，計算が脱文脈化されておらず，スーパーあるいは学校という文脈と結びついており，スーパーか学校かという出題の文脈が正しい計算を行う手掛かりとなる。

　さらに近年では，数学と理科の教科間における文脈依存性に関する研究が行われており，理数教育における学習指導論を考える際の中心的なテーマの一つとなっている。

(2) 文脈依存性に関する先行研究

　数学と理科の文脈依存性に関する初期の研究は文脈依存性の有無を確かめるものであった。西川（1994）は，中学2年の「オームの法則」の単元で，中学校第1学年を対象に計算に関して全く同じ調査問題をA～Cの3種類（問題Aはグラフのx軸，y軸から傾きを求める純粋な数学の問題，問題Bは問題Aのx軸に電流，y軸に電圧をとったグラフの傾きを求める理科の問題，問題Cは，問題Bにさらに各数値に単位をつけ，電流I，電圧E，抵抗Rを記した理科の問題）作成し調査を行った。その結果，多くの生徒は数学問題に正答できたが，理科の問題には正答できなかったことから，文脈依存性が存在することを報告している。

　その後，文脈依存性の要因に迫る研究（石井・箕輪・橋本，1996; 西川・岩田，1999; 三崎，2001; 小原・安藤，2011）や文脈依存性を乗り越えるための指導に関する研究（石井・箕輪・橋本，1996; 三崎，1999）が実施されてきた。これらの研究から，文脈依存性は単位（西川・岩田，1999）や両教科での解法の違い（石井・箕輪・橋本，1996; 小原・安藤，2011）といった問題側の要因と場依存型－場独立型といった個人特性（三崎，2001）に依存することが明らかにされている。さらに，アフリカのザンビア共和国（以下，ザンビア）における数学と理科の文脈依存性に焦点を当てた研究も実施されている（高阪，2013）。

118

ここでは，石井・箕輪・橋本（1996）及び高阪（2013）の研究を取り上げ，文脈依存性を乗り越えるための指導法や，日本だけでなく他国においても文脈依存症が生じることをアフリカのザンビアにおける数学と理科の文脈依存性からみていく。

（3）「地震の伝わり方」の事象に関する場合

ここでは，石井・箕輪・橋本（1996）を引用して文脈依存性について解説する。

a. 方法

「地震の伝わり方」の単元で，以下の（ア）と（イ）の2種類のテストを作成し，同一生徒にテストを実施した。調査は1994年11月上旬から下旬にかけて実施し，後に実施したテストが前に実施したテストによる影響を受けることを考慮し，実施間隔を1週間あけて実施した。

（ア）「理科テスト」

「理科テスト」は，「地震の伝わり方」の単元におけるP波とS波の到着時刻と震源からの距離との関係をグラフで提示し，以下のことを問う問題とした。それを図3-2-1に示す。

問1．S波の速さを求める。
問2．P波の到着時刻を求める。
問3．初期微動継続時間を求める。
問4．震源までの距離を求める。

（イ）「数学テスト」

「数学テスト」は，「理科テスト」に対応して作成した。第1象限における傾きの異なる2つの原点を通る直線のグラフを提示し，以下のことを問う問題とした。それを図3-2-2に示す。

問1．直線Bの傾きを求める。
問2．原点からx軸上の座標までの距離を求める。
問3．x軸上の2点間の距離を求める。
問4．2直線上のx座標の差からy軸上の座標を求める。

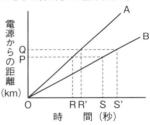

［問題］下図のグラフは，ある地震の小さなゆれと大きなゆれのはじまりが，震源からの距離とどのような関係にあるかを示したものである。震源からP地点までの距離は140 kmであり，Aの小さなゆれの伝わる速さは7 km／秒である。地震のゆれはそれぞれの地点に同じ速さで伝わるものとして次の問いに答えなさい。

問1）上図で，P地点にBの大きなゆれが到着したのは地震が発生してから35秒後である。Bの大きなゆれが伝わる速さを求めよ。
問2）上図で，地震が発生してからP地点に小さなゆれAが伝わるまでに何秒かかるか。
問3）上図で，P地点における初期微動継続時間は何秒か。
問4）上図で，初期微動継続時間が45秒の地点Qは，震源から何km離れているか。

図3-2-1　理科テスト（石井・箕輪・橋本（1996）より引用）

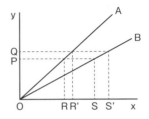

［問題］下図のグラフで，Pの座標は（0, 140），直線OAの傾きは7である。次の各問いに答えよ。

問1）Sの座標が（35, 0）のとき，直線OBの傾きを求めよ。
問2）ORの長さを求めよ。
問3）RSの長さを求めよ。
問4）R'S'が45のとき，Qの座標を求めよ。

図3-2-2　数学テスト（石井・箕輪・橋本（1996）より引用）

第 3 章　学習指導論

b. 結果

　本研究で，特に注目したのは問 4 の解答である。問 4 の解法を分析したところ，理科テストで正答した 55 人の生徒の多くは理科で学んだ解き方で解答していた。しかし，数学テストで正答した 29 人の生徒は，「R' または S' の x 座標を比例式で求め，それを直線 A または直線 B の方程式に代入して求めた者」が 10 人，「直線 A，B の式をもとに，求める Q の y 座標から R'，S' の x 座標を式で表し，QS'-QR'=45 に代入して求めた者」が 3 人，「△ OPS と△ OQS' が相似であることから，OP:PS = OQ:QS' より求めた者」が 1 人で，数学で学んだ解き方で解答した生徒が合計 14 人いた。一方，「理科の授業で学んだ解き方で求めた者」が 15 人いた。このため同一の構造の問題であることに気づき，自教科で学習した解法ではなく，他教科で学習した解法で問題を解く生徒が一定数存在することがわかる（石井・箕輪・橋本，1996）。

　では，積極的に教師が他教科の学習の状況を生徒に想起させれば，文脈依存性を克服することは可能なのであろうか。これを明らかにするために，数学テストで誤答，理科テストで正答した 30 人の生徒に対し，以下の㋐～㋒の理科の学習内容を想起させる手だてを行った。手だて㋐として，「これは数学の問題ですが，理科でこのようなグラフを用いて学習したことはありませんか。何の学習だったかを答え，問題を解きなさい」とヒントを与えたところ，「理科の授業で学んだ解き方に気づいて解いた者」が 10 人，「地震の伝わり方で学習したと気づきながらも，数学の授業で学んだ解き方で解いた者」が 5 人いたが，「理科で学習した問題とは気付けずに解けなかった者」が 2 人いた。また，手だて㋑として，「地震の伝わり方の学習で学んだことを伝えるとともに，「y 軸上の y 座標は震源からの距離，2 直線上の x 座標の差は初期微動継続時間です。このヒントをもとに問題を解きなさい」とヒントを与えたところ，y 軸上の y 座標は震源からの距離，2 直線上の x 座標の差は初期微動継続時間であることを与えられて解けた者が 11 人いた。さらに，手だて㋑でも解けなかった生徒に対し，手だて㋒として，「初期微動継続時間は震源からの距離に比例します。このヒントをもとに問題を解きなさい」とヒントを与えたところ 2 人が正答できた（石井・箕輪・橋本，1996）。

c. 考察

　本研究によって，同一生徒に対して，同じ解き方で解ける問題を理科の文脈で提示すると，多くの生徒が理科テストは理科で学んだ解き方で解決し，数学テストは数学で学んだ解き方で解決することがわかった。このことから，西川（1994）の報告同様，教科独自の文脈依存性が存在することが明らかになった。一方で，理科テストを数学で学んだ解き方で解決し，数学テストを理科で学んだ解き方で解決する生徒も一定数存在することが明らかになった。

　また，数学テストに対して，「理科の授業で似たような学習をしたことはないか」と理科の授業の内容を想起させる手立てを行うと，正の学習の転移が生じ，理科の解き方でも解決し易くなることが明らかになった。このことから，数学と理科の教師が互いに両教科の学習内容を把握し，生徒に正の学習の転移が起きやすいような指導を行うことで，生徒は両教科においてより確実な理解が深まる可能性があるといえる（石井・箕輪・橋本，1996）。

120

（4）ザンビアにおける「フックの法則と比例」の事象に関する場合

ここでは，高阪（2013）を引用して文脈依存性について解説する。

a. 方法

ザンビア南部州の公立中等学校において調査を実施した。この学校には 8 年生から 12 年生（中学校第 2 学年から高等学校第 3 学年）までの生徒約 1000 人が通っており，規模・成績ともにザンビアにおいて平均的な水準の学校である。対象者は，第 12 学年の生徒 165 名である。調査は 2011 年 2 月から 3 月にかけて実施した。

調査問題は文脈依存性の先行研究（西川，1994; 石井・箕輪・橋本，1996; 西川・岩田，1999; 三崎，1999, 2001; 小原・安藤，2011）とザンビアの国家試験（12 年生時に受ける試験）及び教科書を参考に作成した。さらに 2010 年 6 月に予備調査を当時の第 12 学年の生徒に対して実施し，その結果を踏まえ一部改善した。具体的な問題として，出題の文脈は数学と理科で異なるが，数値と解法は同一の問題を作成した。調査問題を表 3-2-1 に示す。

b. 結果

数学の合計正答率は 73.8 ％で，理科の合計正答率は 70.9 ％であり，両教科で明確な差は見られなかった。また，対応のあるカイ二乗検定の結果から，(a) の表から気づくことを記述する問題と，(d) の未知の値を求める問題において文脈依存性が認められた。表から気づくことを記述する問題では理科のテストで正答率が高く，未知の値を求める問題では数学のテストにおいて正答率が高かった。この 2 つについて詳細に見ていくこととする。

表 3-2-1　理科テストと数学テスト

理科テスト	数学テスト
Figure shows a spring with its upper end fixed, hanging alongside a meter rule. The lower end of the spring gave the following extensions when the various loads were hung from it.	Two variables x and y have corresponding values as shown in the table below:

理科テスト:

Load [N]	1	2	3	4	5
Extension [mm]	4	8	12		20

(a) List *all* the relationships between *load* and *extension* which you find in the above table.
(b) Find the extensions for a load of 4N.
(c) Find the extension for a load of 10N.
(d) Find the load [N] that produces an extension of 34 mm.

数学テスト:

x	1	2	3	4	5
y	4	8	12		20

Given that y varies directly as x.
(a) List *all* the relationships between x and y which you find in the above table.
(b) Find the value of y when $x = 4$.
(c) Find the value of y when $x = 10$.
(d) Find the value of x when $y = 34$.

第 3 章　学習指導論

　(a) の表から気づくことに関する問題について，生徒の解答を分析したところ，関係に気づいた生徒数の合計に着目すると，理科ではより多くの生徒が 2 変数の関係に気づくことが示された。次に，「y が x で割り切れる」「y が x の 4 倍，$y = 4x$」といった縦の関係と，「x が増加した時 y も増加」「x が 1 増加し，y が 4 増加」「x が 2 倍，y も 2 倍」といった横の関係に着目すると，数学ではより多くの生徒が縦の関係に気づき，物理ではより多くの生徒が横の関係に気づきやすいことが明らかになった。

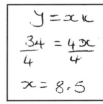
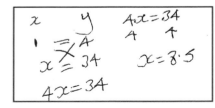
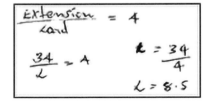

図 3-2-3　$y = kx$　　　　　図 3-2-4　クロスマルチプリケーション　　　　　図 3-2-5　extension/load=4

出典：高阪（2013）

　(d) の未知の値を求める問題において，数学の方法として $y = kx$［図 3-2-3］とクロスマルチケーション［図 3-2-4］を，理科の方法として extension/load = 4［図 3-2-5］と規定し分類を行った。数学のテストでは，解答を分類できなかった 7 人と無回答であった 26 人以外の全ての生徒が数学で学習した方法を用いていた。一方，理科のテストでは，解答を分類できなかった 9 人と無回答の 39 人を除いた，117 人中 95 人 (81.2 %) の生徒が理科で学習した方法を用い，117 人中 22 人 (18.8 %) の生徒が数学で学習した方法を用いた。つまり，数学のテストを解く際に理科で学習した方法を用いた生徒は見られなかったが，理科のテストにおいては数学で学習した方法を用いた生徒が複数見られた。

c. 考察

　(a) の表から気づくことを記述する問題において，生徒は数学テストの表からは場面を想起することができず，現象を理解することができなかったが，理科テストの表では場面を想起することができ，現象を理解できたために違いが生じる可能性が示唆された。さらにその要因として，一般的に理科の授業では現象から関係を導くことが重視されていること（Berlin & White, 1995; 長谷川・樋口, 1996）と，林（2001）の報告にあるように具体的な場面を想定した表と抽象的な表との差が考えられる。さらにザンビア国の場合は，数学の教科書に記載されている場面設定が抽象的であり（馬場, 2010），場面を想起し現象を理解することが困難である可能性が浮かび上がった。

　他方，(d) の未知の値を求める問題では，数学のテストでは理科で学んだ方法で解答する生徒が見られなかったが，理科のテストでは 22 人の生徒が数学で学んだ方法を用いて解答していた。つまり，理科のテストでは物理で学習した方法で解こうとする意識が生徒にはたらくものの（石井・箕輪・橋本, 1996），一部の生徒は数学で学習した内容を理科のテストに活用できることが明らかとなった。ザンビア国のシラバスにおいては，他教科での数学の活用が意図されているが，生徒は十分に活用することができておらず，両教科の関連付けを意識した授業を行う必要がある。

（5）理数教育における文脈依存性

　平成 29 年告示の学習指導要領においては，教科等横断的な視点に立った資質・能力の育成が目指されている。今後，我が国においても，より一層数学と理科の関連付けが重視されると考えられる。数学と理科の関連付けに関して，多くの研究では生徒の達成度で評価されてきた (e. g. Steveson & Carr, 1993)。そこでは数学と理科を関連付けた授業において，生徒の達成度がやや高くなることが報告されている。しかしながら，生徒の達成度にて評価した場合，生徒が両教科を関連付けることができているのか，またどのような点に困難性を抱いているのか把握することが難しい。

　本節でみてきたように，文脈依存性に着目することで，数学と理科の関連付けに関する生徒の実態に迫ることができる。出題の文脈は数学と理科で異なるものの，同一の構造の問題においては，生徒各個人によってその解法は異なる。また，正の学習の転移を起こすような取組も重要だと考える。このため，石井・箕輪・橋本 (1996) の提案にあるように，数学と理科の教師が両教科の特性を把握するとともに，互いに協働する必要があるといえる。

引用・参考文献

馬場卓也 (2010): ザンビア国算数・数学カリキュラムの構造分析，アフリカ教育研究，1, 41-51.

Berlin, D. F. and White, A. L. (1995): Connecting School Science and Mathematics. Peggy A. H. and Arthur F. C. (Eds.), *Connecting Mathematics across the Curriculum*, (pp.3-12). The National Council of Teachers of Mathematics, INC.

Godden, D. R. & Baddeley, A. D. (1975): Context-dependent memory in two natural environments: On land and under-water, *British Journal of Psychology*, 66, 325-331.

長谷川栄・樋口直宏 (1996): 授業における教授論理にもとづく教科の特質—中学校の国語・社会・数学・理科の相違—，カリキュラム研究，5, 77-88.

林弘 (2001): 一次関数における学習課程に関する考察：事象からモデルを構成する活動を重視した教授実験を通して，上越数学教育研究，16, 81-90.

漁田武雄 (1999): 文脈依存記憶，羽生義正編 パースペクティブ学習心理学，北大路書房，160-165.

石井俊行・箕輪明寛・橋本美彦 (1996): 数学と理科との関連を図った指導に関する研究—文脈依存性を克服した指導への提言—，科学教育研究，20, 4, 213-220.

高阪将人 (2013): ザンビア中等教育における数学と物理の関連性について：関数概念における文脈依存性に着目して，数学教育学研究，19, 1, 37-46.

レイヴ (1995): 日常生活の認知行動，無藤隆他訳，新曜社. (原著：Lave, J. (1988). *Cognition in practice: Mind, mathematics and culture in everyday life* Cambridge: Cambridge University Press.).

三崎隆 (1999): 計算能力にかかわる文脈依存性を生かした指導法に関する研究，科学教育研究，23, 5, 348-354.

三崎隆 (2001): 教科に現れる場依存型の認知型の文脈依存性に関する実証的研究，日本教科教育学会誌，23, 4, 59-64.

西川純 (1994): 理科における計算能力の文脈依存性に関する研究，日本理科教育学会研究紀要，35, 1, 53-58.

西川純・岩田亮 (1999): 教科間における認識の文脈依存性に関する研究，日本教科教育学会誌，22, 3, 1-8.

小原美枝・安藤秀俊 (2011): 数学と理科の問題における文脈依存性に関する生徒の意識—自由記述の回答と解法から探る—，科学教育研究，35, 1, 38-45.

Stevenson, C. & Carr, J. (1993): *Integrated Studies in Middle Carndes: Dancing Through Walls*. Teacher College Press.

（高阪将人・石井俊行）

第3章　学習指導論

3 | 量を単位で捉えることの重要性

（1）内包量の意味とその扱い方

　物理量は，量を組み合わせることで様々な意味をもつ。物理量を数値化することは，その物理量の大小を比較しやすくするためでもある。例えば，圧力（Pa）は，「面を垂直におす力（N）」を「力がはたらく面積（m²）」で割って求められるが，「面を垂直におす力（N）」が大きくても，「力がはたらく面積（m²）」が大きければ圧力（Pa）はそれほど大きくはならない。しかし，切断加工に用いられるウォーターカッターのように，超高圧の水を小径のノズルから勢いよく噴射させると，大概の対象物が切断できてしまうほどの圧力（Pa）が生み出される。科学者は，新たに圧力（Pa）という内包量をつくり出して意味をもたせることで，その能力を容易に比較できるようにしてきた。

　高等学校の物理教科書でも，「速度」をはじめ「仕事率」や「磁束密度」などの多くの物理量が出てくるが，小・中学生はその基礎を数学（算数）や理科で学習する。

　小学生は5年算数の単元「単位量当たりの大きさ」で，はじめて数直線を用いながら，「人口密度」をはじめ，「速さ」などを学習する（文部科学省，2018a）。また，中学生は1年理科の単元「身の回りの物質」で，「密度」を学習する（文部科学省，2018c）。

　小学校学習指導要領（平成29年告示）解説算数編（文部科学省，2018a）には，「第5学年では，これまでに学習した量のほかに，異種の2つの量の割合として捉えられる数量があることを学習する。異種の2つの量の割合として捉えられる数量の比べ方や表し方について理解し，その数量を求めるとともに，目的に応じて大きさを比べたり表現したりする方法を日常生活に生かすことができるようにすることを主なねらいとしている。第5学年の速さなど単位量当たりの大きさの学習においては，基本的な量の性質をもっていない量を比較するのは初めてであるので，異種の2つの量の割合として捉えられる量を比べることの意味を十分理解できるようにすることが大切である。この意味の理解に基づいて，目的に応じて速さや人口密度などを考察する方法を工夫し，日常の事象の解決に活用することができる資質・能力の育成を目指すことが大切である」と記されている。

　また，中学校学習指導要領（平成29年告示）解説理科編には，「ここで扱う物質としては，身近な固体の物質などを取り上げ，それらについて密度や加熱したときの変化などを調べる観察，実験を行う。（中略）金属などの物質を区別する学習活動において，物質の体積や質量に着目し，物質の密度を測定する実験を行い，求めた密度から物質を区別できることに気付かせることが考えられる」（文部科学省，2018c）と記され，求めた密度の値から何の物質なのかを同定できるようにすることも目標の1つとしている。例えば純粋な物質からできた金属の密度が7.87 g/cm³ならば鉄，2.70 g/cm³ならばアルミニウムと同定できる。

　一方，中学校では小学校とは違って，実験の結果をより定量的に扱うために，物質の「密度」の学習では，質量 M［g］，体積 V［cm³］，密度 ρ［g/cm³］の三つの量の関係から，二つの量が既知であれ

ば，最後の一つの量を求めるという型分けの3用法 (佐藤，1991) も併せて解決できるようにする必要がある。

すなわち，「密度」を例に挙げれば，「密度」は①の式から求められるが，①の式を変形させることで②の式や③の式も導出できる。

$$密度 \rho \ [g/cm^3] \ = \ 質量 M \ [g] \ / \ 体積 V \ [cm^3] \qquad \cdots\cdots①$$
$$質量 M \ [g] \qquad = \ 密度 \rho \ [g/cm^3] \times 体積 V \ [cm^3] \cdots\cdots②$$
$$体積 V \ [cm^3] \qquad = \ 質量 M \ [g] \ \div 密度 \rho \ [g/cm^3] \qquad \cdots\cdots③$$

一般に中学生は，理科でのいわゆる第2分野 (生物・地学) に比べ第1分野 (物理・化学) を敬遠する傾向にある (榊原ら，1974；山口ら，1976)。その原因に，第1分野は「単位が複雑だから」「計算があるから」といった理由が挙げられる。単位を含む「密度」，「圧力」及び「電気抵抗」などの内包量の扱いの困難さが中学理科第2分野に比べて，中学理科第1分野を敬遠させる大きな要因にもなっている。それでは，この課題を解決する有効な方法はないのであろうか。

(2)　単位に着目させる学習指導法

a.　単位の次元の考え方

この課題を解決するために，理科教員が経験的につかんでいる単位に着目させる学習指導法がある。

質量 M [g] を求める際に，質量 M [g] ＝密度 ρ [g/cm^3]×体積 V [cm^3] という②の式の提示とともに，単位も数値と同様に計算すれば，[g/cm^3]×[cm^3] となり，密度の単位の分母の [cm^3] と体積の [cm^3] とが約分できて，最終的には [g] の単位が残る。

このことに関して，潮 (2009) は，生徒が速度などの物理量を計算する際，基本的な物理量に基本単位をつけたまま単位も文字式とみなして計算し，結果得られた単位をそのままつけておけば単位を含んだ物理量が得られることに言及し，和田・大上・根本 (2014) も，単位の中にはすでに，その量の性質を決めている法則の内容が凝縮されており，このことを学習に活用しない手はないと言及している。このため，単位に着目させる学習指導法を有効に活用していきたい。

b.　具体的な単位指導

それでは，どのように単位指導を具体的に行っていけばよいのであろうか。小・中学生に単位指導を行う場合は，以下のような易しい事例から入るとよい。

(例) リンゴを1日に2個食べるとすると，2 [個/日] と表すことができる。

この (例) では，特に2 [個/日] は2 [個/1日] と本来は書けるところを，[ ] 内の数の1が省略されていることを強調しておくことも重要である。そのように説明することで，小学5年の児童にも理解がし易くなる。そのことが理解できたら，リンゴを1日に2個食べることを30日間食べ続けたら，何個のリンゴを食べることになるのかを考えさせる。

第 3 章　学習指導論

$$2 \,[個/日] \times 30 \,[日] = 60 \,[個]$$

と書くことができ，[日]が文字式のように約分できて最終的に［個］が残ることを説明する。

　次の例として，小学校 5 年算数にも取り上げられている，1 分当たり 12 枚印刷することのできるプリンターを 10 分使用したら何枚印刷することができるかという問題を取り上げるとよい。ここでも，プリンターの印刷速度は 12 ［枚/1 分］と本来は書けるところを，［　］内の数の 1 は省略して表現しているために，12 ［枚/分］と表すことを説明する。

　そして，以下のような計算式を立て，

$$12 \,[枚/分] \times 10 \,[分] = 120 \,[枚]$$

というように，［分］が文字式のように約分できて最終的には「枚」が残ることを説明する。これらのことが理解できたならば，物理量としての「速さ」を理解させる。これは小学校 5 年算数でも学習するので，同様な形での説明が可能である。

　具体的な事例として，1 秒当たり 20m 進む電車の速さは，20 ［m/秒］と表せ，この電車が 100 秒走り続けると，何 m 進ことができるかを考えさせる。

　以下のような計算式を立て，

$$20 \,[m/秒] \times 100 \,[秒] = 2000 \,[m]$$

と計算することができる。

　ここでは，距離［m］＝速さ［m/秒］×時間［秒］という公式の提示とともに，単位に着目させて［m/秒］×［秒］＝［m］というように［秒］が約分できて，最終的には距離の単位の［m］が残るので距離が求められていることを説明する。同様に，時間［秒］を求める際には，時間［秒］＝距離［m］÷速さ［m/秒］という公式の提示とともに，単位に着目させて［m］÷［m/秒］＝［秒］と［m］が約分できて，最終的には時間［秒］が残ることを説明する。

　以上のように，物理量（内包量）を計算する際には，潮（2009）が主張するように，単位もつけたままで単位も文字式とみなして計算し，結果得られた数値に単位をそのままつけておけば単位を含んだ物理量（内包量）が得られることを生徒に理解させていくとよい。

c.　小学校算数 5 年「単位量当たりの大きさ」の「速さ」と中学校理科 1 年「密度」学習の単位表記による問題点

　ここからは，今まで述べてきた具体的な単位指導に加え，小学校算数 5 年「単位量当たりの大きさ」（文部科学省，2018a；清水ら，2020）と中学校理科 1 年「密度」（文部科学省，2018c；有馬ら，2021）の学習の単位表記による問題点について，橋本（2023）が行った研究をもとに以下に述べる。

（a）共通点と相違点及び相違点による問題点

　小学校算数 5 年「単位量当たりの大きさ」と中学理科 1 年「密度」の学習の共通点は，

　①2 つ以上の事柄や物質の違いを比較する方法として学ぶこと。

　②比較するために同じ単位量当たりで数値を求めること。

である。例えば，算数では A 車と B 車の走行距離とそれに必要なガソリンの量から燃費の良さを比較する。理科では，2 つ以上の物質のそれぞれの体積と質量から密度を求めて異なる物質の密度（詰まり具合）を比較する。

両学習の相違点は，単位表記の仕方である。算数の単位表記の例は，ガソリン 1 L 当たり○ km 走行する（自動車の燃費）；時速△ km（速さ）などがある。理科「密度」の単位は，g/cm^3 と表記し，（読み方：グラム毎（パー）立方センチメートル）であり，中学校以降の理科で学ぶ単位の多くは，a/b（読み方：a 毎（パー）b SI 組立単位）がある。中学校の数学では，このような単位について学ぶ単元はない（文部科学省，2018b；岡本ら，2021）。

小学校算数 5 年「単位量当たりの大きさ」や「速さ」の単元で学ぶ単位表記は，前述した燃費「ガソリン 1 L 当たり○ km」走る自動車や「時速△ km」で走る自動車であり，「　」内を全て表記すれば正しい単位表記であるが，燃費「○ km」，速さ「△ km」と最後の部分のみを表記する子どもが存在する。つまり，小学校算数で学んだ単位表記を省略して最後の部分のみで答える習慣が身につき，その影響が中学校理科で学ぶ密度の単位表記〔g/cm^3〕を「g」と解答する生徒が存在する。このため小学校算数の単位表記の不十分な理解が，中学校理科で学ぶ単位表記の理解に支障をきたしていると考えられる。

そこで，2021 年 3 月に，愛知県 H 中学校に進学する 3 小学校中の 1 校（M 小学校）の 6 年生に対して卒業前に算数の授業「メートル法を使って新しい単位を利用しよう」を実践した。

その授業内容の概略を以下に示す。

○　密度について

・人口密度（文部科学省，2018a；清水ら，2020）

$1km^2$ 当たりに住む人の数（○人/km^2）

10000〔人〕 ÷ 10〔km^2〕 = 1000〔/km^2〕（読み方：1000 人毎 km^2）

・物体の密度（浮力）（文部科学省，2018c）

基準：水の密度　1〔g〕÷ 1〔cm^3〕=1〔g/cm^3〕（読み方：1g 毎 cm^3）

ある金属　300〔g〕÷ 10〔cm^3〕= 30〔g/cm^3〕（水に沈む）

ある木材　300〔g〕÷ 600〔cm^3〕= 0.5〔g/cm^3〕（水に浮く）

○　速さについて：一定の時間当たりに進む距離を表した割合

・2 時間で 40 km 進む速さは？（文部科学省，2018b；清水ら，2020）

40〔km〕÷ 2〔時間〕= 20〔km/時〕

（○ km/ 時　読み方：○ km 毎時；毎時○ km，時速○ km）→単位から公式を導ける。

・時速 40 km で 2 時間走って進む距離は？（km）（40 km/時）

40〔km/時〕× 2〔時間〕= 80 km

・時速 40 km で 200 km 進むのにかかる時間は？（時間）

200〔km〕÷ 40〔km/時〕= 5〔時間〕

この授業では，小学校算数 5 年「単位量当たりの大きさ」と「速さ」の練習問題の単位（例えば時速△

127

第3章　学習指導論

km) を中学校以降の理科で用いる単位表記 (例えば△km/時) で学習し, 以下に示すア～ウについて学んだ。

ア　単位量当たりの大きさが分かれば, 2つの事柄を比較することができる。

イ　単位から単位量当たりの大きさを求める計算式がわかる。

ウ　単位量を表す単位から理科の公式を導き出すことができる。

　2021年6月, 前述の3小学校の児童が進学したH中学理科1年で「密度」の学習を行い, その後, 確認テストを行った。解答の単位表記を全て理科で用いる単位表記 (例えば, 速さ:△km/時) で答えるように指示した。

(b) M小学校出身生徒と他校出身生徒との確認テスト結果

　中学校理科1年で「密度」学習後に行った確認テスト5問のM小学校出身生徒と他2校出身生徒の正答率 (解答率) 比較を表3-2-1と表3-2-2に示す。

　M小学校出身生徒と他2校出身生徒の確認テスト5問 (単位量当たりの大きさ) の立式の正答率は変わらなかった。どちらも85%以上正答していた。しかし, M小学校出身生徒は他2校出身の生徒より, 理科で用いる単位表記 (例えば, 速さ:△km/時) での解答が有意に高い結果となった (全体と5問中3問で0.1%～5%水準で有意差有)。

　理科で用いる単位表記 (例えば, 速さ:△km/時) を使って解答することを指示したにもかかわらず, 算

表 3-3-1：密度学習後の M 小学校と他校の理科単位の正答率比較 (x^2 検定)

	5問の式の正答率%	全単位(理科)正答率%	1 (1).燃費単位(理科)正答率%	1 (2).人口密度単位(理科)正答率%	2 (1).銅の密度単位(理科)正答率%	3 (1).収穫高単位(理科)正答率%	3 (2).一人あたりの面積単位(理科)正答率%
M 小学校 (n=26)	86.1	27.7 ⎤*	23.1	38.5 ⎤*	26.9 ⎤**	30.8	19.2 ⎤*
他小学校 (n=66)	85.5	12.7 ⎦	13.6	16.7 ⎦	19.7 ⎦	7.6	6.1 ⎦

*5% 水準の有意差有　　**0.1% 水準の有意差有

表 3-3-2　密度学習後の M 小学校と他校の算数単位省略形表記率比較 (x^2 検定)

	5問の式の正答率%	全単位(算数省略形)%	1 (1).燃費単位(算数省略形)%	1 (2).人口密度単位(算数省略形)%	2 (1).銅の密度単位(算数省略形)%	3 (1).収穫高単位(算数省略形)%	3 (2).一人あたりの面積単位(算数省略形)%
M 小学校 (n=26)	86.1	40.8	38.5	26.9 ⎤*	30.8	50.0	57.7
他小学校 (n=66)	85.5	47.6	48.5	53.0 ⎦	36.4	50.0	50.0

*5% 水準の有意差有

数で用いる単位を省略した誤った単位表記（例えば，速さ：△kmと表記，正しくは時速△km）を使った解答率は，他2校出身の生徒がM小学校出身の生徒より有意に高い結果だった（表3-2-2；5問中1問だけが有意水準5％で有意差有）。

　この結果は，M小学校出身生徒が小学校卒業前に小学校算数5年「単位量当たりの大きさ」や「速さ」の学習内容の単位表記（例えば，速さ：時速△km）を，理科の単位表記（例えば，速さ：△km/時）で学習した効果の表れと考えられる。

　しかし，小学校卒業前に小学校算数5年「単位量当たりの大きさ」や「速さ」の全ての練習問題の単位（例えば，速さ：時速△km）を中学校以降の理科で用いる単位表記（例えば，速さ：△km/時）で学習したにも関わらず，M小学校出身の生徒の40％以上が，小学校算数5年「単位量当たりの大きさ」で学習した単位（例えば，速さ：時速△km）の誤った表記（例えば，速さ；△km）で解答していた。また，他2校出身の生徒の47％以上が算数で用いる単位の誤った表記（例えば，速さ：△km）で解答していた〔表3-3-2〕。

　M小学校出身生徒の30％以上が，中学理科1年「密度」で学習したばかりの銅の密度の単位（g/cm³）を小学校算数5年「単位量当たりの大きさ」で学習した単位（1cm³当たり○g）の誤った表記（g）と解答していた〔表3-3-2〕。

　他2校出身の生徒だけでなく，小学校卒業前に小学校算数5年「単位量当たりの大きさ」や「速さ」の学習内容の単位表記（例えば，速さ：時速△km）を理科の単位表記（例えば，速さ：△km/時）で学習したM小学校出身生徒でさえも算数で学習した単位の誤った表記（例えば，速さ：△km）で解答していた〔表3-3-2〕。このことは，子ども達に初めて算数で学習した単位表記（例えば，速さ：時速△km）を省略した誤った表記（速さ：△km）が強固に定着している結果であると考えられる。小学校での理数連携指導を行ったM小学校出身生徒は，他2校出身の生徒に比べ全ての問題で，理科で用いる単位表記（例えば，速さ：△km/時）で答える力が身についていると言える。しかし，理科で用いる単位表記（例えば，速さ：△km/時）で解答するように指示したにもかかわらず，小学校算数で学習した単位の誤った表記（例えば，速さ：△km）で解答する生徒が40％以上も存在し，小学校算数での日本独自の単位表記指導が，中学校理科の単位表記指導に悪い影響を与えているとも考えられる。

　以上のことを鑑みると，小学校算数の授業で理数関連の指導を行うことは，中学校以後の理科学習の理解を深めると考えられるが，小学校算数で学習した単位表記（例えば，速さ：時速△km）を誤った省略形（例えば速さ：△km）で表記することが定着してしまい，中学校理科で学習する単位表記（例えば，速さ：△km/時）の理解や定着に影響を及ぼしていることが考えられ，小学校算数5年「単位量当たりの大きさ」や「速さ」で学習する単位の読み方は，表記を理科の単位表記（燃費△km/Lなど）で学ばせるべきであると提案したい。

d．単位に着目させる学習指導法の効果と限界

　ここからは，今まで述べてきた具体的な単位指導に加え，問題文と解答欄に求めるべき量の単位が記載されていることが中学理科（密度や圧力等）（文部科学省，2018c）を学ぶ生徒にとって必要なのかに関する研究について，石井・林（2015）を引用して以下に述べる。

(a) 調査対象

問題文と解答欄に求めるべき量の単位が記載されたテスト（今後Tテストとする）と，単位が記載されていないテスト（今後Wテストとする）では，中学生は得点に差が生じるのかを明らかにするため，中学1年4クラスにおいて，プレテストのTテストを2クラス，Wテストを2クラスに実施した。また，先ほどの単位指導を行った後に，ポストテストを行った。ポストテストは，プレテストのTテストを行った2クラスに対し，TテストとWテストをそれぞれ実施した。同様に，プレテストのWテストを行った2クラスに対し，TテストとWテストをそれぞれ実施した。このためプレテストとポストテストの組み合わせは4種類作成できるので，4クラスをそれぞれに割り当てた（TT組，TW組，WT組，WW組）。分析は公立中学校1年4クラス105名のデータをもとに行った（石井・林, 2015）。

(b) 調査問題と意識調査

図3-2-1のTテスト，図3-2-2のWテストのように，プレテスト，ポストテストともに同じ内容のテストを用いた。TテストとWテストの(1)～(3)は「密度」に関する問題で，(1)は与えられた質量 [g] と体積 [cm^3] から密度 [g/cm^3] を求める問題，(2)は密度 [g/cm^3] と体積 [cm^3] から質量 [g] を求める問題，(3)は密度 [g/cm^3] と質量 [g] から体積 [cm^3] を求める問題である。TテストとWテストの(4)～(6)は「圧力」に関する問題で，(4)は与えられた圧力 [N/m^2] と底面積 [m^2] から力の大きさ [N] を求める問題，(5)は力の大きさ [N] と底面積 [m^2] から圧力 [N/m^2] を求める問題，(6)は圧力 [N/m^2] と力の大きさ [N] から底面積 [m^2] を求める問題である。さらにポストテストでは，図3-3-3の「仕事率」に関する発展問題も実施し，かつ図3-2-4の意識調査も実施した（石井・林, 2015）。

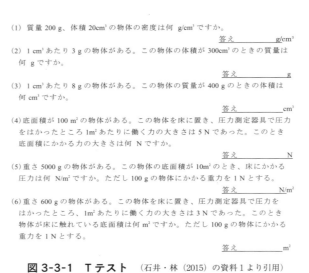

図 3-3-1　Tテスト　（石井・林（2015）の資料1より引用）

3　量を単位で捉えることの重要性

以下の問いに答えなさい。

(1) 質量 200 g、体積 20cm^3 の物体の密度を求めなさい。

答え＿＿＿＿＿＿＿＿

(2) 1 cm^3 あたり 3 g の物体がある。この物体の体積が 300cm^3 のときの質量を求めなさい。

答え＿＿＿＿＿＿＿＿

(3) 1 cm^3 あたり 8 g の物体がある。この物体の質量が 400 g のときの体積を求めなさい。

答え＿＿＿＿＿＿＿＿

(4) 底面積が 100 m^2 の物体がある。この物体を床に置き、圧力測定器具で圧力をはかったところ 1m^2 あたりに働く力の大きさは 5 N であった。このとき底面積にかかる力の大きさを求めなさい。

答え＿＿＿＿＿＿＿＿

(5) 重さ 5000 g の物体がある。この物体の底面積が 10m^2 のとき、床にかかる圧力を求めなさい。ただし 100 g の物体にかかる重力を 1 N とする。

答え＿＿＿＿＿＿＿＿

(6) 重さ 600 g の物体がある。この物体を床に置き、圧力測定器具で圧力をはかったところ、1m^2 あたりに働く力の大きさは 3 N であった。このとき物体が床に触れている底面積を求めなさい。ただし 100 g の物体にかかる重力を 1 N とする。

答え＿＿＿＿＿＿＿＿

図 3-3-2　W テスト　（石井・林（2015）の資料 2 より引用）

　一定時間にする仕事を仕事率といい、仕事率の単位は J/秒である。
このとき以下の問いに答えなさい。
　荷物をクレーンで持ち上げる仕事があり、この仕事の大きさは 1200 J である。この仕事を 80 秒間で行ったときの仕事率は何 J/秒ですか。

答え＿＿＿＿＿＿ J/秒

図 3-3-3　発展テスト　（石井・林（2015）の資料 3 より引用）

　次の(1)〜(6)の項目について、あてはまるものの記号に〇をつけてください。
(1) あなたは問題を解くとき、「単位」に着目して解いていますか。
　　　（ア）　解いている　　　　　　　　（イ）　解いていない
(2) あなたは問題を解くとき、問題文の中の数字に「単位」があると、問題を解きやすいと感じますか。
　　　（ア）　感じる　　　　　　　　　　（イ）　感じない
(3) 「単位」に関する指導を行いましたが、その指導は必要であると感じましたか。
　　　（ア）　感じた　　　　　　　　　　（イ）　感じなかった
(4) あなたは「単位」があることによって、習っていない分野を学習する際の手助けになると思いますか。
　　　（ア）　そうだと思う　　　　　　　（イ）　そうだと思わない
(5) 「単位」に関する指導を行う以前から、g/cm^3 などの「単位」が表わす意味について理解していましたか、またその意味について説明してください。
（ア）　理解していた。　（イ）　理解していなかったが、指導により理解することができた。
（ウ）　今も理解できていない。
　記述欄

（　　　　　　　　　　　　　　　　　　　　　　　　　　）

図 3-3-4　意識調査　（石井・林（2015）の資料 4 より引用）

131

第 3 章　学習指導論

(c) 得られた知見

　単位に着目させる指導を行うことで，問題を解く際に単位に着目し，求めるべき量に単位があると問題が解きやすいと感じている生徒が 7 割を超え，単位に関する指導の必要性を感じている生徒が 9 割いた。しかし，単位が表す意味について「今も理解できていない」と回答する生徒が 36.2 ％いた。教師は単位に着目させる単位指導を 1 回行ったからといって中学生の大部分が内包量の意味まで理解できたと思ってはならない。また，求めるべき量の単位の記載があることは，単位の次元をもとに形式的に問題を解く力を発揮し易いことが分かった。単位に着目させる指導は，形式的に問題を解く際には，イメージしにくい分野にも有効にはたらくことが明らかになった。このことから，科学的思考を深める第一段階として，単位に着目させる指導は，一定の効果があったと言える。さらに，密度の単位を内包量として正しく捉えている生徒は，単位の次元をもとに，ポストテストはもちろん，未履修の発展問題にも正答できる傾向にあった。その一方で，内包量として誤った認識をしている生徒の中には発展問題を形式的に解いてしまい正答となる生徒がいた。このため，教師は学習評価を行う際には，問題が解けたからといって，その内包量をよく理解していると評価してはならない（石井・林，2015）。

(3) 単位量当たりの大きさの理解とレディネス

　ここからは，中学校で学習する「密度」を，未習である小学 5 年の児童が「密度」の問題を解決することができるのかに関する研究について，石井・鶴見（2021）を引用して以下に述べる。

a. 調査対象

　単位量テストの内容については，小学 5 年算数の「単位量当たりの大きさ」の単元で学習して履修済みであり，密度テストは中学理科で学習する内容のため未習である。分析は公立小学校 5 年 4 クラス 119 人のデータをもとに行った（石井・鶴見，2021）。

b. 調査問題と意識調査

　図 3-3-5 の単位量テスト【1】(1)(2)(3)(4) は，平成 30 年 4 月に実施された全国学力・学習状況調査「小学校第 6 学年算数 A」の問題の【1】(1)(2)(3) と同一のものを使用し，【2】(1) はそれの【4】(2) と同一のものを使用した（国立教育政策研究所，2018）。単位量テスト【1】(1)(2) は，除法で表すことができる二つの数量の関係の理解見取るための問題，【1】(3) は，数量の関係を理解し，数直線上に表すことができるのかを見取る問題，【1】(4) は，除数が小数である場合でも除法を用いることを理解しているのかを見取る問題になっている。また，【2】(1) は，「単位量当たりの大きさ」を求める除法の式と商の意味を理解しているのかを見取るための問題である（国立教育政策研究所，2018）。

　図 3-3-2 の密度テストは，基本的に単位量テストと同じ形式の問題とした。【1】(1)(2) では，ブロックの体積 0.2 cm³ の重さとブロックの体積 0.1 cm³ の重さを問う問題で，【1】(3) では，体積 0.4 cm³ と，体積 0.4 cm³ の重さの 60g と，1 cm³ の重さが，それぞれ数直線上のどこに当てはまるかを選ばせる問題で，【1】(4) では，体積 1 cm³ の重さを求める式を選ばせる問題になっている。また，【2】

3 量を単位で捉えることの重要性

（1）では、⑦のアルミニウムのブロックと④の鉄のブロックのうちで、密度の大きい物（金属）を比べる式の意味について、正しいものを選ばせる問題となっている（石井・鶴見, 2021）。

また、意識調査として、混み具合としての密度問題を「シート問題」、物質の密度問題を「ブロック問題」と呼び、これらの2つの問題を解くに当たっての意識について尋ねた。これらの単位量テストと密度テストの2種類のテスト、及び意識調査を児童に実施した（石井・鶴見, 2021）。

問題A

[1] 0.4 m の重さが 60 g の針金があります。この針金について次の問題に答えましょう。

(1) 針金0.2 m の重さは何 g ですか。

こたえ〔　　〕g

(2) 針金0.1 m の重さは何 g ですか。

こたえ〔　　〕g

(3) 針金1 m の重さが何 g になるかを考えます。
1 m の重さを □ g として、針金の長さと重さの関係を下の図に表します。
針金0.4mの「0.4」、0.4 m の重さ 60 g の「60」、1 m の重さ □ g の「□」のそれぞれの場所は、下の図のどこになりますか。
ア から オ までの中から、あてはまるものを1つずつ選んで、その記号を書きましょう。

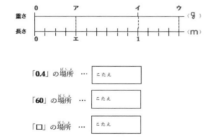

「0.4」の場所 … こたえ〔　　〕

「60」の場所 … こたえ〔　　〕

「□」の場所 … こたえ〔　　〕

(4) 針金1 m の重さを求める式を、下の 1 から 4 までの中から1つ選んで、その番号を書きましょう。

こたえ〔　　〕

1　60 ÷ 0.6
2　60 × 0.4
3　60 ÷ 0.4
4　0.4 ÷ 60

[2] こみぐあいについて、次の問題に答えましょう。

(1) ⑦と④の2つのシートがあります。⑦と④のシートの面積は、ちがいます。

次の表は、シートの上にすわっている人数とシートの面積を表しています。

すわっている人数とシートの面積

	人数（人）	面積（m²）
⑦	16	8
④	9	5

どちらのシートのほうがこんでいるかを調べるために、下の計算をしました。

⑦　16 ÷ 8 = 2
④　9 ÷ 5 = 1.8

上の計算からどのようなことがわかりますか。
下の 1 から 4 までの中から1つ選んで、その番号を書きましょう。

こたえ〔　　〕

1　1 m² あたりの人数は 2 人と 1.8 人なので、⑦のほうがこんでいる。
2　1 m² あたりの人数は 2 人と 1.8 人なので、④のほうがこんでいる。
3　1 人あたりの面積は 2 m² と 1.8 m² なので、⑦のほうがこんでいる。
4　1 人あたりの面積は 2 m² と 1.8 m² なので、④のほうがこんでいる。

図 3-3-5　単位量テスト（石井・鶴見（2021）の付録1より引用）

第3章　学習指導論

問題B

[1] 体積が 0.4 cm³ の重さが 60 g のブロックがあります。
このブロックについて次の問題に答えましょう。

(1) 体積が 0.2 cm³ の重さは何 g ですか。

こたえ　　　g

(2) 体積が 0.1 cm³ の重さは何 g ですか。

こたえ　　　g

(3) 体積 1 cm³ の重さが何 g になるかを考えます。
体積 1 cm³ の重さを □ g として、体積と重さの関係を下の図に表します。
体積 0.4 の「0.4」、0.4 cm³ の重さ 60 g の「60」、1 cm³ の重さ □ g の「□」
のそれぞれの場所は、下の図のどこになりますか。

ア から オ までの中から、あてはまるものを 1 つずつ選んで、その記号を書きましょう。

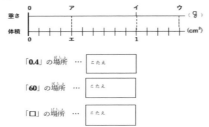

「0.4」の場所 … こたえ

「60」の場所 … こたえ

「□」の場所 … こたえ

(4) 体積 1 cm³ の重さを求める式を、下の 1 から 4 までの中から 1 つ選んで、その番号を書きましょう。

こたえ

1　60÷0.6
2　60×0.4
3　60÷0.4
4　0.4÷60

[2] 次の問題に答えましょう。

(1) アルミニウム（教室の窓わくなどに使われている金属）でつくったブロック㋐と鉄でつくったブロック㋑の 2 種類の金属からつくったブロックがあります。㋐と㋑のブロックの重さと体積は、ちがいます。

　㋐ アルミニウムのブロック　　　㋑ 鉄のブロック

4 cm³　　　　　　　　　3 cm³

次の表は、ブロックの重さと体積を表しています。

ブロックの重さと体積

	重さ(g)	体積(cm³)
㋐	12	4
㋑	24	3

どちらのブロックのほうが重いもの（金属）からつくられているかを調べるために、下の計算をしました。

　㋐　12÷4＝ 3
　㋑　24÷3＝ 8

前の計算からどのようなことがわかりますか。
下の 1 から 4 までの中から 1 つ選んで、その番号を書きましょう。

1　体積 1 cm³ あたりの重さは 3 g と 8 g なので、㋐のアルミニウムのブロックのほうが重いもの（金属）である。
2　体積 1 cm³ あたりの重さは 3 g と 8 g なので、㋑の鉄のブロックのほうが重いもの（金属）である。
3　重さ 1 g あたりの体積は 3 cm³ と 8 cm³ なので、㋐のアルミニウムのブロックのほうが重いもの（金属）である。
4　重さ 1 g あたりの体積は 3 cm³ と 8 cm³ なので、㋑の鉄のブロックのほうが重いもの（金属）である。

(2) ブロック㋐とおなじアルミニウムでつくったブロック㋒があります。ブロック㋒の体積は 16 cm³ です。ブロック㋒の重さは何 g ですか。

(3) ブロック㋐とおなじアルミニウムでつくったブロック㋓があります。ブロック㋓の重さは 60 g です。このブロック㋓の体積は何 cm³ ですか。

図 3-3-6　密度テスト（石井・鶴見（2021）の付録 2 より引用）

c．得られた知見

単位量テスト（1次元の針金の長さと重さの関係，及び2次元であるシートの面積と座っている人の人数の関係）（文部科学省，2018a）と密度テスト（3次元であるブロックの体積と重さの関係）（文部科学省，2018c）の両者のテストを比べても，小学5年の約8割の児童が両テストは同じ型の問題であることに気付きながらも，密度テスト【2】(1）においては分母の部分の外延量（土台量）の大きさと分子の部分の外延量（全体量）の大きさとを逆にしてしまったり，数値が小さい方が密度は大きいと認識したりして誤答し，単位量テスト【2】(1）では5割程度の児童が「単位量当たりの大きさ」を求める式やその式の商の意味について理解していなかった。しかし，単位量テストに正答した児童（全児童数の5割程度）の概ねの児童は，「1に当たる大きさ」の考え方，及び「混み具合としての密度」の考え方を未習の物質の密度にも活かして正答できていた。

以上より，小学5年算数「単位量当たりの大きさ」における知識・技能を習得している概ねの児童は，中学理科の物質の密度を学習するための前提となる知識・技能をレディネスとして習得している。しかし，5割程度の児童が「単位量当たりの大きさ」を求める式やその式の商の意味について理解できていない状況を鑑み，中学理科における物質の密度の導入では，小学算数での「単位量当たりの大きさ」での学びを積極的に取り入れていくべきである（石井・鶴見，2021）。

(4) 本節のまとめ

平成30年度全国学力・学習状況調査「算数A」の混み具合としての密度問題の正答率は50.3%（国立教育研究所，2018）であり，約半数近い児童が混み具合としての密度が理解できていない。石井・鶴見（2021）の報告でも，5割程度の児童が「単位量当たりの大きさ」を求める式やその式の商の意味について理解していない。しかし，単位量テストに正答した児童（全児童数の5割程度）の概ねの児童は，未習の物質の「密度」を解決することができていた（石井・鶴見，2021）。一方，単位に着目させる指導を行うことで，問題を解く際に単位に着目し，求めるべき量に単位があると問題が解きやすいと感じる生徒が多く，単位に関する指導の必要性を感じている中学生が9割いた。また，単位に着目させる指導は，形式的に問題を解く際には，イメージしにくい分野や未履修の分野にも有効にはたらくことが明らかになった。このことから，科学的思考を深める第一段階として，単位に着目させる指導は一定の効果があった（石井・林，2015）。

一方で，小学校算数の授業で理数関連の指導を行うことは，中学校以後の理科学習の理解を深めると考えられるが，小学校算数で学習した単位表記（例えば，速さ：時速△km）を誤った省略形（例えば速さ：△km）で表記することが定着してしまい，中学校理科で学習する単位表記（例えば，速さ：△km/時）の理解や定着に悪い影響を及ぼしていることが考えられる。このため，「燃料1L当たり△km走る」などの表記を理科の単位表記（燃費△km/Lなど）と学ばせることを提案したい。

以上のことから，小学5年生には，小学5年で学習する「速さ」「人口密度」（文部科学省，2018a）などの内包量をしっかりと理解させることで，中学校で学習する「密度」「圧力」等（文部科学省，2018c）の内包量にも十分に対応できる。また，単位指導を行った方がよいという中学生の回答から，新たな内包量が出てくる度に，その内包量の意味と単位について十分に生徒に説明を行っていく必要がある。そのよ

第3章　学習指導論

うな指導を重ねることで，生徒は自然と単位を意識するようになり，たとえ公式を忘れたとしても単位
をもとに考えられるようになる。

引用・参考文献

有馬朗人・小林誠ほか（2020）：たのしい理科（3～6年），大日本図書.

有馬朗人・小林誠ほか（2021）：理科の世界（1～3年），大日本図書.

橋本美彦（2023）：算数科（小学校）と理科（中学校）の教科間連携（2）～小学5年算数科「単位量当たりの大きさ」と
　　中学1年理科「密度」の学習に着目して～　日本科学教育学会年会論文集47，105-108.

井上正人・觜本格（2017）：児童生徒・学生の「理科離れ」「算数嫌い」から見えてくる課題（2）～新しいカリキュラム
　　の提言に向けて～　児童教育学研究第36号．13-30.

石井俊行・林拓磨（2015）：単位の次元に着目させる理科学習指導法の効果とその問題点～問題に対する正答率の向上を
　　目指して～，科学教育研究，39，4，335-346.

石井俊行・鶴見行雄（2021）：算数「単位量当たりの大きさ」が中学理科「密度」に及ぼす効果～全国学力・学習状況調査
　　「算数A」と比較して～，科学教育研究，45，3，280-291.

国立教育政策研究所教育課程研究センター（2018）：平成30年度全国学力・学習状況調査解説資料 児童生徒一人一の学
　　力・学習状況に応じた学習指導の改善・充実に向けて，小学校算数，37-43.〈https://www.nier.go.jp/
　　18chousakekkahoukoku/report/18primary/18math/〉（参照2024. 12. 8）

文部科学省（2018a）：小学校学習指導要領（平成29年告示）解説算数編，日本文教.

文部科学省（2018b）：中学校学習指導要領（平成29年告示）解説数学編，日本文教出版.

文部科学省（2018c）：中学校学習指導要領（平成29年告示）解説理科編，学校図書.

岡本和夫・森杉　馨ほか（2021）：未来にひろがる数学（1～3年）啓林館.

榊原郁子・渡部俊夫・村山登・林重雄・奥野亮輔（1974）：小・中学校児童・生徒における理科の学習興味に関する研究
　　（IV）―中学校理科各領域の分析を中心として―，北海道教育大学紀要第一部C教育科学編，25，1，135-148.

佐藤康司（1991）：教授ストラテジーの構成と改善に関する研究：「液体の密度」の学習について，東北教育心理学研究，
　　4，15-25.

清水静海・根上生也ほか（2020）：わくわく算数（1～6年）啓林館.

潮秀樹（2009）：「単位」の本質～単位がわかれば相対論がわかる～，技術評論社，28.

和田純夫・大上雅史・根本和昭（2014）：新・単位がわかると物理がわかる，ベレ出版，23.

山口喜七郎・新城和治・吉田一晴，ほか7名（1976）：中学生の理科に対する興味の動向，琉球大学教育学部紀要第二部，
　　19，43-50.

（橋本美彦・石井俊行）

4 誤差と近似値

（1）教科による誤差と近似値の取り扱い方の差異

　理科と数学を横断する指導をめざすには，教師や研究者が配慮すべき事項がある。その１つは，互いの教科科目（以下，教科）の理解が十分ではないことを認識して，それぞれの教科を専門とする教員や研究者と議論する姿勢である。例えば，理科の教員や研究者は，理科の教科の理解は深いが，数学の教科については，おぼろげな理解にとどまっていることが多いことを十分に自覚しなければいけない。隣接する教科だからといって，その指導にあたっては簡単に踏み越えられないことがあることを自覚する必要がある。本節は，理科でも数学でも取り扱う誤差や近似値の指導について，両教科がその指導内容をどのように取り扱っているのかを明らかにする。

　数学で初めて学ぶ誤差や近似値は中学校３年生のときである。平成20年に告示された中学校学習指導要領数学編では，誤差と近似は中学校１年生で扱われていたが，中学校学習指導要領（平成29年告示）では，これらを中学校３年生で扱うようになった。それでも，内容的にはほとんど変更がない。具体的には（平成29年告示では，）誤差を近似値と真の値の差で捉えた上で，真の値がある範囲を，不等号や数直線を用いて表したり，有効数字の表記方法を学ぶところでとどまっている［図3-4-1］。中学校学習指導要領（平成29年告示）が「直接測定することが困難な高さや距離を相似な図形の性質や三平方の定理を用いて求める学習場面など（中略）と関連付けて指導することが考えられる（p.136）」と述べているように，長さの測定に限定して誤差や近似値を取り扱っている。算数・数学の学習を遡ってみれば，小学校２年では長さを計測し，小学校４年では概数を学び，計測した長さを利用して葉書の面積を求めたりする児童の活動が予想されるが，小学校では求めた面積も概数として取り扱う程度である。このように，小学校から中学校までを見通してみても，算数・数学では，長さの測定値を基にした，面積などの近似値を求める機会はないのが現状である。一方，理科教育では，概して小学校や中学校では定性的に学び，高等学校では定量的に学ぶ傾向がある。このように小学校や中学校では，測定値を利用した考察を行う学

測定値のように，真の値に近い値を **近似値**（きんじち）という。
測定値のほか，円周率の値として使う 3.14 も近似値である。
　近似値と真の値との差を **誤差**（ごさ）という。
　　　　（誤差）＝（近似値）－（真の値）

図 3-4-1　誤差や近似値の記述
（数学の世界 3（2021），p.50，大日本図書）

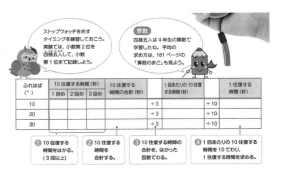

図 3-4-2　測定結果の求め方
（わくわく理科 5（2020），啓林館，p.122.）

第 3 章　学習指導論

習機会は多くない。それでも，小学校 5 年の振り子の学習や中学校 2 年の化学変化と質量の保存の学習などで，測定値を用いた学習は行われている。これらの事例を具体的に見ていくことにする。

　小学校学習指導要領（平成 29 年告示）解説理科編は，振り子の運動の実験について「変える条件と変えない条件を制御しながら実験を行うことによって，実験の結果を適切に処理し，考察することができるようにする (p.65)」と述べている。小学校 5 年の教科書を見ると，数回の測定結果を算術平均して求める方法を示している［図 3-4-2］。また中学校学習指導要領（平成 29 年告示）解説理科編は，化学変化と質量の保存について「化学変化の前後における物質の質量を測定する実験を行い，反応の前と後で物質の質量の総和が等しいことを見いだして理解させる (p.50)」ことをねらいとしている。中学校 2 年の教科書で質量の保存に関する実験・実測の取り扱い方を調べてみると，実験を促す記述は見当たらないが，例えばスチールウールの燃焼実験の様子を写真で示し，質量の保存について理解を促すように配慮している［図 3-4-3］。このことから，質量の保存の実験については，小学校 5 年の振り子のように，振り子の 1 周期にかかる時間を実測するような機会はないことが窺える。

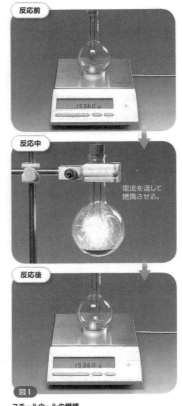

図 3-4-3　質量の保存
（新しい科学 2（2021），東京書籍，p.66.）

　定量的な取り扱いが多くなる高等学校の学習では，主に化学の教科書で，誤差や近似値，真の値，測定値による演算の有効数字の指導内容で掲載されているが，その多くは，教科書の巻末資料である［図 3-4-4］。また物理基礎では，絶対誤差と相対誤差の定義を明示している教科書もある。絶対誤差と相対誤差については後述するが，小学校から高等学校の教科書で示している誤差は，いずれも絶対誤差を取り扱う。

(2) 誤差や近似値の取り扱い方の変遷

　数学教育における誤差や近似値の指導を捉えてみよう。中学校学習指導要領（昭和 33 年；1958 年）には，小学校の四捨五入，端下の処理，測定値の指導を受け，中学校 1 年で「場面に応じて，適切な近似値の取扱ができるようにする (p.52)」とするとともに，「測定の意味の理解を深め，測定には必ず誤差を伴うことを明らかにする (p.53)」等の内容が示されている。中学校指導書数学編（昭和 45 年；1970 年）でも「近似値について理解させ，それぞれの場面に応じて，近似値を適切に扱うことができるようにする (p.40)」と継続し，測定値・近似値の意味，近似値の表し方，誤差の意味（絶対誤差，相対誤差，真の値），正しさ，誤差の限界，詳しさ，相対誤差の限界，有効数字，近似値の四則計算（乗法，除法は計算尺を用いる）を指導

した。この誤差や近似値の指導について片岡 (1962) は，不等式を伴う誤差論が高度で学校現場で持て余し気味だったこと，近似式の取り扱いの一環として高等学校で指導してはどうかという意見があったこと，それでも数の概念の連続性や順序性に重要な基礎概念であるので指導すべきだと考えられていたことなどが述べられている。内容的には，現行の高等学校の内容との関連性が見られる指導内容であり，2022 年から実施される高等学校の理数探究の学習単元としてならば，有用な題材になるだろうが，当時の中学校数学の学習内容としては，かなり高度な学習内容だったと考えられる。

この後，昭和 46 年 (1971 年) から昭和 54 年 (1979 年) の，いわゆる数学教育現代化の時代に，中学校 1 年生の数・式の領域で，「近似値について理解させ，それぞれに場面に応じて，

● 測定値の計算

測定値は誤差を含むので，測定値を用いて計算するときには，有効数字の桁数や位取りを考えて処理する必要がある。

(1) **和と差** 測定値の和や差を求めるときには，小数点をそろえ，最後の桁の位取りが最も高いものに合わせて計算結果を出す。

例
```
   17.3          0.0392        5.341
+) 0.476      +) 2.66       −) 2.5
  17.776        2.6992        2.841
       8            70
```

(2) **積と商** 測定値の積や商を求めるときには，有効数字の桁数の最も少ないものに合わせて計算結果を出す。

例 7.2×53.8

ともに小数第 1 位に誤差を含んでいる。計算したときに，小数第 1 位の値が影響する部分（右の計算で　　　　の部分）は誤差を含む。したがって，計算結果の有効数字は 2 桁とみなされ，結果は 3.9×10^2 となる。

途中の計算では，最終的に必要な桁数よりも 1 桁程度多く取って計算をする。例えば，半径 $r = 5.3$ cm の円の円周 $2\pi r$ を求める場合，$\pi = 3.141592653589\cdots$だが，$r$ の有効数字が 2 桁だから，それより 1 桁多く取って $\pi = 3.14$ とし，$2\pi r = 2 \times 3.14 \times 5.3$ cm $= 33.284$ cm $\fallingdotseq 33$ cm と計算して，有効数字 2 桁で求めればよい。結果が 2 桁だからといって，計算結果のもとになる数値まで 2 桁にすると，計算の誤差が大きくなるのでよくない。なお，$2\pi r$ の 2 は測定値ではなく正確な数値なので，有効数字を考えなくてよい。

図 3-4-4　測定値の計算
（理数探究基礎 (2022), 啓林館, 119.）

近似値を適切に扱うことができるようにする」として，引き続き同様に指導している。しかし昭和 55 年 (1980 年) 以降の中学校学習指導要領では，誤差や近似値は，現行の中学校学習指導要領と同様の取り扱いにとどまるようになった。つまり，長さの測定の場面でのみ，誤差や近似値を取り扱っている。近似値を用いた計算などの学習は，高等学校の化学や物理等の巻末などで扱う状況であり，小学校から高等学校までの一貫した指導がなされていない点に，私たちは配慮して指導する必要があるだろう〔図 3-4-4〕。

(3) 絶対誤差と相対誤差

近似値を a，真の値を A，誤差を α とすると，

α ＝ a − A

として，α の絶対値 |α| を絶対誤差と定義する。(1) で述べてきた誤差は，いずれも正の値で誤差を考えてきていることから，現行の学習指導要領で扱う誤差は，絶対誤差であると考えるのが妥当である。例えば図 3-5-1 では，紙の横の長さの真の値の範囲を数直線で示し，2.225 ≦ A < 2.235 と表しているが，この不等式は 2.23 − 0.005 ≦ A < 2.23 + 0.005 と考えることができる。このとき 0.005 を誤差の限界という。絶対誤差を利用することで，近似値，真の値の範囲，有効数字などの概念を理解しやすくなる。

相対誤差は，$\left|\dfrac{\alpha}{A}\right|$ で定義する。真の値 A に対する誤差の割合の絶対値で相対誤差を定義していることからわかるように，相対誤差は近似値の精度を表している。相対誤差の分母の値である真の値 A は，

第3章　学習指導論

実際には求められないが，相対誤差を以下のように式変形できる。

$$\frac{\alpha}{A} = \frac{\alpha}{a-\alpha} = \frac{\alpha}{a} \cdot \frac{1}{1-\frac{\alpha}{a}} = \frac{\alpha}{a} + \left(\frac{\alpha}{a}\right)^2 + \left(\frac{\alpha}{a}\right)^3 + \cdots$$

このとき，$\left(\frac{\alpha}{a}\right)^2$ や $\left(\frac{\alpha}{a}\right)^3$ は微少な値となるので，

$$\left|\frac{\alpha}{A}\right| \fallingdotseq \left|\frac{\alpha}{a}\right|$$

で計算する。

　なお，測定値は近似値であるが，本来，測定値は何回か測定し，測定結果のうち大きくかけ離れた外れ値を除いて，残りの測定値を算術平均することが多い。同一条件で数回観察して得られた測定値は，真の値を中心として正規分布をなすことが知られているためである。こうした作業は，知識として与えるだけでなく，数学的に知られている事実であることを生徒に伝えるだけでも意義があるだろう。

（4）測定値による加法と乗法の計算

　測定値による加法と乗法の筆算を用いた計算とそれらの考え方が図3-4-4にある。この記述を元に，真の値の範囲を例にして有効数字について考える。

　2つの測定値が12.6と3.72となる，いずれも有効数字が3桁の加法を考える。それぞれの真の値をB，Cとするとき，それぞれの真の値は，不等式を使って次のように表せる。

$$12.6-0.05 \leq B < 12.6+0.05, \ 3.72-0.005 \leq C < 3.72+0.005$$

よって，真の値の和B+Cは，

$$12.6-0.05+3.72-0.005 \leq B+C < 12.6+0.05+3.72+0.005$$

すなわち，

$$16.265 \leq B+C < 16.375$$

有効数字は3桁なので，

$$16.3 \leq B+C < 16.4$$

となる。つまり，有効な数値は16.3となる。

　ちなみに，12.6+3.72＝16.32となるが，16.32の計算結果について，有効数字3桁だけ取り出せば，16.3となる。なお，図3-5-4の加法のまとめに記述されている方法のほかに，測定値をそのまま計算し，有効数字の桁数を見て，最下位の数を四捨五入することも方法の1つである。減法も同様に考えて計算することができる。

　次に乗法について，真の値の範囲を利用して考えてみる。2つの測定値が14.7と5.8の場合，それぞれの真の値D，Eの積をSとすると，

$$(14.7-0.05) \times (5.8-0.05) \leq S < (14.7+0.05) \times (5.8+0.05)$$

すなわち，

$$84.8125 \leq S < 86.2875$$

となり，整数部分を比較するだけでも有効数字がわからない計算結果である。これでは有効数字は判明

140

できない。そこで，測定値の乗法では，有効数字の桁数の最も少ない数値より1桁多くして計算して，答の桁数は最も少ない数値の桁数にそろえる方法が考えられている。つまり，

$$14.7 \times 5.8 = 85.26$$

となるので，85.26の小数第1位を四捨五入して，85とするのである。このような処理をする理由は，相対誤差を考えるとわかりやすい。14.7の有効数字は3桁，5.8の有効数字は2桁である。誤差はいずれも0.05であるが，それぞれの真の値に対する誤差の割合である相対誤差は，有効数字3桁の方が小さい値になり，14.7の方が，精度が高い測定値である。有効数字2桁の5.8の精度はこれ以上あげることができないので，有効数字を2桁にそろえている。

引用・参考文献

石浦章一他（2020）：わくわく理科5，122，啓林館.

石浦章一他（2020）：理数探究基礎　未来に向かって，119，啓林館.

金児正史（2019）：数学科と理科における誤差や近似値の指導に関する一考察，245-248，日本科学教育学会第43回年会予稿集.

片岡松顕（1962）：絶対誤差・相対誤差の導入，数学教育 No.17，21-28，明治図書.

梶田隆章他（2021）：新しい科学2，66，東京書籍.

文部科学省（2008）：中学校学習指導要領解説理科編，大日本図書.

文部科学省（2008）：中学校学習指導要領解説数学編，教育出版.

文部科学省（2017）：小学校学習指導要領（平成29年告示）解説理科編，東洋館出版社.

文部科学省（2017）：中学校学習指導要領（平成29年告示）解説理科編，学校図書.

文部科学省（2017）：中学校学習指導要領（平成29年告示）解説数学編，日本文教出版.

文部省（1970）：中学校指導書数学編，40-42.

大蔵省印刷局（1958）：中学校学習指導要領，52-53.

齋藤昇他（2020）：深い学びを支える算数教科書の数学的背景，91-96，東洋館出版社.

正田健次郎他（1965）：再訂中学新数学第1学年，231-244，啓林館.

正田健次郎他（1972，2011復刻版）：新訂数学1，199-206，啓林館.

吉田稔他（2021）：数学の世界，50，大日本図書.

（金児正史）

第3章　学習指導論

5 化学反応速度を題材とする理数探究を意識した学習指導

(1) 理数教育の現状

　高等学校では，2022年度から新学習指導要領に沿って学校教育が実施され，理科と数学科の指導に関連する新教科「理数」が位置づけられた。この教科の科目である理数探究基礎や理数探究では，理科の見方・考え方や数学的な見方・考え方を駆使しながら，自ら課題を見つけ，科学的に探究の過程を踏まえて考察し，考えを伝達する活動を求めている。しかしながら，高校生の実態を見ていると，少なくとも高等学校2年生までは，多くの生徒が，理科と数学は別の教科と強く認識しており，両教科を総合する学習内容への認識度は決して高くない状況である。しかも現状では，自ら課題を見つけることに慣れていない生徒がまだまだ多い。こうした現状に対応するために，その導入段階の指導として，理科と数学科の総合に焦点をあてた課題を教師が提供し，その課題を解決する過程を通して，理科や数学科に関連する既習事項の科学的背景をより深く学び，科学的・数学的な課題解決の過程も体験する学習が大切だろう。こうした視点に立って，本節では，化学反応速度に関する理科と数学科を総合する授業を示す。

(2) 学習指導要領の趣旨とSTEAM教育の関連

　最初に，新教科「理数」の趣旨と，STEAM教育の概要を示す。高等学校学習指導要領（平成30年告示）解説理数編（2018）（以下，「解説」）を見ると，教科「理数」はSTEAM教育を意識していることがわかるからである。

　解説には，理数探究基礎及び理数探究が，「「探究するために必要な知識及び技能」，「多角的，複合的に事象を捉え，課題を設定して探究し，課題を解決する力」，「様々な事象や課題に向き合い，粘り強く考え行動し，課題の解決に向けて挑戦しようとする態度」などを育成すること（p.16）」を目指していると記述されている。併せて，高等学校の数学・理科にわたる探究的科目の学習過程（探究の過程）のイメージ（p.14）が示されている［図3-5-1］。

　図3-5-1に関する説明は，中央教育審議会教育課程部会資料「「理数探究」の充実とSTEAM教育について」（2019）（以下，「理数探究とSTEAM」）に詳しい。生徒が自ら様々な事象に対して，知的好奇心をもって観察し，多

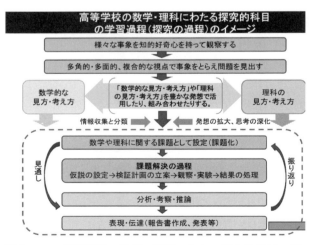

図3-5-1　高等学校の数学・理科にわたる探究的科目の学習過程

角的・多面的・複合的な視点で事象を捉えて問題を見いだすところから始まる。生徒が数学や理科に関する課題を設定した後，数学的な見方・考え方と理科の見方・考え方を駆使して，分析，考察，推論し，発表などの表現・伝達を行う授業の実現が求められているのである。そして，スーパーサイエンススクール（SSH）を中心とした探究活動や，SSHの生徒研究発表会等が例示されている。

また「理数探究とSTEAM」は，STEAM教育の充実に向けて「理数探究」の今後の展開も示している。具体的には，「理数探究」を学ぶ過程で，生徒は，科学的なリテラシーの育成や上級学校での学びを意識して科学的な探究の手法等を学び，総合的な探究の時間でその手法を用いて社会的課題にアプローチできるようになることを期待している。そのため教員は，SSHや理数科で蓄積されてきたノウハウを生かし，共有できるようにすることが求められ，学校として，全校的な指導体制の構築をめざすとともに，大学や企業等との積極的な連携・協力を図ることなどを求めている。一言では言い表せないものの，「理数探究」は理科と数学科を横断して課題を解決するような学習活動が求められているといえるだろう。

次に，STEAM教育の概要を示す。STEAMは，Science, Technology, Engineering, Arts, Mathematicsの頭文字で表し，教科横断の教育を指す用語である。STEAM教育について，例えばNicolescu (2008) はdisciplinaryという概念を利用して，さらにmultidisciplinary, interdisciplinary, transdisciplinaryでの教育を提案して，その理論と実践を著している。またVasquez et al. (2013) は，STEM教育について，4つの形態を示している。第1は，各分野に於いて別々に学習する形態（disciplinary），第2に，共通の題材を各分野で別々に学習する形態（multidisciplinary），第3は，複数の分野の概念やスキルを複合・統合して学習する形態（interdisciplinary），第4は複数の分野の概念やスキルを複合的に適用して現実社会の問題などに取り組む学習の形態（transdisciplinary）である。Vasquezらの学習形態のうち，教科「理数」は，主に第4の学習形態（transdisciplinary）を目指していると考えるのが適当だろう。しかし，我が国の高校生にはそれほど探究する学習経験がない現状を考えると，指導者から題材を提供するinterdisciplinaryの学習形態から形成していくことが，教科「理数」を実現する前段階として求められるだろう。次項で示す化学反応速度の学習指導案は，interdisciplinaryの学習指導として位置づけて，学習指導案を提示する。

（3）教科「理数」を意識した化学反応速度の学習指導案

化学反応速度は高等学校の学習内容であるが，生徒が化学反応速度を考察するような授業は行われていないのが現状である。例えば中学校では，化学反応を定性的に指導するにとどまり，高等学校では定量的に化学反応を捉えているものの，多くの教科書では，化学反応速度は溶質のモル濃度の平均値に比例していることが知られていると，事実を示す程度の説明にとどまった展開になっている。また化学反応速度は，化学を専攻する大学の講義で初めて，化学反応速度は溶質のモル濃度の平均値に比例していることを微分方程式で表現し，これを数学的に解く。本項に示す学習指導案は，上級学校にあたる大学での学びを意識して，科学的な探究手法を学ぶことを目指している。また，授業者の立場を明確にするために，数学の授業から化学変化を捉える，interdisciplinaryの授業を想定した。

第 3 章　学習指導論

a.　化学反応速度の学習指導略案

(a)　学校種

　本授業を取り上げる学校種は高等学校を想定している。状況によっては，教員養成系の大学の講義でも活用することを想定している。

(b)　学年，教科名，単元名

　理系を選択している高等学校 3 年生を対象に，理数探究で，「化学反応速度を考察する」という単元を想定した。授業時間数は 50 分 × 3 回で計画した。授業対象者は，化学と数学Ⅲを選択している高等学校 3 年生であるが，化学と数学Ⅲの学習を終えていれば，高等学校 2 年生でも実施可能である。また，理数探究の枠組みにとどまらず，化学や数学Ⅲの授業で実施することも可能である。

(c)　本時の目的，授業のねらい

　化学の教科書に掲載されている化学反応速度のデータを元に，化学反応速度は溶質のモル濃度の平均値に比例していることを見いだし，この現象を微分方程式に表し，これを解くことで，化学反応速度の特性を理解する。

　理科と数学科の融合に焦点化した課題を教師が提供し，その課題を解決する過程を通して，理科や数学科に関連する既習事項の科学的背景をより深く学ぶとともに，科学的・数学的な課題解決の過程も学ぶ。

　この学習の経験を基にして，理科の見方・考え方や数学的な見方・考え方を駆使しながら，自ら課題を見つけ，科学的に探究の過程を踏まえて考察し，考えを伝達する活動ができるようになる機会にする。

(d)　実践の方法

　教科書の実験データを元に，分析を行うとともに考察する授業であるため，生徒一人ひとりが自力で分析・考察を行った上で，級友と確認し合いながら議論を深め，考えを推し進める機会を設けるようにする。したがって，自分の考えが他者に伝わるように，自らの考えをまとめたり発表することも意識化するように促す。なお，この授業では，高等学校化学及び数学Ⅲの教科書等を事前に用意しておく。

b.　授業の流れの概要

　本授業では，化学の教科書に掲載されている，過酸化水素のモル濃度と分解反応の速度を記録したデータの一部分を活用する［表 3-5-1］。そして，化学反応速度の定義に基づいてデータを分析することを通して，$y' = ky$ の微分方程式になることを導く。ほとんどの数学Ⅲの教科書では，この微分方程式は発展題材として扱っているので，本授

表 3-5-1　過酸化水素水のモル濃度と分解速度（（啓林館 2023）高等学校化学，p.130）

▼ 表1 過酸化水素のモル濃度と分解速度（20℃）

時間 [s]	発生した O_2 [mL]	① 分解した [mol]	② 分解した H_2O_2[mol]	③ $[H_2O_2]$ [mol/L]
0	0	0	0	0.95
60	25	1.0×10^{-3}	2.0×10^{-3}	0.75
120	45	1.8×10^{-3}	3.6×10^{-3}	0.59
180	59	2.4×10^{-3}	4.8×10^{-3}	0.47
240	71	2.9×10^{-3}	5.8×10^{-3}	0.37
300	81	3.3×10^{-3}	6.6×10^{-3}	0.29
360	88	3.6×10^{-3}	7.2×10^{-3}	0.23

業では，大学で化学を専攻する学生が学ぶ化学反応速度の学習内容を援用して計画した。

(a) 課題の提示

「少量の二酸化マンガン MnO_2 に，0.95 mol/L の過酸化水素 H_2O_2 水溶液を 10.0 mL 加え，20℃に保ちながら，その分解反応により発生した酸素を水上置換で捕集し，体積を 60 秒ごとに計測した。この時のデータを表 3-6-1 に示す。」として，化学の教科書のデータの一部を示しながら，実験場面を提示する。なお時間が許せば，演示実験か生徒実験を行うが，その場合は，授業時間は 50 分×5 回程度になる。

その上で，表 3-5-1 のデータを用いた分析・考察をすることを指示する。上記の化学実験の場面に示された単位（モル濃度）などがわからない生徒がいる場合も想定し，化学の教科書を利用しながら，それらの定義を再確認する。

(b) 問題の提示

問題1　時間の変化にともなって，発生した O_2，分解した H_2O_2 のモル濃度が変化しています。どのような変化をしているか，考えてみましょう。

問題2　問題1で調べた，時間の変化にともなって分解する，分解した H_2O_2 の変化の仕方が，なぜこのような変化をするのか，その理由を予想してみましょう。

問題3　反応速度は次のように定義されます。

$$反応速度 = \frac{溶質のモル濃度の変化量(mol/L)}{反応時間(s)}$$

そこで，表 3-5-1 を利用して，反応時間（Δt），と H_2O_2 のモル濃度の変化量（$\Delta[H_2O_2]$），$[H_2O_2]$ の平均モル濃度（m），H_2O_2 の分解の平均反応速度（v）を求めなさい。ただし，H_2O_2 のモル濃度の変化量（$\Delta[H_2O_2]$）は負の値になるので，$-\Delta[H_2O_2]$ として求めます。

問題1〜3を示し，問題1，2については各自の考えをまとめたり，予想するように促し，そのうえで，問題3に取り組むように指示する。また，問題3のために表 3-5-2 の数値部分が空欄になっている表をワークシートとして配布し，この表を完成するように指示する。そして問題1〜3までの作業を通して，生徒は表 3-5-2 の結果を得る。

問題4　完成した表 3-5-2 を見ると，平均モル濃度 m が変化するにつれて，分解の平均速度 v も変化しています。実験結果から導いたこの2変数の関係は，どのような関係と考えるのが妥当ですか。

生徒は各自が作成した表 3-5-2 の計算結果の正誤を級友と確認した上で，問題4に取り組むように指示する。なお，問題1〜4では，方眼紙を必要とする生徒がいることが想定される。その場合は適宜配布する。

第 3 章　学習指導論

表 3-5-2　H_2O_2 のモル濃度の変化量，平均モル濃度，分解の平均反応速度

時間 Δt (s)	$-\Delta[H_2O_2]$ (mol/L)	$[H_2O_2]$ の平均モル濃度 m (mol/L)	分解の平均反応速度 v (mol/L·s)
（0秒〜60秒）60	0.20	0.85	3.3×10^{-3}
（60秒〜120秒）60	0.16	0.67	2.7×10^{-3}
（120秒〜180秒）60	0.12	0.53	2.0×10^{-3}
（180秒〜240秒）60	0.10	0.42	1.7×10^{-3}
（240秒〜300秒）60	0.08	0.33	1.3×10^{-3}
（300秒〜360秒）60	0.06	0.26	1.0×10^{-3}

(c) 問題 1 から問題 4 までの補足

問題 1 は，関数の定義を理解していれば，文脈から独立変数が時間であることが読み取れるはずであるが，読み取れない生徒がいる場合は，独立変数と従属変数の意味を確認する。そして，時間と発生した O_2，時間と分解した H_2O_2 のモル濃度の，2 つの関数について考察するように指示していることを確認する。また，グラフに表してみることを促し，時間の変化にともなって発生した O_2 や，時間の変化に伴って分解した H_2O_2 のモル濃度が，それぞれ指数関数や対数関数のような曲線がかけそうであると，認識できるようにする。

問題 2 では，H_2O_2 の分解が始まった最初のうちは，O_2 を勢いよく生成するが，時間が進むにつれて分解できる H_2O_2 が減少し，少しずつしか分解しなくなるのだろう，という程度の理解でよいので，こうした予測ができることを期待する。生徒がこの予測を立てる上でも，問題 1 でグラフをかいてみることが大切になる。ただし最初から方眼紙を渡すのではなく，グラフをかきたくなった生徒の申し出を受けて配布するようにする。

問題 3 は，表 3-5-1 から，目的のデータを拾い出せることが大前提になる。わからない生徒がいる可能性もあるので，活動の様子を見て，周りと相談しながら解決していく方策をとってもよい。

問題 4 では，グラフ用紙に記入してみたいと，自ら考える生徒がいることを期待している。そうした反応が見られない場合は，教師から方眼紙を配布する。問題 4 では，生徒の活動として，次の 2 つの反応が大切になると考えている。第 1 には，データを基にしたプロットから，直線に回帰しそうだと気づくこと，第 2 には，原点

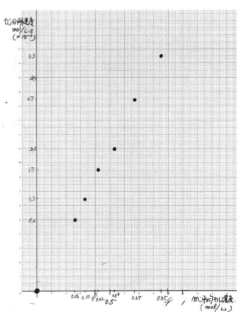

図 3-5-2　問題 4 で予想されるグラフ

付近の状況を解釈し，グラフは原点を通ると考えるのが適当ではないかと考察することである。しかしながら，生徒は原点付近の変化の様子まで指摘できない可能性もある。その場合は，「原点付近はどのような状況だろうか？」といった発問で，生徒の思考を促進する。なお，プロットした6点を利用して生徒が考察を重ねる中で，生徒がすぐに回帰直線をかきこむことも想定されるが，教師から実線や点線で回帰直線をひくことはひかえ，生徒の反応に任せる。また，問題4の考察を通して，生徒が分解の平均速度 v が [H_2O_2] の平均モル濃度 m に比例することを式に表してみようとするかどうか，観察する。ただし生徒の作業が進まない場合は，比例の式を想起させながら，独立変数と従属変数を確認した上で，$v = km$ と，具体的に立式するように促す。

(d) 微分方程式の解法

$v = km$ （kは比例定数）と表記できたら，次のような式変形を提示し，納得できるか確認する。この場面では，教師が導いていくことも想定している。特に式2から式3への変形では，数学Ⅱで学ぶ平均変化率を思い起こさせることが必要である（図3-5-3）。

$v = km$ ………… 式1

$\dfrac{\text{溶質のモル濃度の変化量(mol/L)}}{\text{反応時間(s)}} = km$ …… 式2

$\dfrac{\Delta m}{\Delta s} = km$ ……… 式3

$\dfrac{dm}{ds} = km$ ……… 式4

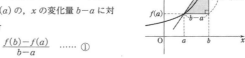

図 3-5-3 微分係数 （(数研出版 2023) 数学Ⅱ, 193）

また式4については，増分を用いて微分の考え方を確認し，Δs が限りなく0に近づく場合を考えていることを明確にできるようにする。必要に応じて数学の教科書を示す［図3-5-4］。

式4は数学Ⅲの発展問題に出ている微分方程式であることを伝え，教科書に掲載されている解法を確認するように促す。その後，各自で式4の微分方程式を解くように指示する。必要に応じて，置換積分法を確認する。

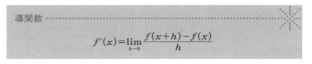

図 3-5-4 導関数 （(数研出版 2023) 数学Ⅱ, 198）

なお，中学・高等学校の数学の授業で扱う多くの変数が，x と y であらわされている。このため，m や s を変数としてとらえにくい生徒もいるので，変数と定数を明確にするように促す。

c. 留意点

本節で示した学習指導案に沿って行う授業実践を行う場合，数学科教員と化学教員が綿密な連携を図り，学習内容についての理解を的確に行った上で，実践する必要がある。この学習指導案は，教科「理数」の題材として示したが，数学Ⅲや化学の授業で活用することも可能である。

第 3 章　学習指導論

　なお，生徒が実験した結果を用いて，この授業を行った場合，生徒から「本当に原点を通るのだろうか」，「部分的に一次関数になると考えるのが妥当ではないか」といった発言も見込まれる。この場合は，実験結果の範囲で直線に回帰することが期待されそうだと議論されると良いだろう。

引用・参考文献

井本英夫他（2023）：高等学校化学，啓林館.

金児正史，早藤幸隆，後藤顕一，土田理（2021）：化学反応速度を数学と化学の視点から探究する指導の提案—教科書のデータから化学反応速度を微分方程式としてとらえる学習—，日本科学教育学会第 44 回年会（鹿児島大会）予稿集，169-172.

文部科学省（2018）：高等学校学習指導要領（平成 30 年告示）解説理数編.

文部科学省（2019）：理数探究」の充実と STEAM 教育について（令和元年（2019 年）9 月），Retrieved from https://www.mext.go.jp/b_menu/shingi/chukyo/chukyo3/004/siryo/__icsFiles/afieldfile/2019/09/11/1420968_8.pdf（2021.5）.

Nicolescu, B.（Ed.）（2008）: Transdisciplinarity Theory and Practice, Cresskill: Hampton.

坪井俊他（2023）：数学Ⅱ，数研出版.

坪井俊他（2023）：数学Ⅲ，数研出版.

佐伯明彦，金児正史，川上貴（2021）：数学教育の立場からの STEM 教師教育プログラム構想の提案—算数・数学教科書の教材から STEM 教材への再教材化を中核として—，日本科学教育学会第 6 回研究会研究報告，17-20.

Vasquez, J., Sneider, C., & Comer, M.（2013）: STEM lesson essentials, grades 3–8: Integrating science, technology, engineering, and mathematics, Portsmouth, Heinemann.

W. J. Moore（1974）：ムーア物理化学（上）（第 4 版），東京化学同人，331-332.

（金児正史）

6　剛体にはたらく力を題材とする小・中・高等学校での学習指導

6 剛体にはたらく力を題材とする小・中・高等学校での学習指導

(1) 剛体にはたらく力の学習指導のための教材研究

てこの原理や剛体にはたらく力のつりあい等の学習は，小学校6年理科，中学校3年理科，高等学校の物理基礎及び物理の授業で扱われる。また，モーメントを利用した反比例の教材として，中学校1年数学の題材にもなっている。これらの学習内容は，実験準備や作業が容易で，実験精度もそれほど悪くなく，学習者が理論と実験結果のつながりを実感しやすい利点がある。

ところで学習指導要領は，学習者の発達段階を意識して，各学校種や教科の枠組みで教育課程が示されているので，どうしても教科や学年の枠の中で教材研究することが一般的である。しかし同じ学習題材に関して，教員が協働して，学年や教科の枠を超えて探究する教材研究できるようになると，教員の教材の理解力が断然に深められるようになる。こうした考え方に基づいて，理科や物理と算数や数学を総合した，力の合成と分解の学習を，小学校6年，中学校2年，高等学校1，2年で実施した。本節で示す授業実践は2013年に実施したが，平成29年及び平成30年告示の学習指導要領のもとでも，十分参考になると考えている。本節では，理科と数学科を総合した，剛体に働く力のつりあいの授業概要と，授業実践における児童生徒の反応，及び，理科と数学科を総合する学習の重要性や必要性を示す。

剛体にはたらく3力のつりあいの学習指導案を作成するにあたり，この単元に関連する数学科の単元として，三角比とベクトルに着目した。また，高等学校の教育課程を調査した結果，物理の学習が数学よりも先行する傾向が非常に強いことから，この点にも配慮した学習指導案に工夫した。また主とした学習内容の取り扱いが，小・中学校の理科や物理基礎および物理なので，いずれの学校種での授業実践でも，理科の授業の中で，数学と関連を図る展開を意識した。

(2) 力のつりあいの学習指導案

a. 3力のつりあいの学習が未習の小・中学生に対する授業実践

3力のつりあいを初めて学ぶのは中学校3年である。しかし，学習者の生活経験に立ち返ると，小学校高学年であれば，体育大会の綱引きなどで，力がつりあう経験を持っている。そこで，学習指導要領では扱われていない学習内容であるが，小学校高学年でも十分取り組めると考えた。そこで，小学校6年と中学校2年を対象とする授業では，同じ学習指導案による授業（以下，本授業I）を実践した。なお，本授業Iの学習指導案の原案は筆者が作成し，その学習指導案の検討は授業実施校の小・中学校の教員と協働して行った。筆者が授業計画を作成した段階では，100分を想定していたが，実践授業の実践に時間的制約があったため，いずれの学年も1校時分で授業を実施した。本授業Iの学習指導案は表3-7-1に示す。

149

第 3 章　学習指導論

(a) 授業実践校

東京都公立小中一貫校（現・義務教育学校）

(b) 実施時期

小学校 6 年（28 人）2013 年 12 月 13 日　45 分

中学校 2 年（34 人）2013 年 12 月 16 日　50 分

(c) 本授業 I のねらい

3 力のつりあいについて，矢線で表す実験データを収集するとともに，3 つの矢線の関係に気づく。

表 3-6-1　本授業 I の学習指導案（小学校 6 年及び中学校 2 年）

主な学習活動	予想される生徒の反応
① 3 人の先生による綱引きの様子を見せ，つり合う様子を児童生徒に実感を促す。	・不思議な綱引きの様子に注目する。
② 3 方向に引き合う綱引きがつり合うとき，どのような力が働いているのか，ばねばかりを用いた実験結果を用いて調べることを伝える。	・児童生徒は本時の目標を知る。 ・作業手順を理解する。
③ 3 つのばねばかりを用いた実験手順を VTR で提示する。	・作業は難しいので何度も試す。　既に書かれている矢線をかき込む。
④ VTR の内容を再確認する。この実験では，1 方向は固定し，固定されたばねばかりの目盛りが 800 g 重になるように，他の 2 つのばねばかりで引っ張る実験であることを確認する。2 つのばねばかりのひく方向と目盛りを読み取り，100 g 重を 1 cm として，矢線を記入することも確認する。	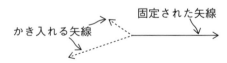
⑤ 実験用紙に記入した 3 つの矢線を見て，気づくことがないか，問いかける。	・なかなかばねばかりの方向と目盛りを固定できなかったり，目盛りを読み取れず何度も試行錯誤する。
⑥ 各班からの発表を促す。	・児童生徒は周りの級友と相談する。
⑦ 実験用紙に記入した 2 本の矢線が，平行四辺形の隣り合う 2 辺になることを伝える。	・実験用紙に記入した 2 本の矢線が，平行四辺形の隣り合う 2 辺になりそうだ，と気づく児童生徒がいる。
⑧ 今日の学びはこれまでの知識では説明しきれものの，この先の，中学校や高等学校の学習につながっていることを伝える。	・引っ張る 2 つのばねばかりの向きが違うと，引っ張る力もかわることに気づき，発言する。 ・中学校 2 年の授業では，矢線をベクトルと呼ぶことを伝える。

（注）力の単位を N（ニュートン）ではなく G 重を利用している。当時のばねばかりの単位にそろえた。

(d) 授業時の児童生徒の活動

　上記の学習指導案に沿って，小学校6年と中学校2年は，いずれも力の合成と分解の学習は未習のまま，本授業Ⅰを実施したが，ほぼ同様の反応が見られた。なお，ばねばかりを使った実験場面では，小学校6年の方がばねばかりの目盛りを丁寧に読み取ろうとしたり，主体的に考えている姿が目立った。

　本授業では，実験手順の説明は，自作のVTRを用いて行った［図3-6-1］。児童生徒は，実験手順のVTRを1回しか視聴しなかったが，的確に理解できていた。この実験では，固定した1方向のばねばかりの目盛りが800g重で一定になるように保ちながら，残りの2つのばねばかりを引っ張り，2力のばねばかりの向きと目盛りを読み取る必要がある。班員が実験手順を理解し，協力して何度も試行錯誤しながら，正確に実験しようする様子が，どの班でも見られた［図3-6-2］。また，3つの矢線がかき込まれた実験結果から，3力のつりあいの特徴を見いだそうとする，児童生徒の主体的な活動も多く見られた。なお，実験班は，小・中学校ともに10班編成で行った。

　学習時間が，小学校は45分，中学校は50分だったにもかかわらず，実験記録用紙に平行四辺形をかき，3つの矢線の関係に着眼する班が，小・中学校とも10班中2，3班あった［図3-6-3］。これらの班の発表を全員で聞き，多くの児童生徒が，発表した班員の気づきを理解するとともに，驚きの歓声を上げていた。

図3-6-1　ばねばかりの実験

図3-6-2　ばねばかりの実験

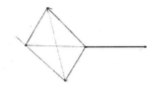

図3-6-3　実験用紙への記録とデータの分析

(e) 授業後の児童生徒の感想

　授業後の感想には，小学校6年は多様な質問や興味をもった反応が見られた。例えば「なぜ違う力で引っ張るのにつり合っているのか。」「なぜつり合うのか知りたい。」「引っ張るのが4本，5本にしても同じようなことが起こるのか興味を持った。」「これから学習する勉強がおもしろそうだ。」「（矢線を）かき込んだりしたら見えることがすごいと思った。（括弧内は筆者加筆）」「実験する前に，実験結果が予測できるのかどうか。」といった記述である。また，中学校2年はこれからの学びに興味をもつ反応が多く，「ベクトルの加法に興味を持った。他にもベクトルを使用したものがないか知りたくなった。」「他にどんなものがあるか知りたい。」といった記述が見られた。

　1校時分だけの実験と考察の授業だったが，3力のつりあいを3つの矢線に置き換えて，その特徴を捉えようとする学習の中で，児童生徒は多くの興味・関心や新たな疑問を見つけ出す様子が見られた。授業者や授業参観者は，学習者が自ら行う実験の重要性を，改めて実感させられた授業になった。

第 3 章　学習指導論

b. ３力のつりあいの高等学校での授業実践

　３力のつりあいの学習は，中学校３年理科，高等学校の物理基礎，及び物理で学習する。表3-6-2に示す学習指導案は，高校に入学して間もない高校１年を対象とした。この学習指導案による授業の対象者は，中学校３年理科で力の合成を既習した生徒なので，この学習指導案による授業（以下，本授業II）は物理基礎や物理での授業として想定した。また，数学で学習するベクトル（数学II）や三角比（数学I）が未習段階であることを前提に，これらの知識を本授業IIに組み込んで指導するように計画した。３力のつりあいの学習内容に関連する，数学の学習内容が必要とされる場面で，併せて指導することで，矢線や力の合成・分解の理解を深め，理科と数学の関連を意識して，数学の有用性を実感できるようにしたかったからである。なお，本授業IIの対象者が高等学校２年の場合，生徒は三角比を既習し，ベクトルは未習である。すでに三角比を学習しているのであるが，授業展開は，高等学校１年と大きな差異はないと授業者が判断したため，同じ学習指導案による授業を実施した。また本授業IIの学習指導案の原案は筆者が作成し，学習指導案の検討は授業実施校の物理の教員と行った。

（a）授業実践校

　徳島県公立高等学校

（b）実施時期

　高等学校１年（41人）2014年5月22，26日　100分

　高等学校２年（39人）2014年5月22，26日　100分

（c）本授業IIのねらい

　重さ（力）と質量の理解，合力がゼロになることや座標軸に力を分解する考え方について，理解を深めるとともに，三角比を用いて力の成分を表すよさを実感する。

表 3-6-2　本授業IIの学習指導案概要（高等学校）

主な学習活動	予想される生徒の反応
〈1 校時目〉 ①３つのばねばかりを用いた実験を行うことを生徒に伝え，４人グループの班を編成する。 ②中学校３年の既習事項として，力のつりあいを復習する。また，１N（ニュートン）は100gの物体にかかる重力とほぼ同じ大きさであること，本時では力の単位としてNを用いることを伝える。 ③力は，有向線分を用いて，向きと大きさを表していくことを確認する。数学の知識として，ベクトルは向きと大きさがあること，同じ向きと大きさならば，ベクトルは等しいと考えることも指導する。 ④３つのばねばかりを用いた実験手順をVTRで提示［図3-7-1］する。	・実験の目的を理解する。 ・中学校で学習した，力の合成・分解の既習事項を思い出す。 ・実験手順を理解して実験に取りかかる。

⑤実験手順に従って，３力がつりあうときの力の向きと力の大きさを測定し始める。生徒は測定結果を実験用紙に矢線で記入する。 ⑥各班で測定した測定結果から導かれる特徴を班でまとめ，発表するように促す。 ⑦３力を座標軸の方向に分解する作業を示したVTRを視聴し，作業手順を確認する。 ⑧班で作成した記録用紙のコピーを渡し，自宅で次の２つの探究課題に取り組むように指示する。 　探究課題1)　記録用紙のコピーに任意の直交座標を記入し，３力をそれぞれの座標軸の成分に分解する。 　探究課題2)　３力をx成分とy成分に分解した後，それぞれの成分ごとに，成り立つ関係を考える。	・力の合成・分解の既習事項から，実験結果を予想する。 ・中学校での学んだ通りの実験結果を得る。 ・宿題の内容を理解する。
〈2校時目〉 ⑨1校時目に提示した２つの探究課題について，班ごとに自分の考えを発表しあうように指示する。 ⑩話し合った結果を発表するように指示する。 ⑪考察の結果，各成分に分解しても，成分ごとの合力がゼロになること，この事実は，座標軸のとり方に依存しないことを確認する。 ⑫原点を始点とする力と直交座標軸がなす角を求める手順を示したVTRを視聴して確認する。 ⑬正弦と余弦を定義し，角度θが等しければ，どんな直角三角形でも相似になり，$\cos\theta$等の値は常に等しくなることを指導する。また，着目した直角三角形から$\cos\theta$を計算すれば，θのおよその角度が三角比の表を用いて求められることも指導する。 ⑭座標軸が記入されたワークシートを配布し，原点に任意のベクトルを記入させる。次にx軸となす角をθとし，$\cos\theta$等の値を求め，三角比の表からθの角度を求める作業を行うように指示する。 ⑮三角比の表からθの値を求めた後，分度器でもθの角度を測り，三角比の表から求めた角度と一致することを確認する。 ⑯三角比は物理でも重要で，今後も活用することを伝える。また高等学校１年生には，２学期に数学Ⅰで三角比を学習することを予告する。	・力を分解した様子を発表し合う。 ・座標軸の取り方に依存しないで，合力がゼロになることに驚く生徒がいる。 ・既習の生徒も三角比や，三角比の表について再確認する。 ・三角比の表で角度を求められることを知る。 ・三角比の表で求めた角度と一致することに驚く生徒がいる。 ・高等学校２年には，数学Ⅰの教科書で復習しておくように伝える。

(d) 授業時の生徒の活動

　本授業Ⅱでは，高等学校１年と２年のいずれの授業も活発な活動が見られた。両学年における学習内容の理解や生徒反応には，大きな差異がなかった。本節では，ベクトルや三角比が未習の高等学校１年の活動の様子を示す。

　本授業Ⅱの導入時に，３力のつりあいについてどのような結果が導かれるか，生徒に予測するように促したところ，ほとんどの班が，３力のうち，２力の合力が残りの１つの力の逆ベクトルになること，２力を表すベクトルを２辺とする，平行四辺形の対角線の端点と，残りの１つの力の終点が点対称になることを指摘した。もちろんベクトルの概念はこれまでの生活経験の範囲にとどまり，その用語も知らないので，図示しながらの説明であったが，中学校３年の学習内容が定着していて，明確な知識になっていることが窺えた。本授業Ⅱでも，本授業Ⅰで利用したVTRによって実験手順を提示したが，本授業Ⅰの児童生徒の反応と同様に，動画による実験手順がわかりやすかったようで，実験手順を理解できない生徒は皆無だった。なお実験にあたっては，作業の難しさに苦労しながらも，できるだけ丁寧なデータを取り出そうとする様子が，各班で見られた。

第3章　学習指導論

　生徒の実験が終了後，各班が実験結果を記録した実験用紙を，参観した複数の教員が協力して職員室でコピーして，できるだけ早く班員全員に配布するように手配した。その上で，2つの探究課題の意図を理解するために，直交座標を記入する手順を示したVTRも視聴した。生徒がこの手順を理解したことを確認したのちに，教員が手分けしてコピーした各班の実験用紙に，生徒は任意に直交座標を記入して，3力をx成分とy成分に分解する作業をするように指示するとともに，次の時間の宿題とした。すぐに，直交座標の記入の仕方にどんな工夫ができるのか，考え始める生徒も見受けられた。

　2校時目までに4日間空いたが，ほとんどの生徒が宿題を持参してきた。彼らは図3-6-4のような直交座標を自分なりに記入し，3力をx成分とy成分に，丁寧に分解していた。

　2校時目の導入時に，生徒たちが取り組んだ2つの探究課題の結果を，班の中で紹介し合う機会を設けた。そこでは，生徒は実験用紙にかき込んだ直交座標が，生徒によって多様であることを確認した。そして，各自のワークシートで3力をx成分とy成分に分解した力に，何か特徴を見いだしたかどうかも，確認し合うように促した。生徒は，ほぼ直観的に，それぞれの軸に分解された3力の合力はゼロになると気づいた。その上で，x成分とy成分に分解した成分の長さを測りながら，x成分やy成分ごとに分解された3つの有向線分の合力が，いずれもゼロになることを，実験結果から確認した。また，宿題で作業してきた，実験用紙にかき込んである自分の作業結果とも照らして納得していた（図3-7-4）。この議論の過程で，多くの生徒が，座標軸のとり方に依存しないで，それぞれの成分の合力がゼロになる事実に驚いていた。なお，数名の生徒が座標軸のとり方を工夫し，3力のうちの1力を，x軸またはy軸と重ねたり，平行にとって，合力を考えやすくしたアイデアを発表した。この考えを聞いた他の生徒はその工夫に驚き，直交座標の取り方に依存せずに効率がよい選び方が可能だと気づいていた。

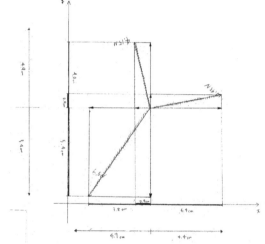

図 3-6-4　3力のx成分とy成分の考察

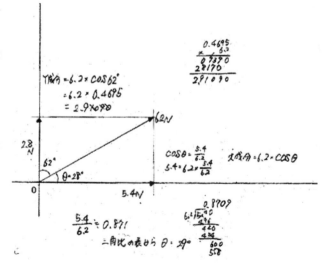

図 3-6-5　x軸となす角を求める活動

2つの探究課題を題材にした活動後に，生徒には新たな課題を与えた。任意の1力の始点を直交座標の原点に重ねてとり，これをx成分とy成分に分解したとき，この1力と軸がなす角の大きさを，三角比の表を用いて求める課題である。この学習は高等学校1年には初発の学習内容だったので，正弦と余弦の定義，及び三角比の表の利用方法を指導してからこの課題に取り組むように指示した。生徒は的確に作業し，正弦または余弦の計算を行った［図3-7-5］。そして，軸となす角の大きさを三角比の表から求めるとともに，分度器でも，その角の大きさを測定して，計算結果と比較した。三角比の表から得られた角の大きさと，分度器で測定した角の大きさが一致することに，生徒がみな驚いて歓声を上げていた。こうした反応は，高等学校2年でも同様に見られた。高等学校2年では三角比をすでに学んで，物理でも三角比は利用しつつあるのに，生徒が驚いている様子に，授業者や参観者の方が驚かされた。三角比の考え方の理解が不十分あるいは数学の範囲にとどまっている知識になっていたり，数学で学んだ三角比の知識が他の場面で活用できる知識になっていないことを示す反応とも捉えられるからである。物理や数学で，三角比の指導を行う際に，改めて三角比の意味も考えさせるような指導の必要性を感じさせられた。

(e) 授業後の生徒の感想

　本授業IIの感想を，生徒に自由記述して回答してもらった。ほとんどの生徒が回答し，驚くほど多様な意見が記述されていた。しかも記述内容は，高等学校1年，2年で，ほぼ共通していた。こうした回答は，強い興味・関心の喚起，物理と数学が関連していることへの驚き，実験することのよさや重要性，の3点に集約することができた。以下に，具体的な生徒の記述を示す。

・日常生活にひそむ自然現象に対する，強い興味・関心が喚起されたこと

　「日常生活では，知らないうちに数式に表されるような現象がたくさん起こっているのだと思った。」「結果だけ出して終わりではなく，考察して自分の言葉で説明することが大切だと思った。」「三角比の表はどのようにして作られたか気になった。」「自然法則を，数式を使って適切に表せることがわかったので，力のつりあい以外，自然現象でも数式での表し方を学習したい。」などである。本授業IIは100分の授業だったが，小中学生と同様，学習者が実験を体験することによって，生徒が，新たな問いを見いだしていることがわかる記述である。

・物理と数学の関連に驚いたこと

　「物理の数式についてあまり考えたことはなかったが，こんなこと（角の大きさ）も計算で表せるのだと驚いた（括弧内は筆者加筆）。」「数学との関わりが大変強く，しっかりと理解した上で使う必要があると思いました。」「自然のことを数式で表せることについて理解できた。」「数式は答えを求めるだけでなく，説明に用いることができるのだと思った。」「数字（数）を使ってやってみると詳しくわかって数式の意味がわかりました（括弧内は筆者加筆）。」などである。理科と数学科の関連に気づいたこと，教科間の繋がりを感じながら学ぶ必要性を感じたこと，数式の意味を考えながら利用できるようになりたいという，生徒の思いが窺える。今後の学習に，生徒が幅広い視点を持って取り組んでいく可能性が感じられる記述である。

第 3 章　学習指導論

・実験するよさや重要性の指摘

　「誤差はあるものの，教科書に書かれていることが正しいと，身をもって実感できました。」「実験をして，自分の目で確かめられてよかったです。」「誤差が出てしまうのは仕方がない。」「教科書より，自ら実験する方が理解できた。」「実際に自分で実験するのが大切だと思った。」「実験することで意味を考えられるようになった。」などである。生徒の感想には，誤差に着目している感想が多い。生徒が，実験時の誤差を見込んで，物理や数学の性質を読み取っていることが窺える。なお，これまでの学習で経験した実験のしかたを生徒に質問したところ，中学校や高等学校の理科では，ほとんどが演示実験で，生徒による実験の経験が非常に少ないことが明らかになった。実験によって生徒の思考を深めたり推し進める大きなきっかけになることを踏まえると，意識的に実験を組み込んだ学習指導を模索する必要があることがわかった。

（3）2 つの本授業の実践に共通する理科と数学の総合の意義と課題

　理科と数学を総合する本授業Ⅰ及び本授業Ⅱの実践結果から，実験を体験する重要性のほかに，理科や数学の授業の中で定義や公式の意味を考える機会を設ける大切さが窺えた。その一方で，教科の枠を超えた教育の難しさも見えてきた。

・実験を実体験する重要性

　本授業Ⅱの学習指導案の検討で高等学校物理の教員と議論した際に，高等学校では物理の実験を生徒が行う時間の確保が大変難しいことを聞かされた。物理科教員らは，実験の重要性を痛いほど理解しているのであるが，授業の進度が遅れることになりかねず，二の足を踏む傾向にあるという。こうした傾向は高等学校に限らず，中学校，小学校でも見られることが明らかになった。児童生徒は，実験の計画を見て，見通しを持って作業をしながら，工夫して，高い精度の実験結果を，できれば効率よく得たいと考えるようになっていくことも見て取れた。実験を通して得られる学習経験は，教科書の内容の理解を促進すると考えられる。学習者にとって実験を経験することが重要であることを，教師は改めて心にとめる必要がある。

・数学と理科を総合する意義

　本授業Ⅱでは，高校生が物理の授業の中で，三角比の意味を理解していく場面が見られたが，本来は数学の授業でも学習している内容である。数学で学習した三角比の内容が，具体的な活用場面を想起することなく，定義のまま生徒が理解していくことで，活用できない三角比の知識になっている可能性が窺える。本授業Ⅱで，三角比の表がどのようにつくられたのか関心を持った生徒がいたが，三角比の不思議さを実感し，相似な直角三角形であればいつでも同じ値をとることの理解も深まったことなどが窺える。児童生徒の，本来の知的好奇心を刺激し続ける指導の 1 つの切り込み方として，理科と数学を総合することが有効であるといえるだろう。ただ，高等学校 2 年生の授業から，数学で学んだ三角比の知識が，物理で学習転移できないことも露呈した。多様に活用できる児童生徒の知識の質を高めていくことが重要である。

・教科の枠を超えた指導の難しさ

小学校は，小学校教諭が全科を指導することが多く，教科を総合した指導を行う上で大きな障壁はないのだが，中学校と高等学校では，教科科目の枠を超えることはなかなか難しい。現行の教員免許法を考えれば，長年培われてきている教科科目にはそれぞれの文化もあって，その違いを他教科の教員同士が知らないままでいるのは当然のことでもある。この感覚は，生徒にも厳然として存在していることが，高校2年の感想から明らかである。しかし，生徒を取り巻く現実の事象に目を向ければ，教科の枠で閉じて議論するだけでは打破できない場面があることも事実である。理数探究が実施されている高等学校では，今後は理科と数学を総合することで，教材や学習単元を見直し，理科と数学の教員が協働して教材開発の議論を行うことは，大いに求められるところである。時間的な制約，教員の業務もにらみながら，可能な限り対応していくことが望まれるだろう。

引用・参考文献

金児正史（2014）：数学と理科を総合した授業の実際と授業分析，日本科学教育学会年会論文集38，381-382.

金児正史（2015）：数学と理科の教科内容のずれを解消するための指導の研究，日本科学教育学会年会論文集39，292-293.

金児正史（2016）：数学の学習内容を意識して指導する物理基礎の事例研究—三角比やベクトルの指導を組み込んだ物体にはたらく力のつりあいの学習—，日本科学教育学会年会論文集40，135-138.

金児正史（2017）：数学の学習内容を加味する物理と物理の学習内容を加味する数学の授業—三角関数の指導と等速円運動の学習を意識した数学Ⅱと物理の指導実践—，日本科学教育学会年会論文集41，135-138.

金児正史，安原誠，矢田耕資，吉田晃弘，笠江由美，西條武志（2018）：理科と数学科を総合する学習指導の事例分析と考察，鳴門教育大学授業実践研究17，137-144.

國友正和他（2013）：物理，数研出版，56-57.

國友正和他（2013）：物理基礎，数研出版，9,45.

森一夫（1993）：最新の理科教育，学文社，71-79.

大島利雄他（2013）：数学Ⅰ，数研出版，120-122.

大島利雄他（2013）：数学B，数研出版，6-7.

大島利雄他（2013）：数学Ⅱ，数研出版，114.

（金児正史）

第3章　学習指導論

7 理数教育における教材論・評価論

（1）教材（研究）とは何か？

　往々にして，国や地域が異なれば，用いられる言葉も異なる。学校教育の文脈に照らして言えば，「教材」や「評価」もその1つと言えるのかもしれない。学校教育に携わっている教師は日頃から「教材」や「評価」という言葉を使っている。しかし，それらの意味は実は明示的には教示ないしは定義されていないのではないだろうか。現に，「教材」や「教材研究」に該当する用語は海外には存在せず[1]，また「評価」と訳される英単語は数多く存在する。そこで，本節では「教材」や「評価」の意味を再考し，理数教育の充実への方途を探る。

　そもそも，教材とはどのようなものなのであろうか。それは，教育の目的を文化の伝承と考えるのか，それとも学習者個々人の経験の再構成と考えるのかによって大きく分かれる（小笠原，2013a）。そして，前者であれば文化内容そのものが，後者であれば実際的な問題解決の経験や探求それ自体が教材となる。そのような見解の違いは，教えるべき内容があり，それに基づく教材が明確に「ある」のか，それとも教師や生徒の解釈の過程を経て教材と「なる」のかといった、教材の「ある・なる論争」へと繋がった。このような「教材があるのか」「教材になるのか」といった，教材に対する二項対立的な捉え方を小笠原（2013b）は真っ向から否定している。小笠原（2013b）は，教材とは何かの内容と学習者との認識とを関係づける関係概念であることを述べた上で，次のように結論づけている。

> 学習者の解釈において，何かの内容が教材に「なる」というのは，一人ひとりにおいて，より適切で主体的な意味を獲得するための不可欠の要素となる。もちろんそこに，教師が適切に介在しなくてはならないことは言うまでもない。何かの文化内容が教材に「なる」とは，学習者一人ひとりが自分の先行認識とすり合わせ，その内容の主体的な意味を獲得することに他ならない。したがって「教材」は，原理的には一人ひとり違ったものとなる。だがそれは，私秘的に主観的になることを意味しない。なぜなら，それは言語を用いて一定の社会的文脈と教師の適切な介在の場において生起するからである。「教材」とは，一人ひとりが，何かの内容を自分なりの認識にする，そうした行為の別名である。すなわち個々の学習者が何らかの文化内容に触れて自分なりの認識を形成する，そうした行為を導く働きをする，つまり内容と学習者とを関係づける概念なのである。（小笠原，2013b：23）

　小笠原（2013b）が言及したような教材の捉えは，教師の視点だけでなく，学習者の視点も重要視したものであると捉えることができる。また，ここでの教材は，具体物やICTなどといった道具だけでなく，児童・生徒に提示する問題などといった指導内容も含んでいることに留意する必要がある。

　その中でも，教材に対する積極的な関わりを，我々は教材研究と呼んでいる。宮本（2013）は「当該の教育目標を達成するために，何かの内容と学習者の認識を『教材』という概念で適切に関係づけよう

とする教師の営為」を教材研究であるとしている。このような言及から，教材研究は，教師による内容と学習者との積極的な関係づけと解釈することができる。それでは，教材研究を行うにあたって，考慮されるべき事柄は何であろうか。これについて，Watanabe, Takahashi and Yoshida（2008）は，数学教育における教材研究の過程として，「教育課程の範囲と系列の理解」「数学の理解」「子どもによる数学の理解」「考えられうる問題，活動，具体物の検討」の4つを挙げており，これらの往還を経て，指導計画を立てる一連の過程こそが教材研究であるということを示している。

「教材研究」というと，「教師による教科内容の理解」や「児童・生徒の反応（誤答も含む）の想定」などが想起されるであろうが，宮本（2013）やWatanabe et al.（2008）が示しているように，教材研究の実施にあたっては上記の2つだけでなく，教育目標との関連を念頭に置くことが重要である。教材研究の一連の過程において教育目標を位置づけるにあたっては大きく2つの方法がある。1つは教育の目標や内容を定めたのちに適切な教材を選択する方法，そしてもう1つは教材の教育的価値などの分析の後に教育目標とのすり合わせを行う方法である（花園，2019）。とりわけ理数教育にあたっては，その目標は学習指導要領では位置づけられているものの，それに対応する教材が何であるかは混迷している状況とも言えよう。それ故，題材を見出し，その題材から教育的価値を析出させ，教育目標を見出すことが理数教育における教材研究として求められる。

また，教材研究は「授業の前に行われるもの」というイメージもあるかもしれないが，実際にはそれだけにとどまるものではない。影山（2014）は，教材研究は授業前に位置づけられるだけでなく，授業中であればリアルタイムに，授業後であれば授業で起こった事実に基づいて反省し，次の授業に生かす形で行われるものであることを指摘した上で，教材研究を「指導内容の主題を知り，また指導内容を授業として具体化することを目指した，実践のための理論を構築する活動である」と規定している。このように，教材研究を授業の前・中・後で行うことは，教材の改善に寄与するものであるととともに，教師の職能開発にもつながるものである。教師の職能開発に関しては，第4章にて詳述する。

（2）評価とは何か？

学校現場にて勤務している教師は，教育活動の一環として評価を行っている。しかし，ここでいう「評価」とはどのような意味を指しているのだろうか。おそらく最も典型的なイメージは，「定期考査」や「通知表」などといった，「学期末に教師が生徒を評価する」といったものだろう。確かにこれも評価ではあるが，あくまで評価の一側面にすぎない。それでは，それ以外にはどのような意味が「評価」という言葉に含まれているのだろうか。次に，本項では評価について概説する。

a．用語「評価」の意味：Assessment と Evaluation

本節の冒頭で触れたように，「評価」にあたる英単語は数多く存在する。その中でも特に，Assessment と Evaluation の違いを明確にしておくことが必要であると考えられる。NCTM（1995）によればAssessment は「児童・生徒についての情報を収集・集約すること」であり，Evaluation は「試験・調査や判断に基づいて，価値を同定すること」である。日本では Assessment が「評価を行うための下準

第 3 章　学習指導論

備」と見なされることが多く，Evaluation まで行わなくては「評価」として不完全とされることもある。しかし，これからの評価では，Assessment としての評価の必要性・重要性・有用性を念頭に置き，「児童・生徒が持つ知識，技能，態度についての事実・証拠を収集し，目的に応じてそこから何らかの推論を行うこと」も一つの評価と捉えることが重要である (cf. 二宮, 2015)。

b. 診断的評価・形成的評価・総括的評価：指導と評価の一体化のために

　それでは，なぜ Assessment が重要視されるべきなのだろうか。それは極言すれば，生徒の学習や教師の指導の改善に生かす，すなわち，指導と評価の一体化を図るためと言っていいだろう。この点に関して，中央教育審議会 (2016) は次のように述べている。

> 学習評価は，学校における教育活動に関し，子供たちの学習状況を評価するものである。<u>「子供たちにどういった力が身に付いたか」</u>という学習の成果を的確に捉え，<u>教員が指導の改善を図るとともに，子供たち自身が自らの学びを振り返って次の学びに向かうことができるようにするためには</u>，この学習評価の在り方が極めて重要であり，教育課程や学習・指導方法の改善と一貫性を持った形で改善を進めることが求められる。(中央教育審議会, 2016：60, 傍線筆者)

　そして，このような視点に立った Assessment の一例として，診断的評価・形成的評価・総括的評価が挙げられる。岡田・橋本 (2001) によれば，診断的評価は「学年や学期の初めや単元の初めなど，指導を始める直前に行われる評価」，形成的評価は「指導の途中で，学習が順調に進んでいるかどうかを把握するために行われる評価」，そして総括的評価は「一定期間にわたる指導が終わった段階で行われる評価」のことを指している。

　指導と評価の一体化を図る上で，特に重要となるのが形成的評価である。岡田・橋本 (2001) は形成的評価の基本的機能として，「生徒が一定の達成基準に達したかどうかを把握し，フィードバックする機能」を挙げている。なお，ここでは，「生徒へのフィードバック」と「教師へのフィードバック」の2つがある。前者は「学習の状況に応じた適切な指導・支援」を，後者は「生徒の実際に応じて教師が適宜対応できるように，必要な情報を提供すること」を指している (二宮, 2015)。それでは，これらのフィードバックは実際にどのようにして運用されるべきなのだろうか。岡田・橋本 (2001) は数学教育の立場から，「指導目標の明確化」「指導計画の立案とその実施」「目標達成状況の評価」「評価に基づく指導の修正や改善」といったように，①目標，②計画・指導，③評価の3つの要素を，互いに有機的に関連させることが重要であることを指摘している。また，岡田・橋本 (2001) は，この3つの要素の関連づけを具体的に次のように述べている。

> このような（目標, 計画・指導, 評価の三者の相互関係を重視する）立場から学習指導における評価の役割をとらえると，所期の指導の成果や生徒の実態等をより正しく知り，それを学習指導にフィードバックする，ということがより重要となってくる。評価によるフィードバック（原文ママ）情報とその吟味が

なければ，指導の修正や改善はできないし，仮にこのような情報なしに指導の修正が行われたとすれば，それは生徒の実態を無視した一方通行の指導に陥ってしまうであろう。一方通行的な指導に終始することなく，指導によって生徒がどのように進歩したか，どこまで目標に到達し，どこに躓いているかなどについての確かな手掛かりを教師に送り返すという工夫，すなわち評価情報のフィードバックを大切にすることが，指導と評価の双方向的な結び付きをより一層強めることになる。（岡田・橋本，2001：70，括弧内筆者）

　このように，指導と評価の一体化を図るにあたって，教師は形成的評価を行うことで，生徒へ適切な指導や支援をするとともに，生徒の学習状況に応じて指導の修正や改善を行うことが求められているということができる。さらには，形成的評価が総括的評価に影響を与えたり，ある時点での総括的評価は次学年・次学期・次単元の診断的評価とも位置づけられたりするなど，診断的評価・形成的評価・総括的評価は互いに関連し合っているものである。指導と評価はいわばコインの裏表の関係にあるものであり，両者を有機的に関連づけるという視点が教師に求められる。

（3）目標に準拠した評価

a. 学習指導要領における目標：資質・能力の育成

　本節ではこれまで教材論や評価論について概観してきた。しかし，これまでの議論は教科固有のものではなく，学校教育全般での議論であった。そこで，理数教育固有の議論を成立させるためには，教育目標との関連を踏まえる必要があるだろう。評価を行うにしても何がしかの目標を達成できているか否かを判断するために評価を行うのであり，また教材に関しても当該の目標を達成できていたかでもってその価値が論じられる。そして，往々にして，教育目標は国定カリキュラムにおいてしばしば明言化される。そこで，学習指導要領における目標として掲げられている，資質・能力の育成について概観する。

　児童・生徒に身につけさせるべき力として，学習指導要領では「資質・能力」が位置づいている。そこでは，各教科等の目標及び内容が，育成を目指す資質・能力の三つの柱（「知識及び技能」「思考力，判断力，表現力等」「学びに向かう力，人間性等」）に沿って再整理され，各教科等でどのような資質・能力の育成を目指すのかが明確化された。また，その再整理を踏まえて，観点別学習状況の評価（以下，観点別評価と略記）については，小・中・高等学校の各教科等を通じて，「知識・技能」「思考・判断・表現」「主体的に学習に取り組む態度」の3観点に整理された［図3-7-1 参照］。

第3章　学習指導論

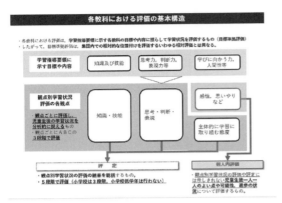

図3-7-1　各教科における評価の基本構造（中央教育審議会初等中等教育分科会教育課程部会, 2019：6）

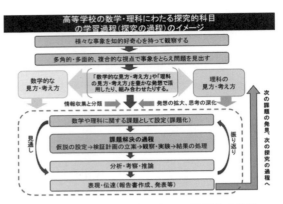

図3-7-2　資質・能力を育むために重視する数学・理科にわたる学習過程のイメージ（文部科学省, 2019：14）

また，高等学校における教科「理数」では，以下の図3-7-3のように教科の目標が設定されている。なお，(1)は育成を目指す資質・能力のうち「知識及び技能」を，(2)は「思考力，判断力，表現力等」を，(3)は「学びに向かう力，人間性等」をそれぞれ示している。さらに，図3-7-2では，高等学校の数学・理科にわたる探究的科目の学習過程のイメージが示されている。

　様々な事象に関わり，数学的な見方・考え方や理科の見方・考え方を組み合わせるなどして働かせ，探究の過程を通して，課題を解決するために必要な資質・能力を次のとおり育成することを目指す。
(1) 対象とする事象について探究するために必要な知識及び技能を身に付けるようにする。
(2) 多角的，複合的に事象を捉え，数学や理科などに関する課題を設定して探究し，課題を解決する力を養うとともに創造的な力を高める。
(3) 様々な事象や課題に向き合い，粘り強く考え行動し，課題の解決や新たな価値の創造に向けて積極的に挑戦しようとする態度，探究の過程を振り返って評価・改善しようとする態度及び倫理的な態度を養う。

図3-7-3　教科「理数」の目標（文部科学省, 2018：196）

b. 観点別評価の方法

　上記に示したような教科の目標に照らした観点別評価は，学習指導要領に定める目標に準拠した評価として実施されるものである。それでは，各観点はどのように評価すればよいのだろうか。

　まず，「知識・技能」の評価は，ペーパーテストを用いることが最も一般的である。その際，事実的な知識の習得を問う問題と，知識の概念的な理解を問う問題とのバランスに配慮するなどの工夫改善を図るとともに，例えば，児童生徒が文章による説明をしたり，各教科等の内容の特質に応じて，観察・実験をしたり，式やグラフで表現したりするなど実際に知識や技能を用いる場面を設けるなど，多様な

方法を適切に取り入れていくことが求められる（中央教育審議会初等中等教育分科会教育課程部会，2019）。

次に，「思考・判断・表現」の評価は，各教科等の知識及び技能を活用して課題を解決する等のために必要な思考力，判断力，表現力等を身に付けているかどうかを評価するものである。そのため，具体的な評価方法としては，ペーパーテストのみならず，論述やレポートの作成，発表，グループでの話合い，作品の制作や表現等の多様な活動を取り入れたり，それらを集めたポートフォリオを活用したりするなど評価方法を工夫することが考えられる。

そして，「主体的に学習に取り組む態度」の評価[2]に際しては，①「知識及び技能を獲得したり，思考力，判断力，表現力等を身に付けたりすることに向けた粘り強い取組を行おうとする側面」と，②「①の粘り強い取組を行う中で，自らの学習を調整しようとする側面」という2つの側面を評価することが求められている。

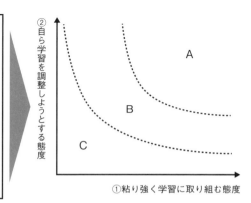

図3-7-4　「主体的に学習に取り組む態度」の評価のイメージ
（中央教育審議会初等中等教育分科会教育課程部会，2019：12）

また，「主体的に学習に取り組む態度」の具体的な評価の方法としては，ノートやレポート等における記述，授業中の発言，教師による行動観察や，児童生徒による自己評価や相互評価等の状況を教師が評価を行う際に考慮する材料の1つとして用いることなどが考えられる。その際，「知識・技能」や「思考・判断・表現」の観点の状況を踏まえた上で，評価を行う必要があり，他の観点から切り離して「主体的に学習に取り組む態度」を評価することは適切ではないという点に留意する必要がある。

（4）パフォーマンス評価

理数教育，特に教科「理数」では，探究活動の過程の中で「知識及び技能」「思考力，判断力，表現力等」「学びに向かう力，人間性等」といった資質・能力を働かせる。これらは互いに独立したものではなく，互いに関連し合っているものである。そのような一連の探究活動を評価するにはどうすればよいのだろうか。ここでは，様々な知識やスキルを使いこなすことを求めるような評価方法であるパフォーマンス評価に触れていく。特に，パフォーマンス評価を行うにあたって，必要不可欠なものがパフォーマンス課題である。パフォーマンス課題とは「生徒に現実の世界からの挑戦や問題を模した課

第3章　学習指導論

題」（ハート，2012）のことを指す。このような課題は，実生活や学際的な課題を反映しているという意味において，真正性（authenticity）を有しているものである。

　また，パフォーマンス評価を行うにあたっては，その指標となるルーブリックを作成する必要がある。ルーブリック（rubric）とは，「成功の度合いを示す3〜5段階程度の数値的な尺度と，それぞれの尺度に見られる認識や行為の質的特徴を示した記述語から成る評価基準表」（阿部・早田・石井，2019）である。平易に言えば，「何を測るか」という質的な側面（評価規準）と「どのように測るか」という量的な側面（評価基準）を組み合わせることによって作成される評価の指標ということができる。

　それでは，パフォーマンス評価を実施するにあたって，どのようにしてパフォーマンス課題やルーブリックを作成すればよいのだろうか。まず，パフォーマンス課題の作成にあたっては，原理や一般化を志向するような「本質的な問い」と単元を通して目指されるべき「永続的理解」を明確にすることが肝要である（ウィギンズ＆マクタイ，2012）。また，理数教育においては図3-7-2の学習過程を念頭に置き，それに準拠する形で作成することが望ましいと考えられる。また，図3-7-2は図3-7-3を踏まえて作成されていることに鑑みると，教科「理数」の目標に準拠したパフォーマンス課題を作成するということにもなり，それは本節第1項で言及した教材論とも関連してくるものである。

　以上を踏まえ，礒田（1989）を参考にして，教科「科学と人間生活」の内容として位置づいている「微生物とその利用」を題材としたパフォーマンス課題ならびにルーブリックを次のように提案する。なお，このパフォーマンス課題では，微生物の増殖のメカニズムに関する永続的理解の深化を意図したものである。

【パフォーマンス課題】

　身の回りには，乳酸菌や虫歯菌，腸内細菌などといった微生物が数多く存在している。微生物は日常生活に非常に欠かせない役割を担っているが，その理由は細胞が小さいということだけでなく，増殖速度が速く，代謝活性が高いことにある。そこで，細胞分裂によって微生物がどの程度増えるのか，増殖速度を調べることとした。以下の問いに答えよ。

(1) 細胞分裂の速度は，微生物の種類や環境によって異なる。どの微生物を考察の対象とし，どのような環境下で観察するかを設定せよ。また，その環境下でどのように細胞が分裂するかを観察せよ。

(2) 観察結果から，どのような数学的モデルを想定することができるか。初期値（初めの微生物量）をX_0，t 時間後の微生物量を X とし，細胞分裂の様子を数式で表せ。また，そのモデルは観察結果を適切に表しているか比較し，もし表すことができていなければ，適切に数学的モデルを修正せよ。

【ルーブリック】

	A	B	C
思考・判断・表現	・実験環境（微生物の種類，温度など）を設定し，適切に観察を立案・実施することができる。 ・設計した数学的モデルと観察結果とを比較し，適切に修正・解釈することができる。	・観察を実施することができる。 ・数学的モデルを設計することができる。	・実験環境の設定や，観察の立案・実施ができない。 ・数学的モデルを設計することができない。
主体的に学習に取り組む態度	・どのように実験環境を設計すればよいか，複数の要因を挙げて考えようとしている。	・どのように実験環境を設計すればよいか考えようとしている。	・どのように実験環境を設計すればよいか考えようとしていない。

図3-7-5 「微生物の増殖」を題材としたパフォーマンス課題・ルーブリック

上記のパフォーマンス課題は，観察の計画を立てることを端緒に，観察，モデルの設定・改良，考察という一連のプロセスを含んだものである。なお，ここで扱っているのは微生物の増加という理科的な現象であるが，その増加を数学的にモデル化すると $\log X = at + \log X_0$ という式から，$dX/dt = \mu x$（μは定数）といった微分方程式を得ることができる。さらに，細胞分裂の速度に関連のある変数を増やすことによって，ロジスティック方程式を作成することが可能である。そのように，観察された現象と数学的モデルとの関連を考察するといった点がこのパフォーマンス課題の利点である。また，生徒の実態や教室環境に応じて，観察する微生物を教師から提示することも考えられる。その一例として，酵母が挙げられる。酵母は，ドライイースト（パン酵母）として比較的安価で購入できる。容易に入手できるので，生物の実験にもしばしば使われる。その際，コロニー数の変化や，血球計算盤を使うことで，細胞分裂の様子を追うことができる。なお，ルーブリックの作成にあたっては，「知識・技能」「思考・判断・表現」については文末を「〜している」や「〜できる」，「〜を身に付けている」に，「主体的に学習に取り組む態度」については文末を「〜しようとしている」とすることが一般的である。

また，パフォーマンス評価の実施にあたっては，1単位時間のみで行うこともあれば，単元全体を通して行うということも想定される。特に，教科「理数」では，テーマの設定から探究結果の伝達・表現に至るまでが一連のパフォーマンス課題となりうるだろう。その際は，形成的評価を行うことで生徒へのフィードバックを行うとともに，単元やカリキュラムの目標や指導の見直しを行うことが重要である。

注

1) 英文では，教材は kyozai または teaching materials と表記されることが多い。

2) 「学びに向かう力・人間性」には，①「主体的に学習に取り組む態度」として観点別評価（学習状況を分析的に捉える）を通じて見取ることができる部分と，②観点別評価や評定にはなじまず，こうした評価では示しきれないことから個人内評価（個人のよい点や可能性，進歩の状況について評価する）を通じて見取る部分があることに留意する必要がある（中央教育審議会，2016）。本節では，①「主体的に学習に取り組む態度」のみに言及することとする。

第 3 章　学習指導論

謝辞

　本節で提案したパフォーマンス課題に対して，池 恩燮氏（大分県立大分舞鶴高等学校教諭）から，酵母を用いた観察について，貴重な助言を賜りました。この場をお借りして，衷心より感謝申し上げます。

引用・参考文献

阿部好貴・早田透・石井英真（2019）：数学的な見方・考え方と評価，岩崎秀樹・溝口達也（編著）「新しい数学教育の理論と実践」，35-59, ミネルヴァ書房.

中央教育審議会（2016）：幼稚園，小学校，中学校，高等学校及び特別支援学校の学習指導要領等の改善及び必要な方策等について（答申）（中教審第197号），http://www.mext.go.jp/b_menu/shingi/chukyo/chukyo0/toushin/1380731.htm（参照日 2023.3.31）

中央教育審議会初等中等教育分科会教育課程部会（2019）：児童生徒の学習評価の在り方について（報告），http:/www.mext.go.jp/b_menu/shingi/chukyo/chukyo3/004/gaiyou/1412933.htm（参照日 2023.3.31）

花園隼人（2019）：算数科教育における教材研究の方法，清水美憲（編）「MINERVA はじめて学ぶ教科教育② 初等算数科教育」，119-130, ミネルヴァ書房.

ハート, D.（2012），田中耕治（監訳）：パフォーマンス評価入門—「真正の評価」論からの提案—，ミネルヴァ書房.

礒田博子（1989）：微生物の増殖，吉田稔・飯島忠（編集代表）「心を揺する楽しい授業　話題源数学」，329-330, 東京法令出版.

影山和也（2014）：数学教育における教材研究，小山正孝（編）「教師教育講座　第14巻　中等数学教育」，51-62, 協同出版.

国立教育政策研究所教育課程研究センター（2022）：「指導と評価の一体化」のための学習評価に関する参考資料【高等学校　理数】，東洋館出版社.

松下佳代（2007）：パフォーマンス評価—子どもの思考と表現を評価する—，日本標準.

宮本友弘（2013）：教材研究，日本教材学会（編）「教材事典 教材研究の理論と実践」，20-21, 東京堂出版.

文部科学省（2018）：高等学校学習指導要領（平成30年告示），東山書房.

文部科学省（2019）：高等学校学習指導要領（平成30年告示）解説　理数編，東京書籍.

文部科学省初等中等教育局（2019）：小学校，中学校，高等学校及び特別支援学校等における児童生徒の学習評価及び指導要録の改善等について（通知），https://www.mext.go.jp/b_menu/hakusho/nc/1415169.htm（参照日 2023.3.31）

NCTM（1995）: *Assessment standards for school mathematics*, National Council of Teachers of Mathematics.

二宮裕之（2015）：評価の目的と方法，藤井斉亮（編）「教科教育学シリーズ③算数・数学科教育」，40-47, 一藝社.

小笠原喜康（2013a）：教材の歴史・概念・種類・メディア，日本教材学会（編）「教材事典 教材研究の理論と実践」，18-19, 東京堂出版.

小笠原喜康（2013b）：教材の概念，日本教材学会（編）「教材事典 教材研究の理論と実践」，22-23, 東京堂出版.

岡田褘雄・橋本正継（2001）：数学教育における評価，数学教育学研究会（編）「新版 数学教育の理論と実際〈中学校・高校〉」，69-84, 聖文新社.

Watanabe, T., Takahashi, A., & Yoshida, M.（2008）: Kyozaikenkyu: A critical step for conducting effective lesson study and beyond, In F. Arbaugh, & P. M. Taylor（Eds.）, *Inquiry into mathematics teacher education*, 131-142, Association of Mathematics Teacher Educators.

ウィギンズ, G., & マクタイ, J.（2012），西岡加名恵（訳）：理解をもたらすカリキュラム設計—「逆向き設計」の理論と方法—，日本標準.

（森田大輔）

コラム 5　学校教育における単位の取り扱い

　単位の国際標準は，国際単位系を意味するフランス語「Le Système International d'unités」の頭文字をとって SI 単位という。特に長さ，質量，時間の 3 つの基本量は生活に欠かすことのできない量で，それぞれの地域や国の中で自然発生的に使われたり，時の権力者によって独自の単位が使われたりする。人間の生活圏が広がり，交易が広まってくると，単位を統一する必要が生じてきた。18 世紀末に，国を超えて誰もが同じ単位を使えるようにしようという機運が高まり，1875 年にメートル条約が採択された。それでも分野によって統一が図れなかった。

　1948 年の第 9 回国際度量衡総会において，「カロリーはできるだけ使用せず，もし使用する場合には，ジュールの値を併記すること」と決議された。1960 年の第 11 回国際度量衡総会で制定された SI 単位では，エネルギー，仕事，熱量の共通単位として「ジュール」のみが掲げられた。現在では，「カロリー」は非 SI 単位として，特定の分野での使用が認められている。わが国の計量法でも，1999 年 10 月以降，栄養学や生物学に関する事項の計量以外では，「カロリー」の使用が禁止されている。

　上記の第 11 回国際度量衡総会で制定された SI 単位は，メートル（長さ），キログラム（質量），秒（時間），アンペア（電流），ケルビン（熱力学温度），モル（物質量），カンデラ（光度）である。その他，これらを組み合わせた組立単位として，平方メートル（面積），立方メートル（体積），メートル毎秒（速さ），ラジアン（平面角）などがある。

　我が国の学校教育では，どのような単位を使用しているのか見ていく。小学算数 1 年の教科書（啓林館）を見ると，時刻で時，分が登場する。

　算数 2 年では，長さの単位で m，cm，mm，かさの単位で L，dL，mL が登場する。また，1 日は 24 時間，1 時間は 60 分，1 cm は 10 mm，1 m は 100 cm，1 L は 10 dL，1 dL は 100 mL，1 L は 1000 mL などに換算することを学ぶ。

　算数 3 年では，長さの単位で km，質量の単位で g，kg，t，時刻の単位で秒が登場する。また，1 t は 1000 kg，1 kg は 1000 g 等に換算することを学ぶ。

　算数 4 年では，角度の単位で°（度），温度の単位で℃（度），面積の単位で cm^2，m^2，km^2，a，ha 等が登場する。また，1 m^2 は 10000 cm^2，1 km^2 は 1000000 m^2，1 a は 100 m^2，1 ha は 10000 m^2 等に換算することを学ぶ。

　算数 5 年では，体積の単位で cm^3，m^3 が登場する。また 1 m^3 は 1000000 cm^3，1 L は 1000 cm^3 等に換算することを学ぶ。「単位量あたりの大きさ」では，混み具合，割合，取れ高，人口密度，燃費などの内包量を学ぶ。「速さ」では，時速，分速，秒速を学び，速さと道のり，時間の関係（速さ＝道のり÷時間，道のり＝速さ×時間，時間＝道のり÷速さ）を学ぶ。

　算数 6 年や中学 1，2，3 年では，新たな単位は登場しない。

　小学理科 3 年（大日本図書）では，長さの単位で cm，mm，m，時刻の単位で時，分，温度の単位で度，重さの単位で g，kg が登場する。

理科 4 年では，温度の単位で℃，電流の単位で A（アンペア）が登場する。

理科 5 年では，風速の単位で秒速 m，水の量の単位で mL が登場する。

理科 6 年では，新たな単位は登場していない。

中学 1 年理科では，化学分野で金属の密度の単位で g/cm^3，気体の密度の単位で g/L が登場する。質量，体積，質量パーセント濃度では％を使う。また物理分野で，音・光の速さの単位で m/s，km/s，km/h など，振動数の単位で Hz（ヘルツ），力の大きさの単位で N（ニュートン）を，地学分野で，地震の揺れの大きさの単位で震度や M（マグニチュード）が登場する。

中学校 2 年理科では，物理分野では，圧力の単位で Pa（パスカル），電流の単位で A，mA，電圧の単位で V，mV，抵抗の単位で kΩ，Ω，電力の単位で W，mW，熱量の単位で J，電力量の単位で W・s，放射線量の単位で Sv（シーベルト），が登場し，地学分野で気圧 hPa（ヘクトパスカル），飽和水蒸気量の単位で g/m^3，湿度の単位で％が登場する。

中学校 3 年理科では，物理分野で，浮力の単位で N，速さの単位で m/s，仕事量の単位で J，仕事率 W/s など，放射能の単位で Bq（ベクレル），放射線の単位で Gy（グレイ）が登場し，地学分野で，距離 光年が登場する。

このように，単位については中学校理科で多く登場するが，2002 年以降の中学校理科の教科書で単位は変更されてきている。1992 年の改正計量法では，法的な単位はすべて SI 単位を使用することが義務づけられた。例えば，力の単位は 1999 年 9 月から N（ニュートン）に統一されている。中学校理科においても，このことを受けて 2002 年の我が国の中学校理科の教科書から g 重，kg 重は姿を消し，N（ニュートン）が使われている。

参考・引用文献

有馬朗人・小林誠ほか（2020）：たのしい理科（3 ～ 6 年）大日本図書.
有馬朗人・小林誠ほか（2021）：理科の世界（1 ～ 3 年）大日本図書.
松尾里央　石田守延　日俣千聖　西本理恵（2015）少しかしこくなれる単位の話　笠倉出版社.
西條敏美（2009）：単位の成り立ち　恒星社厚生閣.
清水静海・根上生也ほか（2020）：わくわく算数（1 ～ 6 年）啓林館.
高田誠二（1999）：図解雑学　単位のしくみ　ナツメ社.

（橋本美彦）

コラム6 虚数について

　自然数という数概念は，少なくとも 35,000 年前頃には存在したとされる。クフ王のピラミッドが精巧に作られたように，長さなどの量を正確に表わす数として有理数は，古代文明時には存在していた。また，紀元前 500 年頃には無理数，紀元前 200 年頃に負の数，紀元後 600 年頃にインドで 0 が発見された。このように長い歴史を経て，数体系は構築されてきた。例えば，実数までは，ピタゴラスの定理によって，長さ $\sqrt{2}$ が可視化されるように，容易に認識できる。しかし，虚数は長さ i が存在しないように，可視化できず，認識しにくい。このように，認識しにくい虚数は，どのように発見され，その価値が認識されたのだろうか。

　1545 年にイタリア人のジェロラモ・カルダーノは，「5 より x だけ大きい数 $5+x$」と「5 より x だけ小さい数 $5-x$」の和と積がそれぞれ 10 と 40 となる数 x を考えた。この x を求めると，$x^2 = -15$ が得られ，$x = \sqrt{-15}$ を $x+5$ と $x-5$ に代入すると，和と積はそれぞれ 10 と 40 になる。このように，カルダーノは 2 乗して負となる数を認めれば，2 次方程式に解が存在することを世界で初めて示した。しかし，2 乗して負となる数は現実的でないとされ，「我思う，ゆえに我あり」で有名なフランス人のルネ・デカルトは，1637 年に否定的な意味を込めて，nombre imaginaire（想像上の数）と名付けた。

　ところが，スイス人のレオンハルト・オイラーは，虚数が数であるならば，他の数と何かしらの関係があるはずだと考え，$\sqrt{-1}$ に i という記号を与え，様々な計算を行った。そして，たし算の単位元 0，かけ算の単位元 1，ネイピア数 e，円周率 π，そして虚数 i に完璧な繋がりがあることを発見した。これが有名なオイラーの等式「$e^{i\pi} + 1 = 0$」である。さらに，ドイツ人のカール・フリードリヒ・ガウスは，1799 年に実数と虚数を組み合わせた複素数 $a+bi$ を研究し，複素数を数と認めるならば，n 次方程式は必ず n 個の解を持つという代数学の基本定理を証明した。また，1811 年に複素平面を発見し，虚数の可視化に成功している。1926 年には，オーストリア人のエルヴァン・シュレディンガーは，虚数を含む量子力学の基本方程式を導き出し，物理学における虚数の重要性を示した。

　虚数は発見当時，無価値とされ，可視化もできなかった。しかし，380 年の時間を経て，オイラーの数式，代数学の基本定理，複素平面と数学的な価値が発見され，シュレディンガー方程式のように物理学との関連も示された。このように，現代において，虚数は物理学を始め，科学技術の発展に重要な役割を担う数学の一つである。

（渡邊耕二）

参考・引用文献
木村直之編（2020）：数学の世界 数と数式編，ニュートンプレス．

第 4 章

社会と
理数教育

1 理数教育における教師教育論[1]

(1) 教師教育とは

「教師教育」という言葉を見て，読者はどのようなイメージを持たれるだろうか。ややもすると，「教師よりも上の立場の人間が，教師の授業実践に対して指導助言をする」といった，トップダウンのようなイメージを持たれかねない言葉である。しかし，教師教育は天下り的に授業の方法を伝達するといった営みを意味するものではない。それでは，「教師教育」とはどのような営みなのだろうか。その意味を明確にするには，「そもそも教育とはどのような営みなのか？ 教育学とはどのような研究領域なのだろうか？」という問いに立ち返る必要がある。

この点について，宮川 (2011) はフランスを起源とする数学教授学の視点から，数学教育研究の対象が「数学教育における指導・学習の核心である数学の知・知識の本性」であるとしている。この指摘をより平易に解釈すると，教育学とは「学習者の学び」を科学的に探究する学問領域であるということができる。そして，これを拠り所とすることで，教師教育は「教師や教員志望の学生がどのようにして指導内容と指導方法を学ぶか」，すなわち，「教師の学びを科学的[2]に探究する学問領域」であるということができる。「教育」ないし「教育学」という言葉は，「いかにして（分かりやすく）教えるか？」を主眼に置いているようなイメージを与えがちではあるが，「学びの本性が何であるか」を探究することが，教育学を学問たらしめることの必要条件であることを，宮川 (2011) は示しているのである。

このような，教師の学び全体を指す「教師教育」や，教師による「授業実践」は，理数教育研究の応用分野と位置づけることができる。代表的な数学教育研究者の１人である Wittmann (2019) は，数学教育学研究の核心と関連領域を図 4-1-1 のように示している。この図では，数学教育学は諸学問と関連させて発展させる，学際的 (interdisciplinary) な研究領域であることが示されている。実際の授業づくりをイメージすれば，この意味はより明確になるだろう。具体的には，教材研究の段階で，理科や数学といった教科内容に関する学問を参照することはもちろん，生徒の実態を考慮する際には，教育学や心理学などの知見を参照することもあるだろう。なお，Wittmann (2019) は数学教育研究の範疇での指摘に留まっているが，本書で対象としている理数教育を考える際には，「関連諸学」に該当する学問領域はさらに広範なものとなることは言うまでもないだろう。このような多様な関連諸学を拠り所にしながら，教員は指導実践について学んでいることを念頭に置く必要がある。

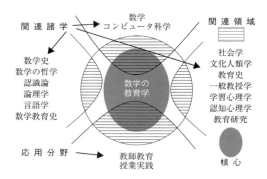

図 4-1-1　デザイン科学としての数学教育とその学際的関係（Wittmann, 2019: 16）

（2）教師教育を捉える観点

前述のように，教師教育は「教師の学びを科学的に探究する研究領域」であると捉えることができる。教師教育をそのように捉えたとき，教師教育研究の対象はどのようにして区分することができるだろうか。本書の主題でもある「理数教育」は教科教育研究の一領域として位置づけられるが，教科教育研究では目的・内容・方法・評価という4つの視点から研究されることが多い。そして，これら4つの相互関連や一体的研究の重要性はしばしば強調されており，中原（2017）はこれら4つを「教科教育学四角形」と称して，次のように図式化している［図4-1-2］。

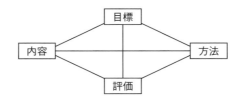

図4-1-2　教科教育学四角形（中原，2017: 14）

ここで，教科教育学四角形における学びの主体は「子ども」である。具体的に述べると，教科教育学四角形は「なぜ子どもは学ぶのか」「子どもは何を学ぶのか」「子どもはどのようにして学ぶのか」「子どもの学びはどの程度達成されたか」を捉える枠組みとして位置づけられるものである。しかし，本節で捉えようとしているのは理数教育の充実を担う教師の学びである。そこで，教科教育学四角形を教師教育研究へと敷衍することで，本節において教師教育を捉える観点を定めることとする。教師の学びを，目標・内容・方法・評価という4つの観点から捉えると，以下の図4-1-3のようにまとめることができる。

教師教育の目標―なぜ教師（志望の学生）は学ぶのか？
教師教育の内容―教師（志望の学生）は何を学ぶのか？
教師教育の方法―教師（志望の学生）はどのようにして学ぶのか？
教師教育の評価―教師（志望の学生）の学びはどの程度達成されたか？

図4-1-3　教師教育を捉える4つの観点

図4-1-3のうち，「教師教育の目標」は言うまでもなく，授業改善や職能開発にある。また，「教師教育の評価」は研修（研究と修養）を通して，職能開発がどの程度が達成されたかを捉えることとなる。近年では，教員の職能開発に関わる国際調査もなされるようになってきている（例えば，OECD, 2012）。これらに対して，「教師教育の内容」や「教師教育の方法」は教室での指導実践に直接関係するものと考えられる。特に，「教師教育の方法」は，本節の議論の中核に据えることが妥当である。なぜなら，「教職の専門性をどのように捉えるか」によって，教師の学びの様相は大きく変わってくるからである。し

第 4 章　社会と理数教育

がって，本節では「教師教育の方法」について，教職の専門性とも関連させながら議論をする。それを
踏まえて，「教師教育の内容」の内実に迫る。

(3) 教師教育の方法：「行為の中の省察」に基づく「省察的実践者」

　我々は教職の専門家像をどのようなものとして捉えればよいのだろうか。また，その専門家像に基づ
いた教師教育の方法とはどのようなものであろうか。ここではまず，教師教育研究でもしばしば引用さ
れる，哲学者のショーン（Donald Alan Schön）の論を引き合いに出す。ショーン（2007）はまず，教師の専
門性の基礎を専門領域の科学的な知識と技術の成熟度に置いている「『技術的合理性』に基づく『技術
的熟達者』」を専門家のモデルの 1 つとして示している。このモデルに基づいた専門家の活動を成り立
たせているのは，科学の理論や技術を厳密に適用する，道具的な問題解決という考え方である。すなわ
ち，「技術的熟達者」というモデルに依拠した教育実践は，教授学や心理学の原理や技術の合理的適用
とみなされ，教師の専門的成長は，教職関連領域の科学的な知識や技術を習得する技術的熟達として性
格づけられる（佐藤，1997）。

　しかし，「技術的熟達者」という専門家像では，複雑性，不確実性，不安感，独自性，価値観の衝突
という現象を抱える実践には十分に対応できないということが問題視され（ショーン，2007），それにとっ
て代わる専門職像としてショーン（2007）は，自身の思考や活動の事中・事後に振り返ることに重点を
置いた「『行為の中の省察』に基づく『省察的実践者』」という代替モデルを提案している。このような
立場に立った教育実践は，政治的，倫理的な価値の実現と喪失を含む文化的・社会的実践であり，教師
は経験の反省を基礎として子どもの価値ある経験の創出に向かう者となる（佐藤，1997）。

　省察的実践者としての教師の活動の中核を担うのが，「行為の中の省察（reflection-in-action）」という一
連の過程である。ショーンが原語で用いている "Reflection" は「反省」や「振り返り」と訳されるこ
とも多く，それ故「行為の事後に行う」というニュアンスをしばしば伴うが，ショーンのいう「行為の
中の省察」は事後だけでなく，事中の思考活動も包含している。それでは「行為の中の省察」とはどの
ような思考過程を意味するのだろうか。ショーン（2007）によれば，「行為の中の省察」という活動に
は，「行為の中の知（knowing-in-action）」や「行為についての省察（reflection-on-action）」といった概念が大
きく関連している。「行為の中の知」とは，平たく言えば「意識しないままに実施の仕方がわかるよう
な行為，認知，判断」（ibid.: 55）のことを指す。このとき，専門家にとって馴染みのある状況であるなら
ば，行為の中の知はその役割をスムーズに果たすことができる。しかし，その専門家が有している行為
の中の知がうまく働かないような状況に直面したとき，ここで「行為の中の省察」が始まる（ショーン，
2017）。ショーン（2017）は「行為のただ中で進められる，状況を変化させる思考」を「行為の中の省察」
と呼んでいるが，そこでは起こった出来事と自身の行為の中の知の双方に目を向け，「これは何なのか」
「私はこの事態についてどう考えてきたのか」という自問を行うことが求められる。そして，新たに観
察された現象を探るために，新しい行為を考え，それを試みるのである。この一連の活動を終えた後に
なされる省察が「行為についての省察」である。ここでは，実践が終わったあとの比較的静かな時間
に，自分が取り組んでいたプロジェクトについて，過ごしてきた状況について思いをめぐらし，事例を

扱った時にどのように理解していたのかを探究する（ショーン，2007）。そして，実践の反復経験の中で発生した暗黙の経験があることを明らかにし，それを批判するとともに，近い将来経験することになるであろう不確実で独自性のある状況について，新たな理解を得ることができるようになる。

ショーン（2007）は「行為の中の省察」の具体的な事例を多岐にわたって紹介している。例えば，金属棒の上に木製ブロックを載せてバランスをとるよう求めた「ブロックのバランス実験」を紹介している。そこでは，子どもたちが行為の中で自分たちの理論を再構成することにより，驚くほど素早く，目方の軽いブロックに対応できる条件を研究していた。ここでは，子どもたちはブロック操作という行為を行いながら，「バランスを取りたい」という目的の下，「それぞれのブロックの特性はどうなっているのか」と省察をし，行動に移すことでバランスを取っていたのである。

それでは，教師は実際に授業実践を行う際，どのようにして行為と省察を往還させたらいいのだろうか。ショーンの省察的実践者論を教師研究へと援用した研究の1つに，コルトハーヘン（2010）が挙げられる。コルトハーヘン（2010）は，行為，行為の振り返り，本質的な諸相への気づき，行為の選択肢の拡大，施行の5つの局面からなる「ALACTモデル」を，以下の図4-1-4のように提唱している。

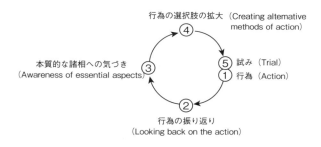

図 4-1-4　ALACT モデル（コルトハーヘン，2010: 54）

ここで，第2局面の「行為の振り返り」は，ショーン（2007, 2017）のいう「行為についての省察」に該当するが，第2局面において教師や教員志望の学生が教室の場面を自ら具体的に分析するための具体的な問いとして，コルトハーヘン（2010）は次のような問い［表4-1-1］を挙げている。

このALACTモデルは，閉じたサイクルではなく，らせん構造を描いているものである。すなわち，

表 4-1-1　第2局面で有効な具体化のための質問（コルトハーヘン，2010: 136）

0．文脈はどのようなものでしたか？	
1．あなたは何をしたかったのですか？	5．生徒たちは何をしたかったのですか？
2．あなたは何をしたのですか？	6．生徒たちは何をしたのですか？
3．あなたは何を考えていたのですか？	7．生徒たちは何を考えていたのですか？
4．あなたはどう感じたのですか？	8．生徒たちは何を感じていたのですか？

第4章　社会と理数教育

第5局面は最後の局面というよりもむしろ通過点という位置づけとなっており，試み（Trial）を次の行為（action）に結びつける必要がある。

　さて，省察的実践者という専門家像や省察について概観してきたが，ここで改めて本書のテーマである理数教育との関連を考えてみたい。本書は，高等学校にて「理数探究」や「理数探究基礎」といった科目が新たに設置されたことを契機に，小学校や中学校を含めた「理科と数学の接続」をテーマに執筆されたものであるが，このような新しいテーマを前にして，果たして実践者は技術的熟達者としていられるだろうか。否，理数教育を念頭に置いた指導は，多くの教師にとって馴染みのない状況であり，それ故に授業実践の場において，既存の教科指導の場以上に省察を行わないではいられない状況となる。さらに，本書では理数教育に関する理論や実践事例が多く記述されているが，その内容が読者である実践者の置かれている状況にそのまま適合することは決して多くないだろう。特に，児童・生徒の実態は地域や学校，教室によって大きく異なる。そのような状況下で理数教育の充実を図ろうとするならば，本書の内容を技術的に適応するのではなく，授業の事中・事後で省察をし，その置かれた状況での問題を見出し，解決することによって，児童・生徒の実態に即した指導実践へと昇華させることが不可欠となる。そして，豊かな探究をしている児童・生徒の姿を目の当たりにしたとき，授業者は自身の成長を実感することだろう。これが，教師教育の方法として「省察的実践者」という専門家像や「省察」を位置づけた所以である。

(4) 教師教育の内容：教えることについての学び

　理数教育を充実させるために，教師は何を学び，どんなことを知ったらいいのだろうか。このように聞かれると，「教えようとする内容をきちんと学んで，理解しておくこと」と答える読者も一定数いるだろう。確かに，教師が理科の内容をある程度理解できていなければ，理科の授業は覚束ないものとなるし，それは数学，あるいは本書のテーマとしている理数教育としても同じことが言えるだろう。しかし，教師が教科内容さえ理解できていれば，子どもの活動が充実したものになると言い切れるだろうか。このような疑問に答えるため，ここでは「教えることについての学び（learn to teach）」について概観したい。

　ロックラン・武田（2019）は，教師や教師教育者が，教えることについて学んだり教えたりする上で，教えることや学ぶことの関係が意図的に検証され可視化される[3]ことを重要視している。氏らは，教員志望の学生の多くが「教師の仕事とは知識をただ伝える単純な仕事である」という教師観を持っていることを指摘した上で，学びに対する考え方を改める必要があることを，以下のように述べている。

　　教えることを学ぶ過程で学生たちは自身の学びについて意識し，学びの経験を教えることの本質とつなげて理解する必要があるのである。つまり，教えることについて学ぶことは，<u>教えられる内容に加え，学びについての学び，そして教えることについての学びを得ることでなければならない</u>のである。（ロックラン・武田，2019: 15, 傍線筆者）

176

このような指摘から，教師教育の内容には「教科内容」はさることながら，「子どもはどう学ぶか」「子どもにどう教えるか」といった事柄が含まれるということが示唆される。ロックラン・武田（2019）はこれらを包括して「教えることについての学び」と呼称しているのである。

しかし，上記の捉え方では，「理数教育で扱う内容」と「教授・学習の本性」さえ理解していればいいとも解釈されかねない。すなわち，「教科内容」と「教育学」が現状では分化したままなのである。ここにさらなる解釈を加えるため，次に教師の知識研究について概観する。教師の知識研究の先駆者である Shulman（1987）は，教師の知識を「内容についての知識」「一般的な教育方法についての知識」「カリキュラムについての知識」「教授学的内容知識」「学習者とその特性についての知識」「教育の文脈についての知識」「教育の目的・目標・価値，ならびにその哲学的歴史的基盤についての知識」という7つに分類している。この中でも，研究上特に大きな影響を与えたのが，教授学的内容知識（PCK: Pedagogical Content Knowledge）という概念である。教授学的内容知識とは，平たく言えば「当該の教科内容を教えることについての知識」を意味する。このように，「教科内容を学ぶ・教科内容を教える」というのはロックラン・武田（2019）の指摘とはまた違った視点からのものであることが分かる。これらを総合すると，教師教育の内容として，「教科内容」「（教科によらない一般的な）学ぶこと・教えること」「当該の教科内容を学ぶこと・教科内容を教えること」が主なものとして挙げられる。こういった分類からも，第1項で言及した教師教育の学際性を窺い知ることができる。また，教師はこうしたことを学ぶことで，理数教育に関する知識や信念を獲得し，自身の専門性の涵養に寄与するものと思われる（cf. 太刀川・森田・久保，2021）。紙幅の都合上，本節ではそれぞれの具体例を列挙することはできないが，本章第3節では「理科と数学の横断を実現するために必要な『教師の知識』」を取り上げているので，教科内容知の詳細はそちらを参照されたい。

プロスポーツの世界では，「名選手，名監督にあらず」という有名な言葉がある。これは字義通り，「選手時代にどんなに優れた功績を残したからといって，必ずしも監督として成功するとは限らない」ことを意味するものである。また，選手時代には顕著な成績を残せなかったとしても，チームを幾度と優勝へ導くなど，監督として大成した方も少なからずいる。その要因には，その競技の特性だけでなく，コーチングや組織運営など多くの関連事項を知り，それをチームに還元したということが挙げられるだろう。これは，教師にとっても同じことが言えるのではないだろうか。中には，「生徒だった時に理科や数学が得意で好きだったから，教員になった」という，「名選手」であった中学校や高等学校の教員もおられることだろう。そうすると自身の学習経験を思い返し，自身が教わったようにして生徒に教えるということも十分想定できる。しかし，教室には多様な生徒がおり，自身が教わった方法がその教室でも同じようにうまく機能するとは限らない。そういった状況に直面した際，教師は「学ぶこと・教えること」や「教科内容を学ぶこと・教科内容を教えること」に目を向けるのだろう。なお，こういった捉え方は，前項で言及した省察とも大きく関わるところである。また，本書のテーマである「理数教育」は新しいものであるが故に，自分自身が「名選手」であるかどうかさえ分からないという状況であろう。そういう状況に対して不安を感じ，「まずは教える内容をきちんと理解しないといけない」と考えるのは自然なことではあるが，それだけに固執するべきではない。なぜなら，「子どもがどのよ

第4章　社会と理数教育

うに探究をするか？」ということは，実際に実践をしてみないと分からないからである。教師教育の内容は，書籍や講義，研修といった座学だけではなく，授業実践の中にも含まれているのである。しばしば，学校現場では「子どもから学ぶ」といった格言が流布されているが，座学や実践を通して自身の職能開発に努めることが肝要である。

(5) 本節における主張

本節では，理数教育における教師教育論について述べてきた。本節での主張を要約すると，次のようになる。

・教師教育とは「教師の学びを科学的に探究する学問領域」であり，諸学問と関連させて発展させる学際的な研究領域である。
・教師教育は目標，内容，方法，評価という4つの観点から捉えることができる。
・理数教育の充実を図ろうとするとき，そのテーマの新しさが故に「技術的熟達者」という教師像では限界がある。経験の反省を基礎として子どもの価値ある経験の創出に向かう「省察的実践者」という教師像を前提とするべきである。
・教師教育の方法として，「行為の中の省察」が挙げられる。教室での出来事と自身の行為の中の知の双方に目を向け，「これは何なのか」「私はこの事態についてどう考えてきたのか」という自問を行うことが必要である。また，省察のプロセスの具体例の1つに，ALACTモデルが挙げられる。
・教師教育の内容として，「教科内容」「学ぶこと・教えること」「教科内容を学ぶこと・教科内容を教えること」が挙げられる。また，教師教育の内容は，書籍や研修，授業実践の中に含まれている。多様なリソースを参照して，自身の職能開発に努めることが肝要である。

本書では，理数教育の理論と実践の概要が網羅されているが，本節を通読された読者は今や，その理論と実践を鵜呑みにするようなことはしないであろう。むしろ，教室の状況に応じて，必要に応じて本書で扱われている教材に変更を加え，実践を通しながら教材や指導方略を修正することで，実践の質を高めていこうとするだろう。本書はその性質上，これまでの研究の成果が記述されているものとなっている。しかし，「省察的実践者」という立場に立ったとき，本書で扱っている実践事例や教材例は修正可能なものとみなされ，それ故本書の内容は教師教育用の教材としても位置づけることができる。そのように批判的に本書の内容を吟味することは，子どもの探究活動の充実，授業改善や職能開発，さらには理数教育の理論の発展ということにも寄与するであろう。そのような視点に立った上で改めて本書を通読していただき，読者自身の授業実践の質の向上に僅かでも貢献できれば幸甚である。

注

1)　一般に，学部生や教職大学院のストレートマスターといった，入職前の学生に対して行われる「教員養成」と，現職の教員に対して行われる「現職教育」の2つに区分されることが多いが，本節ではこれら2つを総称して「教師教育」と呼称している。
2)　ここでの「科学的」とは，「教師教育の営みの仕組みを理解することを目的とする」ということを意味している（cf.

宮川 , 2017)。

3) ロックラン・武田（2019）は，これを「教師教育のペダゴジーの開発」と呼んでいる。

引用・参考文献

コルトハーヘン，F.（2010）：武田信子（監訳）教師教育学―理論と実践をつなぐリアリスティック・アプローチ―，学文社．

ロックラン，J.，& 武田信子（監修）（2019）：J. ロックランに学ぶ教師教育とセルフスタディ―教師を教育する人のために―，学文社．

宮川健（2011）：フランスを起源とする数学教授学の「学」としての性格―わが国における「学」としての数学教育研究をめざして―，日本数学教育学会誌 数学教育学論究，91, 94, 37-68.

宮川健（2017）：科学としての数学教育学，教科内容構成特論「算数・数学」，上越教育大学，127-152.

中原忠男（2017）：教科教育学とその課題，日本教科教育学会（編），教科教育研究ハンドブック―今日から役立つ研究手引き―，教育出版，10-15.

OECD（2012），斎藤里美（監訳）：OECD 教員白書―効果的な教育実践と学習環境をつくる〈第 1 回 OECD 国際教員指導環境調査（TALIS）報告書〉，明石書店．

佐藤学（1997）：教師というアポリア―反省的実践へ―，世織書房．

ショーン，D. A.（2007），柳沢昌一・三輪建二（監訳）：省察的実践とは何か―プロフェッショナルの行為と思考―，鳳書房．

ショーン，D. A.（2017），柳沢昌一・村田晶子（監訳）：省察的実践者の教育―プロフェッショナル・スクールの実践と理論―，鳳書房．

Shulman, L. S.（1987）：Knowledge and Teaching: Foundations of the New Reform, *Harvard Educational Review*, *57*, 1, 1-22.

太刀川祥平・森田大輔・久保良宏（2021）：理数教育の充実を担う教師の専門性に関する一考察―数学教育研究の立場から―，日本科学教育学会 年会論文集，45, 153-156.

Wittmann, E. Ch.（2019）：Understanding and organizing mathematics education as a design science：Origins and new developments, *Hiroshima Journal of Mathematics Education*, *12*, 13-32.

（森田大輔）

第 4 章　社会と理数教育

2　理科教員と数学科教員とを繋ぐ教員コミュニティの重要性

（1）理数教育を担う教師と社会・学校・コミュニティ

　既に述べている通り，本章の題目は「社会と理数教育」である。この題目には，「社会に対して，理数教育はどのような貢献ができるか？」という可能性や期待が込められている。その一方で，理数教育の充実を担う教員もまた社会の構成員である。それは，中央教育審議会 (2015) で提唱された「チームとしての学校」という言葉にも垣間見ることができる。そして，「チームとしての学校」が求められる背景の1つとして，中央教育審議会 (2015) は「新しい時代に求められる資質・能力を育む教育課程を実現するための体制整備」を挙げている。「各科目の指導に当たっては，数学又は理科の教師が指導を行うこと。その際，探究の質を高める観点から，数学及び理科の教師を中心に，複数の教師が協働して指導に当たるなど指導体制を整えることにも配慮すること」(文部科学省, 2018) とあるように，高等学校において新設された教科「理数」を受け持つのは数学科または理科の教員である。このような状況に鑑みると，理数教育の充実を実現するにあたっては，数学科教員と理科教員とを繋ぐ教員コミュニティの構築や発展が重要であると考えられる。

　そこで，本節では，このような教員コミュニティに関する研究として，専門職の学習共同体 (Professional Learning Community: 以下，PLC と略記)[1] に着目する。そして，理科教員と数学科教員とを繋ぐ教員コミュニティを成功的なものにするための方策について考察を行っていく。

（2）専門職の学習共同体（PLC）

　これまでに PLC は欧米において検討がなされてきた。また，国内でも織田 (2011, 2012, 2015, 2016, 2017a, 2017b) を中心に，その在り方が問われている。ハーグリーブス (2015) によれば，PLC とは「教師たちがともに働くことを重視し，教師の共同作業の目的を授業と子どもたちの学びの改善に継続的に定め，授業改善の周知と学校全体の問題の解決のためにデータや根拠を示すことを求める」コミュニティである。また，PLC は，児童・生徒の学習や教室における実践の改善と教師の学習との密接な関連性を表す概念であり，いわゆる「教えることを学ぶ (learning to teach)」ことに注目した考え方である (島田, 2016)。以下では，PLC に関する主要な先行研究を概観する。

　まず，知識社会における学校と教師の在り方を論じたのは，ハーグリーブス (2015) である。ハーグリーブス (2015) は，教師たちが「知識社会がもたらすあらゆる機会と繁栄をつなぐ触媒者になること」「知識社会が人々の包摂，安全性，公的な生活にもたらす脅威への対抗者となること」「教育への期待の高まりが標準化という標準化という最小コストの帰結へと結びつく世界で，知識社会の犠牲者となること」(p.30) といったトライアングルに囚われていることを指摘した上で，この三者の特徴を次のようにまとめている。

2 理科教員と数学科教員とを繋ぐ教員コミュニティの重要性

表 4-2-1　知識社会の学校と教師 (ハーグリーブス，2015: 126)

	知識社会に備える触媒者としての学校と教師	知識社会を乗り越える対抗者としての学校と教師	知識社会によって犠牲者となる学校と教師
学びの捉え方	深い認知に基づく営み	社会的で情動的な営み	標準化された職務遂行
専門性	学び	成長	研修
同僚性	チーム	グループ	個人
保護者に対する見方	学び手	パートナー	消費者・クレーマー
情動	知性	理解	労働
気風	変革とリスク	持続と安心	恐怖と不安
信頼の対象	実践過程	人々	誰もいない

　PLC が成功するためには，継続的な外部支援や，外側からの改革との適合性が必要であるのだが，一方で所与の条件によって PLC を十分に構築できないときもある。PLC と対極にあるコミュニティを，ハーグリーブス (2015) は「パフォーマンス - トレーニングのセクト」と呼び，次のように述べている。

　子どもたちの学力をいち早く上げるという圧力と命令に直面している政策立案者や校長にとっては，PLC は魅力的な改善のストラテジーではない。PLC は，テストの管理体制や高度に規定されたカリキュラムの枠組みによる無情な標準化にも適合しない。教師や校長が PLC を構築するための最低限の知識や経験を欠いているところでは，PLC を発展させるのは困難極まりない。そのような条件下では，政策立案者や行政官はもう一つの改革ストラテジーに取りかかるだろう。私はそれをパフォーマンス - トレーニングのセクトと呼ぶ (ハーグリーブス，2015: 258-259 を一部改変)。

　そして，PLC とパフォーマンス - トレーニングのセクトの特徴を，以下の表 4-2-2 のように特徴づけている。このように，対極にある両者を対比することは，PLC を理解することを助ける。

表 4-2-2　PLC とパフォーマンス - トレーニングのセクト
(ハーグリーブス，2015: 273 を一部改変)

PLC	パフォーマンス - トレーニングのセクト
知識の転換	知識の転移
探究の共有	要求の強制
根拠に基づく	結果に駆り立てられる
状況に埋め込まれた確実性	偽りの確実性
現場独自の解決策	標準化された行動計画
共同責任	権威への服従
継続的な学び	短期集中のトレーニング
実践コミュニティ	パフォーマンスのセクト

第4章　社会と理数教育

　また，Hord and Sommers（2008）はPLCとしての学校は，「信念・価値・ビジョンの共有」「共有的・支援的なリーダーシップ」「集合的な学習とその応用」「支援的な状態」「個人的な実践の共有」という5つの構成要素を備えていることを指摘している。加えて，Hord and Sommers（2008）はPLCとしての学校を創造する校長のリーダーシップにも焦点を当てている。そこでは，PLCを促進・向上・持続させるための効果的なリーダーシップとして，コミュニケーション（communication），協働（collaboration），コーチング（coaching），変革（change），葛藤（conflict），創造性（creativity），勇敢さ（courage）という7つの要素（7C）の重要性が指摘されている。

　また，PLCは教科教育の実践に対しても一定の示唆をもたらしている。例えば，Brodie（2014）は成功的なPLCの特徴として，「ケア，信頼，チャレンジを通じて生産的な関係を築くこと」「実践を共有し，教師がしばしば経験する孤立感を和らげること」「協働，相互依存，教師と生徒の学習に対する共同責任を育むこと」「挑戦的で，知的に魅力的な点について，厳密で体系的な探究を行うこと」の4点を挙げている。また，数学教育におけるPLCでは，教師が自らの数学的知識と指導のための数学的知識（MKT: mathematical knowledge for teaching）を深めることを支援することに重点を置いている（例えば、Jaworski, 2008）。また，Brodie（2014）は，効果的なPLCは，生徒の達成度と生徒の活動に焦点を当て，共同で授業やカリキュラムの計画を立てたり，実際の教室での授業やそれを録画したビデオを見て，実践を共同で観察したり省察したりすることで，生徒のニーズに対応することに重点を置いていることを主張している。

（3）理数教育における教授・学習をめぐって

　前項で触れてきたように，PLCは専ら教師の学習やコミュニティの在り方を論じたものであるが，その最終的な目的は児童・生徒の学習や教室における実践の改善にあると考えられる。前項までは学校教育全般に関わる議論であったが，理科教員と数学科教員とを繋ぐ教員コミュニティを論じるにあたっては，理数教育における教授・学習を検討する必要がある。そこで本項では，現行学習指導要領や国内外における理数教育研究の動向を概観する。

a．現行学習指導要領における理数教育の布置

　「望ましい理数教育」とはどのようなものを指すのだろうか。ここではまず，高等学校の教科「理数」を例に挙げ，学習指導要領上の位置付けを確認する。例えば，文部科学省（2018）は教科「理数」の目標を以下の図4-2-1のように定めている。なお，他の教科と同様，（1）では育成を目指す資質・能力のうち「知識及び技能」を，（2）では「思考力，判断力，表現力等」を，（3）では「学びに向かう力，人間性等」をそれぞれ示している。

> 　様々な事象に関わり，数学的な見方・考え方や理科の見方・考え方を組み合わせるなどして働かせ，探究の過程を通して，課題を解決するために必要な資質・能力を次のとおり育成することを目指す。
> (1) 対象とする事象について探究するために必要な知識及び技能を身に付けるようにする。
> (2) 多角的，複合的に事象を捉え，数学や理科などに関する課題を設定して探究し，課題を解決する力を養うとともに創造的な力を高める。
> (3) 様々な事象や課題に向き合い，粘り強く考え行動し，課題の解決や新たな価値の創造に向けて積極的に挑戦しようとする態度，探究の過程を振り返って評価・改善しようとする態度及び倫理的な態度を養う。

図 4-2-1　教科「理数」の目標（文部科学省，2018: 196）

　また，目標（2）に関連して，文部科学省（2019）は，「思考力，判断力，表現力等を育成するに当たっては，多角的，複合的に事象を捉え，数学や理科などに関する課題を設定し，数学的な手法や科学的な手法などを用いて，探究の過程を遂行させるとともに，探究の過程を振り返り，結果や成果などを適切に表現する力を身に付けさせ，創造的な力を高めさせることが重要である」とし，高等学校の数学・理科にわたる探究の過程のイメージとして，以下の図 4-2-2 を提示している。

図 4-2-2　資質・能力を育むために重視する数学・理科にわたる学習過程のイメージ
（文部科学省，2019: 14）

　図 4-2-2 や，教科「理数」の目標の中に「探究の過程を通して」といった文言があることから，「生徒の探究を促す」ことが理数教育の充実の方略の1つとして位置づくことが伺える。それ故，理数教育における教師教育では，「生徒の探究を促すための力量の形成」が重要視される。また，図 4-2-2 から伺えるように，理科と数学の接続を考慮する際に，「学習内容の接続」「学習方法の接続」の2点から論じることができる。前者は主に教科内容を，後者は主に見方・考え方や課題解決の過程を指している。

第4章　社会と理数教育

教師はこの両者の接続を踏まえた上で，教科「理数」の指導にあたることが求められる。

b．国内外における理数教育研究の動向

　次に，理数教育に関する国内外の研究動向を，「理科と数学との接続」「理科と数学との接続を念頭に置いた教師教育」という2つの観点から追うこととする。まず前者について，STEM（科学・技術・工学・数学）教育をはじめとする教科横断では，各教科が個別に指導される"Disciplinary"，各教科がそれらに共通するテーマの下で関連づけられる"Multidisciplinary"，テーマだけでなく概念やスキルもが結びつけられる"Interdisciplinary"，現実世界で直面している何らかの問題の解決やあるプロジェクトに取り組む中でその推敲に必要な各教科の概念やスキルが学習される"Transdisciplinary"という4つの観点からしばしば議論される（例えば，松原・高阪，2017; Vasquez, Sneider & Comer, 2013）。その一方で，理科と数学の接続と焦点化すると，理科と数学の接続はしばしば「統合」と呼ばれることがあるが，「統合」という用語そのものや定義が曖昧であるといったことがしばしば問題視されている（Wong & Dillon, 2019）。また，Wong and Dillon（2019）は，「科学は数学に依存しているが，逆は真ではない」という意味において，学校教育における理科と数学の非対称性を指摘している。同様の指摘は二宮（2017）によってもなされており，STEM教育において数学が内容として位置づいておらず，問題解決の道具としてしか機能していないことを述べている。

　また，後者の「理科と数学との接続を念頭に置いた教師教育」については，教科横断の観点から教員養成プログラムを開発したという研究が一定数見受けられる（例えば，Frykholm & Glasson, 2010; Ostermeier, Prenzel & Duit, 2010; Watanabe & Huntley, 1998）。その一方で，高校教師の認識に着目したのがWeinberg and McMeeking（2017）である。Weinberg and McMeeking（2017）は，数学教師と理科教師を対比し，「どちらの教師も数学をどのように他分野に応用したかを述べているが，理科教師の説明はより学際的な指導に近く，科学的現象を解決し説明するために数学を使っていることを述べていた。それに対して，数学教師は，主に学際的なアプローチを説明し，特定の数学の内容の有用性の例を与えることを目的としていた」ことを指摘している。

（4）理数教育の充実のためのPLCの構築に向けて

　ここまで，PLCの特徴や理数教育に関する研究を整理してきた。これらを総合することで，理科教員と数学科教員とを繋ぐ教員コミュニティを成功的なものにするための方策を提言したい。具体的な方策は，以下の3点である。

・リーダーシップの発揮
　まず，PLCの構築にあたっては，リーダーとなりうる人物がリーダーシップを発揮することが重要である。ここで「リーダーとなりうる人物」というのは，必ずしも校長であるとは限らない。実際にPLCの運営に関与する人物として，各教科の教科主任や研究主任などが挙げられる。PLCの成員の意見を尊重し，止揚することで，PLCでの探究を円滑に進めることが求められる。なお，必要に応じて学校外の機関（教

184

育委会，大学等）とも連携をとることが求められる。また，PLC 構築の初期段階では，状況に応じて教師集団をパフォーマンス‐トレーニングのセクトとみなさなければいけないことも考慮に入れる必要がある。

・教員間の関係の構築

2点目は，教員間の関係を構築し，その同僚性を高めることである。これは3点目に挙げる「信念や価値，実践の共有」を円滑に進めるための土台として機能するものである。一方で，Weinberg and Mc-Meeking (2017) が指摘するように，数学教師と理科教師には一定の違いが見られる。相互の信念や価値を受け入れるとともに，時には議論するためには，関係性を十分に構築する必要がある。

・信念や価値，実践の共有

3点目が，理数教育の充実に直接的に関わる要因となる。「理数を探究する，理科と数学を接続するとはどのようなものなのか？」「どのような実践が考えられるか？」などが，共有の主たる対象となる。Wong and Dillon (2019) や二宮 (2017) が指摘するように，理科と数学の位置づけは非対称的である。「学習内容の接続」に注意を払う一方で，「学習方法の接続」にも目を向ける必要がある。また，実践の共有には，実践の事前や事後における教員間のやりとりのみならず，授業観察などといった事中の共有も含まれている。

PLC は，漸進的ではあるが持続的にその効果を発揮し，学びの基準の改善に明確に結びついていく（ハーグリーブス，2015）ものであるが，それはまさに日本の授業研究によって達成されてきたものであった（スティグラー・ヒーバート，2002）。その一方，教科「理数」にあたっては，「国定カリキュラムと教科書」「授業研究をさせる専門用語」「授業研究のための書籍や雑誌，紀要」などといった，授業研究を支えているリソースが既存の教科よりも少なく，それが授業研究や PLC の構築の障壁となりかねない (cf. 宮川, 2021)。その意味では，本書は理数教育における新たなリソースとして位置づけられるだろう。

注

1) PLC の訳語をめぐっては，「専門職の学習共同体」以外にも「専門職の学び合うコミュニティ」（ハーグリーブス，2015）や「専門家の学びの共同体」（佐藤，2015），「専門的な学習共同体」（島田，2016）などのように一定のブレが見られる。そこで，本節ではこれらを総称して PLC と呼ぶ。また，引用箇所においても PLC と表記を統一することとする。

引用・参考文献

Brodie, K. (2014)：Professional learning communities in mathematics education, In S. Lerman (Ed.), *Encyclopedia of mathematics education*, 501-505, Springer.

中央教育審議会 (2015)：チームとしての学校の在り方と今後の改善方策について（答申）（中教審第185号），https://www.mext.go.jp/b_menu/shingi/chukyo/chukyo0/toushin/1365657.htm（参照日 2023. 3. 31）

Frykholm, J., & Glasson, G. (2010)：Connecting science and mathematics instruction: Pedagogical context knowledge for teachers, *School Science and Mathematics, 105*, 3, 127-141.

ハーグリーブス，A. (2015)：木村優・篠原岳司・秋田喜代美（監訳）：知識社会の学校と教師：不安定な時代における教育，金子書房.

Hord, S. M., & Sommers, W. A. (2008)：*Leading professional learning communities: Voices from research and practice*, Corwin Press.

Jaworski, B. (2008)：Building and sustaining enquiry communities in mathematics teaching development: Teachers and didacticians in collaboration, In K. Krainer & T. Wood (Eds.), *The international handbook of mathematics teacher education: Vol. 3. Participants in mathematics teacher education,* 309-330, Sense Publishers.

二宮裕之 (2017)：STEM 教育における数学の位置づけ―数学は STEM の「道具」に過ぎないのか―，日本科学教育学会年会論文集，41, 209-210.

Ostermeier, C., Prenzel, M., & Duit, R. (2010)：Improving science and mathematics instruction: The SINUS project as an example for reform as teacher professional development, *International Journal of Science Education,* 32, 3, 303-327.

松原憲治・高阪将人 (2017)：資質・能力の育成を重視する教科横断的な学習としての STEM 教育と問い，日本科学教育学会誌 科学教育研究，41, 2, 151-160.

宮川健 (2021)：日本の授業研究を支える社会的構造，日本数学教育学会 (編)「算数・数学　授業研究ハンドブック」，256-265, 東洋館出版社.

文部科学省 (2018)：高等学校学習指導要領（平成 30 年告示），東山書房.

文部科学省 (2019)：高等学校学習指導要領（平成 30 年告示）解説　理数編，東京書籍.

織田泰幸 (2011)：「学習する組織」としての学校に関する一考察―Shirley M. Hord の「専門職の学習共同体」論に注目して―，三重大学教育学部研究紀要，62, 211-228.

織田泰幸 (2012)：「学習する組織」としての学校に関する一考察（2）―Andy Hargreaves の「専門職の学習共同体」論に注目して―，三重大学教育学部研究紀要，63, 379-399.

織田泰幸 (2015)：「専門職の学習共同体」としての学校に関する基礎的研究（4）―Shirley M. Hord & Edward Tobia の研究に着目して―，三重大学教育学部研究紀要，66, 343-358.

織田泰幸 (2016)：「専門職の学習共同体」としての学校に関する研究―DuFour PLC モデルの理論的検討―，三重大学教育学部研究紀要，67, 257-275.

織田泰幸 (2017a)：「専門職の学習共同体」としての学校に関する基礎的研究（5）―Milbrey W. McLaughlin の「教授・学習の文脈」に関する研究に着目して―，三重大学教育学部研究紀要，68, 105-112.

織田泰幸 (2017b)：「専門職の学習共同体」としての学校に関する研究（2）―Milbrey W. McLaughlin & Joan E. Talbert の研究に注目して―，三重大学教育学部研究紀要，68, 291-306.

佐藤学 (2015)：専門家としての教師を育てる　教師教育改革のグランドデザイン，岩波書店.

島田希 (2016)：教師の力量形成に関する理論的動向：専門的な学習共同体理論等の展開，木原俊行・寺嶋浩介・島田希（編著）「教育工学的アプローチによる教師教育―学び続ける教師を育てる・支える―」，40-57, ミネルヴァ書房.

スティグラー，J. W., & ヒーバート，J. (2002)：湊三郎（訳）：日本の算数・数学教育に学べ―米国が注目する jugyou kenkyuu―，教育出版.

Vasquez, J., Sneider, C., & Comer, M. (2013)：*STEM lesson essentials, grades 3-8: Integrating science, technology, engineering, and mathematics,* Heinemann.

Watanabe, T., & Huntley, M. A. (1998)：Connecting mathematics and science in undergraduate teacher education programs: Faculty voices from the maryland collaborative for teacher preparation, *School Science and Mathematics,* 98, 1, 19-25.

Weinberg, A. E., & McMeeking, L. S. (2017)：Toward meaningful interdisciplinary education: High school teachers' views of mathematics and science integration, *School Science and Mathematics, 117,* 5, 204-213.

Wong, V., & Dillon, J. (2019)：'Voodoo maths', asymmetric dependency and maths blame: Why collaboration between school science and mathematics teachers is so rare, *International Journal of Science Education, 41,* 6, 782-802.

（森田大輔）

3 理科と数学の横断を実現するために必要な「教師の知識」

（1）授業づくりには何が必要なのか

　授業を計画したり実践したりする上で，教師になんらかの「知識」が求められることは言うまでもない。例えば，数学科教師には，代数，幾何，解析，統計の知識といった学問的な知識が必要であるが，それに加えて，生徒に練り上げを促したり，数学的に深く考えさせたりするような問題提示や発問といった指導方法についての知識も必要である。濃淡はあるにしても，教師はこれらの知識を大学での講義や教育実習で獲得しているはずである。もちろん，大学によって講義内容が異なり，教育実習先の実習担当教師の指導も異なるため，経験した教育実習によって教師が知っていることにも違いがある。

　しかし，教師がそれらの知識を知っていたとしても，授業がうまくいかず悩む教師も多い。「それは経験年数が足りないからである」という声も聞こえるが，その経験を積んでいる間に生徒は卒業をする。それだけで済むならまだしも，時代遅れになり，子どもや保護者が学校から離れ，時代に取り残された学校が出来上がってしまうであろう。日々多忙で授業の質を向上させなければならない教師としては，できる限り早い段階で，短い期間で，授業に関する様々な力量を形成できることが理想である。

　しかしながら，そのようにうまくいかないのが現状である。教師の力量形成には，学年主任や教科主任，管理職との巡り合わせが影響を及ぼすともいわれている。よい巡り合わせに恵まれるかどうかはもはや"運"である。しかし，この運任せの教師の力量形成ではなく，教師が自律して力量形成ができればよいのである。この方法の一つが，省察である。この省察を通して何を，どのように獲得するとよいのだろうか。

　本稿では，理科と数学を横断する授業をつくり，実践し，さらによい授業にするためには何が必要なのか，について考える。授業は「教授学的四面体」（西村他，2013）のように，目標，教師，教材，子どもの関係の中で成立する。これを授業分析の視点としても活用し，知識や意思決定力のような力量を形成することもできよう。理科と数学を横断する場合でもそれらの教科指導が前提となることから，本書では「教師は，教科内容の知識やその教科の学び方を考察することで，それらを『実践的な知識』として獲得する」という立場に筆者は立っている。

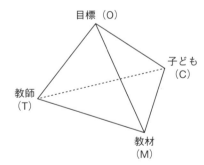

図 4-3-1　教授学的四面体（西村他，2013）

　教師の知識については，これまで国内外で研究が進められてきた。日本では，教育方法学，教育工学，教育心理学，そして教科教育での様々な視点で検討がなされている。

　本書は理数教育という視点で，教科を横断する授業も示しているが，それを踏まえると，例えば，数学科教師の立場から「理科の物理，生物，化学，地学などの知識も新たに必要なのではないか」「理科

第4章 社会と理数教育

の指導法を学ぶ必要があるのではないか」とお考えになる方もいるであろう。それらのすべてを，一気に学ぶことはほぼ不可能であろう。しかし，「…だから，やらない」と言っているわけにもいかない。では，私たちは何を獲得すべきなのだろうか。次項では，その獲得すべきものの1つである教師の「実践的知識」について紹介する。

(2) 教師の実践的知識とは何か

　教師は，教科専門の研究者（例えば，数学者）や，教育学者，教育心理学者とは異なる知識を教室において形成し，機能させている。これは「教師の実践的知識」といわれており，教師という職業が専門職として位置づけられる大切な要素である。特に，Clandinin (1986) は，「個人的実践的知識」における「知識」を，「経験から生じ個人の活動において表現される信念や確信や意識，あるいは無意識など」を指し，「授業の計画から評価にいたる授業実践を構成する活動のすべてを基礎づけるもの」として捉えている。教師の知識の研究は，それぞれの教科教育学研究でも行われている（例えば，Ball et al., 2008）。それらの研究はいわば，教師の力量を形成するための要素を見出し，力量形成の方法を示すだけでなく，教師を「ある教科を教える専門家」としての存在意義を高める研究であるともいえるであろう。

　アメリカのBallらは，小学校教師に必要な算数を指導するための知識を整理し，Mathematical Knowledge for Teaching (MKT) の図式化をした。この図は"エッグモデル"と呼ばれている。算数を指導する小学校教師を対象とした研究であるが，Knowledge of Content and Curriculum (KCC) やHorizon Content Knowledge (HCK) は，理数教育を指導する教師の育成にとっても重要な要素である。

　Knowledge of Content and Curriculum (KCC) は，指導する教科内容を取り巻く社会的状況と目的，教科の内容とその編成，その垂直的・水平的関連性，指導上の扱いといった，指導する特定の教科に限らない教科横断にも関わりうる知識である。

　Horizon Content Knowledge (HCK) は，数学の単元の中で扱われる題材の教育カリキュラム上の位置づけについての知識である。理数教育を目指した授業においても教師自身が専門とする教科内容の位置づけは考慮されなければならない。

　MKTのようなモデルだけではなく，教師の知識を"総和"として捉えるのではなく，教育実践を通した教師としての学習過程と不可分である（鹿毛, 2017）ことを踏まえて捉えなければ，教師の力量を形成する方法を見出すことも，力量が形成される様子を捉えることもできないと考えられる。

　これらを踏まえると，「理科と数学を横断する授業を計画し，評価し，実践」する教師にはどのような実践的知識が，どのように獲得されるのか。まず，獲得される実践的知識について，アメリカで教師の知識の研究を行ったShulmanのPedagogical Content Knowledge (PCK) を紹介する。

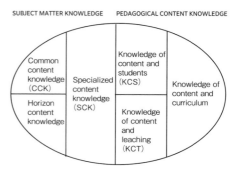

図4-3-2　Mathematical Knowledge for Teaching
(Ball et al., 2008)

188

a. Shulman の PCK 概念

明治時代以降，そこでの授業研究は，生徒の学び方に焦点が当てられている。日本において，質の高い教育が行われてきた学校は，今もなお，授業研究が行われ続けている。この生徒の学び方を学ぶことこそ，教師の力量形成の基本的な方法であると考えられる。Shulman（1986）は教師の力量に必要な要素として PCK を提唱した。Shulman は PCK を「内容に関する知識（content）と教育方法に関する知識（pedagogy）の特別な混合物（the special amalgam）」と定義している。Shulman（1986）はさらに，教師が獲得している教科の内容に関する知識が，教えるという文脈の中での教科の内容に変換されていなかったことを指摘している。

さらに，Shulman は教師に必要な知識の構成要素として次の 7 つを示した。

- ・教材に関する知識（knowledge of subject matter）
- ・PCK（Pedagogical Content Knowledge）
- ・他の内容に関する知識（knowledge of other content）
- ・カリキュラムに関する知識（knowledge of curriculum）
- ・学習者に関する知識（knowledge of learners）
- ・教育の目的に関する知識（knowledge of education aims）
- ・一般的な教育方法に関する知識（general pedagogical knowledge）

教科横断型の授業を踏まえると，これらの知識を量的にとらえたとき，つまり「教師はどれだけの知識を持っていなければならないのか」と考えるとき，上記のそれぞれの知識は莫大な量になるであろう。これらの知識を「どれだけ持っているかどうか」ではなく，「どのように学ぶか」という教師の力量形成のプロセスが重要である。

b. 教師が力量を形成するプロセス

Shulman（1987）は，これらの知識は，日々の教育実践の創造と反省の過程を通して形成され獲得されるものとしている。その過程は pedagogical reasoning and action（教授学的推論と活動）と呼ばれている。このプロセスでは，教師は「理解」，「翻案」，「授業」，「省察」，「新しい理解」という活動する。これらの活動のうち，Shulman は「翻案」を「準備」「表現」「選択」「生徒の特性に合わせた適合と仕立て」とさらに細かく表している。徳岡（1997）の解釈も踏まえると，Shulman はこれらを次のように説明している。

1　理解
　　教育の目標と教育内容を理解する。教える内容については批判的に考察することが望ましい。その教育内容と同じ教科の他の教育内容との関係，他の教科の教育内容との関係について理解すること。
2　翻案

教師が持っている学問内容についての知識を教授学的に力強く，さらに学習者の多様な能力や背景に対応できるような形態に変化させる。

〈2-1　準備〉　教材を丹念に調べ，学習者に教えられるように教材を構造化し，分節化すること。

〈2-2　表現〉　教師が教えたい教育内容を学習者が理解できるように表現を改めること。

〈2-3　選択〉　一連の教授法とモデルから教授学的な選択を行うこと

〈2-4　生徒の特性に合わせた適合と仕立て〉　学習者の特性に，上記の表現と教材を適合わせること。さらに，適合させたものを特定の学習者に教材を合わせること。ここで考慮すべき学習者の特性は，学習者の能力，性別，言語，文化，動機付け，先行知識・スキル，概念，誤った先行概念，期待，動機，困難度，ストラテジーなどである。

3　授業

実際の授業場面

4　評価

授業中に学習者とのやり取りの中で彼らの理解度をチェックすること。公的な試験や校内の定期試験も含む。

5　省察

教師が自らの授業を振り返って，そこでの出来事，感情，成果などについて検討すること。

6　新しい理解

「1　理解」に上記までの推論の経験が加えられている状態にすること。

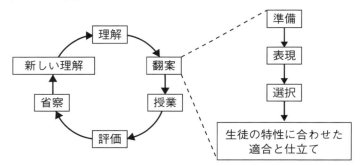

図 4-3-3　Shulman（1987）を参考にした「教授学的推論と活動」のモデル

つまり，教師は子どもの特性や発達などの観点から，教育内容を構造化し，それらを照らし合わせて教材を吟味し，教材を作成する。教師は教えたい概念を生徒の既有知識や経験と関連させて理解させるために，アナロジーやメタファーなどについて検討する。

この「評価」は，子どもの成績をつけるのではなく，省察的実践家としての特徴である「省察」の材料の1つになるものである。この「評価」と教師自身の行為や考え方の根源にまで目を向ける。それが授業実践において適切であったかを批判的に考えることである。そして，それらを終えて「新しい理解 (new comprehension)」に至る。これらの Shulman が定式化した一連の過程を絶え間なく循環し続けることで教師の力量が形成される。

（3）理科と数学の教師で省察をして授業づくりをしよう

　これまで，実践的知識とその獲得のプロセスについて先行研究の紹介を中心として行ってきた。教師の力量の獲得を考えるときは，「何を獲得するのか」「どう獲得するのか」といった内容と方法をセットにすることが重要である。

　省察をし，新しい理解をしながら授業づくりをすることが重要である。教師が単独で省察をするよりも，できる限り複数人で行うことが望ましい。これは経験年数や所属問わずにともに取り組む教師を集めるとよい。これは，たった3週間で，教壇に立てるまでの成長を遂げる教育実習生や教育実習指導担当教諭の学びが物語っている（越智他, 2023）。知識や信念は他者との相互作用を受けて形成されるからである（森田, 2019）。職員室にいる教師を何人か集めて，以下の問いに取り組んでみてほしい。

　なお，以下の問いは，筆者の以前の勤務校（東京都・聖ドミニコ学園中学高等学校）にて有志の教員でも定期的に取り組んだ教科横断の授業づくりの検討会でのやり取りをもとにして作成した（太刀川他, 2023）。なお，その中での教員の発言の一部を例として本稿の末に掲載する。

　実践経験がある場合は過去のエピソードを語りながら，そこで「何を」「どう考えたか」をポイントに考えると，取り組みやすいであろう。大学生や大学院生で授業の経験がない場合には，以下の問いをアレンジして取り組んでもよい。無理に話を収束させようとせずに，ディスカッションをしてほしい。

a. 問い

　問1　これまでの自分の担当教科の授業実践や本書の教材例では，どの教科のどのような内容を生徒が学ぶことができるのか考えなさい。

　問2　問1に基づいて，授業での生徒の反応（予想や解答）を想定しなさい。また，授業を想定すると，生徒が直面すると考えられる困難を答えなさい。また，そしてそれを乗り越えるための指導方法とその提唱者もできる限り答えなさい。

　問3　問1の授業実践や教材例と，現実の社会とのつながりを考えなさい。

　問4　その教材で授業を実践し，生徒たちが獲得している力を考えなさい。

　問5　上記の問1から5のプロセスを通して，取り組むのに苦労した点や参考になった他者の意見などを挙げ，共有（あるいは記録）しなさい。

b. 各問いに対する具体例

　問1　【数学科】数学と理科との教科横断の授業づくりでは，物理とは教材案が浮かびやすかったが，今回は生物とのコラボを考えてみた。捕食者と被捕食者との関係は，Excelをつかったセルオートマトンシミュレーションだけでなく，カードを用いてICTが無くとも手軽にシミュレーションができる。この教材を通して，数学としては予測する力や，変数を抽出する力，式で表す力（今回は漸化式）をつけてほしい。

　問2　【数学科】そもそも，手も足も出ないという生徒が多いのではないか。いきなり式で表して処

第4章　社会と理数教育

理しようとする生徒も多いであろう。それを乗り越えるために，1ターンごとに捕食者数と被捕
食者数を問いかけて表でまとめて，変化を捉えて，その次はどうなるかを粘り強く予想し続けた
い。生徒の様子に応じて，式に表す必要感が出たときに式に表したい。

問3　【生物科】感染症の流行を予測することや，環境破壊による生態系のバランスの崩壊につなが
る。食物ピラミッドの構造や植生の遷移のシステムは図を覚えるだけでとどまりがちであるか
ら，より深く学んでほしい

問4　【生物科】学力試験では教科横断で得られ得る力を測ってはないが，実験に意欲的に取り組ん
だり，夏休みの自主的なサイエンスプログラムに参加する生徒が表れてきたようである。実践し
た直後のため，結果はまだ収集中である。

問5　【数学科】どのタイミングで，どのような形式で行うかをぎりぎりまで生物科の教員と悩んだ。
教科横断の授業を特別な時間感を出したくなく，普段から数学と理科がつながっているというこ
とを生徒にも他の教員や保護者にも伝えたかった。生物科とは，生徒が興味関心を持って取り組
んでくれたり，日常的にも数理を使ってよりよく生きるようとしてくれたりする態度をどう育成
するかを悩んでいるということがわかった。中学校の理科の教科書や高等学校の生物の教科書は
数学の題材の宝庫であることがわかった。

引用・参考文献

Ball, D. L., Thames, M. H., & Phelps, G. (2008): Content knowledge for teaching : What makes it special?, *Journal of Teacher Education, 59*, 389-407.

Clandinin, D. J. (1986): *Classroom Practice : Teacher Images in Action*, Falmer Press.

八田幸恵（2010）：リー・ショーマンにおける教師の知識と学習過程に関する理論の展開，教育方法学研究，35, 71-81.

鹿毛雅治（2017）：教師の専門的能力，日本教師教育学会（編），教師教育研究ハンドブック，226-269. 学文社.

西村圭一・松田菜穂子・太田伸也・高橋昭彦・中村光一・藤井斉亮（2013）：日本における算数・数学研究授業の実施状況に関する調査研究，日本数学教育学会誌 算数教育，95, 6, 2-11.

森田大輔（2019）：数学教師はどのように学習者中心の指導を志向するようになるのか？―ライフストーリー研究を用いた事例研究―，科学教育研究，43, 4, 385-397.

越智拓也（2023）．STEM系教科／領域を基軸とした教科横断的な教材開発を志向した理論的研究，聖ドミニコ学園教育研究紀要.

Shulman, L. (1986): Those who understand : Knowledge growth in teaching, *Educational Researcher, 15*, 2, 4-14.

Shulman, L. (1987): Knowledge and teaching : Foundations of the new reform, *Harvard Education Review, 57*, 1, 1-22.

太刀川祥平・中川優子・越智拓也（2023）：中学校における教科横断型授業の開発と教師教育に関する一考察 「生態系のシステム」を題材として，日本科学教育学会第47回年会論文集，445-448.

徳岡慶一（1995）：pedagogical content knowledge の特質と意義，教育方法学研究，21, 67-75.

（太刀川祥平）

第5章

教育実践編

1 単振り子の等時性を探る

(1) 単振り子の学習の概要

　単振り子の学習は，小学校5年理科と高等学校物理で扱われている。小学校の単振り子の学習では，実験を通しておもりの重さ，振り子の長さ，振り幅をかえながら，振り子の重さや振り幅に関係なく，振り子の長さに依存して単振り子の等時性が見いだされることを学んでいる。中学校理科では単振り子の学習はない。高等学校物理では等速円運動，角速度，変位・速度・加速度，ベクトル，差分，運動方程式，単振動，三角関数に関する極限値等を利用して，理論的に単振り子の等時性の公式を導いている。高等学校物理の学習で利用するベクトルや関数の極限値の数学的な知識は，高等学校物理の学習が先行する傾向にある点は，指導上配慮しなければならない。

　単振り子の等時性を実験的な知識と理論的な知識でとらえることは非常に重要で，小学校と高等学校で指導されているものの，実験的な知識は小学校で，理論的な知識は高等学校で扱われる時間的に間が空くだけでなく，実験的な探究と理論的な探究がそれぞれ独立した形態になってしまっていることから，両者の関係を捉える学習場面がないのが実態であろう。本節では単振り子の学習を，理科と数学を総合する指導の教材としてとらえ，物理と数学の指導内容が関連し合う高等学校物理の指導内容に着目したうえで，実験的な知識と理論的な知識も確認する指導に注目する。

(2) 高等学校物理の指導内容

　高等学校物理の教科書における単振り子の取り扱いの概要を，以下の (a) から (j) に示す。教科書のページ数にすると10頁あまりの分量の内容である。物理科の教員に伺うと，授業では50分で等時性の公式（式6）まで導出する展開になっているという意見が大多数である。

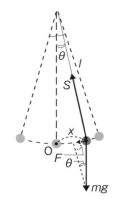

図 5-1-1　単振り子の復元力（物理　数研出版 2013）

a. 教科書における単振り子の取り扱い

(a) 等速円運動を考えて，角速度 ω（単位時間当たりの回転角）を定義する。

(b) 等速円運動する物体の変位の差分を縦軸に正射影して，時間を横軸にとって正弦曲線に表す。同様にして速度と加速度（単位時間当たりの速度の変化）の差分をベクトルで表し，それらを正射影した差分を縦軸に正射影して，時間を横軸にとって正弦曲線に表す［図5-1-4］。また，等速円運動の物体にかかる力も，運動方程式から導く。

(c) 等速円運動を正射影した単振動で，等速円運動で考察した物体の変位，速度，加速度に注目し，それらの変化のしかたを，グラフを示して解説する。さらに単振動における速度と加速度の公式を導出する。

（d）単振動の復元力を定義し，復元力を，加速度を用いて表した式と，復元力を，変位を用いて表した式を利用して，単振動の周期 T の公式 $T=2\pi\sqrt{\dfrac{m}{K}}$（$m$ は物体の質量，K は正の定数）…（式1）を導く。

（e）図5-1-1の単振り子の復元力に着目し，振動の中心から糸がなす角（以下，振れの角度）を θ とするとき，物体にかかる重力下を，復元力の公式として，$F=-mg\sin\theta$ …（式2）と導く。

（f）振れの角度が θ の時，物体の変位 x を糸の長さ ℓ を用いて表す。この過程で，変位 x を用いて揺れの角度 θ を表す工夫をして，復元力の公式（式2）を $F=-mg\sin\dfrac{x}{l}$ …（式3）に変形する。

（g）単振り子の振れの角度 θ が小さいとき，単振り子は一直線上を往復するとみなせることから，単振り子の動きを単振動と見なしてよいことを確認する。

（h）振れの角度 θ が十分小さいとき，$\sin\theta\fallingdotseq\theta$ が成り立つことを伝え，$\sin\dfrac{x}{l}\fallingdotseq\dfrac{x}{l}$ …（式4）を導く。

（i）（式3）と（式4）から，$F\fallingdotseq-mg\dfrac{x}{l}$ …（式5）を導く。

（j）（式1）と（式5）から，$K=\dfrac{mg}{l}$ となることを示す。このことを利用して，単振り子の周期 T の公式 $T=2\pi\sqrt{\dfrac{l}{g}}$（$\ell$ は糸の長さ，g は重力加速度）…（式6）を導く。このとき「$\fallingdotseq$」を「$=$」とみなす。

（3） 教科「理数」を意識した単振り子の学習指導案

前項で導いた単振り子の等時性の公式（式6）の導出の過程を数学科の視点で見ると，（式4）の利用のしかたが気になる。なぜならば，（式4）は振れの角度 θ が十分小さいときの極限値だからである。極限値であることを緩和するために「$\fallingdotseq$」が使われていると推測するものの，揺れの角度 θ が十分小さいときは，単振り子はほとんどどころかまったく動いていない状況だと考えざるを得ない。このことは p.201 の（6）で触れるのだが，物理科の教員に，この疑問をぶつけたところ，揺れの角度 θ が十分小さいときについて特段の配慮をしていなかったという意見が多い。数学科の視点でみると大きな疑問を感じてしまう。

この疑問を解決するために専門書をひも解いてみたところ，楕円関数を利用することで単振り子の等時性は振れの角度 θ は1ラジアン程度まで維持されることが判明した（戸田，1994，20）。単振り子の等時性を示す数学的モデルは楕円関数を用いたモデルがよりよいといえる。ただし楕円関数を学修するのは理学部数学科や物理学科でも，大学上級学年あるいは大学院である。一方で，大学理学部物理学科の下級学年では，θ が0の近傍で，$\sin\theta$ のテイラー展開を利用して単振り子の等時性を導出していることもわかった。数学や物理に強い関心を持つ SSH の生徒であれば，探究する内容として挑戦する上では適切かもしれない。しかし本節では，より一般化した学習指導案を立案したいと考え，高校物理の学習内容を数学的に振り返る学習を，理数探究の授業として提示する。

a. 学習指導概案と予想される生徒の反応
（a） 学校種

普通科高等学校，高等専門学校などを想定している。

(b) 学年，教科名，単元名

　数学Ⅲを履修する高校2年，ないし理数探究で数学や物理について探究する生徒に対して，探究の方法を指導する場面を想定している．c．(a) と (b) で示す2つの学習内容は，いずれも単振り子の等時性の公式を導出した後で，その過程を振り返る場面を想定している．そして，高等学校の物理と数学の学習内容を俯瞰する学習形態をとりながら，大学の下級学年の学習内容まで視野に入れる．

b．本時の目的，授業のねらい

- 高等学校物理の教科書が，単振り子の等時性の公式を導出する過程を振り返りながら，数学の学習内容と対比することで，数学の学習内容を俯瞰する機会を設ける．例えば差分でとらえる物理の考え方と微分の考え方を関連付けて意識化したり，単振り子の動きを単振動に見なす活動を意識化する．
- 大学理学部物理学科や数学科などの下級学年の学習内容も，本時で提示することで，専門分野の学習に興味を持ち，主体的な探究活動のきっかけとする．

c．実践の方法

(a) 等速円運動する物体の変化をとらえるグラフの読み取りの授業

　この授業の冒頭では，物体の変位・速度・加速度の様子を説明する図やグラフの意味を読み取り，解釈できるようになることを目的とする．最初に等速円運動の様子をプロットした図を示しながら，それらのプロットを正射影して単振動と同じ変化を示していることを写真で提示する［図5-1-2のⓑ］とともに，この図を縦軸に正射影した，横軸に時間をとったプロット状のグラフを提示する［図5-1-2のⓒ］．図5-1-2のⓒのキャプションには「おもりの振動をフィルムを等速度で横にずらしながら撮影したもの．」と書かれている．そこでこの授業では「教科書に示されている図（図5-1-2のこと）の下に書かれている『おもりの振動をフィルムを等速度で横にずらしながら撮影したもの．』をヒントに，図5-1-2のⓑとⓒの等速円運動のストロボ写真が，時計回りに回転しているのか反対回りに回転しているのか考えてみよう．」と発問する．この発問によって，フィルムを等速で引き出すと考えれば，生徒は時計と反対回りに等速円運動していることに気付くであろう．その上で，図5-1-2のⓑ及びⓒと，変位を示す等速円運動及びその動きを表す正弦曲線の図5-1-3を対比するように指示する．図5-1-3では，物体の動きの時系列が分かるように丸番号で物体の位置を示しているので，図5-1-2のⓒと図5-1-3は同じ運動の様子を表していることに気づくだろう．

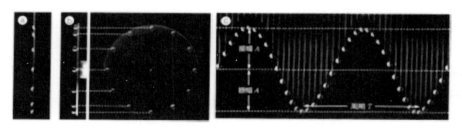

図5-1-2　等速円運動と単振動の関連を示すストロボ写真（物理　数研出版 2013）

1 単振り子の等時性を探る

　次に変位の定義を明確にする。図5-1-3の変位のキャプションをよく読んで，物体Pから縦軸であるx軸に垂線を下ろした交点Qの意味を検討するように指示する。数学の学習の影響を受けて，多くの生徒は，x軸は横軸と考えている可能性がある。しかし，変位の変化を捉えるグラフの縦軸が変位x，横軸が時間tである。図5-1-3にある等速円運動の図や変位を表すグラフの考察を受けて，生徒は変位xが時間tの関数で表されていることを認識し，関数を表す式$x=A\sin\omega t$は，変数がx及びt，定数がA及びωであることを峻別できるようにする。こうした指導によって，数学の慣例である，縦軸はy軸で横軸をx軸，xが独立変数でyが従属変数であることから脱却するきっかけにできるだろう。またこの指導は，現実の場面にある等速円運動や単振動と単振動の数学的モデルの関係に意識化する機会でもあるので，生徒の状況に応じて，現実の事象と数学モデルの関係を強調した指導も可能である。

　この後，単振動の変位の学習を踏まえて，図5-1-4に示した単振動の速度と加速度の図について，ⅰ）それぞれの正弦曲線の縦軸と横軸が表す変数は何か，ⅱ）それぞれの独立変数と従属変数は何か，考えるように指示する。これらの問いかけに対する生徒の反応をまとめ，それを以下のように確認する。

・単振動の速度について，その縦軸は等速円運動の物体の速度の正射影vで，その向きを意識しながらグラフに表していること，vはtの関数であること，横軸は単振動の変位と同様に時間tをとっていること。

・単振動の加速度について，その縦軸は等速円運動の物体の加速度の正射影aで，その向きを意識しながらグラフに表していること，aはtの関数であること，横軸は単振動の変位と同様に，時刻tをとっていること。

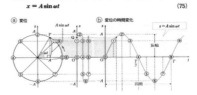

図 5-1-3　単振動の変位
（物理　数研出版 2013）

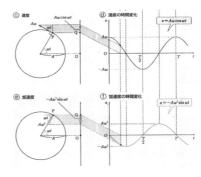

図 5-1-4　単振動の速度・加速度
（物理　数研出版 2013）

　生徒によっては，上記のような反応ができない可能性もある。その大きな要因として考えられるのは，ベクトルの理解不足である。図5-1-4の速度も加速度も，時刻tに等速円運動をしている物体Pの速度と加速度をベクトルで表示し，それを縦軸に正射影した上で，等しいベクトルを平行移動して時刻tにおける速度や加速度として表示している。等しいベクトルの定義が理解できていなければ，なぜ平行移動してよいのかが分からないことが想定される。さらにまた，物体の速度は接線方向の向きを持つことがイメージできても，加速度がなぜ円の中心に向かっているのかをとらえるのは難しいことも想定される。力の向きは加速度の向きに一致することを理解していることが必要である。そこで，等速直線運動している物体の軌道を変えようとするときは，軌道を変える方向に力をかけ続ける必要があることに触れることが考え

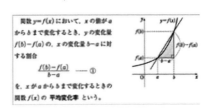

図 5-1-5　平均変化率
（数学Ⅱ教科書　数研出版（2012））

第 5 章　教育実践編

られる。スケートやスキーで向きを変えるとき，曲がる方向に力をかけ続けている経験を事例にあげるなどして，力の向きを認識できるようになることが必要だろう。力の向きと加速度の向きが一致することを理解できると，運動方程式を考えるときにも納得しやすいと考えられる。

　ところで正弦曲線は高等学校物理でよく扱われる。それらのグラフの縦軸と横軸を注視すると，変位・速度・加速度をとらえるときと同様に，時間を横軸にとっている場合ばかりではない。単振り子の学習に続く波動の学習では，横軸は波源からの距離である。独立変数と従属変数を的確に捉えて，グラフや関数を利用しながら何をとらえようとしているのか，つまり何を独立変数にしているのか，いつも意識できるような生徒の育成が重要である。繰り返し行われるであろうこの指導は，物理の学習で何をとらえようとしているのかを常に考えるようになるだけでなく，変数として x や y ばかりを多用する数学の関数の表し方から脱却することにつながるだろう。取り扱う内容の関係から，物理科と数学科の教員の協働が欠かせない学習内容であるので，学習指導案の共有などの事前の準備は大切になる。変位・速度・加速度にかかる指導時間は 50 分を想定しているが，生徒の実態などによって調整は必要である。

　なお，生徒の学習の状況や，活用できる時間の確保の状況によっては，物理の速度や加速度で差分を利用していることを解説したり，数学では差分の取り扱いにとどまらず，微分の考え方を導入していることにも触れることができる。必要に応じて，数学Ⅱで扱う平均変化率［図 5-2-5］や微分の定義等も物理の授業で援用して，差分と極限の考え方を整理することも可能だろう。

(b)　$\sin\theta \fallingdotseq \theta$ の数学的な解釈の授業

　本節で引用している物理の教科書では，$\sin\theta \fallingdotseq \theta$ について，単振り子の復元力を示す図 5-1-1 の直後に，図 5-1-6 が記述されている。そこでは「振れの角 θ〔rad〕が十分小さい（糸の長さ ℓ に比べて変位 x が十分小さい）とき，$\sin\theta \fallingdotseq \theta$ が成りたつ」とある。この記述に関する数学Ⅲでの扱いは $\lim_{\theta \to 0}\dfrac{\sin\theta}{\theta}=1$ である。ここでは θ を限りなく 0 に近づけるという関数の極限の考え方が用いられており，θ を微動すらしない状況にしていった場合に成りたつ性質である。この点について，筆者が行った高等学校物理科の教員へのインタビューでは，多くの教員が，物理の授業では θ の大きさをあまり吟味しないままで $\sin\theta \fallingdotseq \theta$ を利用することが多いと発言していた。そこで，本節で示すこの授業では，図 5-1-6 の記述に着目しながら，生徒に「教科書には $\sin\theta \fallingdotseq \theta$ が成りたつのは，振れの角 θ が十分小さい（あるいは，糸の長さ ℓ に比べて変位 x が十分小さい）と記述されている。揺れの角 θ が十分小さいとはどういうことなのか，解釈してみよう。」と発問する。この発問に対して，生徒はほんの少し揺れるぐらいの場面が適切であると指摘することが想定される。その場合「ほんの少しでも振れの角をとることは認めてよいのだろうか。」と補助発問を行う。それでは単振り子にならない，物理の教科書に掲載されている単振

重力 mg の，円弧に対する接線方向の成分 F は

$$F=-mg\sin\theta$$

ここで，小球の点 O から円弧にそった変位 x は，$x=l\theta$ であるから

$$F=-mg\sin\frac{x}{l} \quad \cdots\cdots ①$$

振れの角 θ〔rad〕が十分小さい（糸の長さ l に比べて変位 x が十分小さい）とき，$\sin\theta \fallingdotseq \theta$ が成りたつから

$$\sin\frac{x}{l} \fallingdotseq \frac{x}{l} \quad \cdots\cdots ②$$

①，②式より

$$F \fallingdotseq -\frac{mg}{l}x$$

図 5-1-6　$sin\theta \fallingdotseq \theta$ の記述
（物理　数研出版 2013）

り子は振れの角を0に近づけている写真ではない，といった発言も予想される。こうした生徒の予想される反応を受けて，数学Ⅲの教科書の扱いを示し，関数の極限を再考する機会を設ける。

　生徒が$\sin\theta \fallingdotseq \theta$を利用するのであれば，単振り子の振れの角を大きくできないことを認識した後に，本当に単振り子の振れの角は大きくできないのかどうか，実験を行って現実の事象をとらえ直す活動を行うことが有用であろう。理数探究の時間を利用してこの授業を行う場合は，小学校5年で扱う単振り子の実験程度でもかまわないので，ぜひ生徒に等時性の実験を促すことが望まれる。この実験をすれば，生徒は振れの角に着目して，多様な実験計画を立てる生徒が出てくることが期待できるからである。この実験をしてみると分かることであるが，振れの角は30度より大きい角になっても，単振り子の等時性は維持されている状況を実感できる。ただし，時間的制約が大きい数学や物理の時間を利用してこの授業を行う場合は，理科系の大学に進学する学生が一般的に学ぶ，以下の内容について解説することでとどめることも考えられる。

・関数を多項式に変換する手法があり，$f(\theta)=\sin\theta$としたとき，その右辺$\sin\theta$は$\theta=0$の付近で
$$\sin\theta = \theta - \frac{\theta^3}{3!} + \frac{\theta^5}{5!} - \frac{\theta^7}{7!} + \frac{\theta^9}{9!} - \cdots（式7）$$
　と展開できることを伝え，θが0に近づくときに第2項以下の値は限りなく0に近づくことから，
　$\sin\theta \fallingdotseq \theta$が導けることを伝える。また，この式は$\sin\theta$のテイラー展開ということも伝える。
・楕円関数の考え方を利用すると，等時性の公式は，振れの角が1ラジアン程度までであれば，等時
　性の公式が成りたつことを伝える。

　$\sin\theta$のテイラー展開については，表計算ソフトを利用して，
$$f_1(\theta)=\theta, f_2(\theta)=\theta-\frac{\theta^3}{3!}, f_3(\theta)=\theta-\theta\frac{\theta^3}{3!}+\frac{\theta^5}{5!}, \cdots$$
として，これらの関数のグラフを表示するように生徒に促すとよい。そして正弦曲線と比較する機会を設ければ，生徒は$f_3(\theta)$でもかなり正弦曲線と重なることを知り，テイラー展開の近似のよさに驚くだろう。

　また，楕円関数については，教員からの伝達にとどめる程度でよいだろう。楕円関数の議論を深めていくと，生徒の活動時間を多く必要とするだけでなく，議論の対象が振れの角度になってしまって単振り子の等時性に関する議論からかけ離れてしまう可能性があるためである。ただし，楕円関数を活用した考察結果まで触れておかないと，単振り子の等時性が振れの角の大きさを1ラジアン程まで保証されることを説明できないのも事実である。

　この授業の，特に大学で学習する内容については，理数探究で主体的に探究を試みる生徒にとっては，どちらもそれほど苦にせず取り組む可能性がある。楕円関数については，大学の理学部数学科の上級学年以上の探究内容なので難しさはあるが，楕円関数を駆使できる高校生もいないわけではない。理数に強い関心を持つ高校生であれば，十分に理解して駆使できることを目の当たりにした経験があるだけに，楕円関数を利用して振れの角度について考察する学習は，理数探究で生徒が主体的な探究をする場合の題材になり得る。

第 5 章　教育実践編

　なお授業時間は，単振り子の等時性の実験を含んだ授業であれば，150 分を想定しているが，単振り子の実験を行わない場合は，50 分を想定している。

表 5-1-1　学習指導案・指導過程

	教師の働きかけ	生徒の活動・反応	留意事項
導入	物理の教科書の写真［図 5-1-2］の動きの解釈をするように指示する。	生徒は図 5-1-2 の解説も読みながら，等速円運動の動きの時間的変化に着目した正弦曲線の意味を理解する。	考えが進まない生徒には，図 5-1-2 と図 5-1-3 の解説文を理解するように促す。
展開 1	教科書が示す「変位」の定義を確認する。	変位の時間的変位を捉えたのが $x = A\sin\omega t$ であることを理解し，変数が x と t，定数が A と ω であることも捉える。 縦軸と横軸の変数が x と y でないことに違和感を持つ生徒がいる。	縦軸が x，横軸が t であることに違和感を持つ生徒もいるので，図 5-1-3 で示す正弦曲線の式の独立変数と従属変数を考えるように促す。
展開 2	次に，等速円運動の速度と加速度の様子を時間 t の関数として捉える。等速円運動の速度と加速度はベクトルとして捉えた上で正射影して考える点に着目できるようにする。	ベクトルの理解が十分でない生徒が，ベクトルを平行移動してよいことを理解できない場合がある。 図 5-1-4 を利用して，$v = A\omega\cos\omega t$，$a = -A\omega^2\sin\omega t$ となり，変位 x と同様に，時間 t の関数であることを理解する。	等速円運動の速度と加速度には向きと大きさがあるベクトルとして捉え，しかも縦軸に正射影したベクトルの始点を横軸上に平行移動するため，ベクトルの数学的理解が必要である。かなり困難を感じる生徒がいる可能性がある。 物理の教科書を利用して，復元力についての理解を深める。
展開 3	単振動の復元力を定義し，単振動の復元力を加速度を用いて表した式と，復元力を変位を用いて表した式を利用して，単振動の周期 T の（式 1）を導く。また，単振り子の復元力に着目し，単振り子の振れの角度 θ の時に物体に係る重力 F の（式 2）を導く。 $T = 2\pi\sqrt{\dfrac{m}{K}}$　…（式 1） （m は物体の質量，K は正の定数） $F = -mg\sin\theta$ …（式 2） 　また，触れの角度が θ の時，物体の変位 x と糸の長さ ℓ を用いて復元力の（式 2）を（式 3）に変形する。	単振動の復元力や単振動の復元力について，物理の教科書を利用しながら理解を進める。	
展開 4	$F = -mg\sin\dfrac{x}{\ell}$ …（式 3） 　図 5-1-6 の物理の教科書の記述 $\sin\theta \fallingdotseq \theta$ を利用して，（式 5）を導く。 $F = -mg\dfrac{x}{\ell}$ …（式 5） 　（式 1）と（式 5）から，定数 K を導く。 $K = \dfrac{mg}{\ell}$	数学Ⅲの教科書を利用して $\displaystyle\lim_{\theta\to 0}\frac{\sin\theta}{\theta} = 1$ の数学的証明を確認する。	数学Ⅲの教科書を利用して，三角関数の極限値についての理解を確認する。 　$\sin\theta \fallingdotseq \theta$ を利用するとき，触れの角度は限りなく 0 に近くになって，振り子の動きはほとんど見えないが，実験では触れの角度は大きかったと考える生徒には，楕円関数の知見から，触れの角度が 1 ラジアンぐらいまで等時性が保存されることが確認できていることを伝える。 　生徒の状況によって，振れの角度 θ が 0 の近傍で $\sin\theta$ のテイラー展開を利用して，数学Ⅲの証明を補足することも可能である。
まとめ	$T = 2\pi\sqrt{\dfrac{\ell}{g}}$ …（式 6） （ℓ は糸の長さ，g は重力加速度）を導く。		

200

（c）　その他の題材の可能性

　高等学校物理の教科書の展開の中には，等速円運動を単振動と見なす活動，単振り子の動きを単振動と見なす活動が含まれている。見なす活動も，現実の事象の事柄を理想化や単純化することで数学的なモデルを見いだす大切な過程である。このことを指摘して，現実の事象を数学化する考え方に着目することができる。また，単振り子の等時性の公式を導出する過程を数学的に見直すことで，生徒の実態に応じて弧度法や三角比の復習も可能である。

引用・参考文献
石田章一他（2015）：わくわく理科5，啓林館，120-131.
金児正史（2018）：物理の教科書を数学的に読み取る学習の考察：単振り子の等時性を示す公式の考察，日本科学教育学会年会論文集，42，111-114.
金児正史，小島敦，池田誠喜（2019）：学校種を超えた教科・科目を総合する教材研究，鳴門教育大学学校教育研究紀要，33，43-49.
金児正史（2020）：より高度な数学の考察を加えた物理公式の探究とその指導の提案：「理数探究」を意識した単振り子の等時性の公式の探究，日本科学教育学会研究会研究報告，34，4，21-24.
金児正史（2020）：単振り子の等時性公式を題材とした理数探究の指導，日本科学教育学会年会論文集，44，105-108.
國友正和他（2013）：物理，数研出版，56-77.
文部科学省（2018）：高等学校学習指導要領（平成30年告示）解説　理数編，東京書籍.
文部科学省（2019）：理数探究」の充実とSTEAM教育について（令和元年2019. 9月），Retrieved from https://www.mext.go.jp/b_menu/shingi/chukyo/chukyo3/004/siryo/__icsFiles/afieldfile/2019/09/11/1420968_8.pdf（2021.5），（参照日2023.2.12）.
大島利雄他（2014）：数学Ⅱ，数研出版，114.
大島利雄他（2014）：数学Ⅲ，数研出版，136-137.
戸田盛和（1994, 2018, 第13版）：一般力学30講，65-68.

（金児正史）

第 5 章　教育実践編

2 四角形の重心を求めよう

（1）教材開発の背景

　「重心」は，日常生活でも使われる言葉である。「重心を低くする」「重心を移動する」といった，ものの運動には欠かせない概念である。この概念は，物理だけでなく，数学でも学ばれている。しかし，数学での扱われ方は，教科書に沿うと教科横断の段階までには至っていない。これを踏まえると，教師によって扱い方は異なるであろう。

　はじめに教科書における「重心」に関わる内容の取り扱いを概観する。中学校第 1 学年の数学では，「作図」において，線分の垂直二等分線，角の二等分線，点から直線に対する垂線の作図について学習する。中学校では，三角形について，それぞれの角の二等分線を作図させて，それらが 1 点で交わることや，それぞれの辺の垂直二等分線が 1 点で交わること，それぞれの辺の中点と角を結んだ線が 1 点で交わることを確認する程度で留まることが多い。また，高等学校では，数学 A において，作図と図形の論証を学習する。ここで「重心」が登場するのだが，学習は証明することにとどまる。証明した後，「他の図形ではどのように証明するのだろうか」といった発展的な学習をすることが数学の醍醐味であると筆者は考えているが，中学校・高等学校の学習では三角形の重心の作図とその証明を活用する段階までは至らないであろう。数学 B「ベクトル」では，位置ベクトルを導入し，重心をベクトルを用いて表現し，重心をベクトルを用いて考察する。しかし，ここでも発展的な扱いはされない。理科の視点から「重心」について考察する際は，三角形のように単純な例を扱いながら，重心について考察をするが，やはり発展的に考察する時間はないのかもしれない。

　身の回りには，三角形よりも，より複雑な形をしたモノのほうがあふれている。しかし，そのような複雑な形を学校では考察の対象としないため，数学で学んだことも，理科で学んだことも，必要感がないまま両教科の学習が終わってしまう。

　このようなことを筆者は教材研究をしている最中にふと気になった。追究をしたことが，重心を素材とする授業づくりのはじまりである。

　また，「四角形の重心」についての授業を行った授業者らは「『重心』を学ぶ必要感を感得しつつ物理の考え方と数学の考え方を獲得するためにはどのような教科横断型の授業を行うのか」「生徒は教科横断型の授業でどのように学びを深めるのか」という研究の問いをいだきながら実践を行った。

（2）重心の取り扱い

a．数学の学習における「重心」の取り扱い

　数学では 2 次元における凸多角形の「重心」について考察させることは可能であるが，凹多角形や曲線図形，また 3 次元における立体などの「重心」の考察は，高等学校段階では限界がある。ここでは，「理科」（物理など）における考察が必要となる。本授業ではこれを「四角形」まで拡張させる。

202

本授業では，「重心」の求め方に着目した。高等学校では「数学A」において三角形の「重心」を中線の交点として学習するが，本授業では中学校第1学年で学習する「基本の作図」の考え方に帰着させる。一方，理科では，実際物（多角形の紙など）を用いて頂点から鉛直方向に紐を下すという実験から「重心」を求める。

生徒の中には，数学で考察した結果と理科で考察した結果が必ずしも一致しないと考えている者も少なくない（安藤・小原，2010）。本授業では，「四角形」に発展させることは，数学と理科のどちらか一方で得られた結果をもう一方で検証する機会となり，この"作図"と"実験"を往還することによって，学習した内容のつながりを見出すことを想定した。

b. 四角形の「重心」の導出

「四角形」の「重心」の求め方にはいくつかの考え方があるが，本授業では，既習の「三角形」の「重心」を用いた求め方に焦点をあてた。これは，四角形を2つの三角形に分割し，それぞれの三角形の重心を求めることを2回繰り返すものである（Coxeter，1982；栗田，1985）。具体的には次の通りである。

四角形ABCDで，対角線ACをひき2つの三角形に分割すると，△ABCと△ACDができ，それぞれの三角形の中線の交点を作図することにより，△ABCの重心Pと△ACDの重心Qを得る［図5-2-1］。

同様に，対角線BDをひき2つの三角形に分割することによって△BADと△BCDができ，それぞれの三角形の重心RとSを得る［図5-2-2］。

そして，図5-2-3のように点Rと点S，点Pと点Qを結ぶと，その交点が四角形ABCDの重心となる。

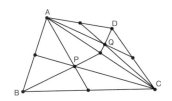

図5-2-1　重心P，Qの求め方

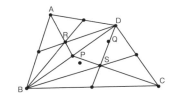

図5-2-2　重心R，Sの求め方

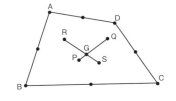

図5-2-3　四角形ABCDの重心

(3) 素材と授業事例

a. 授業の概要

授業実践は，東京都内国立大学附属A中学校第2学年，神奈川県立B高等学校第2学年を対象に行った。国立大学附属A中学校では，数学の授業のみ行ったが，神奈川県立B高等学校で実施した授業は，理科（物理）と数学の両方の授業を行った。

B高等学校の実践では，数学の授業を太刀川と久保がTTで行い，理科の授業を安藤が行った。ま

た，都内私立中高一貫校 C 高等学校第 1 学年の「数学 A」ではレポート課題を実施した。私立 C 高等学校では，太刀川が授業を担当したクラスの生徒を対象にレポート課題を実施した。私立 C 高等学校の生徒は，数学 A を履修しない生徒たちであったが，理科と数学を横断するレポート課題に対して「こんなことは考えたことがなかった」「自分で実験の方法を考えることがおもしろかった」「教科横断の学びをもっと味わいたかった」といった感想をもらっている。

　「四角形」の「重心」を，数学的に見いだし，さらにこれが「重心」であることを生徒が実験物なしで確かめることは難しいと考えられる。そこで画用紙を切って一般の四角形を切り出して"コマ"を作り，これが「きちんと回るか」を検証することを通して「四角形」の「重心」の位置を考えさせることにした。このような"コマ"を考察の対象とする活動は，理科の学習にも関係しており，これ自体が理科につながる授業であると考えた。

b. 授業の実際

　授業は，2020 年（令和2年）11 月 5 日の第 5 校時と第 6 校時の 2 時間を使い，神奈川県の公立高等学校第 2 学年を対象に行った。

　本授業の目的からは，数学と理科の合同授業で 2 時間扱いとする考え方もあったが，「重心」という数学と理科に共通する内容について，数学と理科のそれぞれの視点からアプローチすることに着目し，あえて第 5 校時は数学を，そしてこの授業を受けて第 6 校時は理科という形で授業を実践した。

　【本時の目標】は，次の 2 つとした。

・一般の四角形の「重心」について，作図の考え方から「重心」を求めることができる。（思考・判断・表現）

・一般の四角形の「重心」を求める活動を通して，数学の学習だけでは解決できないことがあることに気づくとともに，新たな問いを立てる。（主体的に学習に取り組む態度）

　第 5 校時の数学は，T1（太刀川），T2（久保）の 2 人による TT の授業で，T2 は予想した考えが生徒から出されなかった場合に，それを補ったり，生徒や T1 の発言を追及したり質問したりした。第 6 校時の理科は，安藤が授業者となり実験を中心とする授業を展開した。

　本稿では紙幅の関係で学習指導案の細案は示さないが，第 5 校時の数学では次のような場面から考察させた。なお，内容が豊富であるが，授業の最初と最後に調査質問紙に回答させる時間（約10分）をとったため，実際の授業は約 40 分で行われた。導入は北海道の地図を示してその"真ん中"はどのあたりかを考えさせた。

（a）北海道の地図の"真ん中"を重心と捉える場面

（b）北海道の形を四角形とみなす場面

（c）一般の四角形の厚紙でコマが作れるかを考える場面

（d）一般の四角形の「重心」を作図によって求める方法を考える場面

（e）生徒の考えを取り上げて，考えを共有する場面

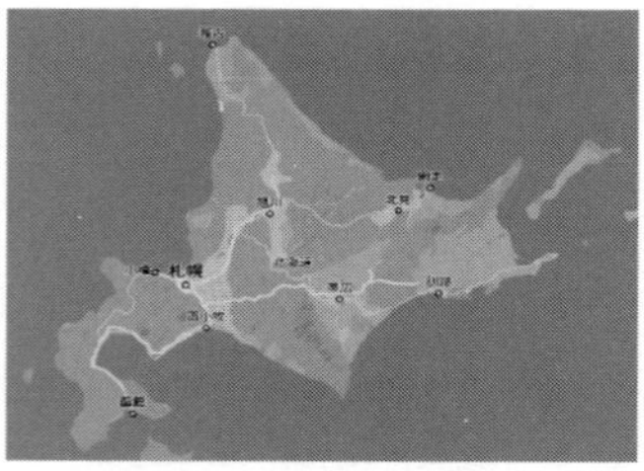

〈生徒の考え〉

図 5-2-4　北海道の地図
（☆印はおおよその富良野の位置）

ア．四角形 ABCD の対角線を引いて対角線 AC と BD の交点を求める。

イ．四角形 ABCD で，まず対角線 AC を引いて 2 つの三角形に分けてそれぞれの「重心」（点 P と Q）を求め，PQ の中点を求める。

ウ．四角形 ABCD で，まず対角線 AC を引いて 2 つの三角形に分けてそれぞれの「重心」（点 P と Q）を求め，次に対角線 BD を引いて 2 つの三角形に分けてそれぞれの「重心」（点 R と S）を求め，PQ と RS の交点を求める。

(f) ア，イ，ウ の 3 つの考えに対して意見を述べ合う場面
(g) ア，イ，ウ の形を作ってコマが回るかを確かめる場面
(h) 他の考えに触れる場面
(i) 北海道の形に振り返る場面

本授業では，上記の中の特に，(c)，(d)，(e)，(f)，(g) の 5 つの場面に焦点を当てる。

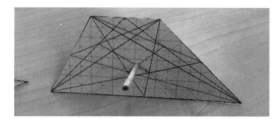
図 5-2-5 四角形のコマ

図 5-2-6 四角形のコマを回す直前

(4) 生徒の反応

数学と理科の授業において，生徒は次のように考えた。

生徒の多くは数学における「重心」についての理解の度合いが高く，「三角形」の「重心」が中線の交点であることは認識していた。一方でこれを「四角形」に拡張することについては困難を示していた。

生徒に配布した四角形の紙でコマを作ることができるかを考える (c) の場面では，多くの生徒はシャープペンシルなどを紙に当ててつり合う点を見つけようとしていた。理科の学習にも関係しているとも考えられるが，このような活動は生徒自身のこれまでの生活の経験からなされたと思われる。次に，求めた点を「重心」と予想させ，作図で「重心」を求める活動 (d) へと授業を進めた。

大半の生徒は「三角形」の「重心」を求めた学習に振り返り，対角線をひいて「四角形」を「三角形」に分割していた。しかし，周りの生徒同士で意見述べ合う中で，予想に反し「ア」（対角線の交点）と考える生徒は極めて少数であることが明らかになった。(e) の考えを共有する場面では，T2 が「ア」の考えを主張してもこれに同意する生徒は見られず，「アの考えは平行四辺形のような四角形にしか当てはまらない」といった意見が出た。一方で，正答の「ウ」の考え方が示されるものの，対角線 1 本で解決しようとする生徒 (図1の段階) もいたことから，生徒の関心は「三角形に分割する」ことにアプローチが方向づけられた。

205

第5章　教育実践編

　このような活動を通して（g）では求めた点を「重心」と仮定し，その点に爪楊枝を刺して"コマ"を作り，きれいに回るかを確かめさせた。多くの生徒は求めた点が「重心」であることを納得したようであるが，作図のズレなどや軸の傾斜，また回し方にも関係してきちんと回らない生徒もおり，教室全体が作図によって求めた点が「重心」であると確信するまでには至らなかった。さらに，「四角形」を「五角形」にする，凹多角形などの場合は作図で「重心」を求めることは難しそうだといった生徒の考えも共有された。複雑な形の重心の求め方を6時間目の理科の授業で行うことを予告し，数学の授業を終えた。

(5) 本時の略案

【第5校時：数学】

	教師のはたらきかけ	予想される生徒の反応	留意点
導入	T：北海道には「へそ祭り」というお祭りがあるのを知っていますか？ T：この「へそ」というのはどういうことなのだろう？	S：テレビで見たことがある。 S：「へそ」というと"真ん中"というイメージです。	・北海道の地図を提示して，「富良野」が北海道のほぼ真ん中にあることを確認する。
展開	【②北海道の形を四角形とみなす場面】 T₂：なるほど。では北海道の形をみんなのよく知っている形にみなして考えてみるというのはどうだろう。	S：三角形とか長方形とかですか？ S：でも，それが「重心」だということは，どうやって確かめるのですか？	・ここでは，同じ形の四角形の厚紙を生徒に配布する。
	【③一般の四角形の厚紙でコマが作れるかを考える場面】 T：でも，こんな形の紙でコマが作れるのだろうか……？	S：三角形なら作図で「重心」が求まります。 S：コマを作にはどこを軸にすればいいかが問題です。	・生徒の反応に応じて「四角形」とみなすことを教師が示す場合がある。
	【④一般の四角形の「重心」を作図によって求める方法を考える場面】 T：三角形で「重心」を求めたことを思い出して，この四角形の「重心」を求めてみよう。	〔生徒の状況に応じて，4人ほどのグループにする。〕 〈課題1〉一般の四角形の「重心」を作図によって求めてみよう。	・生徒の発言を整理しながら〔課題〕の提示へと展開したい。
	【⑤生徒の考えを取り上げて，考えを共有する場面】	【本文中ア～ウと同様】	
	【⑥ア，イ，ウの形を作ってコマが回るかを確かめる場面】 T：では，3つの考えについて，これを「重心」とした場合，ここを軸としてコマが回るか確かめてみましょう。	S：アの考えは，簡単でよいと思うのですが，例えば「台形」とか「たこ型」のような四角形はどうみても「重心」にはならないと思います。	・3つの考えで作られたコマを実際に回す。コマが回ったかの判断は生徒に委ねる。 ・ウが正しいことを共有する。

206

2 四角形の重心を求めよう

	教師のはたらきかけ	予想される生徒の反応	留意点
ま と め	【⑨北海道の形に振り返る場面】 T：今日の授業では，はじめに「北海道のへそ」の話をしましたが，北海道（島部は除く）の「重心」は，どのように求めればよいでしょうか？ T：では，これをこの授業の新たな課題としましょう。	S：作図では「重心」を求めることはできないと思います。	・次時の「理科」の授業につなげるために，北海道の形に振り返らせる。

【第6校時：理科】

	教師のはたらきかけ	予想される生徒の反応	留意点
導入	○課題を提示する。 ものの重心の位置はどう調べるとよいだろう。	S：体にも重心があるよね S：つり合いとどう関係するのだろう。	・身のまわりの重心の例を挙げながら，重心の位置の調べ方を予想する。
展開	○重心の位置を予想する ○重心を求める実験を行う ・台座から，正三角形，正四角形，平行四辺形，ひし形などの基本的な図形のプラスチック板を吊り下げて、重心の位置を調べる。 ○それぞれの図形の重心の位置の共通点を挙げる。	・図形の頂点に重りを吊り下げたり、手で引っ張ったりしながら、重心の位置を調べる。 ・それぞれの図形の重心の共通点を、見出す。	・ここでは，同じ形の四角形の厚紙を生徒に配布する。
ま と め	○複雑な図形の重心の調べ方を考える。 ○北海道の重心を調べる。	・数学で求めた重心と理科で求めた重心の位置が一致することを確認する。	・前時と本時の学習を，重心の求め方に着目して振り返る。

引用・参考文献

Coxeter, H. S. M.（銀林浩訳）（1969）：幾何学入門，明治図書.

馬田大輔・太刀川祥平（2019）：数学の手法を用いてアンプ基板の成功率向上を考える―学際的単元の実践報告―，東京学芸大学附属国際中等教育学校紀要　国際中等教育研究，131-136.

藤原松三郎（1937）：林鶴一博士和算研究集録上巻，852.

栗田稔（1985）.大学への数学 問題はどう作られるか，東京出版.

黒田俊郎（1984）.コマと重心.数学セミナー，9月号，10-15.

太刀川祥平（2019）.四角形の「重心」を作図により求める教材についての一考察―数学と理科とのつながりに着目して―.日本学校教育実践学会発表資料.

（太刀川祥平）

3 ものが水に浮くか沈むかを調べよう：単位量あたりの大きさを用いて

(1)「単位量あたりの大きさ」・「速さ」と「密度」を関連させ「ものの浮き沈み」を用いた授業

　小学算数5年「単位量あたりの大きさ」及び「速さ」の単元では，2つ以上の事柄や物質を比べるときに「単位量」を求めて比較する方法を学ぶ。例えば，人口密度（人/km^2）のほかに2つ以上の土地での作物の「取れ高（t/ha）」，2台以上の自動車の「燃費（km/L）」である。中学校1年理科では「密度」を扱う。小学校の学習内容を有効に活用しながら，「密度」の学習を行えないか検討した。その結果，斉藤（2004）の研究が参考になると考えた。斉藤は物質密度概念・学習支援方略として「浮き沈み実験—密度と質量・体積との次元間弁別の徹底」を短期大学1年生44名を対象に行った。事前テスト—教授（「浮き沈みの演示実験」）—事後テストを実施し，事後テストでは学生の次元間弁別が検証され，密度理解を深めていることを指摘している。そして，「浮き沈み実験」がいかに密度概念獲得に重要であるかが明らかになったと述べている。そこで本節では，「ものの浮き沈み実験」の有効性を参考にして，中学1年理科「密度」の授業を行った。

(2)「ものの浮き沈み」を用いた「密度」の学習指導案

　学習指導案（指導過程）を表5-3-1に示す。授業実践校，授業実施時期，本授業のねらいは以下の通りである。中学校1年生の5月は，中学校に入学して間もない時期であり，小学校算数科で学習した「単位量あたりの大きさ」や「速さ」の知識を活用しやすい利点がある。

・授業実践校
　愛知県稲沢市立H中学校
・実施時期
　1年生（29人）　2019年5月22日　50分間
・本授業のねらい

　導入で，ミカンとジャガイモが水に浮くか沈むか，これまでの生活経験を思い出した上で演示実験を行い，「ものの密度」と「水の密度」を比較しながら，「密度」の学習を行う。その際，「単位量あたりの大きさ」と「密度」との関連を通して，物質の密度について理解できるようにする。

図5-3-1　教師実験机付近での生徒の様子

（3）授業時の生徒の反応

a. 野菜や果物が水に浮くかどうかを予想して確かめる場面

　教師から本授業の学習テーマ「密度ってなんだろう」を伝えたうえで，教師実験机周りに生徒を集めた［図5-3-1］。その上でミカンは水に浮くか沈むか問いかけ，各自の考えとその理由を学習プリントに記入するように指示した。ほとんどの生徒は浮くと考え，中には「ミカンは水分があるから浮く。ゆず湯のとき，袋にゆずを入れたら浮くからミカンも浮く。映画などで見たことがある。」と言った理由を書く生徒もいた。その後，演示実験で浮くことを確かめた。

　次に，ジャガイモは浮くか沈むか考えて，各自の考えを学習プリントに記入するように指示した。沈むと考えた生徒の中には，「水分が少ない。重さ（質量が正しいが，生徒の表現をそのまま記述した。）がある。ジャガイモはへこんでいるところがあり，そこに水が入る。すき間なくびっしり詰まっている。家でジャガイモを育てたときに水に沈んだ。」という理由を書いていた。その後，演示実験で沈むことを確かめた。

　その後で，リンゴ，ニンジン，キウイ，バナナについても同様に予想とその理由をかくように指示し，それぞれ演示実験で確かめた。演示実験でリンゴとバナナは浮き，ニンジンとキウイは沈むことを確かめた。

　以下のヒントを生徒に示し，密度の大小で水に浮くかどうかが判断できることを理解する場面である。

> ヒント：水の密度は $1\,\mathrm{g/cm^3}$。読み方は1グラム毎（パー）立方センチメート。水の密度とミカンの密度を比べるとどちらが大きいか。水の密度＞ミカンの密度。水の密度は $1\,\mathrm{g/cm^3}$ ですが，ミカンの密度は $0.98\,\mathrm{g/cm^3}$ ぐらい。

　ヒントを参考に理由を考えて，プリントに記入するように促した。

　教師が「ジャガイモやリンゴの密度と水の密度はどちらが大きいか」と問いかけると生徒は，ジャガイモは水よりも密度が大きく，リンゴは水よりも密度が小さいと答えた。教師は，土の下にできる作物は水に沈み，地上で育つ作物は水に浮くと言われているが，木に実るキウイやブドウの実は水に沈み，土の中で育つタマネギは水に浮くので，絶対的な理由ではないことを補足した。

b. 卵が水や食塩水に浮くかどうかを確かめる場面

　卵が水に浮くか沈むかの実験を各班に分かれて行った。そして卵が水に沈むことから，卵は水の密度より大きいことを確認した。次に，コップに水を半分ぐらい入れて卵を入れたうえで，大きいスプーンで食塩を入れて，卵を割らないようにかき混ぜるように指示し，卵が食塩水に沈むかどうか確認するように指示した［図5-3-2］。そして，実験結果とその理由をプリントに記入するように促した。生徒は「卵は水に沈む」理由として

図5-3-2　卵と食塩水の密度

第 5 章　教育実践編

「水の密度＜卵の密度」を，「卵は食塩水に浮く」理由として「卵の密度＜食塩水の密度」をプリントに記入した。

c. 実験を通して密度の意味を理解する場面

> 物質の質量を測定し，その物質の体積を何とかして測れば密度が求められる．単位は質量「グラム（g）」を「体積（cm³）」で割るので，そのまま書けばよい．「g/cm³」。これが密度の単位．

ワークシートの「密度とは何か」の欄に，以下の内容を記入するように指示した。

次に，1 辺が 1 cm の立方体の，3 種類の物質を生徒に配付し，それらの密度を求めるように指示した。これらの物質の体積は，いずれも 1 cm³ なので，質量を測れば，そのまま密度の数値に一致することを伝えた。次に体積が 1 cm³ ではない，直方体の物質の密度を求めるように指示した。この実験では体積を測かる必要があることを認識して，縦・横・高さで体積を求めるとともに，その物質の質量も計測して，密度を求めた。

班ごとの実験が終了した後に，いろいろな物質の密度が書いてある表を配付した。これを見るとみんなが調べた物質が何かが分かることを伝えた。その結果「表から木の密度は 0.5 g/cm³ ぐらいでした。水の密度 1 g/cm³ よりも小さいので水に浮く。」といった考えを記述した生徒もいた。

本授業の最後に，密度の授業が小学校の時に習った算数科の「単位量あたりの大きさ」の勉強と同じだなと気づいた人は「ア」，教師に言われて気づいた人は「イ」印をつけるように指示するとともに，鉄と銅の密度を求める問題や，小学校算数 5 年の「自動車の燃費」を求める問題を解くように指示した。プリントは図 5-3-3 と図 5-3-4 に示す。

（4）本授業の実践を終えて

a. 本授業の事後調査から分かったことがら

本授業後に，「質量 200 g，体積 10 cm³ の物質の密度単位の正誤」「200 km² に 40000 人の住む町の人口密度の単位の正誤」「10 個入り 850 円のものの単価の単位の正誤」を含む事後調査を行った。その結果，以下のような成果が得られた。

・密度の単位 g/cm³ と読み方の理解が深まった。

・理数の関連の理解が深まった。（「単位量あたりの大きさ」と「密度」の学習の関連）

・密度と水へのものの浮き沈みの関係が理解された。

・物質による密度の違いが理解された。

本授業では，「ものの浮き沈み」を実験することで導入し，小学算数 5 年「単位量あたりの大きさ」と関連させて，授業を行った。その結果，理科と数学の学習内容に関連させながら授業を行う意義が見えてきた。特に理科の授業では，意識的に理科の単位表記で表現する機会を設けることで，密度の学習から始まる中学理科の学習内容と単位の関係の理解を深める授業ができると考えられる。

3 ものが水に浮くか沈むかを調べよう：単位量あたりの大きさを用いて

理科授業プリント（密度）

H中学校 1年 組 番（ 男 ・ 女 ）名前

1 本時のめあて： 密度ってなんだろう

2 浮き沈みについて考えてみよう。
(1) ミカンは水に（ 浮きます ・ 沈みます ）。（どちらかに○をつけて答えてください。）

> その理由を書いてください。

(2) ジャガイモは水に（ 浮きます ・ 沈みます ）。（どちらかに○をつけて答えてください。）

> その理由を書いてください。

○ 演示実験をします。

※ ヒント

(1)' ミカンは水に（＿＿＿＿＿＿＿＿ます）。

> （ヒントを参考に）その理由を書いてください。

(2)' ジャガイモは水に（＿＿＿＿＿＿＿＿ます）。

> （ヒントを参考に）その理由を書いてください。

○ 生徒実験をします。
(3) 卵は水に（＿＿＿＿＿＿＿＿ます）。

> その理由を書いてください。

(4) 卵は塩水に（＿＿＿＿＿＿＿＿ます）。

> その理由を書いてください。

図 5-3-3 授業で使用したプリント（左頁）

※ 密度とは、

3 物質の密度を求めてみましょう。
(1) みなさんに配った 1cm³ の物質の密度を求めましょう。（その金属は何ですか？）

> どうすれば密度が分かりますか？（グループで相談ありです。）（＿＿＿＿＿＿＿＿）
> あなたが選んだ金属の密度は＿＿＿＿＿＿＿＿ 単位（＿＿＿＿＿＿＿＿）

(2) みなさんに配った物質の密度を求めてみましょう。（その物質の密度は？）

> どうすれば密度が分かりますか？（グループで相談ありです。）
> （＿＿＿＿＿＿＿＿＿＿＿）
> 式＿＿＿＿＿＿＿＿＿＿＿＿＿＿＿＿＿＿＿＿
> あなたが選んだ物質の密度は 単位（＿＿＿＿）

4 質問です。「密度」の勉強をしているときに、小学5年算数「単位量あたりの大きさ」の勉強と同じ考え方だと気付きましたか。
ア 気付いた イ 気付いていない

5 問題1 鉄と銅のかたまりがあります。それぞれの体積と重さをはかったら、右の表のとおりでした。
鉄と銅の密度を求めましょう。単位も書いてください。
100分の1の位を四捨五入して答えてください。

	体積(cm³)	質量(g)
鉄	60	472
銅	64	574

【 鉄 】 
（式）

（答え）＿＿＿＿＿（単位＿＿＿）

【 銅 】 
（式）

（答え）＿＿＿＿＿（単位＿＿＿）

図 5-3-4 授業で使用したプリント（右頁）

第5章　教育実践編

表 5-3-1　学習指導案　指導過程

	教師の働きかけ	生徒の活動・反応	留意事項
導入（7分）	1　ミカンやジャガイモは，水に浮くか沈むか問う。	○　ミカンは浮く。（ゆずは浮くから。やったことがある。）ジャガイモは沈む。（水分が少ない。隙間がない。やったことがある。）	○　生徒に予想させてから，ミカンとジャガイモが水に浮くか沈むかの演示実験を行う。 ○　ミカンは浮く。ジャガイモは沈む。
	2　ものが水に浮くか沈むと「密度」との関係を考えることを伝える。	○　ものが浮くか沈むかと密度とが関連するかどうか疑問を持つ。	○　密度と水にものが浮くか沈むかがどのように関係するのかと実験を通して学ぶことを伝える。
展開（30分）	3　他の果物（リンゴ，バナナ，キウイ）や野菜（にんじん）が水に浮くか沈むかを問う。	○　生活経験から予想し，理由も発表する。	○　リンゴ，バナナは浮く。キウイ，にんじんは沈む。 ○　それぞれの浮き沈みの理由も考え発表する。 ○　ヒント（水の密度 $1g/cm^3$ とミカンの密度 0.98 g/cm^3）を与え，浮き沈みを2つの密度の違いから理由を考える。
	4　水の密度（$1g/cm^3$）からものの浮き沈みを密度で考える。	○　水の密度より小さいとものは浮き，大きいと沈むと理由付けする。	○　ミカン，ジャガイモ，リンゴ，バナナ，キウイ，にんじんも水の密度との比較から浮き沈みの理由を考える。
	5　卵を水と塩水に入れた浮き沈み実験を行い，理由を考える。	○　卵は水に浮くことを確認する。水に塩を入れていくとある程度の濃さの塩水に卵が浮き始めることを密度の大小を使って説明する。	○　卵は水に沈むことを確認し，水に塩を入れていくと卵が浮くことから卵，水，塩水の密度の関係を考える。 ○　「密度」とは何かを学習プリントに記入する。
	6　密度の求め方と単位を知る。	○　物質の重さ（g）を電子てんびんで測り，体積（cm^3）を求めて割り算すれば密度（g/cm^3）が求められると理解する。	○　密度とは物質の詰まり具合，物質固有の値，2つ以上の物質を比較する時に利用する値であることを自分の言葉で記入する。 ○　体積が $1 cm^3$ でない直方体の物質の密度を求める。
まとめ（13分）	7　物質の密度を発表し，水の浮き沈みと密度の関係をまとめる。	○　班で求めた木の密度（$0.5g/cm^3$ ぐらい）を聞き，水に浮くことを確認する。 ○　水の密度（$1g/cm^3$）との比較から水にものが浮くか沈むかが決まることを理解する。	○　各班が測定した物質の密度から，その物質が何かを表から調べ発表する。
	8　確認問題に取り組み，後片付けをする。	○　意識調査，2つの金属の密度，燃費を求める。	★　ものが水に浮くか沈むかは，「ものの密度」と「水の密度」との関係で決まることを記録する。

引用・参考文献

銀林浩（監修）(1983)：わかる算数指導法事典，明治図書.

石井俊行・箕輪明寛・橋本美彦 (1996)：数学と理科との関連を図った指導に関する研究―文脈依存性を克服した指導への提言―，科学教育研究，20，4，213-220.

石井俊行・橋本美彦 (2013)：教科間における学習の転移を促す条件に関する考察とその提言―理科「光の反射」と数学「最短距離」の作図を通して―，科学教育研究，37，4，283-294.

麻柄啓一 (1992)：内包量概念に関する児童の本質的なつまずきとその修正，教育心理学研究，40，1，20-28.

文部科学省 (2018a)：小学校学習指導要領解説　理科編，東洋館出版社.

文部科学省 (2018a)：小学校学習指導要領解説　算数編，東洋館出版社.

文部科学省 (2018b)：中学校学習指導要領解説　理科編，学校図書.

斉藤裕 (2004)：短大生の「物質密度」学習支援に関する研究，県立新潟女子短期大学研究紀要，41，45-54.

（橋本美彦）

4 空港に着陸する飛行機の高度を地上から求められるかな

(1) 教材の素地

飛行機に搭乗していても，空港近くで見ていても，空港に着陸する飛行機は等速でほぼ同じ降下角度で降下していることを実感している人は多いだろう。着陸しようとする飛行機の高度は，パイロットならばフライトデッキに設置された高度計で確認できるが，空港近くで見学している人が高度を調べることはできないだろうか。この問いは，飛行機好きの人でなくても，多くの人が興味を持つのではないだろうか。

図 5-4-1　勾配を示す交通標識

着陸してくる飛行機を観察する地点は，飛行機と着陸地点を同時に見通せるところを意識して探し出す必要があるが，得られたデータを利用して，相似な三角形の特徴や縮尺，数学Ⅰで学ぶ正接（タンジェント）を利用すれば，飛行機の高度を求めることができる。図 5-4-1 は，水平に 100 m 進むと 10 m 上がる勾配を示す交通標識である。多くの小中学生も見覚えがある交通標識だろう。この交通標識の情報は，正接に関連する 2 辺の長さを提供している。正接は高等学校の学習内容であるが，生活経験からひもといていけば，小中学生でも正接を理解できるのではないかと考えられる。もしそうであれば，彼らにも，空港近くで飛行機の着陸の様子から飛行機の高度を捉えるために必要な情報を見いだし，飛行機の高度が求められると推察される。

空港近くで着陸する飛行機の高度を計測する学習を想起した場合，飛行機の滑走路への進入方位は一定か，飛行機が等速でほぼ同じ降下角度で降下しているか，といった情報を獲得すると共に，正接を利用して着陸する飛行機の高度を知るために計測する情報は何か，どの地点から情報を計測するか，等の検討が必要である。こうした考察を学習者がすべて行うとすれば，総合的な学習や総合的な探究の時間，理数探究の題材として位置づけることが可能だろう。しかし本節では，小中学生をも意識した授業展開を考えるため，ある程度の情報を教員から提供する授業を想定して，論を進める。

この考え方で教材研究を進めてみると，飛行機の滑走路への進入方位は一定か，飛行機が等速でほぼ同じ降下角度で降下しているかといった情報ですら，航空機の安全確保のための機密事項になっていることが判明した。ある程度，児童生徒が主体的に学習を行うことを想定したとしても，これらの情報は児童生徒には，なかなか入手できない。この機密事項が入手できなければ，この授業は計画できないので，八方手を尽くすことになった。

徳島空港へ着陸する飛行機の情報は，航空会社ではな

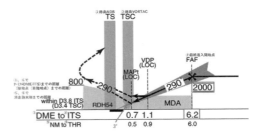

図 5-4-2　入手した徳島空港へのアプローチデータ

第 5 章　教育実践編

く，徳島空港を管理している自衛隊にあり，それらの情報の提供を依頼するしか方法はなかった。幸運なことに，徳島空港の所在地である松茂町長が授業内容の意をくんでくださり，自衛隊から図 5-4-2 などの情報を得てくださった。図 5-4-2 の中の太字は，自衛隊が本節の授業の趣旨をくみ取ってくださって追加してくださった。この情報から，紀伊水道から徳島空港へ着陸する際には，①徳島空港の滑走路接地点から方位 290 度，6.2 海里（Nautical Mile）の地点まで高度 2000 フィート（Feet）を維持すること，②その後は降下角を 3°に保ち，降下を開始すること，③降下開始は飛行機の種類や大きさに関係なく同じ条件であること，④滑走路の着地点は指定されていること，などが判明した。なお，方位 290 度とは，紀伊水道から徳島空港に着陸するときの方位で，真北から時計回りに 290 度回転させた方位に向かって滑走路に進入することを意味している。進入しようとする滑走路端に表記されている 29 という数値でもあり，滑走路端を見ると進入方位が確認できることも知ることができた。

(2) 飛行機の高度をとらえる数学的モデル

　着陸する飛行機を見学している人が飛行機の高度を知るためには，飛行機が着陸する一部始終を確認できる地点でなければならない。こうした地点として，滑走路の延長線上付近ではない，徳島空港の滑走路も見える，月見ヶ丘海浜公園の小高い丘（図 5-4-3 の○印）から観察することにした。滑走路の延長線上で観察しないのは，着陸してくる飛行機の鉛直方向の地点が捉えられないからである。図 5-4-4 は，着陸する飛行機の航路と観測地点からの視線を示している。また図 5-4-5 は，飛行機 A の航路 AB と観測地点 C からの視線 AC に，飛行機 A からの垂線の足 A' でできる 2 つの直角三角形を示した数学的モデルである。ここでは着陸態勢にある飛行機の地点 A から海面に垂線をひき，その足を A' としている。図 5-4-5 の線分 AA' の長さが，飛行機の高度に該当する。図 5-4-6 は，着陸する飛行機の航路と観測地点からの視線を，地図上に示した平面図である。飛行機の降下角は 3°であるから，△ABA' は∠ABA' = 3°の直角三角形である。また図 5-4-6 によって，飛行機の進入する方位が 129°であることや，図 5-4-5 の A と A' は重なった点に見えていることを確認できる。これらの 4 つの図は実践授業でも活用した。

図 5-4-3　徳島空港と観測地点

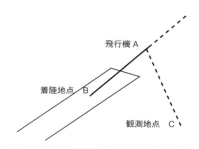

図 5-4-4　飛行機の航路と観察視線

(3) 三角比を利用して着陸する飛行機の高度を求める学習指導案

　この学習指導案は，図 5-4-1 の交通標識を目にしていると思われる小学生高学年も対象にすることを前提に作成した。また学習者が小中学生でも，探究の手順を知り，その体験の機会にしようとした。学習の流れを a から o で示す。

4 空港に着陸する飛行機の高度を地上から求められるかな

a. 紀伊水道側から徳島空港に着陸する飛行機に搭乗した経験や，空港付近で着陸する飛行機を見た経験の有無を問いかける。また，飛行機の着陸の仕方で気付くことがないか，問いかける。

b. 地上から飛行機の高度を求めるためには，どのような情報を入手したり，計測すればよいか質問する。発言が多くない場合は，不要な変数を含む変数群とそれらの実測データを示して考えを促す。また，データを収集した空港近くの地点も予想させる。

c. 飛行機の高度を求めるために必要なデータは，飛行機が着陸するときの滑走路への進入のしかた，観測地点から着陸する飛行機を見る仰角の飛行機が飛行している地点の方位，地図などであることを伝える。また，観測地点は滑走路付近までよく見える月見ヶ丘海浜公園の丘［図5-4-6の点C］だったことを伝える。なお，観測地点や観測データの収集は，可能な限り受講生が行う方がよいが，ここで示す学習指導案では，授業者が事前に調査したデータを使うことを前提とした。

d. 学習者に徳島空港の航空写真（図5-4-6の写真版）を配布する。その上で，航空写真で分からないことや質問したいことを発言するように促す。また，航空写真から観測地点を確認する。

e. 仰角を図る測定器を用いて測定方法を体験する［図5-4-7］。この時点では，仰角を測るために利用する計測器の説明にとどめる。なお，小学校6年の算数の教科書に掲載されている，分度器を利用した簡易計測器の作り方も紹介する。

f. dで配布した航空写真の上に，アクリル板で作った図5-4-5の直角三角形△ABA'を置き，徳島空港に着陸する航路に小さな紙飛行機［図5-4-5の点A］をつけ子とともに，観測地点［図5-4-5の点C］からの視線ACを竹ひごで示した模型を見せる［図5-4-8］。また，この模型の観測地点Cから航路上の飛行機Aを見る様子を，ビデオカメラを介して映像でも見せる。そのうえで，cで確認した，必要な情報を確認する。なお，滑走路端に書かれている「29」は，真北から時計回りに290度の方位に向かって進入していく滑走路であることを伝える。

g. 仰角について，あらためて説明する。その導入として図5-4-1の交通標識を利用し，標識にある10％の意味が，水平方向への移動距離がわかれば標高差がその10％であることである，と伝える。そして，水平距離を見つけ出せれば標高差は求められることを，具体例を示して確認する。この経験を通して，仰角が計測できても，水平方向の距離が分からないと標高差は求められないことを強調する。

h. 直角三角形の直角を挟む2辺の比が，数学Ⅰで学習する正接であることを伝える。また，gで計算した結果を利用しながら，直角三角形の1つの鋭角が等しければ，直角を挟む2辺の比である

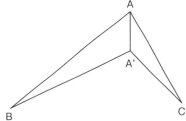

図5-4-5　航路と視線の数学的モデル

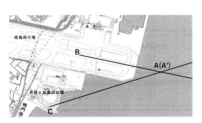

図5-4-6　地図上の航路と視線

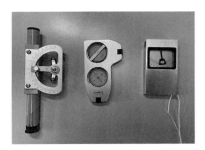

図5-4-7　仰角と方位の計測器

第 5 章　教育実践編

正接は常に等しくなることを確認する。さらに，三角比表を配布して三角比表の読み方を伝え，tan 1°の値を求める手順も確認する。

i. 紀伊水道から徳島空港に着陸する時の情報として，飛行機が滑走路に進入してくる方位が290度であること，着陸する飛行機の高度を求めるために必要なデータは計測地点から飛行機を見る方位と仰角であること，水平距離は地図上の2点間の距離と地図の縮尺を利用して求められること，仰角が分かるとその正接が求められることを確認する。

j. 降下する飛行機の航路と観測地点からの視線の関係の模型［図5-4-8］をあらためて確認した上で，この模型で示した飛行機の航路と視線をかき込んだ地図［図5-4-6］を配布し，模型と地図を対比しながら，地図上にかき込まれている2つの半直線の関係を把握するように促す。そして，地図から2つの直角三角形［図5-4-5］を見いだすことを期待する。

k. jの受講生の考察の様子を観察して，図5-4-5の2つの直角三角形 ABA' と直角三角形 ACA' をイメージできているか観察する。理解が不十分な受講生もいることを踏まえて，2つの直角三角形を想起して考えを進めていくことを確認する。このとき受講生は，線分 AA' が飛行機の高度であること，月見ヶ丘海浜公園で測定した情報を利用して高度を求めるために注目する直角三角形が △ACA' であることを認識する。

l. 筆者が観測地点で計測した，着陸する飛行機の方位と仰角のデータを示し［表5-4-1］，すでに配布した三角比表を利用しながら，飛行機の高度となる線分 AA' を4つの仰角ごとに計算して求めるように指示する。なお，表1のデータから地図上に4つの視線を書き込んだ資料が必要になるが，この作業で精度が落ちてしまうことを避けるために同じ地図を筆者が用意して，これを利用することにした。それが図5-4-9である。

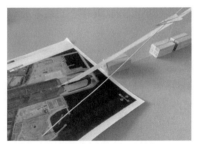

図 5-4-8　航路と視線を示す模型

m. 表5-4-1と図5-4-9を用いて，飛行機の高度を計算で求める活動の様子を観察しながら，注目すべき直角三角形や計算手順を理解して作業しているか確認する。注目する直角三角形を特定できなかったり，計算手順の理解が不十分な受講生には，個別に対応する。受講生の作業がほぼ完了したら，計算結果を板書して確認する。

表 5-4-1　観測データ

仰角（°）	方位（度）
3°	94度
2°	78度
1°	65度

n. 次に，海上自衛隊から提供された飛行機の降下角，進入方位などのデータに基づき，△AA'B に着目して，飛行機の高度を求める作業を行うように指示し，計算結果も確認する。その上で，自衛隊からいただいたデータによる飛行機の高度の計算結果と計測地点Cから求めた飛行機の高度の計算結果を比較する。そして，どちらの飛行機の高度もほとんど差がないことを確認する［表5-4-2］。なお，計測による飛行機の高度には，計算結果に公園の

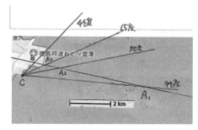

図 5-4-9　航路と視線を記入した地図

丘の標高 10 m を加えている。

o. 本授業のまとめと振り返りをする。また高さや高度を，正接を利用して求められそうな場面がないか考えるように促す。

（4）本授業における学習者の反応

（3）で示した学習指導案に沿って，小中学生を対象に授業実践（以下，本授業）した。本授業の対象と実施日は以下の通りである。

対象者　小学校 6 年生 6 人，中学校 1 年生 1 人，中学校 2 年生 2 人，中学校 3 年生 1 人の合計 10 人（徳島県松茂町が募集した科学や技術に興味がある児童生徒）

実施日　2021 年 12 月 18 日　4 時間

理科や数学に興味を持つ小中学生も対象に計画した学習指導案に沿って，本授業を実施した。どの程度小中学生が興味を持って課題に取り組み，新たな知識である正接を活用できるのか，気に留めながら実施したのであるが，多くの児童生徒が興味を持って最後まで取り組むことができた。具体的な学習場面での反応を以下に示す。

本授業に参加した受講生は，全員が徳島空港から飛行機に乗った経験があったので，学習場面①では，飛行機はいつも同じような航路をとって，同じ降下角で徳島空港に着陸しているのではないか，と答えていた。学習場面 b と c では，学習者からは意見が出てこなかったので，こちらから考えられるデータ項目を示した［表 5-4-3］。収集したデータのうち，変化しているのは仰角と方位だけだったことも影響していると考えられるが，ほとんどの学習者は，仰角と方位が必要なデータではないかと考えた。このほか，飛行機の進入方位と降下角も確認が必要だと考えていた。

学習場面 d では徳島空港の航空写真を配布した。受講生からは航空写真の滑走路端に 29 と書いてある意味を知りたいとの質問があった。筆者がデータを収集した地点は，徳島空港に隣接する月見ヶ丘海浜公園にある小高い丘だろうと，全員が推測していた。学習場面 e では，仰角の説明をした上で，図 5-4-7 の仰角計測器を提示し，それぞれの計測方法を教えた上で，講義室内の天井までの仰角や窓から見える街灯の仰角を計測し，互いの計測値に誤差がないか，互いに確認していた。方位計も用意したが，方位計の使い方に問題はなかった。また，今回の学習では実際に仰角や方位を計測することはしないことを伝えたが，ほとんどの受講生は実際に実測したいと発言していた。なお，小学校 6 年生の教科書に掲載されていた簡易仰角計測器の資料は，この授業の話題からずれるので，講義終了時に配布することを伝えた。学習場面 f では，受講生が飛行機の着陸の様子と観測地点からの視線を意識するために，図 5-4-8 の模型を観察した。また図 5-4-8 の模型だけでなく，視線をイメージするために，小型カメラを利用して観測地点から飛行機を捉える映像を流して，観測地点から飛行機を見る仰角のイメージがしやすいようにした。

表 5-4-2　計測値と自衛隊からの計算結果

仰角（°）	方位（度）	計測データによる高度	自衛隊データによる高度
3°	94 度	0.32 km	0.29 km
2°	78 度	0.07 km	0.06 km
1°	65 度	0.03 km	0.03 km
0°	44 度	計測不能	0 km

表 5-4-3　計測地点 C で収集したデータ

気温	湿度	風力	風向	仰角	方位
28.4 ℃	61 %	1m/ 秒	北東	3°	94 度
28.4 ℃	61 %	1m/ 秒	北東	2°	78 度
28.4 ℃	61 %	1m/ 秒	北東	1°	65 度

受講生は，視線と飛行機の位置などを的確に把握できていた。

　学習場面 g と h では，図 5-4-1 の交通標識を利用して正接の定義を導入した。学習者は，水平距離の 10％ 高度が上がることについては難なく理解して的確に計算し，方眼紙を利用して 2 つの直角三角形の縮図をかくこともできた［図 5-4-10］。この計算では，正接の値と直角を挟む 1 辺の長さを利用して，直角を挟む他の 1 辺の長さを求めるが，この計算の手順だけで正接を意識化できるようになることは難しい。学習者は，図 5-4-10 の 2 つの直角三角形が相似になることを理解し，対応する角が等しいことを認識した上で，その 1 つの鋭角に着目して直角を挟む 2 辺の比である正接を定義するからである。小中学生を対象とした想定では，教材づくりに最も苦慮した場面である。それでも受講生の思考に寄り添い，少しずつ学習を進めることで，1 名の学習者を除き

図 5-4-10　正接の導入問題

$$\tan \theta = \frac{(高さ)}{(底辺の長さ)}$$

図 5-4-11　正接の定義

理解を進めることができ，図 5-4-11 の正接の定義を駆使できるようになった。その後，受講生に三角比表を配布して，正接に限定して三角比表の利用方法を指導した。三角比表を利用した計算も，受講生は抵抗なく行っていた。

　学習場面 j と i と k では，あらためて着陸する飛行機の高度を求める場面を確認した。確認内容は，飛行機の進入方位が 290 度であること，観測地点で収集するデータは飛行機を見る方位と仰角であること，地図を使って飛行機の直下までの水平距離が求められること，仰角が分かると三角比表を利用して飛行機の高度が分かること，である。また，これらの内容を確認するために，図 5-4-8 を利用して飛行機の着陸の様子と観測地点からの視点，飛行機の直下までの水平距離を確認した。特に，高度を求める際に利用する直角三角形を明確にするように促した。これらの内容について，十分に理解していない受講生もいたため，飛行機が見える視線を映像で示したものもあらためて利用しながら確認した。その結果，全員が状況を把握できた。しかし，自力で高度を求める際に利用したい直角三角形を見出す受講生はいなかった。そこで地図上に飛行機の航跡と視線をかき込んだ図 5-4-6 と図 5-4-8 の模型を対比しながら，図 5-4-6 の線分 AC は観測地点から飛行機までの距離を示し，線分 A'C は飛行機の直下の海面上の点と観測点を結ぶ距離であることを再確認した。そして，地図上に見える線分 AC と線分 A'C がこの直角三角形のどの辺の長さなのか，確認しながら，図 5-4-8 の模型に図 5-4-5 の 2 つの直角三角形を見いだすことに腐心した。時間はかかったが，ほとんどの受講生がこの 2 つの直角三角形を図 5-4-8 の模型の中に見いだすことができ，直角三角形 ACA' を利用すれば飛行機の高度 AA' が計算で求められることを理解した。

　学習場面 l と m では，あらためて表 5-4-1 のデータを示すとともに，図 5-4-9 の飛行機の航路と視線をかき込んだ地図を配布した。この段階でも，仰角が 1°，2°，3°の 3 種類の直角三角形を考えなけ

ればならないことに，自力で気づけた受講生は2名程度だったので，図5-4-5の2つの直角三角形と図5-4-8の模型と図5-4-9の地図を対比しながら，図5-4-9の地図には図5-4-6の直角三角形ACA'が3つかき込まれていることを確認した。また，図5-4-9の地図で各々の線分A'Cを物差しで計測し，縮尺を利用して実際の距離を求めなければならないことも確認したうえで，計算をするように指示した。ほとんどの受講生が，三角比表を利用しながら，それぞれの飛行機の高度AA'を的確に求め始めた。計算では電卓を活用したが，受講生が十分理解して，高度を的確に求めていた。大方の受講生が計算し終えた段階で答合わせもした。そして，この計算の結果によって，それぞれの飛行機の高度が計算で求められたことを伝えた。

　学習場面nでは，すでに計算で求めた飛行機の高度が正しいかどうか確認するために，自衛隊から提供されたデータを用いて図5-4-9の直角三角形ABA'に着目して計算で飛行機の高度AA'を求めるように指示した。直角三角形ABA'を利用して飛行機の高度を求める活動は，観測地点からのデータを用いて見いだされた飛行機の高度が正しいかどうか，その信憑性を確かめる活動であることを伝えた。計測結果から高度を求めた受講生は，納得して計算を始めた。この計算過程では，学習場面mの経験を生かして，すべての受講生が的確に飛行機の高度を求めた。計算後に計算結果を確認し，観測地点から求めた高度と，自衛隊から提供していただいた資料をもとに求めた高度に大きな差がないことを確認した（表5-4-2）。受講生は，観測地点で捉えた飛行機の方位と仰角が的確であれば，かなり正確に飛行機の高度が求められることを知り，歓声が上がっていた。

　学習場面oでは，本授業の学習をあらためて振り返った。そして，今回の経験を生かして鳥が飛んでいる高さや，遠くに見える山の高さなどが求められるだろうと考えている様子が窺えた。

(5) 本授業後の学習者の感想

　本授業後に，5件法による3つの自己評価と自由記述のアンケートを実施した。5件法による質問は，①内容がどの程度理解できたか，②新しい発見はあったか，③満足度はどのぐらいか，である。小学生6人と中学生4人について，それぞれに算術平均を算出した結果を，（小学校, 中学校）で示すと①(3.5, 4.5)，②(4.0, 4.75)，③(4.17, 5.0)となった。小学校はいずれの項目も分散が大きく，特に②の分散が大きかった。一方，中学生の分散はいずれも非常に小さかった。また中学生と同程度の反応を示した小学生は1名いた。最も自己評価が低かった小学生は「計算や文字が多くて頭がごちゃごちゃになった」と記述していたが，他の受講生は概ね学習内容を理解し，飛行機の高度が計算によって求められたことに感激していた。本授業では，飛行機の着陸と計測地点の状況を模型で示すなど教材を工夫し，受講生が自分で考える時間を多く設定したが，計算も複雑であり，十分に理解しきれない受講生がいた。それでも，理解できた受講生のほとんどが楽しいと感じ，仰角を計測する経験もよかったと答えていた。また彼らのワークシートの作業も鑑みると，理数科に興味がある中学生以上であれば，本授業を概ね理解できることもわかった。

　本授業の受講生の反応から，飛行機の高度を求める学習は，高等学校以前の児童生徒にも理解できて，思考も深められる可能性が見出せた。高等学校になって初めて探究の学習をするのではなく，小学

第5章　教育実践編

生のうちから，意図的に探究の基礎を学ぶ機会を増やすために，教員は意図的に，探究のための教材を開発することが，今後は非常に大切になるのではないかと感じさせられた授業実践だった。

　本授業の学習指導案や教材の開発にあたって，小中学生を対象とすることを意識したため，かなりスモールステップの学習計画を立案し，飛行機の高度を求めるための教材もずいぶん練り上げた。その結果，例えば，映像も駆使して受講生が場面をイメージしやすくすることを追加するような工夫もした。こうした事前の準備が功を奏した側面も窺えた。

　今回は，受講生が実地にデータを取りに行くだけの時間が確保できなかったが，仰角計測器を扱う様子を見ていると，小学生高学年でも，的確にデータを収集できることも実感できた。本授業だけでも，十分に理解して探究の経験ができる児童生徒が，思いのほか多いことがわかっただけに，データの収集から受講生に取り組めるような機会を組み込んだ授業を計画できればよいと考えている。ただし，受講生の学習経験や探究経験の軽重によっては難しすぎる内容だったことも明らかであり，学習指導の展開と共に対象者を的確に吟味することも重要である。

引用・参考文献

金児正史，安原誠，矢田耕資，吉田晃弘，笠江由美，西條武志（2018）：理科と数学科を総合する学習指導の事例分析と考察，鳴門教育大学授業実践研究，17，137-144.

金児正史（2022）：空港に着陸する飛行機の高度を求める探究型学習とその意義，日本科学教育学会第46回年会論文集，161-164.

文部科学省（2018）：高等学校学習指導要領（平成30年告示）解説　理数編，東京書籍.

大島利雄他（2017）：数学Ⅰ，数研出版.

（金児正史）

表 5-4-4　学習指導案・指導過程

	教師の働きかけ	生徒の活動・反応	留意事項
導入	紀伊水道側から徳島空港に着陸する飛行機に搭乗した経験や，空港付近で着陸する飛行機を見た経験を問いかける。また，飛行機の着陸の仕方で気付くことがないか，問いかける。 　地上から飛行機の高度を求めるとき，どのような情報を入手し，計測が必要か質問する。また，データを収集する空港近くの地点の予想を促す。	搭乗経験から，飛行機の降下角は常に維持して降下していること，いつも同じような降下角であることを発言する。 　入手する必要性が考えられる情報は，仰角，方位ではないかと予想する。 　着陸地点や着陸直前の様子が見える，丘ではないかと予想する。	発言が多くない場合は，不要な変数を含む変数群（気温，風力，風向，仰角等）とそれらの実測データを示して考えを促す。
展開1	地上から飛行機の高度を求めるのに必要な情報を確認する。	飛行機が着陸するときの滑走路への進入のしかた，観測地点から飛行機を見る仰角，観測地点からの飛行機の方位，地図であることを納得する。	飛行機が着陸するときの滑走路への進入のしかたについては，徳島空港の官制を司る自衛隊からの情報提供をしてもらったことを伝える。
展開2	図5-4-7に示した仰角や方位を計測する器具の使用方法を，実際に体験する。 　飛行機の航路と観察者の視線を示す立体模型［図5-4-8］を示す。また，模型の観測地点Cから航路上の飛行機Aを見る様子を小型カメラで見せる。 　仰角について確認する。	仰角を図る作業を2人で共同して対応する。 　立体模型を見ながら，飛行機の降下の様子と観察者の目線の状況を把握する。	立体模型の滑走路端に表示された「29」は，真北から時計回りに290度の方位に向かって進入していく滑走路を意味しておりことを伝える。
展開3	観察者の目線の仰角を用いれば，直角三角形の直角を挟む2辺の比を求められることを解説する。その際，数学Ⅰで学ぶ正接を定義して，相似な直角三角形の，直角を挟む2辺の比は常に等しいことを確認する。	図5-4-1の標識が正接の定義とつながることを理解する。 　受講生は知り得た情報の再確認をしている。	三角比が未履修の受講生には，拡大縮小や三角形の相似の学びを利用しながら，正接の定義を確認する。
展開4	飛行機が滑走路に進入してくる方位が290度であること，必要なデータは計測地点から飛行機を見る方位と仰角であること，水平距離は地図上の2点間の距離と地図の縮尺を利用して求められること，仰角が分かれば正接が求められることを確認する。 　立体模型の航路と視線を地図上に示した資料を配付し，2つの直角三角形を見いだすように促す。	着陸する飛行機Aから海上に垂線を下ろした足A'をひき，2つの直角三角形を見いだす。	直角三角形が見いだせない受講生は立体模型もみながら考えるように指示する。 　観測データを記入した地図を提供した理由は，地図上の情報に誤差が出ることを避けるためである。
展開5	観測データ［表5-4-1］とそれを地図上に示した図を提示する。 　データを記した地図と正接の三角比表を利用して，計測データによる飛行機の高度を求めるように指示する。 　自衛隊からいただいた情報を元に求めた飛行機の高度と，計測したデータから求めた飛行機の高度を比較するように指示する。	地図上の観測地点Cから地点A1，A2，A3，Bまでの距離を実測し，縮尺を用いて2点間の距離を求める。 　計測データで求めた飛行機の高度が，自衛隊にいただいた情報から求めた飛行機の高度とほぼ一致することを知る。	計算のしかたに混乱している受講生には，どこで混乱しているのか確認の上，学習を振り返る。
まとめ	本授業のまとめと振り返りをする。 高さや高度を，正接を利用して求められそうな場面がないか考えるように促す。	雲の高さや，遠くに見える建物の高さなどが，同じ方法を用いて計算で求められそうだと気づく。	

5 大学1年生対象の統計教育
～実際にビッグデータを扱わせてみて～

(1) 理数分野における21世紀の統計教育

　これまでの科学は，主に科学者の思考を基にして進んできた。最初は，実験を行ってそれらの結果から帰納的に現象を理解した。例えば，ケプラーやコペルニクスらが辿った天文観測から惑星の軌道を理解する過程がこれに相当するだろう。これを第1の科学「実験科学」と呼ぶ（研究開発戦略センター，2021：図5-5-1も参照）。次に，膨大な観測結果から普遍理論を構築し，演繹的に未知の現象を予測した。例えば，ニュートンの万有引力の法則の適用による海王星の発見がこれに相当するだろう。これを第2の科学「理論科学」と呼ぶ。

　20世紀の後半，コンピュータ技術の発展に伴って科学の分野で盛んに計算機が使われはじめた。それまで，複雑すぎて近似でしか扱えなかった理論計算が精密に計算できるようになり，計算機を使って演繹的に現象を理解できるようになった。第1，第2の科学に続く第3の科学「計算科学」の勃興である。例えば地震や台風などの自然現象のシミュレーション，技術開発における工業プロセスの最適化，天文レベルあるいは原子レベルでの物体の振る舞いなどの未知の状況の予測などがこれに相当するだろう。そして，21世紀に入ると加速度的にコンピュータの処理能力が向上し，ついにビッグデータを基にして現象を帰納的に推論するに至った。これを第4の科学「データ駆動科学」と呼ぶ。データ駆動科学はまだ始まったばかりで，実例は少ないものの，例えば二重振り子を記述する変数の同定などがこれに相当するのだろう。

　このように，近年ではコンピュータの活用が目ざましく，特に，ビッグデータを扱う第4の科学「データ駆動科学」を運用するためには統計学の理解が欠かせない。この状況を反映して，学習指導要領の改訂にあたって統計教育が大きく見直された（文部科学省，2017）。戦後第8回目の改訂（2017年3月改訂。高等学校では2022年から施行[1]）では，重要な用語を含む統計分野の充実が図られた。例えば，「仮説検定」，「外れ値」（いずれも数学I），「頻度確率」（数学A），「正規分布」，「区間推定」，「仮説検定」，「有意水準」（いずれも数学B）などの用語が新たに加わった（数研出版編集部，2018）。

　また，新学習指導要領の理科における統計分野を抜粋すると，中学理科（第1分野）で「力のはたらき」，「電気抵抗」，「力と運動」，「水溶液」，「原子・分子」，高校理科（物理）で「運動とエネルギー，波」，高校理科（地学）で「宇宙」となっている（総務省，2020a）。「科学」の文脈での統計の利用が明記されており，統計分野に関しては数学と理科との積極的かつ効果的な融合が必要不可欠になってくることは必至である。

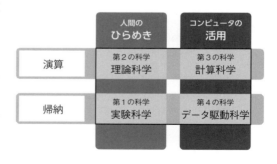

図5-5-1　科学の4つの方法論
（研究開発戦略センター，2021：3）

（2）大学1年生に対する統計に関する調査

a. 統計に関する調査の詳細

　2022年度における大学1年生は旧学習指導要領で学習した学生である。旧学習指導要領における統計教育の成果を確認するために，次の要領で統計用語の認知度調査を実施した。なお，初年次教育とは，統計に関する講義を含むアカデミックスキルズに関する授業である。

　◆対象：医学部1年生
　◆時期：第1回　4月（初年次教育開始前）
　　　　　第2回　5月（初年度教育実施後，実習開始前（実習には統計に関する演習を含む））
　　　　　第3回　9月（実習終了後）
　　　　　第4回　翌年5月（2年次の実習終了後）
　◆内容：①10個の統計用語の認知度（4件法）
　　　　　②統計に関する意識調査（4件法）

　調査は初年次教育や実習などの授業の前後に実施し，これらの授業の効果も同時に調べられるようにした。調査に用いた統計用語は総務省統計局のWebサイト「基本用語集（全用語）」（総務省，2020a）に記載されている用語の中から選んだ。実施に使用した用語は表5-5-1を参照されたい。

　なお，統計用語に関する調査を「理解度調査」ではなく「認知度調査」と記したのは次のような選択肢にしたからである。大学生への質問は，たとえアンケートと銘打っていても，テストと勘違いされる可能性が高いので，それを排除するためにこのような選択肢にした。

【認知度調査選択肢】
　①定義や式を与えられれば適切に使えると思う。
　②詳しくは理解していないが，利用したことはある。
　③聞いたことはあるが，内容は説明できない。
　④聞いたことがない，または学習した記憶がない。

　統計に関する意識調査は，測定データの統計結果と実験考察との関係に関する次のような質問を4件法で実施した。なお，末尾の《　》内の記述は調査結果の表5-5-2の見出しとして利用している。

【意識調査選択肢】
　◇データの統計処理は必須であり，考察には統計処理が不可欠である。　《統計 ⇒ 考察》
　◇統計処理の提示は必須だが，考察には必要でない場合もある。　　　　《統計 ＋ 考察》
　◇統計はあくまで数学的な処理であり，考察にはさほど重要でない。　　《統計 ＜ 考察》
　◇統計は純粋に数学的な理論であり，医学的な考察とは無関係である。　《統計 ／ 考察》

第5章　教育実践編

　このような調査を実施したのは次の理由からである。提出されたレポートに，計測データについて論じず，書籍などで得た知識をまとめたものが散見された。このことが，そもそも考察における統計処理の意味が理解できていないことが原因なのか，それとも単に統計処理した結果を上手に扱えないことが原因なのかを明確にしたかったのである。

b. 統計に関する調査結果

　表5-5-1に統計用語の認知度調査結果を示す。表の数値は【認知度調査選択肢】の1および2を選択した受講生の割合（％）である。これらの用語を利用できると回答した割合と考えてよい。第1回目の調査では高等学校までに学習する用語について調査した。第2回目から第4回目までは，第1回目で認知度が高かった4個の用語（パーセントから中央値までの4個）を大学で学習する予定の4個の用語（検定から回帰曲線までの4個）に差し替えて調査した。

　高等学校までに学習した用語の認知度は「正規分布」を除いておおむね高水準であった。旧学習指導要領でも統計教育はなされており，その成果が第1回目の調査結果に反映されていると考えられる。高等学校までの統計教育が，少なくとも用語利用の観点からは機能していると推測できる。また，第1回目と第2回目の間に初年次教育を実施した。また第2回目と第3回目の間に実習を実施した。これに伴って割合が増加していることが見て取れる。特に第2回目と第3回目の間に実施した実習の効果が大きい。

　一方，問題点としては，高等学校で学習済みの「正規分布」の認知度が，他の既習の用語に比べて極めて低いことであろう。正規分布は標準偏差や標準誤差を理解する上で必須の重要な概念であるから，正規分布の認知度が低いことは統計全般の理解の低さを意味する。また，正規分布の認知度が低いにもかかわらず標準偏差の認知度が高いことも問題点として挙げられよう。このことは，標準偏差を，その正しい意味や使い方を知らずに使っている可能性を示唆する。

表 5-5-1　統計用語の認知度調査結果（用語を利用できると回答した割合（％））

用語	第1回	第2回	第3回	第4回
パーセント	100	–	–	–
平均値	98	–	–	–
箱ひげ図	98	–	–	–
中央値	97	–	–	–
標準偏差	97	95	97	92
最頻値	87	94	96	89
誤差	83	89	96	92
相関	78	89	97	91
近似値	81	82	94	92
正規分布	32	52	79	71
検定	–	35	52	85
信頼区間	–	21	80	61
有意水準	–	19	35	49
回帰曲線	–	15	36	60

5 大学1年生対象の統計教育～実際にビッグデータを扱わせてみて～

次に，統計に関する意識調査の結果を表5-5-2に示す。統計処理よりも，考察の方が重要と考える受講生が一定数存在するが，多くの受講生は統計の重要性を認識していることが認められる。特に，初年次教育後の「統計⇒考察」の割合が急増していることは注目に値する。まだ実習開始前であり，実際にデータに振れる前にもかかわらず，このような推移が見られるのは，初年次教育が効果的に機能していることの表れといえるだろう。また，微増ではあるが，実習後の「統計⇒考察」の割合の増加も，実習が機能していることを示していると考えている。

一方，問題点も浮き彫りになった。2割弱の受講生は統計を基に考察していないこと示唆され，さらに1割弱の受講生は統計に対して無関心のように見える。これらの割合は実習を経ても変化していない。統計処理が重要な位置を占めるような実習課題の構築が急務である。

表5-5-2　統計用語の認知度調査結果 (用語を利用できると回答した割合（%）)

選択肢	第1回	第2回	第3回	第4回
統計⇒考察	74	82	84	85
統計＋考察	21	11	8	9
統計＜考察	1	4	3	4
統計／考察	5	3	5	3

（注意：有効数字の関係で合計が100%にならない回がある）

（3）大学1年生に対する統計教育の実践

a. 実践の準備

医学部1年生に対して開講している実習について，統計処理が必須となるような考察課題を設計した。設計対象にしたテーマは「可聴領域測定」および「声紋分析」である。いずれも，聴覚や発声などの医学に関する題材を用いている。これらのテーマの実行には音の計測を含む。音を計測する上では，周波数や音量などの物理量の理解が必要である。また，発せられた声を分析する上でフーリエ変換などの数理的処理が必要である。したがって，実習を進める上で物理学の手法を用いる。以下に，簡単に実習手順をまとめておく。計測するのはいずれも実習者本人の身体データである。

◆可聴領域測定

①音源には正弦波を出力するスマートフォンアプリを利用する。

②音量を固定する。周波数を徐々に上げていくと可聴限界以上の周波数で正弦波が聞こえなくなる。各自，聞こえなくなるギリギリの周波数 (可聴上限周波数) を計測する。同様に，周波数を下げていき聞こえなくなる周波数 (可聴下限周波数) 計測する。いくつかの音量について可聴上限・下限周波数を計測する。

③横軸に周波数，縦軸に音量をとり，計測データをプロットする。(図2(a)参照)

第5章　教育実践編

◆声紋分析
　①音声をフーリエ変換するスマートフォンアプリを利用する。
　②各自の母音（あいうえお）をフーリエ変換し，各母音の特徴的な2つの周波数（低い音から第1フォルマント周波数（F1），第2フォルマント周波数（F2））を計測する。
　③横軸にF1，縦軸にF2をとり，計測データをプロットする。（図2（b）参照）

　医学に関する題材を物理学の手法で理解するこのような実習は，医学部においては第1学年のみならず上級学年でも行われてきた伝統的な方法である。本実践ではここに統計処理課題を導入する。従来の実習に統計処理を実装するにはいくつかの条件が必要であった。もっとも重要な条件はIT（情報技術）の整備である。本実習で得られるデータは受講生約120名の身体計測データである。このデータ量は，ビッグデータとはいえないが，集約された数値を眺めているだけではデータの意味するところは理解できず，統計処理やデータ分析が必須になる量である。実習の立ち上げや運用の詳細は髙須（2021）を参照されたい。ここでは，次の2点を強調しておく。

（a）クラウドコンピューティングの利用

　大学が契約しているクラウドコンピューティングサービスを利用してデータの集約を行った。Googleスプレッドシートを受講生全員で共有し，「可聴領域測定」では各自6個の数値データを，「声紋分析」では各自10個の数値データを入力した。計測データを紙ベースで集約し，それを受講生全員で共有することは，実現不可能ではないが，学生実験の作業としては現実的ではないことは言うまでもないだろう。

（b）統計解析ソフトの利用

　実習時に1年契約した医学統計・グラフ作成ソフトGraphPad Prismを利用して，得られたデータの統計処理およびグラフ作成を行った。約120名分のデータの統計処理は関数電卓などを用いた手作業でも実行できなくはないが，約120名分のデータをプロットする作業は紙ベースの手作業では現実的ではなく，ソフトウェアを利用して初めて実現できることである。また，ソフトウェアを利用することでグラフを自由に成型できる。例えば，線形グラフを対数グラフに変えることは，紙ベースでは（対数グラフは正しく描くことが困難なので）2つのグラフを描く時間以上の時間がかかるが，ソフトウェアの軸変換を利用すれば瞬時にできる。

　以上により，本実習は，①医学に関する題材を扱い，②物理学の手法によって計測し，③統計学を用いて理解する，という医学・物理学・統計学の三位一体の実習として実施した。

b．実践結果

　図5-5-2に，実習書に掲載した「可聴領域図」（横軸：周波数，縦軸：音量）および「声紋分析結果」（横軸：第1フォルマント周波数（F1），縦軸：第2フォルマント周波数（F2））の見本を示す。

5 大学1年生対象の統計教育〜実際にビッグデータを扱わせてみて〜

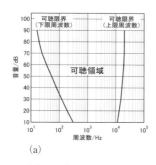 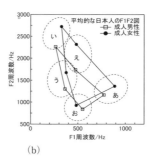

図 5-5-2 (a) 可聴領域（グレーの部分）の見本　(b) 声紋分析結果（F1-F2 図）の見本

可聴領域測定では各自の可聴上限・下限周波数（見本のグレーの部分の両端の周波数）を計測し，片対数グラフに両端の周波数をプロットする。声紋分析では各自の声のフーリエ変換から F1，F2 を抽出し，F1-F2 図を作成する。上述したとおり，いずれの課題も受講生全員（約 120 名）のデータを扱う。統計処理として，各々のデータの平均値，標準偏差，標準誤差を算出する。グラフ作成には GraphPad Prism を使用した。実習書には，ソフトウェアの詳細な使い方は書かずに，最低限の入力および成形の仕方を記載し，不明な点があれば都度説明した。また，課題遂行のためのテンプレートも記載した。

レポートの考察として次の課題を課した。図 5-5-3 は提出された実際のレポートからの抜粋である。

課題①「平均値±標準誤差」および「平均値±標準偏差」のグラフを作成せよ。

可聴領域では平均値のみプロットせよ（図 5-5-3 (a)，(b) 参照）。

声紋分析では平均値に加えて受講生全員のデータをプロットせよ（図 5-5-3 (c)，(d) 参照）。

課題②「計測データのバラつき」は標準誤差で評価すべきか，標準偏差で評価すべきかについて，作成したグラフを基に理由を明記した上で論じよ。

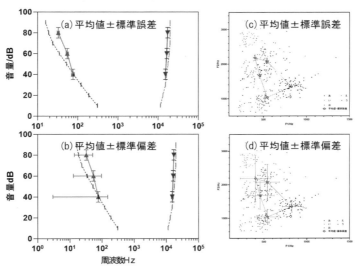

図 5-5-3　計測・分析結果（(a) 可聴領域図　平均値±標準誤差を表示。点線は見本の可聴領域端。(b) 可聴領域図　平均値±標準偏差を表示。(c) F1-F2 図　平均値±標準誤差および受講生全員の個人データを表示。(d) F1-F2 図　平均値±標準誤差および受講生全員の個人データを表示。)

第 5 章　教育実践編

c. 実践の考察

本実習は，受講生約 120 名を 4 名ごとに分け全 30 班で実施した。レポートは，個人で 1 通ではなく，班で 1 通提出させた。実践の考察は提出された 30 通のレポートを対象とする。実践における課題の達成結果を表 5-5-3 に示す。

課題① 「グラフの作成」が達成できたのは，可聴領域測定で 17 班（達成率 57 %），声紋分析で 19 班（達成率 63 %）であった。グラフ作成のソフトウェアを利用し，テンプレートを準備し，見本を提示しても，約 1/3 は正しく描けていなかった。提出されたレポートを詳しく調べてみると，統計処理でつまずいていることが分かった。

課題② 「データのバラつきの評価」のうち，正しい量（標準偏差）を選択できたのは，可聴領域測定で 12 班（達成率 40 %），声紋分析で 22 班（達成率 73 %）であった。また，標準偏差を選んだ理由を説明できたのは，可聴領域測定で 9 班（達成率 30 %），声紋分析で 17 班（達成率 57 %）であった。

表 5-5-3　統計用語の認知度調査結果 （用語を利用できると回答した割合（%））

	可聴領域測定	声紋分析
課題①（グラフの作成）	17 班（57 %）	19 班（63 %）
課題②（評価量）	12 班（40 %）	22 班（73 %）
課題②（理由）	9 班（30 %）	17 班（57 %）

課題①の達成率は 2 つの実習テーマのいずれも 6 割程度であり，テーマによって達成率の差異は認められない。一方，課題②では，評価量，理由のいずれでも，声紋分析に比べて可聴領域測定における達成率が著しく低かった。

課題②の考察として，次のような解答を期待した：

「データのバラつきは標準偏差で評価すべきである。理由：計測データは広範囲にわたっており，
作成したグラフから分かるとおり，それを表しているのは標準偏差の方であるから」

標準偏差や標準誤差が何を表している量なのかを正確に理解していなくても，広範囲に散らばる計測データを見れば，作成したグラフから標準誤差ではなく標準偏差を選択できるはずである。もちろん，各々の数学的な定義を正確に理解していれば数学の立場から選択できる。しかし，本実習では，そのアプローチは高度であると判断し，実際に作成したグラフを基に検討することを要求したのである。

本課題はこのような設計思想で構築したのだが，「可聴領域測定」と「声紋分析」とでは，実は課題①が異なる。図 5-5-3 を見れば明らかなように，「声紋分析」では受講生全員（約 120 名）のデータをプロットするように指示しており，「可聴領域測定」では受講生全員のデータのプロットは課していない。

声紋分析の F1-F2 図は計測データが線形グラフ上に 2 次元に広がるような結果になるのに対して，可聴領域図は計測データが片対数グラフ上に 1 次元的に広がる結果になる。そこで，可聴領域測定については，受講生全員のデータをプロットすると狭い範囲に膨大なデータがプロットされてグラフが読みにくくなるという理由から，全データのプロットを課さなかったのである。

この差は，達成率の違いから分かるように，グラフから適切な評価量を考察する上で決定的な差であった。それゆえに，本実践は，授業設計の観点からすると成功したとは言い難い結果となった。しかし，結果の総括から次の有意義な2点が見出だされた。

(a) 受講生は作成したグラフをよく見ていることがうかがえる。受講生全員（約120名）のデータをプロットしたF1-F2図からは標準偏差が何を表しているか視覚的に分かる。一方，可聴領域では受講生全員のデータをプロットしていないので，標準偏差の意味をグラフから直ちに理解できない。課題②の達成率の差はこのことに起因するのではないか。ひるがえって，分析して得られた量を正確に理解しているか否かは提出されたレポートからは読み取れないが，少なくともグラフから標準偏差の素朴なイメージはつかめていると思われる。

(b) 参考書からの引用では素朴なイメージさえつかめない可能性がある。提出されたレポートには参考書からの引用が散見された。しかし，たとえ参考書などで正確な定義や説明を読んでいても計測データに正しく適用できるわけではないことが明確になった。標準偏差や標準誤差がどのような量なのかをイメージするには，実際に大量のデータを分析することが重要なのである。このことは当然のことと思われるが，現実的には高校生が100個以上の数値データを分析する機会は皆無なのではないか。しかし，本実践で紹介した方法を利用すれば高等学校でも十分実施可能な実習であると考える。

(4) 調査と実践を終えて

本稿では，最初に，医学部1年生を対象として実施した統計に関する調査を報告した。認知度調査の結果から，正規分布の認知度は他の統計量や統計概念に比べて著しく低いことが分かった。また，データの分析において，統計の重要性が認識されていることが分かった。

次に，医学・物理学・統計学の三位一体の実習の実践を紹介した。実習の実施にはITの利用が重要かつ不可欠であった。実践の結果として，統計量を理解する上では，実際に大量の数値データを扱うことの重要性が明確に示された。

統計学において正規分布は極めて重要である。しかし認知度は低い。このジレンマに対して，受講生が統計の重要性を認めていることと，大量のデータを扱えば自然に理解が進むことを利用しない手はないだろう。今後，効果的な理数融合実習の設計が必須になることは論を俟たない。その際，本稿が役立つことを期待する。

注
1) 便宜上，この学習指導要領を「新学習指導要領」と記し，これ以前の学習指導要領を「旧学習指導要領」と記す。

第 5 章　教育実践編

引用・参考文献

研究開発戦略センター（2021）：人工知能と科学，3.

文部科学省（2019）：高等学校学習指導要領（平成 30 年告示）.

総務省（2020a）：学校における統計教育の位置付け「新学習指導要領及び学習指導要領解説（統計教育部分抜粋）」，Retrieved from https://www.stat.go.jp/teacher/stat-education.html（参照日 2022.09.17）.

総務省（2020b）：補助教材「基本用語集」，Retrieved from https://www.stat.go.jp/teacher/glossary.html（参照日 2022.09.17）.

数研出版編集部（2018）：高等学校新学習指導要領「数学」について，数研通信，91, 6.

髙須雄一（2021）：医科大学 1 年生に対する「オンラインに特化したオンライン実習」の実践報告，日本科学教育学会第 45 回年会論文集，165-168.

（髙須雄一）

6 水溶液濃度計算に関するつまずきの特定とその指導法

（1）水溶液濃度計算でのつまずきの研究の必要性

水溶液濃度は，小・中・高等学校の各発達段階に応じて質量パーセント濃度からモル濃度へと移行され，化学分野の学習の基礎となるものである。しかし，平成27年度全国学力・学習状況調査中学校理科の報告書では，[1]の「5%の塩化ナトリウム水溶液100gをつくるために，必要な塩化ナトリウムと水の質量は，それぞれ何gですか」の設問で，正答率は46.0%と知識・技能に関する問題の中で最も低い正答率となった（国立教育政策研究所，2015）。小学校・中学校における水溶液の濃度に関しての報告（小高ら，1989；前田ら，1994；森，2015）はある一方，児童・生徒の多面的なつまずきの要因は解明されていない。そこで，水溶液濃度計算では，どのような知識・技能が不足していて生徒はつまずいているのかを明らかにしたいと考え，調査を行った。ここでは，石井・寺窪（2018）を引用して，水溶液濃度計算のつまずきについて解説する。

（2）方法

公立中学校の3年生4クラスの115人を対象に，図5-6-1の（濃度問題を解く際に必要な質量パーセント濃度の公式に関した問題「公式問題（図ア）」，既知の食塩水の濃度と全体の質量から，一定の濃度まで水分を蒸発させた際の食塩水の全体の質量を求める問題「総合問題（図イ）」，総合問題をスモールステップ化させ，生徒がより解答し易くした問題「中位問題（図ウ）」，中位問題に百分率や質量パーセント濃度の公式等のヒント与えた問題「下位問題（図エ）」，濃度問題を解く際に必要な計算に関する数学的技能をはかる問題「計算問題（図オ）」，濃度問題に対しての苦手意識を見出すための意識「意識調査（図カ）」を，同一生徒に実施した。

（3）結果

「総合問題（図イ）」「中位問題（図ウ）」「下位問題（図エ）」の正誤の解答の型分けにより，生徒をⅠ～Ⅵの6つのグループに分類することができた。表5-6-1に各グループでの「公式問題（図ア）」「計算問題（図オ）」「意識調査（図カ）」の正答・誤答者数を示す。表1をもとに各グループ間でFisherの直接確率検定を行った。5%水準で有意差のあった知識・技能を表5-6-1では灰色で示している。

第5章　教育実践編

濃度の公式に関する問題 (1)～(5) に答えなさい。

(1) 正しいと思うものを1つ選び，記号で答えなさい。

① (溶媒) = (溶液) + (溶質)　　② (溶液) = (溶質) + (溶媒)　　③ (溶質) = (溶液) + (溶媒)

(2) 次の ①，②，③ で，正しいと思うものを丸で囲みなさい。

食塩水で考えたとき，溶質とは ①(食塩水・食塩・水) のこと，溶媒とは ②(食塩水・食塩・水) のこと，
溶液とは ③(食塩水・食塩・水) のことである。

(3) 正しいと思うもの1つ選び，記号で答えなさい。

① 濃度 = $\frac{溶質の質量 (g)}{溶媒の質量 (g)}$ × 100　　② 濃度 = $\frac{溶媒の質量 (g)}{溶質の質量 (g)}$ × 100　　③ 濃度 = $\frac{溶液の質量 (g)}{溶質の質量 (g)}$ × 100

④ 濃度 = $\frac{溶質の質量 (g)}{溶液の質量 (g)}$ × 100　　⑤ 濃度 = $\frac{溶媒の質量 (g)}{溶液の質量 (g)}$ × 100　　⑥ 濃度 = $\frac{溶液の質量 (g)}{溶媒の質量 (g)}$ × 100

(4) 正しいと思うものを1つ選び，記号で答えなさい。

① 濃度 = $\frac{食塩の質量 (g)}{水の質量 (g)}$ × 100　　② 濃度 = $\frac{水の質量 (g)}{食塩の質量 (g)}$ × 100　　③ 濃度 = $\frac{水の質量 (g)}{食塩水の質量 (g)}$ × 100

④ 濃度 = $\frac{食塩の質量 (g)}{食塩水の質量 (g)}$ × 100　　⑤ 濃度 = $\frac{食塩水の質量 (g)}{食塩の質量 (g)}$ × 100　　⑥ 濃度 = $\frac{食塩水の質量 (g)}{食塩の質量 (g)}$ × 100

(5) 正しいと思うものを1つ選び，記号で答えなさい。

① (求める食塩水の質量) = (食塩の質量) × $\frac{濃度(\%)}{100}$　　② (求める食塩水の質量) = (水の質量) × $\frac{濃度(\%)}{100}$

③ (求める食塩水の質量) = (水の質量) × $\frac{濃度(\%)}{100}$　　④ (求める水の質量) = (食塩水の質量) × $\frac{濃度(\%)}{100}$

⑤ (求める水の質量) = (食塩の質量) × $\frac{濃度(\%)}{100}$　　⑥ (求める食塩水の質量) = (食塩水の質量) × $\frac{濃度(\%)}{100}$

（ア）公式問題

＜問題＞

6 %の食塩水が 500 g あります。その食塩水の水を蒸発させ，10 %の食塩水にしました。
できた食塩水が何 g になるか考えます。

次の (1)，(2) に答えなさい。

※どのように求めたか分かるように，途中式や計算に用いた式をきちんと書きなさい。

(1) 6 %の食塩水 500 g に含まれる，食塩の質量は何 g か答えなさい。

ヒント：① 濃度とは，溶けたものの質量が全体の質量のうち，何%であるかを表しているものである。

② 1%を小数で表すと，0.01 である。1%を分数で表すと，$\frac{1}{100}$ である。

(2) (1)で求めた食塩の質量で，10 %の食塩水を作ったとき，食塩水は何 g できるか答えなさい。

ヒント：① ＜濃度の公式＞ 濃度(%) = $\frac{食塩の質量}{水の質量+食塩の質量}$ × 100
水の質量を X と置いて考える。

② ＜濃度の公式＞ 濃度(%) = $\frac{食塩の質量}{食塩水の質量}$ × 100
食塩水の質量を X と置いて考える。
① ① どちらの方法を用いて考えても構わない。

（エ）下位問題

＜問題＞

6 %の食塩水が 500 g あります。その食塩水の水を蒸発させ，10 %の食塩水にしました。
できた食塩水は，何 g か答えなさい。

※どのように求めたか分かるように，途中式や計算に用いた式をきちんと書きなさい。
言葉や図を用いて考えても構いません。

（イ）総合問題

＜問題＞

6 %の食塩水が 500 g あります。その食塩水の水を蒸発させ，10 %の食塩水にしました。
できた食塩水が何 g になるか考えます。

次の (1)，(2) に答えなさい。

※どのように求めたか分かるように，途中式や計算に用いた式をきちんと書きなさい。
言葉や図を用いて考えても構いません。

(1) 6 %の食塩水 500 g に含まれる，食塩の質量は何 g か答えなさい。

(2) (1)で求めた食塩の質量で，10 %の食塩水を作ったとき，食塩水は何 g できるか
答えなさい。

（オ）計算問題

＜問題＞ 次の(1) ～ (5) の問いに答えなさい。

※ 問題 (2)・(5) では，途中式や計算に用いた式をきちんと書きなさい。

(1) 次の [　] に当てはまる数字を答えなさい。
ある数の 6 %とは，もとの数を [　] 倍することである。

(2) 次の [　] に当てはまる数字を求めなさい。
500 の 6 % は，[　] である。

(3) 次の [　] に当てはまる数字を求めなさい。
食塩 30 g と水 270 g を使ってできる食塩水は，[　] g である。

(4) 次の X の値を求めなさい。
$10 = \frac{30}{x+30} \times 100$

(5) 次の X の値を求めなさい。
$10 = \frac{30}{x} \times 100$

（ウ）中位問題

あなたが濃度の問題を解くとき，どこが難しいと感じますか。

当てはまる番号すべてに○をつけなさい。

① 百分率（%）の計算が分かりにくい　　② 濃度の公式を覚えられない　　③ 濃度の公式を使えない

④ 何から求めたらよいか分からない　　⑤ 問題を読み取れない　　⑥ 溶媒などの用語が分からない

⑦ 特に難しいと思わない　　　　　　⑧ その他（　　　　　　　　　　　　　　　）

（カ）意識調査

表 5-6-1　「公式問題」「計算問題」「意識調査」におけるグループ毎の正答・誤答者数 (石井・寺窪 (2018) の表より引用)

種類	番	調査の内容	ⅠとⅡ		ⅡとⅢ		ⅢとⅣ		ⅢとⅤ		ⅢとⅥ	
公式問題	(1)	溶液の構造	1.0000	n.s.	.1078	n.s.	1.0000	n.s.	.5602	n.s.	.0248	($p < .05$)
	(2)	公式中の用語	1.0000	n.s.	.0233	($p < .05$)	.7043	n.s.	1.0000	n.s.	.0978	n.s.
	(3)	化学用語での公式	.6534	n.s.	.0059	($p < .05$)	.6854	n.s.	.5565	n.s.	1.0000	n.s.
	(4)	食塩水の公式	.5441	n.s.	.2516	n.s.	.4414	n.s.	.2516	n.s.	.0227	($p < .05$)
	(5)	公式の変形	.0379	($p < .05$)	.4318	n.s.	.6478	n.s.	.7058	n.s.	.1100	n.s.
計算問題	(1)	百分率の小数への変換	.7321	n.s.	.7241	n.s.	.7116	n.s.	.0094	($p < .05$)	.0002	($p < .05$)
	(2)	百分率の計算	.3784	n.s.	.6272	n.s.	.3809	n.s.	.0085	($p < .05$)	.0004	($p < .05$)
	(3)	食塩水の構造	1.0000	n.s.	.1334	n.s.	.3809	n.s.	.0006	($p < .05$)	.0237	($p < .05$)
	(4)	方程式の計算 a	1.0000	n.s.	.0000	($p < .05$)	.3226	n.s.	1.0000	n.s.	1.0000	n.s.
	(5)	方程式の計算 b	1.0000	n.s.	.0153	($p < .05$)	1.0000	n.s.	.0727	n.s.	.0489	($p < .05$)
意識調査	①	百分率（％）の計算が分かりにくい	.7130	n.s.	.1756	n.s.	1.0000	n.s.	.3557	n.s.	1.0000	n.s.
	②	濃度の公式を覚えられない	1.0000	n.s.	.0069	($p < .05$)	.4285	n.s.	.0356	($p < .05$)	.0740	n.s.
	③	濃度の公式を使えない	1.0000	n.s.	.0697	n.s.	.7043	n.s.	1.0000	n.s.	.3340	n.s.
	④	何から求めたらよいか分からない	.1459	n.s.	1.0000	n.s.	.7207	n.s.	.5683	n.s.	.7479	n.s.
	⑤	問題を読み取れない	.0569	n.s.	.7241	n.s.	.4472	n.s.	.7685	n.s.	.5254	n.s.
	⑥	溶媒などの用語が分からない	1.0000	n.s.	.0233	($p < .05$)	1.0000	n.s.	1.0000	n.s.	.5233	n.s.

（4）考察

表 5-6-1 の結果をもとに，グループⅠに到達できるには，どのような知識・技能が必要になるのかを一覧にしたものを図 5-6-2 に示す。これをもとにグループⅠ～Ⅵの児童・生徒に対して，どのような指導を行っていけばよいかについて，以下に考察する。

　グループⅢとⅥの差及びグループⅢとⅤの差から，児童・生徒は水溶液濃度計算の基盤となる「食塩水の構造」の理解につまずきがあることがわかる。このため，児童・生徒に対する指導として，まずは「水の質量＋食塩の質量」が「食塩水の質量」であるといった「食塩水の構造」を十分に理解させることが必要である。次に，グループⅢとⅥの差，及びグループⅢとⅤの差から，児童・生徒は「百分率の小数への変換」や「百分率の計算」の技能につまずきがあることがわかる。このため，児童・生徒に対する指導としては，小

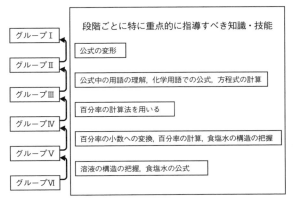

図 5-6-2　段階ごとに特に重点的に指導すべき知識・技能

第5章　教育実践編

学5年算数で学習する「百分率を小数に変換する」の数学的技能を十分に習得させていく必要がある。また，グループⅢとグループⅡの差から，児童・生徒は「化学用語での質量パーセント濃度の公式」の理解と「方程式の計算」の数学的技能につまずきがある。このため，児童・生徒に対する指導として，特に「質量パーセント濃度の公式」では，溶質が分母と分子の両方にあるため，分母にある溶質は，溶液に含まれている溶質であること及び方程式の計算を十分に指導していく必要がある。また，グループⅡとグループⅠの差から児童・生徒は，方程式を解く際の「濃度の公式の変形」につまずきがあることがわかる。このため，中学生に対する指導として，分母に「$x+30$」や「x」をもつ方程式を解く際には，両辺に分母と同じものを掛け，分母にある「$x+30$」や「x」をなくして方程式を解くことのできる数学的技能を十分に習熟させていく必要がある。

（5）おわりに

　水溶液濃度計算に関する問題を解決する際のつまずきは，「食塩水の構造」「溶液の構造」「食塩水の濃度の公式」「濃度の公式」「百分率から小数への変換」「百分率の計算」「方程式の計算」「濃度の公式の変形」の知識・技能が十分に備わっていないために起こる。これらは，特に小学5年の算数で学習する知識・技能の習得が大きく関わっている。このため，水溶液濃度計算に関する児童・生徒のつまずきを解消するには，カリキュラム・マネジメントを通じた理科と算数（数学）の教科横断的な指導を，教師が意図的に実施して知識・技能を十分に習得させていく必要があると言える。これらの知見をもとに，児童・生徒の水溶液濃度計算のつまずきを克服するためのプロセスを表5-6-2に示す。

表5-6-2　水溶液濃度計算のつまずきを克服するためのプロセス

① 小学校5年生の「もののとけ方」で親しんでいる食塩水をもとに、「食塩」は「溶質」,「水」は「溶媒」,「食塩水」は「溶液」を示していることを指導する。これをもとに，食塩水の濃度の公式を併せて把握させる。

② ①で示した濃度の公式を、「溶質，溶媒，溶液」の用語を用いた質量パーセント濃度に戻した公式を把握させる。

③ 百分率は小数の数値に100倍掛けた数値であること。また，百分率の数値を小数の数値に戻すには，百分率の数値の小数点を左に2個移動させれば求められることを理解させる。

④ 溶質の質量を求めるには、溶液の質量に百分率の数値を小数の数値に戻して掛けたものであることを理解させる。

⑤ 方程式の計算技能を習熟させる。特に、分母に「$x+30$」や「x」のある方程式が解けるように指導する。

引用・参考文献

石井俊行・寺窪佑騎（2018）：水溶液濃度計算におけるつまずきの要因分析と学習指導法の検討〜小学校からの教科横断型カリキュラム・マネジメント〜，科学教育研究，42, 1, 25-36.

国立教育政策研究所（2015）：平成27年度全国学力・学習状況調査報告書　中学校理科，https://www.nier.go.jp/15 chousakekkahoukoku/report/middle/sci/（参照日 2023. 8. 23）

前田洋士・中野隆司（1994）：算数の文章題の問題解決に見られる個人差の分析，慶応義塾大学大学院社会学研究科紀要，39, 1-11.

森健一郎（2015）：全国学力・学習状況調査「算数A問題」の結果を踏まえた中学校理科の授業改善：第1学年「濃度」の指導に注目して，北海道教育大学紀要 教育科学編，65, 2, 191-200.

小高博・榎戸章仁・川口正雄・小宮山琢磨（1989）：濃度の理解に関する研究，日本数学教育学会誌 数学教育，71, 9, 308-319.

（石井俊行）

7 マラルディの角を探る〜自然界にあるマラルディの角を見つけよう〜

7 マラルディの角を探る
〜自然界にあるマラルディの角を見つけよう〜

(1) 教材について

　マラルディの角は，フランスの天文学者であるマラルディ（Giacomo Filippo Maraldi 1665-1729）がミツバチの巣を観察した際に，巣の底がひし形三枚でピラミッド状に構成されており，その頂角が約109度28分であることを発見したことからその名がつけられている。マラルディの角は，ミツバチの巣底以外にも，メタンの分子構造やホタテ貝の角度などに見ることができる。

　本時では，自然界の現象を数学を使って探究する活動としてマラルディの角を題材とした。授業ではまず，シャボン液を用いて表面張力について学び，正四面体の枠にシャボン膜を張る実験を通して，なぜ正四面体の内側に膜が張られるのかを余弦定理などの数学的要素を用いて考察し，正四面体の内側に作られた二等辺三角形の頂角がマラルディの角になることを確認した。また，身の回りにあるマラルディの角を持つものを調べ，ミツバチの巣の観察を通して，蜂は少ない材料でより強度の高い巣をつくっていることを学び，自然界の現象を数学で表せることや，自然の神秘性を体験する探究活動とした。

(2) 授業の流れ

a. 対象

　神奈川県内の公立高等学校　2学年の2学級の生徒66名を対象

b. 関連する教科・単元

　数学A（図形の性質），数学Ⅱ（三角関数）

c. 授業のねらい

　表面張力の性質からマラルディの角について学び，マラルディの角が蜜蜂の巣やホタテ貝，A4やB4等の規格用紙の対角線の角度に現れることを体験させることで，数学と自然界の関わりについて興味を持たせる。

d. 実践の方法

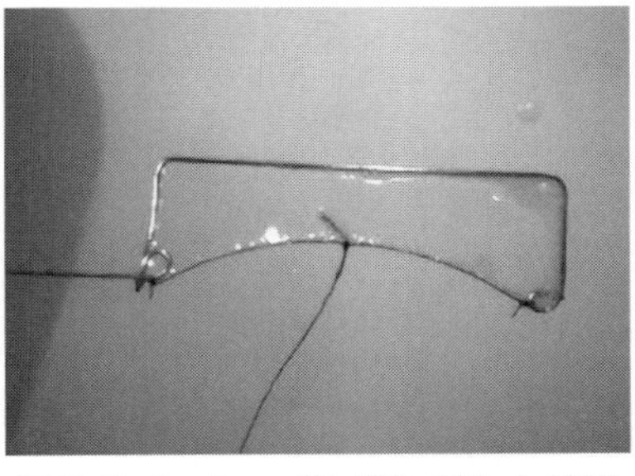

　高木（2008）を参考に，探究的な活動を通してマラルディの角が自然界や社会生活の中に見られることを体験させ，数学と理科の関連性を重視した授業を行った。授業は表5-7-1の学習指導案・指導過程の流れで行った。

　展開1ではまず，立方体や正四面体，円柱，球のうち，同じ体

図 5-7-1　シャボン液に浸した様子

積で最も表面積が小さくなるものが球であることから、シャボン玉が丸くなることを確認する。その後、コの字型の針金の両端に糸を結んだ枠を用意し、この枠をシャボン液に浸してシャボン膜を張り［図5-7-1］、生徒に糸を引かせる。すると、糸を引いた方向と逆方向に戻そうとする力が働くことが確認できる［図5-7-2］。この逆方向に戻そうとする力を表面張力と言い、表面積をできるだけ小さくしようとする働きをもつものであることを体験させる。

図5-7-2 糸を引いた様子

次に、正四面体の枠に張られるシャボン膜について調べる。まず、正四面体の枠を提示し、正四面体の枠をシャボン液に浸すと、どのようにシャボン膜が張られるのかを予想させる。多くの生徒は外側の4つの正三角形に膜が張られると予想するが、実際に正四面体にシャボン膜を張ると、図5-7-3のように、枠の内側に6つの二等辺三角形ができることが分かる。そこで、先に学んだ表面張力の性質から、外側に膜が張られた場合よりも内側に膜が張られた場合の方が、表面積が小さいことを予想し、シャボン膜が外側に張られた場合と、内側に張られた場合についてそれぞれ表面積を算出し、比較する。計算の過程では、三角形の重心の性質や三平方の定理等を活用する。計算の結果、正四面体の1辺の長さを1 cmとした場合、外側に膜が張られた場合の表面積が

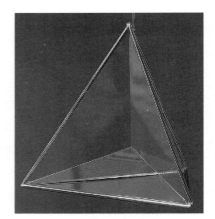

図5-7-3 正四面体の枠に張られるシャボン膜

1.732 cm^2、内側に膜が張られた場合の表面積が 1.061 cm^2 となり、内側に膜が張られた場合の表面積の方が小さくなることから、表面張力が働き、内側に膜が張られたことが分かる。また、内側に張られた6つの合同な二等辺三角形について、頂角を θ として余弦定理から θ の値を求めると $\theta = 109.5°$ となり、この角をマラルディの角と言うことを紹介する。なお、計算過程は以下の通りである。

【外側にシャボン膜が張られる場合の表面積 S_1】

正四面体ABCDの一辺を1 cmとすると、正四面体の外側に膜が張られる場合、三平方の定理より高さが $\frac{\sqrt{3}}{2}$ の正三角形が4つできる。三角形の面積公式より、正四面体の外側に張られた膜の表面積 S_1 は、$S_1 = (1 \times \frac{\sqrt{3}}{2} \times \frac{1}{2}) \times 4$ と表され、$S_1 = \sqrt{3}$ となるので、$S_1 = 1.732$ cm^2

【内側にシャボン膜が張られる場合の表面積 S_2】

図5-7-4のように、同じく正四面体ABCDの一辺を1 cmとし、AE＝EB＝x とおくと、△AGBにおいて、AB＝1、GB＝$\frac{\sqrt{3}}{2} \times \frac{2}{3} = \frac{\sqrt{3}}{3}$（Gは△DCBの重心）、AG＝$\frac{\sqrt{6}}{3}$ から、△EGBにおいて、三平方の定理より $x^2 = \left(\frac{\sqrt{3}}{3}\right)^2 + \left(\frac{\sqrt{6}}{3} - x\right)^2$, $x = \frac{\sqrt{6}}{4}$ となる。

また、$\triangle$AEB の高さを h とおくと、三平方の定理より $h^2 = \left(\frac{\sqrt{6}}{4}\right)^2 - \left(\frac{1}{2}\right)^2, h = \frac{\sqrt{2}}{4}$ となる。内側に膜が張られる場合には $\triangle$AEB と同じ面積の三角形が6つできるので、その表面積 S_2 は $S_2 = 1 \times \frac{\sqrt{2}}{4} \times \frac{1}{2} \times 6 = \frac{3\sqrt{2}}{4}$ となり、S_2 は約 1.061 cm² となる。

したがって、内側に膜が張られる場合の方が外側に膜が張られる場合より表面積が小さくなる（$S_1 = 1.732 > S_2 = 1.061$）ことが分かる。

このときにできる6つの三角形の一つの角E［図5-7-5］に注目すると、この角は余弦定理より $1^2 = \left(\frac{\sqrt{6}}{4}\right)^2 + \left(\frac{\sqrt{6}}{4}\right)^2 - 2 \cdot \left(\frac{\sqrt{6}}{4}\right) \cdot \left(\frac{\sqrt{6}}{4}\right) \cdot \cos\theta$ となり、これを $\cos\theta$ について整理すると $\cos\theta = -\frac{1}{3}$ となり、$\theta = 109.5°$ となる。この 109.5° をマラルディの角ということを学ぶ。

展開2では、マラルディの角をもつ身のまわりにあるものについて調べる。まず、ホタテ貝とA4の用紙を一人ずつ配付し、ホタテ貝［図5-7-6］やA4等の規格用紙の対角線［図5-7-7］の角度を計測させ、計測した角度が 109°から 110°の間に収まることを確認する。

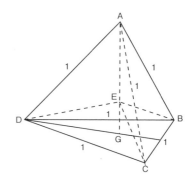

図 5-7-4　正四面体の枠の内側にできた二等辺三角形6枚（△AEB, △AEC, △AED, △ECD, △EDB, △EBC）

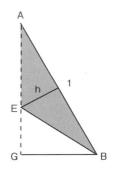

図 5-7-5　△AEB で∠AEB を求める

図 5-7-6　ホタテ貝の角度

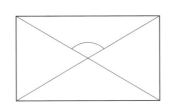

図 5-7-7　A4用紙の対角線の角度

図 5-7-8　ミツバチの巣の角度

次に、マラルディの角がミツバチの巣の底面にも見られることを、CCDカメラを用いて観察する（図5-7-8）。また、ミツバチの巣はミツバチが口から出す蝋を用いて作られており、最少の資源で最大面積の巣を構築した結果であることや、正六角形のセルが並んだ形状は強度を考慮したハニカム構造になっていることを学ぶ。

次に、画用紙を用いて蜂の巣の模型を作成してマラルディの角をつくり、蜂の巣の底面の構造や強度

第 5 章　教育実践編

を体験させる［図5-7-9］。

　さらに，同じ大きさに丸めた粘土7個を広げたラップの上に置き，その上に3個の粘土を置いてから［図5-7-10］，ラップを絞るように上下左右から均等な力をかけて粘土を押して開くと，下に置いた真ん中の粘土にマラルディの角が現れることを確認する［図5-7-11］。この2つの体験から，ミツバチは限られた材料で強度が高く，最大の効率を生み出せるように本能的にマラルディの角やハニカム構造を利用していたことなどを紹介する。

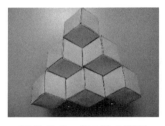
図5-7-9　蜂の巣の模型

図5-7-10　粘土7個を置いた様子

図5-7-11　押しつぶした粘土に見られるマラルディの角

　最後に，授業の振り返りや感想等をまとめさせる。生徒の感想からは，正四面体の枠の内側にシャボン膜が張られた驚きや，内側に膜が張られる理由を数学で解明できることから数学の有用性を実感できたこと，マラルディの角が自然界にも見られ，蜂が効率的に巣を作ることに神秘性を感じたこと等，本授業について肯定的な内容が多く記載されていた。

図5-7-12　授業での生徒の活動の様子

引用・参考文献

安藤秀俊・松尾広樹・小原美枝（2014）：マラルディの角を題材とした理科と数学の関連性を重視した指導事例の有効性，科学教育研究, 38, 2, 148-156.
高木隆司（2008）：「理科」「数学」が好きになる楽しい数理実験，講談社.
※ 本指導事例は，高木（2008）の内容を参考に構成したものである。

（小原美枝）

7 マラルディの角を探る～自然界にあるマラルディの角を見つけよう～

表 5-7-1 学習指導案・指導過程

	教師の働きかけ	生徒の活動・反応	留意事項
導入 (5分)	1 はじめにシャボン玉を見せてシャボン玉がなぜ球形になるのかを問いかけ，本時はシャボン膜の性質から数学と理科の知識を活用して自然界に見られる現象を探究する活動を行うことを説明し，本時の動機付けを図る。	○ シャボン玉が球形になる理由は分からない。 ○ 数学と理科を活用する学習は難しそう。	○ 数人の生徒に意見を聞き，クラスで共有する。
展開1 (45分)	1 体積が1の立方体，正四面体，円柱，球のうち，表面積が最も小さいものはどれかを問い，表面張力について説明する。また，シャボン玉が球形になる理由を確認する。	○ 表面積が最も小さいのは球であり，シャボン玉は表面張力が働いて球状になることを確認する。	○ 球や立方体，正四面体，円柱等の立体を提示し，体積が同じ場合，球が最も表面積が小さくなることを確認させる。
	2 コの字型の枠にシャボン液を浸し，両端に結んだ糸を引く実験を行い，表面張力を体験させる。	○ 糸を引くと逆方向に戻そうとする力が働くことを体感し，この力を表面張力ということを学ぶ。	○ 表面張力を体感させ，表面積を小さくする力を表面張力ということを確認させる。
	3 正四面体の枠をシャボン液に浸すと，どのように膜が張られるかを問う。また，枠をシャボン液に浸して，膜の張り方を観察させる。	○ 枠の外側（内側）に膜が張られる。	○ 膜の張られ方を予測した上で実際に正四面体の枠をシャボン液に浸し，枠の内側に膜が張られることを確認させる。
	4 なぜ枠の内側にシャボン膜が張られたのかを問う。	○ 枠の外側に張られた場合と内側に張られた場合の表面積をそれぞれ算出し，内側に膜が張られた場合の表面積の方が小さくなることから，表面張力により内側に膜が張られたことを確認する。	○ 表面積を算出する際は，適宜ヒントを与え，計算を支援する。
	5 内側に張られた三角形の頂角を求めさせる。また，この角をマラルディの角ということを説明する。	○ 余弦定理から三角形の頂角が109.5°になることを求め，これがマラルディの角であることを確認する。	○ 頂角を算出する際は，適宜ヒントを与え，計算を支援する。
展開2 (45分)	1 ホタテ貝とA4用紙を配付し，ホタテ貝の角度とA4用紙の対角線の角度を計測させる。	○ それぞれの角が109°から110°になることを確認し，ホタテ貝やA4等の規格用紙の対角線にマラルディの角が見られることを確認する。	○ 分度器を配付する。
	2 蜜蜂の巣を観察させ，巣の底面にもマラルディの角が見られることを確認させる。また，蜜蜂の六角形の巣は，少ない材料で広い空間を得ることができることや強度が考慮させていることを説明し，これをハニカム構造と呼ぶことを説明する。	○ 蜜蜂の巣の底は3枚のひし形が接合されており，ひし形の鈍角にマラルディの角が見られることを確認する。 ○ 蜜蜂は最も効率よく巣を作るためにマラルディの角を使っていること，また，正六角形が並ぶ形状により強度があり，最適な構造になっていることを確認する。	○ 蜜蜂の巣の底面を観察する際は，CCDカメラを活用する。
	3 画用紙で蜂の巣の模型を作成させる。また，粘土に力を加えることでマラルディの角が現れる実験を通して，蜜蜂は限られた材料で最適な構造の巣を作っていることを確認させる。	○ 画用紙で蜂の巣を作成する。また，粘土に力を加えることでマラルディの角が現れることを確認し，蜂の巣の底面の構造や，蜂は効率的に強度のある巣を作っていることを確認する。	○ 画用紙，カッター，セロハンテープ，粘土等，必要な文具を配付する。
まとめ (5分)	1 本時のまとめとして，学習過程を振り返り，感想や理解したこと等を記入させる。	○ 学習過程を振り返り，感想や理解したこと等を記入する。	

239

第5章　教育実践編

8 石けん水の構造を探る
〜表面張力から石けん水の性質を調べよう〜

(1) 教材について

本時では数学と理科を関連させた学習として石けん水の性質を調べる探究活動を行った。授業では，シャボン液を用いて表面張力について学んだ後，実験を通して水と石けん水の表面張力を比較し，水よりも石けん水の表面張力が小さくなることを学ぶ。また，石けん水の構造について確認し，洗剤で衣服の汚れが落ちる仕組みを考察する探究活動とした。

(2) 授業の流れ

a. 対象
神奈川県内の公立高等学校　2学年の1学級の生徒40名を対象

b. 関連する教科・単元
数学A（図形の性質），油脂と石けん（化学）

c. 授業のねらい
表面張力の性質をもとに石けんの作用や合成法を学び，油脂と石けんの関係について理解する。また，数学や化学で学習した内容を活用して考察することで，両教科のつながりや関連性について興味を持たせる。

d. 実践の方法
実践例「マラルディの角を探る〜自然界にあるマラルディの角を見つけよう〜」と同様にシャボン膜を使って表面張力について学んだ後，水と石けん水の表面張力を比較する実験を通して石けん水の構造について確認し，石けん水の効果について考察した。授業は表5-8-1の学習指導案・指導過程の流れで行い，実験を通して数学と理科の関連性を重視する内容とした。なお，授業ではタブレット端末を活用してGoogleのスライドをクラスで共有する等して探究活動を行った。

展開1では，まず，「マラルディの角を探る〜自然界にあるマラルディの角を見つけよう〜」と同様に立方体や正四面体，円柱，球のうち，同じ体積で最も表面積が小さくなるものが球であることからシャボン玉が球形になることを確認する。また，コの字型の枠をシャボン液に浸して両端に付けた糸を引っ張る実験を行い，糸を引く方向と逆方向に力が働くことを体感させ，この逆方向に働く力，即ち，表面積を小さくしようとする力が表面張力であることを学ぶ。

図 5-8-1　授業での生徒の活動の様子

240

その後，正四面体の枠をシャボン液に浸すとどのように膜が張られるのかを予想させてから，実際にシャボン液に正四面体の枠を浸して膜の張り方を観察する。多くの生徒は正四面体の枠に沿って外側に膜が張られると予想したが，膜は正四面体の内側に張られたことから，外側に膜が張られた場合と内側に膜が張られた場合の表面積を算出し，内側に膜が張られた場合の表面積の方が外側に膜が張られた場合よりも小さくなることから，表面張力が働くことで内側に膜が張られたことを確認する。

展開2では，水と石けん水では，どちらの表面張力が大きくなるかを予想させた後，アクリル板の上に水と石けん水を1滴ずつ滴下して形状を観察し，水の方が球形になることを確認する。また，水に浮かぶ1円玉の側に洗剤を入れる実験を行い，洗剤を入れると1円玉が沈むことから，なぜ1円玉が沈んだのかを考察させ，表面張力と浮力の関係から，水よりも石けん水の表面張力が小さくなることを確認する［図5-8-2］。

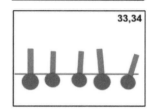

図5-8-2 生徒の記載内容

次に石けんの構造について説明し，分子内に水になじむ親水基と油になじむ親油基を持つことを学んだ後に，水面で石けんの分子がどのように存在しているのかを図で表現する［図5-8-3］。また，油汚れがあるときに，石けんの分子がどのように作用しているのかも考え，その様子も図で表現する［図5-8-4］。

最後に，洗剤で衣類の汚れが落ちる仕組みについて考え，親油基が油汚れに吸着して水の表面張力が弱まり，分子が油汚れを取り囲むことで表面は親水基で覆われるため，親水基の働きで水の方へ引っ張られて汚れが落ちることを学び，本時のまとめとした。

生徒の感想からは，正四面体の枠の内側に張られたシャボン膜の表面積を求めることが大変だったことや，洗剤に表面張力の性質が活用される等，科学の有用性を実感することができた等，本授業について肯定的な内容が多く記載されていた。また，休憩時間には正四面体以外の形の枠をシャボン液に浸し，どのようにシャボン膜が張られるのかを観察する等，意欲的に取り組む姿が見られた。

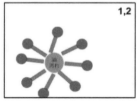

図5-8-3 水面下での石けんの分子の様子を描いたもの

引用・参考文献
小原美枝・小方祥載・安藤秀俊（2020）：高等学校におけるBYODを活用した理数探究学習の実践と成果，日本科学教育学会研究会研究報告，34，4，5-8.

（小原美枝）

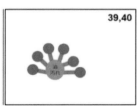

図5-8-4 油汚れ時の石けんの分子の様子を描いたもの

第 5 章　教育実践編

表 5-8-1　学習指導案・指導過程

	教師の働きかけ	生徒の活動・反応	留意事項
導入 (5分)	1　本時の学習内容を説明し，数学と理科を関連させた学習のイメージを持たせ，動機付けを図る。	○　数学と理科を関連させた学習のイメージをクラスで共有する。	○　パソコンから Google のスプレッドシートに記入することで，生徒の意見をクラスで共有する。
展開1 (45分)	1　シャボン玉が球形になる理由を問う。 2　体積が1の立方体，正四面体，円柱，球のうち，表面積が最も小さいものはどれかを問い，表面張力について説明する。また，シャボン玉が球形になる理由を確認する。 3　コの字型の枠にシャボン液を浸し，両端に結んだ糸を引く実験を行い，表面張力を体験させる。 4　正四面体の枠をシャボン液に浸すと，どのように膜が張られるかを問う。また，枠をシャボン液に浸して，膜の張り方を観察させる。 5　なぜ枠の内側にシャボン膜が張られたのかを問う。	○　シャボン玉は表面張力が働いて球状になることを確認する。 ○　表面積が最も小さいのは球であり，シャボン玉は表面張力が働いて球状になることを再確認する。 ○　糸を引くと逆方向に戻そうとする力が働くことを体感し，この力を表面張力ということを学ぶ。 ○　枠の外側（内側）に膜が張られる。 ○　枠の外側に張られた場合と内側に張られた場合の表面積をそれぞれ算出し，内側に膜が張られた場合の表面積の方が小さくなることから，表面張力により内側に膜が張られたことを確認する。	○　球や立方体，正四面体，円柱等の立体を提示し，体積が同じ場合，球が最も表面積が小さくなることを確認させる。 ○　表面張力を体感させ，表面積を小さくする力を表面張力ということを確認させる。 ○　膜の張られ方を予測した上で実際に正四面体の枠をシャボン液に浸し，枠の内側に膜が張られることを確認させる。 ○　表面積を算出する際は，適宜ヒントを与え，計算を支援する。
展開2 (45分)	1　水と石鹸水では，どちらの表面張力が大きいかを問う。また，水と石鹸水を1滴ずつ滴下して，その形状を観察させる。 2　水に浮かぶ1円玉の側に洗剤を入れると1円玉はどうなるかを問う。また，実際に洗剤を入れて1円玉の動きを観察させる。 3　1円玉が沈んだことから浮力と表面張力の関係について説明する。また，石鹸の構造について説明する。 4　水面で石鹸の分子が存在している様子と油汚れがあるときに石鹸の分子が作用している様子を図で表現させる。 5　洗剤で衣類の汚れが落ちる仕組みについて考察させる。	○　水（石鹸水） ○　水と石鹸水を1滴ずつ滴下し，水の方が球状になることから，水の表面張力の方が大きくなることを確認する。 ○　沈む，変わらない ○　洗剤を入れると表面張力が小さくなり，1円玉が沈むことを確認する。 ○　洗剤を入れることで表面張力が弱くなり1円玉が沈んだことを確認する。また，石鹸の分子内には，水になじむ親水基と油になじむ新油基があることを学ぶ。 ○　水面で石鹸の分子が存在している様子と，油汚れがあるときの石鹸の分子の様子を Google のスライド上で表す。 ○　新油基が油汚れに付着して表面張力が弱まり，分子が油汚れを取り囲むことで表面が親水基で覆われるため，水の方へ引っ張られて汚れが落ちる仕組みを確認する。	○　水と石鹸水ではどちらの表面張力が大きいかを予測した上で観察させる。 ○　1円玉がどうなるかを予測した上で実際に洗剤を入れ，1円玉が沈むことを確認させる。 ○　Google のスライド上に記載させ，クラスで共有する。
まとめ (5分)	1　本時のまとめとして，学習過程を振り返り，感想や理解したこと等を記入させる。	○　学習過程を振り返り，感想や理解したこと等を記入する	

9 フィボナッチ数列の秘密を探る～自然の中の法則を見つけよう～

9 | フィボナッチ数列の秘密を探る ～自然の中の法則を見つけよう～

（1）教材について

　フィボナッチ数列とは，1，1，2，3，5，8，13，21，34…と前の2つの項の和が次の項になる数列であり，12 ～ 13 世紀に実在したイタリアの数学者レオナルド・フィボナッチ（本名はレオナルド・ダ・ピサ）が書いた『算盤の書』の中で紹介された数列である。フィボナッチ数は，ひまわりやパイナップル，松かさの螺旋の本数，ユリやサクラ，キク科の植物の花びらの数等，様々な植物に見ることができ，隣り合う数の比は黄金比（1.6180…）に近づく。また，葉がつく角度は約 137.5°であり，これは 360°を黄金比で分けた角度で黄金角と呼ばれている。この角度で葉がつくことで葉同士の重なりが少なく，効率よく日光を浴びることができることが知られている。

　本時では，自然界の現象を数学を使って探究する活動として，フィボナッチ数列を題材とした。授業では，パイナップルや松かさの螺旋の本数を数えたり，アロエやチンゲン菜の葉のつき方を調べたりする活動を通して，自然界の法則を数学で表せることや，自然の神秘性を体験する探究活動とした。

（2）授業の流れ

a. 対象

　神奈川県内の公立高等学校　1学年の2学級の生徒 79 名を対象

b. 関連する教科・単元

　数学 B（数列）

c. 授業のねらい

　フィボナッチ数列について学び，フィボナッチ数列がひまわりや松かさの螺旋の本数に見られることや，アロエやチンゲン菜の葉のつき方の観察を通して，数学と自然界の関わりについて興味を持たせる。

d. 実践の方法

　高木（2008）を参考に，探究活動を通してフィボナッチ数列が自然界の中に見られることを体験させ，数学と理科の関連性を重視した授業を行った。授業の学習指導案・指導過程を表 5-9-1 に示す。

　展開1ではまず，1，1，2，3，5，8，13，21，34，55，89，144，…の数列について，前の2つの項の和の値が次の項の値になるという規則性をもつことを確認する。また，この数列はイタリアの数学者フィボナッチに因んで「フィボナッチ数列」と言うことを学ぶ。次に，フィボナッチ数列が漸化式 $F_1 = F_2 = 1, F_{n+2} = F_{n+1} + F_n (n \geq 1)$ で表せることを確認する。

243

第 5 章　教育実践編

また，一般項は，$F_n = \frac{1}{\sqrt{5}}\left\{\left(\frac{1+\sqrt{5}}{2}\right)^n - \left(\frac{1-\sqrt{5}}{2}\right)^n\right\}$ となることを紹介し，n にどのような自然数を代入しても，F の値が自然数になることを体験させる。さらに，フィボナッチ数列の隣り合う 2 つの数の比を求めさせ，2 数の比が 1.6180…に近づくことを確認する。（$\frac{F_2}{F_1} = 1$，$\frac{F_3}{F_2} = 2$，$\frac{F_4}{F_3} = 1.5$，$\frac{F_5}{F_4} = 1.666…$，$\frac{F_6}{F_5} = 1.6$，$\frac{F_7}{F_6} = 1.625$，$\frac{F_8}{F_7} = 1.615…$，$\frac{F_9}{F_8} = 1.619…$）さらに，この値を黄金比と言い，黄金比をもつ建造物や身近に見られる黄金比をもつものを紹介する。

図 5-9-1　パイナップルの螺旋の数え方
左：時計回り，中央：反時計回り，右：角度の浅い時計回り

次に，植物に見られるフィボナッチ数について調べるため，パイナップルと松かさを用意し，螺旋の本数を数える。パイナップルについては，時計回り，反時計回り，角度の浅い時計回りの 3 つの螺旋の本数を調べると，それぞれ 13 本，8 本，5 本となり，フィボナッチ数が現れることを確認する［図 5-9-1］。なお，生徒はパイナップルの螺旋の本数を数える際，3 つの螺旋が混同しないよう，3 色の丸シールを貼りながら，時計回り，反時計回り，角度の浅い時計回りの螺旋の本数を数えた［図 5-9-2］。

図 5-9-2　授業での生徒の活動の様子

松かさについては，カラマツ，ドイツトウヒ，アカマツ，ストローブマツの 4 種類を用意し，螺旋の本数を調べる。結果，時計回り，反時計回りの順に，カラマツは 3 本，5 本，ドイツトウヒは 5 本，8 本，アカマツは 8 本，13 本（または 5 本，8 本のものもある），ストローブマツは 3 本，5 本となり，松かさについてもフィボナッチ数が現れることを確認する（図 5-9-3）。なお，松かさの螺旋を数える際は，グループでカラマツ，ドイツトウヒ，アカマツ，ストローブマツの担当を決め，マジック等で色を付けながら数え，それぞれの松かさの螺旋の本数を共有した。

展開 2 では，アロエとチンゲン菜の葉のつき方を観察し，葉のつき方の特徴について調べる。まず，アロエ［図 5-9-4］とチンゲン菜［図 5-9-5］を真上から撮影した写真を用意し，葉のついた順に，葉の先端に番号を記入する。次に，中心から 1 と 2，2 と 3，…の順にそれぞれの点を結び，角度を計測する。また，計測した角度の平均値を算出すると，$360° \times \frac{1}{1+1.618…} = 137.5°$ となり，この値を黄金角と言うことを学ぶ。黄金角は 360°を黄金比で内分した値

図 5-9-3　松かさの螺旋の数え方
左：アカマツの螺旋，右：ドイツトウヒの螺旋

となっており，葉が生える際に，葉と葉の重なりが最も少なく，効率よく日光を浴びられるようになっていることを紹介する。

最後に，授業の振り返りや感想等をまとめさせる。生徒の感想からは，フィボナッチ数列が自然界に見られることの不思議さや神秘性について，数学と理科を関連させた体験的な学習の楽しさ，また，今後生活の中で黄金比を見つけられるか意識したい等，本授業について肯定的な内容が多く記載されていた。

図 5-9-4　アロエの様子　　　図 5-9-5　チンゲン菜の様子

引用・参考文献
小原美枝・中村孝之（2018）：理数教育の充実に向けた数学と理科の関係性―高等学校の新科目「理数探究」への試行―，日本学校教育実践学会，Vol.1, 13-21.
高木隆司（2008）：「理科」「数学」が好きになる楽しい数理実験，講談社.
※ 本指導事例は，高木（2008）の内容を参考に構成したものである。

（小原美枝）

第 5 章　教育実践編

表 5-9-1　学習指導案・指導過程

	教師の働きかけ	生徒の活動・反応	留意事項
導入 （5分）	1　はじめにひまわりやパイナップルの画像を見せて，本時はこれらの螺旋の本数を数えることや，数学と理科の知識を活用して自然界に見られる現象を探究する活動を行うことを説明し，本時の動機付けを図る。	○　おもしろそう，難しそう	○　数人の生徒に意見を聞き，クラスで共有する。
展開1 （45分）	1　1，1，2，3，5，8，13，21，34，55…の数字の規則性を問う。また，数列を漸化式で表し，一般項nにどのような自然数を代入しても自然数になることを確認させる。	○　前の2つの数字をたすと次の数字になる。 ○　一般項は複雑な式だが，いつも自然数になることが不思議だ。	○　前の2項の和が次の項の値になる数列をフィボナッチ数列と言うことを確認させる。
	2　フィボナッチ数列の隣り合う2つの数の比を求めさせる。	○　2数の比が，1.618…に近づくことを確認する。	○　電卓を配付する。 ○　2数の比が1.618…に近づき，この値を黄金比と言うことを確認させる。
	3　ミロのヴィーナスや凱旋門等，黄金比をもつ建造物を画像で紹介する。	○　黄金比をもつ建造物等がいろいろあることを学ぶ。	
	4　パイナップルと松かさの螺旋の本数を調べさせる。	○　パイナップルは，時計回り，反時計回り，角度の浅い時計回りの螺旋の本数が，13，8，5本になることを確認する。また，松かさは，種類によって3，5，8，13本とフィボナッチ数列が現れることを確認する。	○　パイナップルと松かさを配付する。松かさは，1グループにカラマツ，ドイツトウヒ，アカマツ，ストローブマツの4種類を配付する。 ○　螺旋の本数を数えやすいように，パイナップルの螺旋にシールを貼ったり，松かさの螺旋にマジックで色を付けたりするなど工夫する。
展開2 （45分）	1　アロエとチンゲン菜を真上から撮影した写真から，葉のつき方の特徴を調べさせる。	○　葉のついた順に中心からの角度を測ると，1番目と2番目，2番目と3番目と，どの順においても，約137.5°になることを確認する。	○　分度器を配付する。 ○　葉のついた順に番号を記入させ，中心と1と2，中心と2と3…のように角度を計測させる。
	2　137.5°は円を黄金比で内分した角であり，この角を黄金角ということを説明する。	○　黄金角で葉が生えることで，葉と葉の重なりが最も少なく，効率的に日光を浴びることができることを確認する。	○　実際に円を黄金比で内分させて，137.5°を導く。
まとめ （5分）	1　本時のまとめとして，学習過程を振り返り，感想や理解したこと等を記入させる。	○　学習過程を振り返り，感想や理解したこと等を記入する。	

10 晴れの国おかやまを題材とする教科「理数」における探究教材

（1）教科「理数」における探究教材について

　教科「理数」の特徴について池田・福田（2021）は，教科「数学」，「理科」，「理数」の学習指導要領にある教科全体の目標と各科目にある目標と内容に存在する動詞を，テキストマイニングソフト「KH Coder」（cf. 樋口，2020）を用いて，抽出し，分析を行っている。その中でも，教科「数学」，「理科」にはない教科「理数」ならではの特徴は，「課題を設定する」であることを示している。この「課題を設定する」の具体例として，福田（2021）で提案されている統計教材があげられるように思われる。ここでは，「問題の明確化に基づいて計画を立てることと，仮説を探索的に形成することと，仮説の検証結果に基づいて新たな仮説を形成することは，連動的に作用し合い，こうした一種のプロセスこそが統計的な問題解決においてとても重要な意味をもつ」（ibid., p.173）とされるように，「仮説を形成し検証する」をキーワードとしているが，このことはまさに「課題を設定する」の一種であると考えられる。そこで，以下では福田（2021）で示された統計教材を手掛かりとして，教科「理数」における探究教材案を検討したい。なお，福田（2021）で示された教材はあくまで統計，すなわち教科「数学」における教材であるため，ここでは氏の教材を基にして教科「理数」における教材案を考察する。

　今回扱う題材について述べる。日本にある 47 都道府県には，それぞれキャッチフレーズがつけられている。例えば岡山県の場合には，「晴れの国おかやま」というキャッチフレーズで PR 活動している。「晴れの国おかやま」と言われる理由として，例えば日本文化研究ブログ（2023）では，「年間降水量 1mm 以上の日数が多いため」などと書かれている。福田（2021）では，全国の降水量や日照量を調べ，「晴れの国おかやま」について言及しているが，今回は，これら以外の教科「理数」の特徴を生かした要素も含むような教材案を検討しようと思う。

（2）探究過程の一例

a．授業における探究過程の全体像

　ここでは，探究過程の全体像について触れていく。授業における探究過程の一例として，福田（2021）で提案される統計教材は，以下の架空の記事から始まる（p.168）。

晴れの国おかやま!!
日本の都道府県の中で，年間降水量 1mm 以上の日数を調べた結果，岡山県は非常に日数が少なく，「晴れの国おかやま」であることを確認することができました。（2014 年 3 月 23 日発刊）

　その後，「最近の岡山県は晴れの国なのか？」という問いを提示し，探究の観点として晴れの定義をあげ，仮説の形成と検証の両輪から成る統計的探究が例示されている。福田（2021）は，実際に 2019 年

第5章　教育実践編

の全国の降水量や日照量を調べることで，この問いについて検証しているが，「晴れ」について考えた際には，降水量や日照量以外にも例えば雲量を分析することで，「晴れ」についてのまた異なる仮説を立てることができる。様々な仮説の方法が存在する中で，今回は，雲量を観点として「最近の岡山県は他の都道府県と比べて晴れの日数が多い」という仮説を立てた探究活動を例示したい。

b. 授業における探究過程の詳細

　福田（2021）で提案される統計教材において，晴れの一つ目の定義として，記事にあげられているように「降水量が少ない」とされ，仮説「最近の岡山県は他の都道府県と比べて降水量が少ない」の形成と検証が行われ，続いて二つ目の定義として「日照量が多い」として，仮説「最近の岡山県は他の都道府県と比べて日照量が多い」の形成と検証がされている。更に，一つ目の定義と二つ目の定義を組み合わせた三つ目の晴れの定義として「降水量が少なくて，日照量が多い」とし，仮説「最近の岡山県は他の都道府県と比べて降水量が少ないが，日照量は十分に多くない」の形成ならびに検証が行われている。

　この福田（2021）の統計教材について，探索的に仮説の形成を行った上で形成された仮説を検証することによって，更に精度の高い仮説が形成されるという一連の手続きが繰り返される点で，統計教育としての教育的意義は備わっていると考えられる。その一方で，教科「理数」という観点でこの教材を評価すると，改善の余地は残されている。詳細は以下の授業展開で述べるが，重要な点は晴れの定義についてであり，福田（2021）では降水量と日照量がキーワードであったが，本来，晴れは雲量によって定義されるため，少なくとも雲量はキーワードとして欠かすわけにはいかない。この点は，教科「理数」における探究教材たり得る必要不可欠な要件であるため，以下ではこの点を鑑みて教材の改善を行いたいと思う。

　「最近の岡山県は晴れの国なのか？」という問いについて考察を行っていくが，そのためにはいくつか条件が必要となる。その条件こそが（1）で述べた「仮説を立てる」ということである[1]。「晴れ」の定義について，小学校の多くの教科書では①「全雲量が8以下の状態」と定義し，中学校の多くの教科書や気象庁HP（https://www.data.jma.go.jp/obd/stats/etrn/index.php）では②「全雲量が2以上8以下の状態」と定義している。

　このように，小学校の定義と中学校の定義は異なっているが，ここでは一般的な定義である②の晴れの定義「全雲量が2以上8以下」を用いて考察を行っていく。考察を行う上での材料として，例えば2019年（1年間）の各都道府県[2]ごとの日平均雲量を気象庁HPより調べることが考えられる[3]。実際に2019年の1年間の各都道府県における雲量のデータを取り，まとめたのが図5-10-1ある。また，全都道府県の雲量を調査するにあたり，いくつか欠損データが存在したため，その時はその前の年の雲量を考察の対象にしている。

　2019年のデータから「全雲量が2以上8以下」の日数については，全国平均が約169.5日であることが分かった。ここで記事の考察を行う際に，次のような仮説が立てられる：仮説「最近の岡山県は他の都道府県と比べて晴れの日数が多い」。2019年における晴れの日数を数えて順位づけしたのが次の図5-10-1ある。

	北海道	…	岡山	…	沖縄	全国平均
年月日	平均雲量		平均雲量		平均雲量	平均雲量
2019/1/1	10	…	8	…	9	6
2019/1/2	6	…	1	…	10	6
2019/1/3	10	…	1	…	10	4
2019/1/4	10	…	6	…	7	5
⋮	⋮		⋮		⋮	⋮
2019/12/28	9	…	3	…	9	5
2019/12/29	5	…	7	…	8	6
2019/12/30	10	…	10	…	10	8
2019/12/31	8	…	9	…	10	7
晴れの日数	182	…	169	…	173	169.5
晴れの日数の全国順位	10	…	29	…	26	－

図 5-10-1　2019 年における各都道府県の「晴れ」（＝「全雲量が 2 以上 8 以下」）の日数と全国順位

　この分析より，まず 2019 年の「晴れ」の全国日数が約 169.5 日であるのに対して，岡山県も全国平均と同様 169 日であることが分かった。また全国順位も晴れの日数が多い順から 29 位であることも分かった。この分析から先ほど挙げた仮説「最近の岡山県は他の都道府県と比べて晴れの日数が多い」という仮説は正しいとはいい難い。言い換えると，仮説が肯定されないことより，最近の岡山県は晴れの国であるとはいえないことが分かった。

　これまでの分析に関してもう一度振り返ると，「晴れ」は「全雲量が 2 以上 8 以下」のことを指しており，全雲量が 1 以下，いわゆる快晴に関しては一切触れていない。我々が日常で耳にする「晴れ」は，「全雲量が 2 以上 8 以下」という科学的な「晴れ」の定義に加えて，「全雲量が 1 以下」である快晴も含まれる方が自然である。更に，快晴と晴れに関しては定義が異なり，快晴は全雲量が晴れよりも少ないため，快晴の比重を晴れより例えば 2 倍の日数に重み付けし，晴れの日数を数えて計算を行う。そのため次は，2019 年のデータ（図 5-10-1）から快晴の日数を数えていく。快晴の日数に関して，全国平均は約 30.5 日であるのに対して，岡山県は 32 日と全国平均に比べて少し日数が多いことが分かった。更に快晴の日数に対して重み付けした結果，全国平均は約 230.4 日であることが分かり，岡山県は 233日であることが分かった。まとめたのが図 5-10-2 である。

	北海道	…	岡山	…	沖縄	全国平均
快晴の日数	25	…	32	…	10	30.5
快晴の日数の全国順位	31	…	17	…	47	
快晴の日数×2＋晴れの日数	232	…	233	…	193	230.4
快晴の日数×2＋晴れの日数の全国順位	30	…	29	…	39	－

**図 5-10-2　2019 年における各都道府県の快晴（＝「全雲量が 1 以下」）の日数に
重みを付けた快晴の重み付け日数と晴れの日数の和と全国順位**

第5章　教育実践編

　この図よりまず，岡山県は全国平均よりも約1.5日多いことが分かった。このことより，「最近の岡山県は他の都道府県と比べて晴れの日数が多い」という仮説に関しては正しい可能性が僅かに高まったようにみえるが，全国順位を見ると依然として岡山県は29位と「晴れ」（＝「全雲量が2以上8以下」）の日数の全国順位と変わりなく，順位的にはそこまで高くないことが分かった。このことより，やはり最近の岡山県が晴れの国とはいえないことの妥当性が高まったといえる。また，ここの探究の様子は，非形式的な仮説検定の考え方が暗黙的に用いられていることが分かる。対立仮説である「最近の岡山県は他の都道府県と比べて晴れの日数が多い」に対して，帰無仮説を「最近の岡山県は他の都道府県と比べて晴れの国の日数が少ない」と設定する。棄却したいこの帰無仮説は，晴れの定義が「全雲量が2以上8以下」である際には棄却されなかったため，棄却を目指して晴れの定義を「全雲量が2以上8以下の日数＋全雲量が1以下の日数×2」へと更新したが，それでも帰無仮説は棄却されず，すなわち対立仮説が妥当であることを説明することはできなかった。このように，帰無仮説が棄却できない場合の仮説検定の考え方が，非形式的に現れていることが分かる。

　以上のように，「晴れ」の定義を更新することにより，仮説をあらゆる角度から多面的に分析できることが，本事例から示唆された。

c.　更なる統計的探究に向けて

　理科における晴れの2種類の定義によって，福田（2021）とは異なる結論が得られ，それは同時に異なる仮説が得られたといえる。更にその過程において非形式的な仮説検定の考え方や重み付けといった数学における内容が活用された。したがって，本節で提示した教材は，統計的探究という枠組みの中で，晴れの定義に関する理科の要素と重み付けや仮説に関する数学の要素が関連し合うような教科「理数」における探究に適した教材になり得ることが，示唆として得られた。

　また上述のように，本節で得られた仮説は，福田（2021）とは異なる仮説が得られた。福田（2021）における統計的探究の結果として最終的に得られた仮説は，「最近の岡山県は他の都道府県と比べて降水量はそれなりに少なく，日照量はそれなりに多い」である。そして，本節における探究の結果として最終的に形成された仮説は，「最近の岡山県は他の都道府県と比べて晴れの日数が少なくもなければ多くもない」である。このように，福田（2021）による最終的な仮説と本節における最終的な仮説が異なっていることから，次に続く統計的探究として，これらの異なる仮説を比較したり統合したりすることによって，また新たな仮説を形成するような展開が考えられよう。このようにして，統計的探究を反復させることによって仮説が洗練していく様子や，いくら仮説が洗練されたとしても探究が完了することはなく常に次の統計的探究が始まっていく様子を，実際に体験的に肌で感じさせることは，教科「理数」における探究のみならず，データ社会の中で生き抜くためにとても重要な機会である。

10 晴れの国おかやまを題材とする教科「理数」における探究教材

学習指導例

時間	学習活動	指導上の留意点	評価場面・評価方法
導入	・前時の確認で仮説検定について定義の確認を行う。	・前時で様々な用語の定義をしたため再度確認を行う。	
展開	・本時で扱う事象「晴れの国おかやま」について説明を聞く。 ・グループに分かれて仮説（対立仮説と帰無仮説）の設定を行い、Excelからデータを確認し、平均値から仮説の検証を行い，仮説の検証結果をPower Pointにまとめる ・各班に移動し、Power Pointを用いてそれぞれ検証した仮説（帰無仮説）の内容について発表を行う	・導入に関しては「晴れ」のイメージについて意見を聞く。その中で「晴れ」について具体例（降水量）を1つ決め、仮説（対立仮説と帰無仮説）を立て検証したものを生徒に伝える。 ・グループに分かれて仮説（対立仮説と帰無仮説）の設定を行い、Excelからデータを確認し、平均値から仮説の検証を行い、Power Pointにまとめることも伝える。その際，仮説（対立仮説と帰無仮説）の設定が本時の目標になるため机間指導を行い、仮説（対立仮説と帰無仮説）の設定が行えていない班について助言をする。 ・仮説（対立仮説と帰無仮説）を明記させることと平均値から仮説の検証結果を入力させ、発表内容をまとめさせるように指示する。	・仮説（対立仮説と帰無仮説）を立てることが出来る　知・技 ・仮説（帰無仮説）を棄却できるかどうか判断できる　思・判・表
まとめ	・まとめ 　仮説検定の考え方について振り返る		

注

1) 仮説の立て方は複数存在し，本節ではその一例を紹介する。
2) データの抽出方法は，気象庁（n.d.）で登場する複数の都市の内，各都道府県1つを各都道府県の代表として抽出している。
3) 平均雲量のデータは四捨五入して整数で表示している。

引用・参考文献

福田博人（2021）：仮説を探索して検証する，溝口達也編，新しい算数教育の理論と実践，166-173.

第 5 章　教育実践編

樋口耕一（2020）：社会調査のための計量テキスト分析，第二版，ナカニシヤ出版.

池田浩輔・福田博人（2021）：学習指導要領の目標及び内容を対象とする教科「理数科」の分析研究：動詞を観点として，日本科学教育学会研究会研究報告，36，2，193-198.

梶田隆章他（2022）：新しい科学 2，東京書籍，178.

気象庁（n.d.）：天気 https://www.jma.go.jp/jma/kishou/know/yougo_hp/tenki.html（2024 年 7 月 21 日最終確認）

毛利衛他（2022）：新しい理科　5 年，東京書籍，9.

日本文化研究ブログ（2023）：47 都道府県のキャッチコピー・キャッチフレーズ一覧！意味と由来とは？ https://jpnculture.net/catchcopy/（2024 年 7 月 21 日最終確認）

（池田浩輔）

コラム7　理数教育で着目したいグラフ表現の例（薬の効果に関するグラフ表現）

　中学校数学科における関数のグラフの指導では，「正比例」からはじまる一連の学習において，関数的な見方として「対応する変数の発見」，「対応する規則の発見」，「変化の仕方の発見」などの視点（久保，1998など）から，「表」や「式」をもとに，「グラフ」における表現が系統的に指導される。

　一方，理科（特に化学）におけるグラフでは，表から点をプロットする場面はあるが，式と関連づけることなくグラフについて検討される場面がある。それは考察の対象の特性から，近似的であっても数式化することが困難な場面が多いからであると思われる。このようなグラフでは，横軸に変化させた量，縦軸に変化した量をとることは数学と共通する点があるものの，測定値（実験値）を直線や曲線で結ぶといった活動が重視され，これは数学の中心的な指導とは異なる。

　ところで，このような"式"を介さないグラフは私たちの生活の中に多く見られる。さらにこのようなグラフをどのように解釈するかは，数学と理科とを関係づける学習場面であると考えた。グラフ表現は，事象の関係を視覚的に捉える上で価値があるが，特に社会的文脈におけるグラフの解釈は重要である。

　このような点に関して，ここでは薬（医薬品）の効果や特徴を示したグラフ表現を例に考えてみたい。

　中学校第1学年の理科の教科書（大日本図書 平成26年度版，有馬，2014）には図1のようなグラフ表現がある（p. 130）。これは，実験装置の図を示し，エタノールと水の混合物（1：1）を加熱する実験において，エタノールの沸点が78℃，水が100℃であることを示した上で，混合した液体が沸騰し始める点（A〜D）を答えさせるものである。ここでは，物質の性質や現象の理解を踏まえつつも，経験などにも目を向けたグラフの解釈が求められると考える。

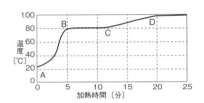

図1　エタノールの混合物の加熱

　ところで，数学と理科におけるグラフ表現の学習を踏まえた上で，薬（医薬品）の効果や特徴に着目してみたい。それは，"薬"についての知識は医療従事者の専門的な領域と捉えられるが，専門外の者でも社会や環境の変化，健康管理や病状の複雑化，また，それに対応するための薬（医薬品）の多様性等々を考えると，これに対する薬（医薬品）の選択が，批判的思考に照らしてなされる必要があると考えるからである（久保，2019）。

　ただし，薬を選択する場合，服用に対してのリスクの検討は重要であるが，我が国の医療システムでは，市販されている薬ではない場合，薬は医師によって処方され，薬剤師によって投薬がなされ，最終的にこれを患者が服用（服薬）することになる。したがって，調剤薬局で手にする薬は患者の意思によって選択されたものではないことの認識は重要である。しかし，投薬された薬に対して，自身の体質や特性に照らして医師や薬剤師に要望を述べることは大切であろう。医療に対する関心が高まっている現代において，このような態度は，医療従事者が患者に求めるものでもあると考えられる。

　薬には症状を和らげる薬，効果を持続させる薬，疾病を起こす原因をたたく薬（抗菌薬）などがあるが，それぞれに対応する薬は多様であり，患者は薬の効果や特徴について認識しておく必要がある。このような認識を深める上で，感覚やイメージに目を向けたグラフ表現は有効である。

「症状を和らげる薬」に着目すると，その代表的な薬として「ロキソプロフェンナトリウム」と「セレコキシブ」が挙げられる。児島（2018）は，この2つの薬の効果や特徴について，「ロキソニン」と「セレコックス」を例に図2を示している（p.110）。

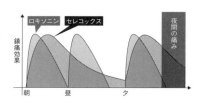

図2 「症状を和らげるための薬」と特徴

このグラフが何を示しているのか，そしてこの2つの薬の特徴は何かを知るには，このグラフ表現の解釈が必要である。これは先に述べたように，薬剤師などの医療従事者だけでなく，様々な疾病に直面すると思われる"私たち"にとっても重要である。

この点を踏まえた上で，図2について考えてみると，横軸の「朝，昼，夕」は薬を服用する時刻（主に朝食後，昼食後，夕食後）を示していると想定できる。また，縦軸は「鎮痛効果」となっていることから，薬の効果が表れている度合い（薬の血中濃度）を示していると考えられる。そして，「ロキソニン」は「朝」，「昼」，「夕」と1日3回の服用が必要であるが「セレコックス」はその必要はないこと，また，「ロキソニン」は比較的速く，「セレコックス」は長く効く薬であると解釈することができる。

このようなグラフ表現では，表や式を介していないことから，経験的，感覚的に解釈する力が求められるであろう。

ところで児島（2018）は，鎮痛薬について説明する中で，頭痛に関して図3を示している（p.295）。このようなグラフ表現は医療側と患者側の両者において痛みの説明で有効であると思われるが，経験や感覚に加えてイメージ的に解釈するこのようなグラフを数学や理科の学習で目にすることは少ない。

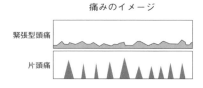

図3 「痛みのイメージ」のグラフ表現

本稿では，数学や理科におけるグラフ表現について検討した上で，薬（医薬品）の効果や特徴を例に，グラフ表現における経験的，感覚的，そしてイメージ的な解釈の場面について述べた。特に，式を介さないグラフ表現は私たちの身のまわりに多く見られることから，このようなグラフ表現を解釈する学習場面を，理数教育の観点から検討する必要があると考える。

このような"解釈する力"は，すべての人が身につけなければならない"リテラシー"と捉えることもできよう。

（久保良宏）

引用・参考文献
有馬朗人ほか（2014）：理科の世界1年，大日本図書．
児島悠史（2018）：薬の比較と使い方100，羊土社．
久保良宏（1998）：関数的な考えを身につけさせるためには，教育科学　数学教育，No.498，明治図書出版，5-12．
久保良宏（2019）：薬（医薬品）に関するグラフ表現と批判的思考に照らしたその解釈についての一考察，科研中間報告書（代表：松元新一郎），130-135．

| コラム 8 | **方程式の係数と単位** |

「2次関数」や「2次方程式」は中学数学の集大成の一つである。「2次方程式の解の公式」を苦労して暗記した人も多いだろう。念のため，おさらいをしておこう。y が x の2次関数であるとき，一般的に $y = ax^2 + bx + c$ と表される。a，b，c は定数，$a \neq 0$ である。また，2次方程式は $y = 0$ を代入した式 $ax^2 + bx + c = 0$ である。「2次方程式の解の公式」（以下，解の公式）とは，この式を満たす x を与える公式のことである。上の方程式を満たす x は，解の公式を使うと $x = \dfrac{-b \pm \sqrt{b^2 - 4ac}}{2a}$ で与えられる。練習のために $2x^2 - x - 3 = 0$ を解いてみよう。方程式から $a = 2$，$b = -1$，$c = -3$ であることが分かる。これらを解の公式に代入すれば $x = \dfrac{1 \pm \sqrt{1 + 24}}{4}$。ゆえに方程式を満たすのは $x = \dfrac{3}{2}$，-1 である[1]。

解の公式はとても便利である。数学の問題に限らず，量の関係が2次関数で表される場合，2次関数の値がゼロになる値は，現象の詳細によらず解の公式を用いて簡単に求めることができるからである。理科，特に物理学で，量の関係が2次関数で表される現象が多く扱われるのはこのような事情による。

高校物理では最初に「運動学」について学習する。運動学とは，注目している物体が「どこ（座標 x，y，z で表す）」にあり，「どの向きにどのくらいの速さで動いているか（速度ベクトルで表す）」を時刻 t の関数として表現する方法である。

建物の屋上でボールを真上に投げ上げる状況を考えてみよう。この場合，ボールの位置は，3つの空間座標のうちの1つ，すなわち地面からの高さだけで表すことができる。この座標を z とする。時刻 $t = 0$ 秒でのボールの位置は，建物の高さ h に等しいので $z = h$ である。重力加速度を g，投げ上げの初速を v_0 とすれば，時刻 t でのボールの位置 z は $z = -\dfrac{1}{2}gt^2 + v_0 t + h$ と表される[2]。また，ボールの速さ v は $v = -gt + v_0$ と表される[3]。建物の屋上の際でボールを真上に投げ上げたとしよう。ボールはある高さまで上がり，その後落下し始める。ここで，目の前を通過するボールをキャッチしそこねると，ボールは地上めがけて落下する。さて，ボールが地上に達するのは投げ上げてから何秒後か[4]。

求める手順は次のとおりである。高さ z は時刻 t の2次関数である。地上は $z = 0$ なので，着地する時刻を求める方程式は t の2次方程式 $z = -\dfrac{1}{2}gt^2 + v_0 t + h = 0$ である。この方程式を解けばボールが地面に着地する時刻を求めることができる。その時刻は，何のボールか，ボールの素材は何か，ボールの質量はどのくらいか，どうやって投げたのか，などには一切依存しない。ボールが着地する時刻は，ボールの最初の高さ h，ボールの初速 v_0，および重力加速度 g の3つの数値で定まる[5]。

今，ごく自然に「数値」という用語を使った。しかし，自然科学で扱う量は単なる「数値」ではなく，数値と単位のセットとして表す。このセットのことを「物理量」という。例えば，身長 = 180 cm と表したとき，数値が 180，単位が cm である。もちろん，ボールの着地時刻を求める方程式に含まれる文字式も物理量である。重力加速度は $g = 9.8$ ではなく $g = 9.8 \text{ m/s}^2$ である。また，建物の高さを 20 m，初速を 10 m/s とすると，$h = 20 \text{ m}$，$v_0 = 10 \text{ m/s}$ と表す。したがって，時刻 t を求める2次方程式を真面目（？）に書くと $-(4.9 \text{ m/s}^2)t^2 + (10 \text{ m/s})t + (20 \text{ m}) = 0$ となる[6]。自然科学で扱う方程式の係数は，このように，数値ではなく数値と単位から成る物理量なのである。

上の設定で，解の公式を用いてボールが地面に着地する時刻を求めてみよう。係数の単位を省略せず

256

に物理量で書くと，$t = \dfrac{-(10\text{ m/s}) \pm \sqrt{(10\text{ m/s})^2 - 4 \times (-4.9\text{ m/s}^2) \times (20\text{ m})}}{2 \times (-4.9\text{ m/s}^2)}$　となる。ゆえに $t \fallingdotseq -1.24\text{ s, } 3.28\text{ s}$。この現象において「負の時刻」はあり得ないので，ボールが地面に着地するのはボールを投げ上げてから 3.28 s 後ということが分かる。上に示したボールが着地する時刻を求めるための計算式は，冒頭に示した2次方程式の解を求める計算式に比べると，単位が併記されているので非常に見にくい。そこで，物理量の計算では数値と単位とを別々に計算することが多い。すなわち，数値は $\dfrac{-10 \pm \sqrt{10^2 - 4 \times (-4.9) \times 20}}{2 \times (-4.9)} \fallingdotseq -1.24, 3.28$ であり，単位は $\dfrac{\text{m/s} \pm \sqrt{\text{m}^2/\text{s}^2}}{\text{m/s}^2} = \text{s}$ という具合である。

　数値と単位を分けて計算するこの方法は非常に便利なのだが注意を要する。多くの生徒や学生は数値の計算しか実行せず，単位の計算はしない。その結果，物理量ではなく数値を答えて終わりにしてしまうことがとても多い。例えば「速さはいくらか？」という問いに，「3 m/s」と答えるべきところを「3」と答える[7]。さらに，もっと悪いことには，単位に m と cm，あるいは kg と g が混在していても，単位の違いをまったく気にせず，数値だけを計算する。もちろん，得られる値が正しいわけがない。

　自然科学では，数学で学習した計算方法を使って様々な物理量を求める。自然科学において数学はいわば道具なのである。上で見たように，数学で扱う量と自然科学で扱う量とには違いがある。理科の先生は，自然科学で扱う量が数値ではなく物理量であることを念頭において，計算方法だけでなく，道具の使い方から丁寧に教える必要があるのではないだろうか。

（髙須雄一）

注

1) これらの値が与えられた方程式を満たしていることは，各自にて確認してほしい。
2) t^2 の係数に負号がついているのは上向きを正としたから。このように設定すると重力の向きは下向き，すなわち負の向きとなる。
3) 各々の式の t に $t=0$ を代入してみよ。最初（時刻 $t=0$）のボールの位置が h，最初のボールの速さが v_0 となり，各々の式で最初の設定を表せることが分かるであろう。
4) この類いの設問は一見現実感がなく，生徒や学生に嫌われがちな問いである。しかし，飛行している飛翔体の着地時刻を求める方法も，（これよりはるかに複雑だが）同様の計算を用いているのである。このことから，この問いがいかに重要であるかが分かるであろう。
5) ガリレオ以前，人々は物が落下するのを「物が落ちたいから落ちる」と考えていた。石は地面にあるのが自然だから，空中にある石は地面を目指すという理屈である。しかし，着地時刻を求める計算にはこのような意味付けは一切不要なのである。
6) 混乱しないように，物理量は（　）に入れて表示した。
7) 設問を工夫して「速さは何 m/s か？」としても，やはり「3」と答える。今度はちゃんと（?）「何」に対応するものを答えたというわけである。しかし，この解答が日常的にも正しくないことは，「何年生ですか？」という問いかけに「3」とは答えないことからも容易に理解できるであろう。

おわりに

　まえがきに記述したように，編者は平成20年頃より，日本科学教育学会で理数教育に関する調査・研究を少しずつ一般研究発表したり，学術論文として学会誌に公表したりしてきた。こうした中，次第に理数教育に興味や関心を持つ理科教育や数学教育の研究者，また学校現場の実践者である教員とも交流することができ，平成26年からは毎年「理数教育の充実に向けて」と題した課題研究発表にエントリーし，幸いなことに10年継続して採択され議論することができた。

　この10年を振り返ると，大学での学部生や大学院生なども含めると50名以上がこの課題研究発表に関わり，いつしかこの有志メンバーを自称「理数教育研究会」と銘打って活動することになった。

　本書の出版はこのような経緯の中で，多くの研究者や実践者との繋がりを通して得られた成果を，機会があれば少しでも「理数教育」の発展のためにお役に立てればという思いで，意図されたものである。折しも令和4年から高等学校で新科目「理数探究基礎」が創設されることもあり，その開始に合わせて発刊することを計画していたが，2年以上遅れてしまったのは，編者の至らなさであり，執筆者のメンバーには不安を抱かせてしまい，心労をお掛けすることとなってしまった。本書では，理論的な部分だけではなく，「理数探究基礎」を念頭に，学校現場での「理数教育の充実」を目指しているので，第5章に「教育実践編」を設けた。実践例としてはややレベルが高いと感じられると思うが，この章では学校現場の実践者である教員の方々の事例も挙げてあるので，是非，現場での実践の足掛かりとして頂きたい。

　さて，本書が形になるまでには紆余曲折があったが，思い出されるのは，課題研究発表の前後には必ず「懇親会」と称してこの理数教育研究会のメンバーで夜遅くまで議論（飲酒？）したことである。年に1回の学会開催時の「懇親会」だけでは話が進まず，全国に散らばっているメンバーとは，ちょうどコロナ禍で普及したテレビ会議を利用して交流することとし，クラウドでの執筆原稿の共有を図ったりした。しかし，やはりこれだけでは不十分であり，令和2年からは年に数回，神奈川県の宮前市民館や高津市民館などに集まって，本書の構成，執筆内容などについて議論することとなった。延べ10数回は開催したと思うし，編者が勤務する旭川で会議を開催したことも複数回あった。

　特に，金児先生には数回にわたり旭川に赴いて頂き，原稿の推敲や編集作業のお手伝いを賜り，感謝の念に堪えません。また，クラウドでの原稿の整理や編集では，高須先生に大変お世話になりました。更に，原稿が大半集まった段階では，メンバーである金児先生の勤務する大学のセミナーハウスをお借りして合宿会議を行いました。箱根のセミナーハウスは大変快適であり，日々多忙な中で原稿を執筆したり，議論するよりはるかに効率が良いと感じたものです。九州，北陸，中部などから忙しい合間をぬって参加してくれたメンバーの皆様全員には，あらためて感謝を申し上げたいと思います。

　なお，編者は代表者として日本学術振興会より以下の科研費の支援を頂いており，重ねて感謝致します。

基盤研究（B）　科学技術の醸成に寄与し「理数教育の充実」をはかる学習デザインの構築（19H01661）

基盤研究（C）　「理数教育の充実」をはかる理科と数学を関連付けた指導プログラムの開発と実践（16K01003）

基盤研究（C）　理科と数学の関連性を重視し「理数の力」の充実を目指す指導プログラムの開発と実践（25350225）

　最後に，近年の図書刊行の状況が大変厳しく困難な中で，刊行の機会を与えて頂いた東洋館出版社の錦織圭之介社長をはじめ，編集部の石川夏樹氏には大変お骨折りを頂きお世話になりました。心よりお礼申し上げます。

2025 年 2 月　　安藤秀俊

編者

安藤 秀俊（あんどう　ひでとし）　　　　　　　　　　（まえがき，1章1・3節，2章1・2・3節，あとがき）

北海道教育大学旭川校 理科教育教室 教授，博士（農学）

専門は，理科教育，科学教育，生物教育，植物の生態・生理，鱗翅目の生態調査など多岐にわたる。

執筆者（50音順）

池田 浩輔（いけだ　こうすけ）　千葉県立松戸向陽高等学校 教諭［数学教育］　　　　　　　（5章10節）

石井 俊行（いしい　としゆき）　奈良教育大学 教授［理科教育］　　　　　　（3章2・3節，5章6節）

小原 美枝（おばら　みえ）　神奈川県立鶴見総合高等学校 教頭［数学教育］　　　　　（5章7・8・9節）

金児 正史（かねこ　まさふみ）　帝京平成大学 教授［数学教育］　（2章3節，3章4・5・6節，5章1・4節，コラム4）

久保 良宏（くぼ　よしひろ）　北海道教育大学 名誉教授［数学教育］　　　（1章4節，3章1節，コラム3・7）

高阪 将人（こうさか　まさと）　福井大学 准教授［数学教育］　　　（1章2・5節，2章5節，3章2節）

髙須 雄一（たかす　ゆういち）　聖マリアンナ医科大学 講師［物理教育］　（2章6節，5章5節，コラム1・2・8）

太刀川 祥平（たちかわ　しょうへい）三田国際学園中・高等学校 教諭［数学教育］　（4章3節，5章2節）

橋本 美彦（はしもと　よしひこ）　中部大学 教授［理科教育］　　　（3章3節，5章3節，コラム5）

福田 博人（ふくだ　ひろと）　岡山理科大学 講師［数学教育］　　　　　　　　　（2章7節）

森田 大輔（もりた　だいすけ）　第一工科大学 助教［数学教育］　　　　（3章7節，4章1・2節）

渡邊 耕二（わたなべ　こうじ）　宮崎国際大学 教授［数学教育］　　　　　（2章4節，コラム6）

理数教育の
充実に向けて
理科と数学の関連はどうあるべきか

2025（令和7）年3月31日　初版第1刷発行

編　　者：安藤秀俊
発 行 者：錦織圭之介
発 行 所：株式会社　東洋館出版社
　　　　　〒101-0054　東京都千代田区神田錦町2丁目9番地1号
　　　　　　　　　　　　コンフォール安田ビル2F
　　　　　（代　表）　電話 03-6778-4343／ＦＡＸ 03-5281-8091
　　　　　（営業部）　電話 03-6778-7278／ＦＡＸ 03-5281-8092
　　　　　振替　00180-7-96823
　　　　　URL　https://www.toyokan.co.jp

装　　丁：小口翔平＋神田つぐみ（tobufune）
印刷・製本：藤原印刷株式会社

ISBN 978-4-491-05452-0
Printed in Japan

JCOPY ＜㈳出版者著作権管理機構　委託出版物＞
本書の無断複写は著作権法上での例外を除き禁じられています。複写される場合は，そのつど
事前に，㈳出版者著作権管理機構（電話 03-5244-5088，FAX 03-5244-5089，e-mail：info@
jcopy.or.jp）の許諾を得てください。